Dr. Bruno Bandulet
Gold Guide

# GOLD
## ALS GRUNDSTOCK EINER DURCHDACHTEN VERMÖGENSSTRUKTUR

GOLD ist und bleibt das unabhängige, weltweit anerkannte Zahlungsmittel. Deshalb wird GOLD bei der Verwaltungs- und Privat-Bank AG auch immer bei der Anlageberatung und Vermögensverwaltung eingesetzt. Dadurch erreichen unsere Spezialisten eine sichere Risikoverteilung.

Die VPB misst der persönlichen, individuellen Beratung grosse Bedeutung bei. Wir pflegen die Qualität unserer Dienstleistungen und informieren Sie gerne über die Möglichkeiten der seriösen Anlageberatung und Vermögensverwaltung bei uns – der einzigen Publikumsgesellschaft Liechtensteins.

Verlangen Sie ausführliche Auskunft, insbesondere auch über alle Arten der GOLD-Anlagen.

**Verwaltungs- und Privat-Bank Aktiengesellschaft**
Städtle 14, 9490 Vaduz
Tel. (075) 2 31 31, 2 81 81  PC 90-8291
(ab Frühjahr 1984: 075/5 66 55)

„Vorausdenken, von heute auf morgen und noch auf viele Tage. Die größte Vorsicht ist, daß man der Sorge und Überlegung besondere Stunden bestimme. Für den Behutsamen gibt es keine Unfälle und für den Aufmerksamen keine Gefahren. Man soll das Denken nicht aufschieben, bis man im Sumpfe bis an den Hals steckt, es muß zum voraus geschehen. Durch die wiederholte und gereifte Überlegung komme man überall dem äußersten Mißgeschick zuvor."

Baltasar Gracián, Handorakel
und Kunst der Weltklugheit,
Goldmann Verlag, München

# Information ist Vertrauenssache

Verläßlichkeit bestimmt die Qualität jeglicher Information. Das fängt bei der Frankfurter Allgemeinen Zeitung mit den Nachrichtenquellen an, mit den Fakten, den Hintergründen und Analysen aus erster Hand: Aus der Feder von Beobachtern, die Zugang zu den Schauplätzen der Politik und Umgang mit ihren Akteuren haben.

Eigene Korrespondenten berichten für die Frankfurter Allgemeine Zeitung exklusiv aus Bonn, aus den Landeshauptstädten in der Bundesrepublik Deutschland, West-Berlin, Ost-Berlin sowie aus Athen, Brüssel, Johannesburg, London, Madrid, Mexiko, Moskau, Nairobi, Neu Delhi, New York, Paris, Peking, Rio de Janeiro, Rom, Santiago de Chile, Singapur, Stockholm, Tel Aviv, Tokio, Warschau, Washington, Wien, Zürich.

In der Frankfurter Zentralredaktion schreiben und redigieren mehr als hundert Journalisten. Sie sorgen dafür, daß die Fülle der Informationen für den Leser durchsichtig und überschaubar bleibt.

Eine Zeitung wird für den Tag geschrieben. Doch berichtet sie nicht nur vom Tag. Zu wissen, was über den Tag hinaus Bestand haben wird, ist für ihre Leser mindestens ebenso wichtig. Politische, wirtschaftliche und soziale Entwicklungen müssen sichtbar gemacht, ihre Gründe untersucht werden.

Daß die Wirtschaft jedermanns Schicksal ist, gehört zu den geläufigen Einsichten. Je schwieriger die äußeren Bedingungen werden, desto mehr Gewicht bekommt freilich diese Erkenntnis. Die Stichworte heißen heute Energiekrise, Inflation, Konjunkturschwankungen und Arbeitsmarktprobleme. Der Wirtschaftsteil der Frankfurter Allgemeinen Zeitung ist hier Orientierungsmittel und Wegweiser zugleich. Seinem Redaktionsstab gehören Fachleute auf allen wichtigen Gebieten der Volks- und Betriebswirtschaft an. Auch er besitzt ein weltweites Korrespondentennetz.

Kunst und Literatur sind nicht nur mitbestimmend für den kulturellen Rang eines Landes, sie sind auch Teil seiner politischen Zivilisation. Von ihnen gehen Anstöße aus, die das geistige Leben der Nation nachhaltig beeinflussen. Diesen Strömungen nachzuspüren, sie für den Leser zu entdecken und zu interpretieren, ist Aufgabe des Feuilletons. Daneben beobachtet und kommentiert es die kulturellen Ereignisse des Tages und führt den Dialog mit der amtlichen Kulturpolitik. Der Sachverstand der Redaktion wird hier durch einen besonders breit gefächerten Mitarbeiterstab mit zahlreichen prominenten Federn ergänzt.

Die Bundesrepublik Deutschland ist ein weltoffenes Land, eingebunden in ein vielfältiges Geflecht internationaler Beziehungen. Über die nationalen Grenzen hinauszuschauen, ist für ihre Bürger ein Gebot politischer und wirtschaftlicher Klugheit. Eine Zeitung von Rang muß dieses Bedürfnis erfüllen. Die Frankfurter Allgemeine Zeitung tut das täglich.

Wir möchten noch einiges mehr als nur eine gute Zeitung machen. Wir möchten auch der Ordnung dienen, in der wir leben: der freiheitlichsten, die sich unser Volk jemals gegeben hat. Wir stehen zu dieser Freiheit und zu ihrem Schutz.

Der Tradition bewußt, der Gegenwart verpflichtet, ist diese Zeitung drei Jahrzehnte hindurch ihren Weg gegangen. Die Elite des Landes gehört zu ihren Lesern und Weggenossen – gestern, heute und morgen.

Frankfurter Allgemeine
ZEITUNG FÜR DEUTSCHLAND

# Inhaltsverzeichnis

|     |                                                     |     |
| ---:| --------------------------------------------------- | ---:|
|   I.| Warum Gold?                                         |   9 |
|  II.| Der Kassamarkt: Man kann es auch bar bezahlen       |  29 |
| III.| Vorsorge: Gold als letzte Sicherheit                |  53 |
|  IV.| Futures: Gefährlich leben                           |  73 |
|   V.| Optionen: Gold for the not so Bold                  |  95 |
|  VI.| Minen: Das Gold, das Zinsen bringt                  | 117 |
| VII.| Silber: Das ruhelose Metall                         | 161 |
|VIII.| Charts: Manchmal sind sie sogar nützlich            | 173 |
|  IX.| Meinung: Die eigene, die fremde                     | 193 |
|   X.| Bankgeheimnis: Wenn Gold privat bleiben soll        | 209 |
|  XI.| Finanzgeschichte: Die goldene Konstante             | 223 |
| XII.| Wohin der Preis geht                                | 243 |
| Anhang: Alle wichtigen Goldmünzen                         || 259 |
| Literaturverzeichnis                                      || 266 |

# *Rudolf Wolff*

gegründet 1866
EIN UNTERNEHMEN DER NORANDA-GRUPPE

MARKET MAKER FÜR EFP- UND KASSAGESCHÄFTE

in

# *Gold*
# *Silber*
# *Devisen*

*Rudolf Wolff AG*

Stadelhofer-Passage · Stadelhoferstrasse 18 · CH-8024 Zürich
Telefon 01/251 80 30 · Telex 815 295 wol ch

# I. Warum Gold?

Bücher über Gold pflegen mit einem Streifzug durch die stolze Geschichte dieses Metalls zu beginnen, und auch wir wollen unseren Lesern nicht verschweigen, daß die Menschen Gold seit 8000 bis 9000 Jahren kennen, daß schon die alten Ägypter Goldbergwerke betrieben, daß König Krösus, dessen Name sich heute noch mit dem Begriff des Reichtums verbindet, als erster Herrscher Goldmünzen schlagen ließ, daß die Germanen auf ihren Heereszügen Goldschmuck mit sich führten, daß die mittelalterliche Gotik religiöse Gegenstände aus Gold von unvergänglicher Schönheit schuf und daß Monarchen und moderne Regimes gleichermaßen Gold als Symbol ihrer Macht, aber auch als Reserve für gefährliche Zeiten gehortet haben.

Es stimmt, daß kein anderes Metall so tief in die Mythologie der menschlichen Rasse hinabreicht wie Gold. Aphrodite gürtete sich mit Gold, König Midas verwandelte, was er anfaßte, zu Gold, die Sage spricht vom Goldschatz der Nibelungen, und Generationen von Abenteurern suchten das Land El Dorado, das seinen Entdeckern unermeßlichen Reichtum an Gold verhieß.

Gold hat in der Tat etwas Religiöses an sich, was nichts anderes heißt, als daß die Menschen im Laufe ihrer Geschichte eine besondere Bindung an das Metall entwickelt haben. Ein Goldbarren faßt sich denn auch anders an und löst andere Gefühle aus als ein Anleihe-Zertifikat, auf dem der Schuldner die Rückzahlung von soundsoviel Einheiten Papiergeld verspricht.

Dennoch soll dies ein pragmatisches Buch über Gold sein, denn ich bin der Meinung, daß Gold als eine Anlage unter anderen gesehen werden muß, die einmal besser und ein andermal schlechter abschneidet und die als modernes Investment den Bedingungen der heutigen wirtschaftlichen und finanziellen Umwelt unterliegt. Dinge, die mit Geld und Vermögen zu tun haben, dürfen nicht zu Glaubensfragen gemacht werden.

Und vor allem sollte sich ein Anlageberater nie selbst zum Propagandisten eines Investments machen – und sei es Gold. Er sollte es vielmehr empfehlen, wenn er es für eine gute Anlage hält, davon abraten, wenn es offensichtlich zu teuer ist – und stets die Chance eines Kaufs gegen das Risiko abwägen.

*Persien, Goldareike, 5.Jhd. v.Chr.*

## Wichtige Etappen der Geschichte des Goldes als Geld

| | |
|---|---|
| ca. 5000 v. Chr. | Gold als Tauschmittel |
| ca. 700 v. Chr. | Prägung erster Münzen aus Gold-Silber-Gemisch (Elektron). |
| ca. 500 v. Chr. | Prägung der ersten Münze aus reinem Metall, die Gewähr für Gewicht und Reinheit bot. |
| ca. 1300–1400 n. Chr. | Aufkommen des Papiergeldes neben Münzen aus Gold, Silber und anderen Metallen. |
| ab ca. 1850 | Übergang von der Doppelwährung (Gold und Silber) zur reinen Goldwährung (Goldumlaufwährung). |
| nach 1914 | schrittweiser Übergang zur Goldkernwährung, die eine bestimmte Deckung von Banknoten durch Gold gesetzlich vorschreibt. |
| ca. 1925 | schrittweiser Übergang zu Golddevisenstandards. Auch golddeckte Währungen (Devisen) dürfen als Währungsreserven verwendet werden. Seit ca. 1940 können nur noch US-Dollar von Zentralbanken gegen Gold aufgrund einer Parität von 35 US-Dollar je Unze eingetauscht werden. |
| 1968 | Aufgabe der Fixierung des Marktpreises des Goldes bei 35 US-Dollar je Unze. Spaltung des Goldmarktes in einen offiziellen Markt für Notenbanken zum alten festen Preis und einen freien Markt für alle übrigen Teilnehmer. |
| 1971 | Die USA heben die Goldkonvertibilität des Dollar auf. |
| 1973 | Ermächtigung der Zentralbanken, Gold am freien Markt zu verkaufen. Freigabe der Wechselkurse. |
| 1978 | Ermächtigung der Zentralbanken, am freien Markt Gold auch zu kaufen. Damit ist der Goldhandel für offizielle und private Stellen freigegeben. |

*Byzantinisches Reich, Kaiser Justinian II. Solidus. Vorderseite: segnender Christus. Rückseite: Justinian II. mit seinem Sohn Tiberius.*

*Quelle:* The Aden Gold Study, 1983

Selbstverständlich ist auch Gold kein Investment ohne Risiko, aber oft ist es das Wagnis wert, wie die Deutsche Bank es in einer Broschüre über den Goldmarkt treffend formulierte.

Offenbar zögen manche Investoren einen Goldmarkt vor, auf dem die Preise sowohl stabil sind als auch ohne Unterlaß nach oben streben. Aber so etwas gibt es nicht. Seitdem die Zentralbanken den alten offiziellen Goldpreis aufgegeben haben, weil sie ihn nicht mehr verteidigen konnten, bilden sich die Preise an einem freien Markt – und da bleibt ihnen nichts anderes übrig, als zu fluktuieren.

Deswegen ist Gold nicht mehr und nicht weniger spekulativ als die meisten anderen Anlagen – aber gleichzeitig ist es eine Anlage, die eine Reihe von Vorzügen aufweist, die man einzeln zwar auch bei anderen Anlagen findet, aber nie in dieser vollständigen Kombination:

- Gold birgt zwar ein Preisrisiko in sich, aber kein Bonitätsrisiko. Es stellt kein Zahlungsversprechen eines Dritten dar, das honoriert werden kann oder auch nicht. Es kann im Laufe einer bestimmten Zeit, ausgedrückt in Papiergeldeinheiten, zwar weniger wert werden, aber es kann nie wertlos werden. Der Goldpreis kann von den Zentralbanken manipuliert, künstlich eingefroren oder gedrückt werden – aber immer nur für eine gewisse Periode. Die Geschichte des Goldkrieges der sechziger Jahre, als die westlichen Zentralbanken den offiziellen Preis von $ 35 je Unze ebenso zäh wie vergeblich zu verteidigen suchten, ist noch in Erinnerung.
- Für Gold gibt es immer einen Markt. Sie werden Gold immer kaufen und verkaufen können. Sobald Regierungen den freien Goldhandel verbieten, bildet sich eben ein Schwarzmarkt. Das war in den USA vor 1974 nicht anders als heute noch in der Sowjetunion.
- Gold ist staatenlos. Es ist, neben dem Dollar, die einzige international bekannte und überall akzeptierte Währung. Selbst im entferntesten Winkel der Erde werden Sie mit Gold zahlen können, wenn alles andere zurückgewiesen wird. Mit Sonderziehungsrechten des Internationalen Währungsfonds wird niemand einen Rebellen im Tschad kaufen können, wohl aber mit ein paar Goldmünzen.
- Gold ist diskret. Eine Handvoll Goldmünzen, die bar gekauft und mit der gebotenen Sorgfalt verwahrt werden, sind für immer der Kenntnis und dem Zugriff der Behörden entzogen. Weil Gold höchsten Wert auf kleinem Raum repräsentiert, ist es problemlos zu lagern und zu transportieren.

## Gold zwischen Reiz und Risiko

Wenn man sich über Gold informiert, bekommt man viel Widersprüchliches zu hören. Das ist kein Wunder, denn für Gold gilt das gleiche wie für andere Anlageformen: Es gibt Zeiten, zu denen Gold eine vorzügliche Anlage ist, und Zeiten, wo man das nicht behaupten kann.

Von der sprichwörtlichen »eisernen Reserve« abgesehen, sollte Gold unter ebenso rationalen Gesichtspunkten betrachtet werden wie alle anderen Anlageformen.

Das Stichwort heißt dabei »Risikostreuung«. Denn welche Anlage jeweils die beste ist, kann man nicht mit Sicherheit voraussagen.

Gold ist in den letzten Jahren zu einer normalen und üblichen Anlage geworden. Es hat seinen leicht exotischen Charakter von früher verloren.

Wenn Gold als eine ganz normale Anlageform anzusehen ist – warum sollten Sie sich dann die Chancen entgehen lassen, die es immer wieder bieten kann?

Eine Anlage ohne Risiko ist auch Gold nicht. Aber oft ist es das Wagnis wert.

Es ist immer das vordringliche Ziel jeder Anlagepolitik gewesen, Vermögen zumindest so stark nominell zu mehren, daß die Kaufkraft dieses Vermögens erhalten bleibt. Was sollte daher gegen eine Einbeziehung des Goldes in die normale Anlageplanung sprechen? Dient es doch seit vielen Generationen als »store of value«, als »last resort«, als Werterhaltungsmittel »par excellence«.

Als gelddähnliches Anlagemedium wird sein Preis – wie auch der jeder Währung – von den Entscheidungen der Wirtschafts- und Währungspolitik beeinflußt. Sinkende Inflationsraten, steigende Zinsen lassen den kurzfristigen Sinn einer Anlage in Gold zweifelhaft erscheinen. Dagegen ist im umgekehrten Fall, das heißt bei steigender Inflationsrate und niedrigen Zinsen, die Anlage in Gold ein rational gut fundierter Entschluß. Unabhängig davon wird oft vergessen: Gold ist eine Anlage mit Preisrisiko – aber ohne Bonitätsrisiko.

Die Zeiten, da Anlageentscheidungen für Monate oder Jahre galten, sind vorüber. Flexibilität, schnelles Umdenken und Reagieren auf die Entwicklungen einer sich ständig verändernden Umwelt ist die einzig mögliche Strategie.

Sicher hat der Goldmarkt einen Hang zur Vorwegnahme von Entwicklungen und zu spezifischen Überreaktionen. Das sollte aber nicht darüber hinwegtäuschen, daß er der einzige effiziente Markt für einen homogenen, universell akzeptierten Sachwert ist.

Darum: beziehen Sie Gold in Ihre Überlegungen ein!

In diesem Umfeld spielt Gold seine notwendige Rolle. Es gibt Zeiten, in denen schlägt Gold Geld, und es gibt Zeiten, in denen schlägt Geld Gold.

*Quelle:* Wie Sie Geld richtig in Gold anlegen, Deutsche Bank

- Gold ist mobil. Da die Aufbewahrung nicht an einen bestimmten Ort gebunden ist, besteht kein Länderrisiko.
- Gold ist fungibel. Da die Marge zwischen An- und Verkauf geringer ist als bei den meisten anderen Anlagen und es für Gold eigentlich immer irgendwo einen funktionierenden Markt gibt, kann es mühelos und sehr kostengünstig jederzeit weiterverkauft werden. Solange es sich um bekannte Münzen oder Barren einer akzeptierten Scheideanstalt handelt, erübrigt sich jede Qualitätsdiskussion. Der Wert einer bestimmten Menge Goldes in einer bestimmten Feinheit ist immer objektiv feststellbar – Geschmacksfragen spielen da keine Rolle.

Wir wollen nun diese Eigenschaften, die Gold in sich vereinigt, mit denen anderer Anlagen vergleichen:
- Im Gegensatz zu Gold tragen Anleihen ein Bonitätsrisiko, das bei staatlichen Anleihen am geringsten ist, aber auch hier existiert. In der Finanzgeschichte sind mehr Anleihen, als die heutige Generation weiß oder ahnt, nicht zurückgezahlt worden. Dies gilt sowohl für private als auch für staatliche Anleihen. Nicht einmal bei Aktien können Sie vollständig sicher sein, ob sie später nicht einmal wertlos werden.
- In Kriegszeiten und anderen Extremsituationen können die Märkte für Schuldscheine eingestellt werden oder zum Erliegen kommen. Und in einem durch einen äußeren oder inneren Konflikt bedrohten Land kann es nahezu unmöglich werden, für eine Immobilie Käufer zu finden – und mitnehmen kann man sie auch nicht.
- Daß viele nationale Anlageinstrumente außerhalb der eigenen Grenzen entweder unbekannt sind oder zumindest nicht prompt akzeptiert werden, bedarf keiner weiteren Erläuterung.
- Grund und Boden, der (außer in besonderen Situationen) auch nicht wertlos werden kann, ist unbeweglich und er unterliegt dem politischen und wirtschaftlichen Risiko des Landes, in dem er sich befindet. Und es ist sehr schwierig, Immobilien diskret zu erwerben.
- Diamanten und Kunstobjekte wiederum, die die Vorzüge der Diskretion und der Mobilität mit Gold teilen, sind nicht sehr fungibel. Die Spanne zwischen An- und Verkaufspreis ist oft außerordentlich groß, und ihr Wert unterliegt modischen Trends und subjektiven Urteilen.

Gold ist, kurz gesagt, der einzige effiziente Markt für einen homogenen, international akzeptierten Sachwert – für einen Sachwert mit geldartigen Eigenschaften. Gold macht nach wie vor den größten Teil der west-

**Krügerrand-Index im Vergleich zum Index der Konsumentenpreise**

| Jahr | Krügerrand Preis in sFr. Durchschnitt | Krügerrand Index 1970 = 100 | Index der Konsumentenpreise 1970 = 100 |
|---|---|---|---|
| 1970 | 176.– | 100 | 100 |
| 1971 | 182.– | 103 | 104,3 |
| 1972 | 239.– | 136 | 109,1 |
| 1973 | 336.– | 191 | 115,7 |
| 1974 | 536.– | 305 | 123,8 |
| 1975 | 448.– | 255 | 129,9 |
| 1976 | 334.– | 190 | 131,6 |
| 1977 | 376.– | 214 | 132,8 |
| 1978 | 362.– | 206 | 133,9 |
| 1979 | 534.– | 303 | 137,5 |
| 1980 | 1076.– | 611 | 141,7 |
| 1981 | 931.– | 529 | 148,3 |
| Ende 1982 | 940.– | 534 | 156 (vorläufig) |

*Der Index der Konsumentenpreise: Errechnet auf Grund von Daten des Bundesamtes für Statistik für den Preisanstieg in der Schweiz.*

lichen Währungsreserven aus. Es ist, noch vor dem Dollar, das Geld der Zentralbanken.

Aus all diesen Gründen bietet Gold besonders für größere Vermögen, die gegen die verschiedensten denkbaren Risiken abgesichert werden sollen, eine Vielzahl von Attraktionen, die mit einer bestimmten Preisentwicklung und möglichem Kapitalgewinn überhaupt nichts zu tun haben.

Auf sehr lange Sicht gilt auch, daß sich mit Gold der Wert eines Vermögens perfekt erhalten läßt. Gold besitzt die einzigartige Eigenschaft, sich im Preis über Jahrhunderte hinweg immer wieder auf eine konstante Kaufkraft einzupendeln. In Gold gerechnet hat sich der Weizenpreis in Deutschland seit Jahrhunderten nicht verändert – und der Kaviarpreis nicht seit Jahrzehnten.

Sie können Gold heute bedenkenlos kaufen, um es der nächsten und übernächsten Generation zu vererben. Ob seine Kaufkraft hingegen in zehn oder fünfzehn Jahren niedriger oder höher ist als heute, läßt sich nicht sagen. Die Preisgeschichte des Goldes zeigt uns, daß Abweichungen von der langfristig stabilen Kaufkraft durchaus zehn oder zwanzig Jahre dauern können – und zwar Abweichungen – sowohl nach oben als auch nach unten.

Wer Gold Anfang der fünfziger Jahre kaufte, mußte zwei Jahrzehnte lang einen schleichenden Kaufkraftverlust hinnehmen, weil der Preis damals von den Nationalbanken fixiert war. Er mußte lange warten, um die Früchte seiner Geduld zu ernten. Er wurde schließlich fürstlich belohnt, aber warten mußte er. Näheres zu diesem Phänomen, das man die »goldene Konstante« nennen könnte, finden Sie in einem späteren Kapitel.

Wie auch immer, ich würde das Argument der langfristigen Kaufkrafterhaltung nicht übermäßig strapazieren. Ein zeitlicher Rahmen von zwanzig Jahren oder mehr ist selbst für langfristige Anlageentscheidungen etwas weit. Es sei denn, Sie und Ihre Familie denken sehr dynastisch – nicht in Jahrzehnten, sondern in Generationen.

Aber ist Gold nicht eine sehr volatile Anlage? Tatsächlich sind die Preisschwankungen seit dem Beginn der siebziger Jahre heftiger ausgefallen als bei Anleihen oder Aktien, wobei sich diese Schwankungen allerdings innerhalb eines steigenden Trends abspielten.

Interessant ist, daß *Volatilität* und Rentabilität miteinander korrespondierten. Von 1971 bis 1981 rentierten *Dollar-Bonds* jährlich real mit minus 4%, die Kaufkraft der Anlage schrumpfte also. Die Bonds waren über diesen langen Zeitraum hinweg, in dem die Kurse einmal stiegen und ein andermal fielen, ein klares Verlustgeschäft, obwohl sie regelmäßig Zinsen erbrachten.

Bei US-Aktien lag das jährliche reale Minus bei 0,9% – ebenfalls ein Verlustgeschäft.

Eine Goldanlage jedoch rentierte in dieser Zeit real mit 16,5% – real, weil die Inflation bereits abgezogen ist. Freilich war in dieser Zeit die Volatilität bei Gold erheblich höher als bei Aktien, und bei Aktien höher als bei Anleihen.

Mit anderen Worten: Der Besitzer von Dollar-Anleihen konnte ruhig schlafen, während der Wert seiner Anlage immer geringer wurde. Er wird das Gefühl gehabt haben, ein konservatives Investment zu halten – in Wirklichkeit war es ganz einfach ein schlechtes Investment.

## Goldpreis – Jahresdurchschnitt

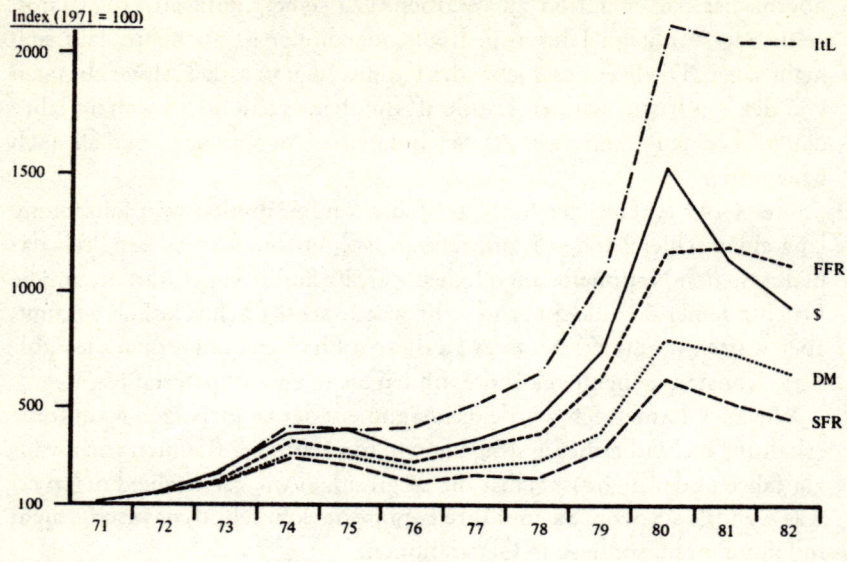

|  | 71 | 72 | 73 | 74 | 75 | 76 | 77 | 78 | 79 | 80 | 81 | 82 |
|---|---|---|---|---|---|---|---|---|---|---|---|---|
| $/oz[1] | 40.81 | 58.20 | 97.22 | 158.80 | 160.87 | 124.79 | 147.71 | 193.51 | 305.85 | 614.63 | 460.13 | 375.64 |
| SFR/kg[2] | 5 396 | 7 217 | 9 977 | 15 223 | 13 273 | 9 893 | 11 354 | 11 039 | 16 924 | 32 761 | 28 313 | 24 575 |
| DM/kg[3] | 4 576 | 5 981 | 8 291 | 13 237 | 12 748 | 10 148 | 11 071 | 12 486 | 17 976 | 35 930 | 33 356 | 29 561 |
| FFR/kg[4] | 7 236 | 9 472 | 14 561 | 25 466 | 22 778 | 19 338 | 23 960 | 28 469 | 45 863 | 84 207 | 85 952 | 80 000 |
| ItL/g[5] | 809 | 1 099 | 1 865 | 3 342 | 3 199 | 3 346 | 4 115 | 5 245 | 8 567 | 16 988 | 16 579 | 16 558 |

## Goldpreis – Monatsschluss

|  | 1982 | | | | | | | | 1983 | | | | |
|---|---|---|---|---|---|---|---|---|---|---|---|---|---|
|  | Mai | Juni | Juli | Aug. | Sept. | Okt. | Nov. | Dez. | Jan. | Febr. | März | April | Mai |
| $/oz[1] | 324.50 | 318.50 | 343.00 | 414.00 | 396.00 | 423.50 | 438.50 | 448.50 | 500.50 | 414.00 | 415.00 | 430.00 | 437.00 |
| SFR/kg[2] | 20750 | 21050 | 22950 | 28050 | 27450 | 29500 | 29450 | 28650 | 31900 | 27250 | 27600 | 28400 | 29450 |
| DM/kg[3] | 24690 | 24910 | 27100 | 32770 | 32315 | 34695 | 34505 | 34970 | 39460 | 32940 | 32400 | 33955 | 35665 |
| FFR/kg[4] | 64400 | 68200 | 74350 | 90050 | 90800 | 98000 | 96900 | 98400 | 112500 | 103600 | 97500 | 102100 | 106400 |
| ItL/g[5] | 13700 | 14200 | 15250 | 18450 | 18500 | 20050 | 19550 | 20100 | 22750 | 19100 | 19350 | 20200 | 21100 |

[1] London, Samuel Montagu & Co. Ltd.; [2] Zürich, Schweiz. Nationalbank (o. Wust); [3] Frankfurt, Dt. Bundesbank (o. MWST)
[4] Paris, Bericht Schweiz. Nationalbank; [5] Mailand, Bericht Schweiz. Nationalbank

*Quelle:* Gold Flash, Intergold

Die Goldanlage dagegen mag an den Nerven gezehrt haben, lohnte sich aber, selbst wenn das Auf und Ab der Bull- und Bearmärkte nicht ausgenutzt wurde. Die hohe Wertsteigerung wurde mit heftigen Preisausschlägen erkauft, die den Besitzer manchmal begeisterten, manchmal in Angst und Schrecken versetzten.

Übrigens kam eine Studie der amerikanischen *Intergold*, die auf der Grundlage der modernen Portfolio-Theorie erarbeitet wurde, zu dem Ergebnis, daß Gold dazu geeignet ist, die Gesamtvolatilität eines Kontos zu vermindern. Untersucht wurde ein Fünf-Jahres- und ein Zehn-Jahres-Zeitraum bis Ende 1981. Dabei stellte sich heraus, daß Portfolios, die hauptsächlich aus Aktien und Anleihen bestanden, insgesamt weniger volatil waren, wenn ein gewisser Prozentsatz Gold (fünf bis zehn Prozent) beigemischt war.

Damit wurde wohl zum ersten Mal die stereotype Empfehlung Schweizer Banken, immer einen gewissen Prozentsatz seines Kontos in Gold anzulegen, durch komplizierte Berechnungen auf Computer-Basis untermauert. Was man vorher bereits aus Erfahrung wußte, kann man jetzt auch in Kreisen cleverer Finanzanalysten zu äußern wagen: eine gewisse Versicherungsposition in Gold tut jedem Konto gut.

Es ist ein weit verbreiteter Fehler, Gold immer nur unter dem Preisaspekt zu sehen. Wenn Sie mit Gold spekulieren, um teurer zu verkaufen als Sie gekauft haben, werden Sie selbstverständlich auf die wöchentlichen und monatlichen Preisänderungen achten. Aber der Kapitalgewinn ist eben nur eine Funktion, die Gold in einem modernen Portfolio zu erfüllen hat. Die andere besteht darin, das Portfolio gegen existentielle Risiken abzusichern und es qualitativ zu verbessern – und dies hat mit einer Spekulation auf steigende Preise nun wenig zu tun.

Ich möchte diesen Gedanken präzisieren, indem ich einen Vergleich mit *Grundbesitz* anstelle. Die langfristige Wertentwicklung von Grund und Boden unterscheidet sich nicht wesentlich von der des Goldes – einmal abgesehen davon, daß Grund und Boden kein homogenes Investment wie Gold ist und daß sein Wert durch staatliche Maßnahmen, Naturereignisse und so weiter beeinflußt werden kann. Die Gemeinsamkeit zwischen Gold und Grundbesitz besteht jedenfalls darin, daß beide einen inneren Wert besitzen und ihre Kaufkraft langfristig erhalten, daß sie kein Zahlungsversprechen eines Dritten darstellen und daß sie nicht beliebig vermehrt werden können wie Geld und Zinspapiere.

## Aktien Index

|  | 80 | 81 | 82 | Jan | 1983 Feb | Mar | Apr |
|---|---|---|---|---|---|---|---|
| USA[1] | 119 | 128 | 120 | 144 | 147 | | |
| CH[2] | 170 | 147 | 165 | 169 | 177 | 169 | 177 |
| BRD[3] | 221 | 228 | 231 | 249 | 257 | | |
| Frankr.[4] | 104 | 96 | 101 | 102 | 104 | | |
| Italien[5] | 114 | 218 | 175 | 171 | 193 | | |

Mittelwerte:
[1] Standard + Poors; [2] Schweiz. Nationalbank;
[3] FAZ Index; [4] CAC Index; [5] Comit;

## Geldmarkt Zinssätze

|  |  | 79 | 80 | 81 | 82 | 1983 Qu.1 |
|---|---|---|---|---|---|---|
| USA | k | 12.10 | 13.60 | 12.97 | 7.98 | 8.68 |
|  | l | 9.64 | 11.49 | 13.72 | 10.33 | 10.34 |
| Schweiz | k | 4.42 | 5.75 | 8.75 | 3.00 | 2.75 |
|  | l | 4.04 | 4.63 | 5.39 | 4.23 | 4.45 |
| Deutschland | k | 9.58 | 10.27 | 10.82 | 6.62 | 5.45 |
|  | l | 7.9 | 8.9 | 9.7 | 7.9 | 7.4 |
| Frankreich | k | 12.59 | 11.56 | 15.26 | 12.71 | 12.65 |
|  | l | 12.14 | 14.71 | 17.00 | 15.71 | |
| Italien | k | 15.62 | 17.02 | 21.36 | 19.11 | 18.88 |
|  | l | 14.00 | 16.23 | 21.39 | 19.70 | |

OECD; k = 3 Monate (Italien: 6 Monate);
l = Anleihe 5 Jahre und mehr

## Inflation

| in % | 79 | 80 | 81 | 82 | 1983 Qu.1 |
|---|---|---|---|---|---|
| USA | 11.3 | 13.5 | 10.4 | 6.5 | 3.9 |
| Schweiz | 3.7 | 4.0 | 6.5 | 5.6 | 4.8 |
| BRD | 4.1 | 5.5 | 5.9 | 5.3 | 3.7 |
| Frankr. | 10.7 | 13.6 | 13.4 | 11.8 | 9.2 |
| Italien | 14.8 | 21.2 | 19.5 | 16.6 | 16.1 |

OECD, Anstieg der Verbraucherpreise gegenüber Vorjahr

*Quelle:* Gold Flash, Intergold

## Devisen

|  | 79 | 80 | 81 | 82 | 1983 Qu.1 | Apr. | Mai |
|---|---|---|---|---|---|---|---|
| DM/$ | 1.831 | 1.815 | 2.260 | 2.427 | 2.408 | | |
| SFR/$ | 1.662 | 1.673 | 1.964 | 2.030 | 2.011 | | |
| SFR/DM | 0.907 | 0.921 | 0.868 | 0.836 | 0.836 | 0.842 | |
| FFR/$ | 4.253 | 4.220 | 5.435 | 6.572 | 6.887 | | |
| ItL/$ | 831 | 855 | 1 137 | 1 353 | 1 399 | | |

Mittelkurse:
$Kurse OECD; SFR/DM-Kurs Schweiz. Nationalbank;

Ganz offensichtlich wäre es unsinnig, wenn ein Immobilienbesitzer gleich nach dem Kauf damit beginnen würde, Angebote einzuholen, und noch unsinniger, wenn er verkaufen würde, sobald der offerierte Preis unter seinen Kaufpreis sinkt, was vor allem in Rezessionen sehr schnell der Fall sein kann.

Sie sehen, was ich meine: das Fehlen einer Börse für Immobilien mit täglicher Preiskotierung und der ständigen Möglichkeit zu traden, schützt die Immobilienbesitzer vor Torheiten und läßt ihnen gar keine andere Wahl, als an ihrem Investment für längere Zeit festzuhalten. Genauso sollte der Teil des Goldes, der als Absicherung gegen politische und wirtschaftliche Ernstfälle gedacht ist, behandelt werden.

Dies darf aber, wie gesagt, nur ein kleiner Teil eines Portfolios sein – eben jene zitierten fünf bis zehn Prozent. Abgesehen von dieser letzten Reserve ist es nicht sinnvoll, ein Konto nach starren Prozentsätzen in Gold, Anleihen und Aktien aufzuteilen. Das ist eine typische Empfehlung von Anlageberatern, die kein Urteil über diese Märkte haben. Ein Konto darf nicht unter quantitativen, es muß unter qualitativen Gesichtspunkten zusammengesetzt sein.

Und dabei sollte auf die *Zyklen* der verschiedenen Investments geachtet werden. Diese Zyklen sind meist so regelmäßig, daß sie schon wieder übersehen werden. Der Anleger neigt oft dazu, den Wald vor lauter Bäumen nicht zu sehen. Wenn Sie zum Beispiel den amerikanischen Aktienmarkt betrachten, dann war es fast immer so, daß das Jahr nach einer Präsidentenwahl schlecht ausfiel, weil Politiker nach dem Rat Macchiavellis die notwendigen Grausamkeiten am Anfang zu begehen pflegen. Die zwei Jahre vor der nächsten Präsidentenwahl waren meist gut für den Aktienmarkt, weil den Politikern an leichtem Geld und guter Stimmung gelegen war, womit ihre Wiederwahl erleichtert werden sollte.

Ebenso hat sich mehr als einmal wiederholt, daß nach einer Rezession mit dem Wirtschaftswachstum der Zins und mit ihm die Inflation zu steigen begann – und daß damit die Hausse an den Anleihemärkten zu Ende ging. In einer solchen Periode, in der die Kurse der Bonds fallen, große Bestände an Festverzinslichen zu halten, ergibt ganz offensichtlich keinen Sinn.

Der ordentlichste dieser Märkte aber ist der Goldmarkt. Er ist alles andere als irrational, sondern folgte, seit er ein freier Markt ist, seinen eigenen Zyklen, die – bisher jedenfalls – erstaunlich gleichmäßig verliefen. Diese Zyklen fielen übrigens mehr oder weniger mit denen am Immobi-

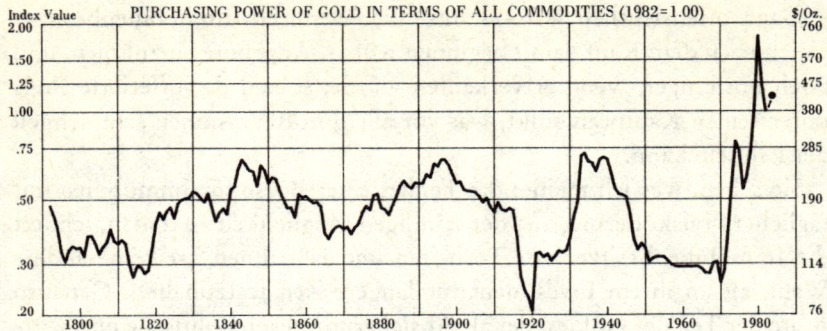

Die Kaufkraft des Goldes seit 1800, berechnet nach dem Rohstoffanteil des Produzenten-Preis-Index der USA. 1982 = 1. Der Punkt rechts zeigt die Kaufkraft am 1. März 1983, als Gold $ 414 kostete.

*Quelle:* Research Reports, American Institute for Economic Research

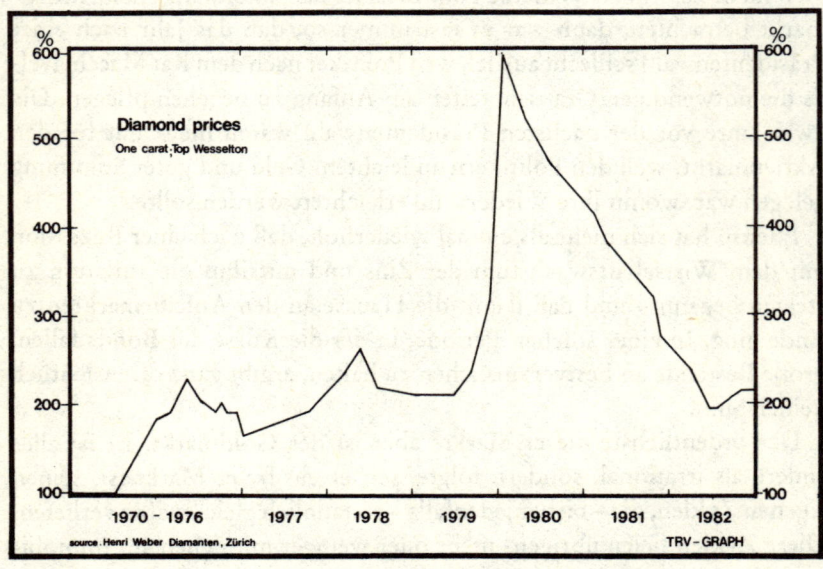

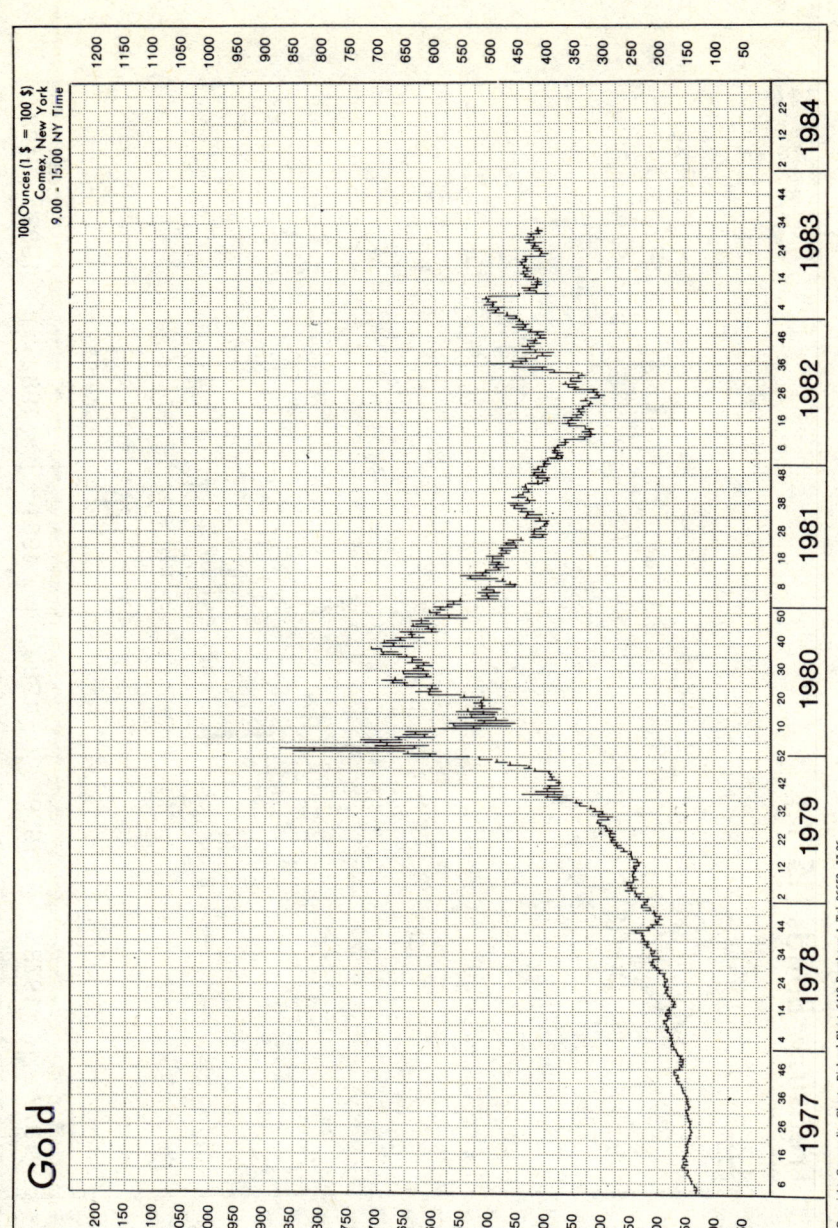

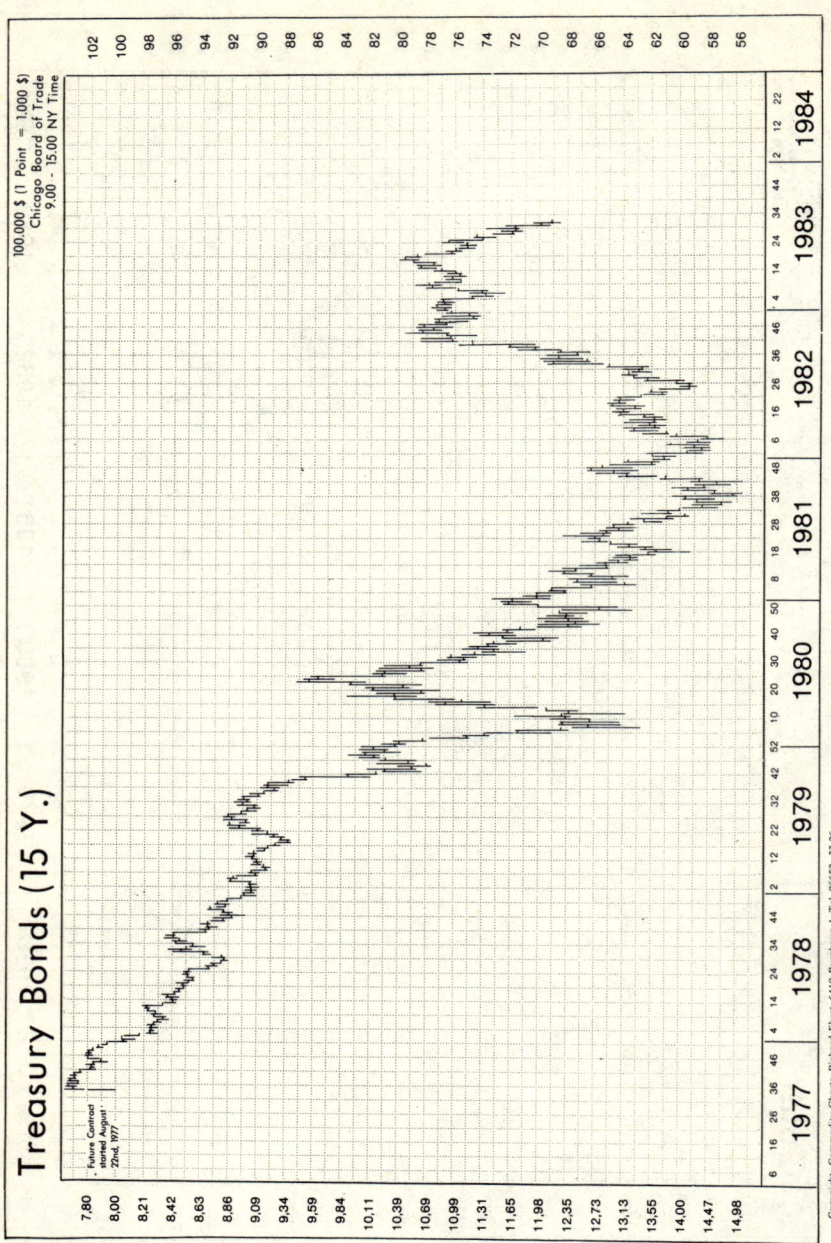

lienmarkt zusammen, auf den Wirtschaftsrezessionen schließlich auch negativ einwirken.

Im ersten Zyklus stieg Gold von $ 35 im Jahre 1970 auf $ 200 Ende 1974 – ein Bull-Markt, der vier Jahre dauerte. Dann fielen die Preise eineinhalb Jahre lang, bis sie im August 1976 die Nähe von $ 100 erreichten: jetzt begann der zweite große Bull-Markt. Er dauerte wieder vier Jahre, bis er 1980 im Januar und September in zwei Preisspitzen endete, die über $ 700 lagen, wenn wir einmal von der ganz kurzfristigen Übertreibung auf $ 850 am 21. Januar 1980 absehen. Von September 1980 bis Juni 1982 fielen die Preise, bis die Baisse schließlich bei knapp unter $ 300 ausgereizt war.

Selbstverständlich werden sich solche Preiszyklen nicht endlos wiederholen, aber sie verdienen Aufmerksamkeit, und sie geben dem Anleger eine Perspektive, an der er sich orientieren kann, bis das Gegenteil bewiesen ist.

Ein Anleger sollte nicht auf allen Hochzeiten tanzen, sondern sich auf wenige Investments konzentrieren, die er wirklich kennt, die er ständig verfolgen kann und die zu ihm passen.

Kein normaler Anleger kann die Übersicht über ein Konto behalten, auf dem Dutzende von Aktien aus allen möglichen Ländern und Anleihen in fünf verschiedenen Währungen liegen, und das auch noch in Kupfer und Aluminium investiert ist, von den Sojabohnen ganz zu schweigen.

Um mit einer Anlage Gewinne oder Verluste zu erzielen, genügt es, daß der Preis schwankt. Daß andere Märkte ebenfalls fluktuieren, ist kein Grund dafür, ein Konto so lange zu diversifizieren, bis jede Übersicht verloren ist.

Wenn Sie sich ein Urteil über die wirtschaftliche Entwicklung eines Landes, über seine Branchen und über einzelne Aktiengesellschaften zutrauen, dann kaufen Sie ruhig Aktien, wenn Sie dabei ein gutes Gefühl haben. Oder, wenn Ihnen die Auswahl einzelner Titel zu mühselig ist, investieren Sie in einen erfolgreichen Fonds.

Sie können aber auch ein Konto ausschließlich auf Bonds und Gold aufbauen. Wenn sich Gold in einer Hausse befindet, wie 1976 bis 1980, werden Sie vernünftigerweise keine Bonds halten. In einer Goldbaisse werden Anleihen in der Regel eine gute Alternative bieten, weil dann die Zinsen für ein oder zwei Jahre sinken und die Kurse der Anleihen entsprechend steigen. Und in Übergangsperioden, in denen der große Trend bei Gold oder Bonds noch unklar ist, halten Sie eben von beidem etwas, um das Risiko auszubalancieren.

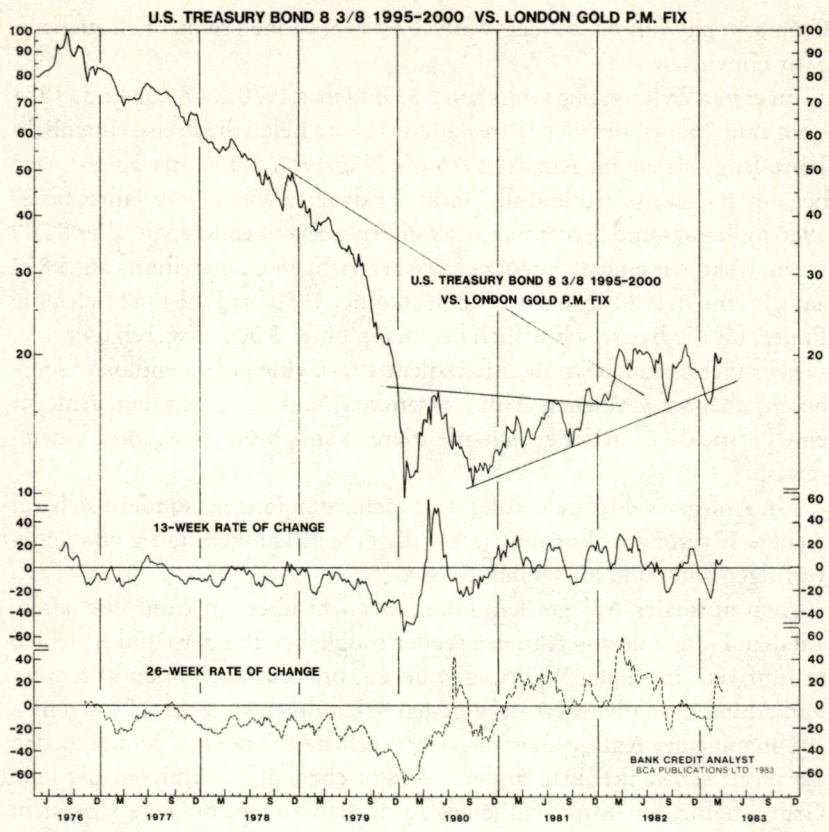

Die obere Kurve zeigt die relative Stärke von Gold gegen US-Regierungsanleihen. Solange die Kurve fiel, war Gold die bessere Anlage. Als sie stieg (ab 1980), schnitten die Bonds besser ab.

Seitdem Gold ein moderner Markt geworden ist, gibt es Möglichkeiten für jeden Geschmack. Sie können physisches Gold kaufen und einfach liegenlassen. Sie können Gold mit einer Marge zwischen An- und Verkaufspreis traden, die enger ist als bei den meisten anderen Anlagen. Sie können Gold physisch kaufen und es gleichzeitig auf Termin verkaufen und damit eine risikolose und quellensteuerfreie Zinseinnahme erzielen, ohne sich den Gefahren des Euromarktes auszusetzen. Sie können Call-

Optionen auf Gold schreiben und damit Einkünfte erzielen, die deutlich über den herrschenden Marktzinsen liegen.

Übrigens können Sie, wenn Sie dies unbedingt wollen, an fallenden Goldpreisen genauso verdienen wie an steigenden, indem Sie Gold leer verkaufen. Wenn Sie ein abgebrühter Spekulant sind, kann es Ihnen wirklich völlig gleichgültig sein, ob die Goldpreise steigen oder fallen. Denn es stimmt nicht, wie eine Zeitung einmal schrieb, daß Short-Gehen stets gefährlicher ist als Long-Gehen. Das hängt allein von der Richtung des Marktes ab. Allerdings: Nach oben haben die Preise keine theoretische Grenze, wohl aber nach unten. Sie liegt bei Null.

Die Investmenttechniken bei Gold könnten vielfältiger nicht sein, und das Schöne dabei ist, daß der Goldmarkt sehr klein ist im Vergleich zu den Aktien- und Geldmärkten. Er ist kleiner, übersichtlicher, durchschaubarer und kalkulierbarer als die anderen Märkte. Als begabter Investor haben Sie eine reelle Chance, sich in diesen Markt in relativ kurzer Zeit einzuarbeiten.

Mit der Zeit kann die Beschäftigung mit Gold sogar zum interessantesten Hobby werden, dem Sie sich je gewidmet haben. Und es kann Ihre Einstellung zur Welt, in der wir leben, verändern. Die Beschäftigung mit Gold zwingt dazu, realistisch zu denken – die Welt mit ihren politischen, wirtschaftlichen und finanziellen Entwicklungen und Verwicklungen so zu sehen, wie sie nun einmal ist – und nicht, wie sie sein sollte. Denn Gold ist nichts anderes als das Spiegelbild seiner monetären und politischen Umwelt.

Es wird Zeiten geben, in denen Sie den Markt schwierig finden, in denen Sie falsch liegen, in denen Sie frustriert und enttäuscht sind. Und es wird Zeiten geben, in denen alles nach Wunsch läuft und Sie erleben dürfen, wie lukrativ diese Anlage sein kann. Aber immer werden Sie an einem großen Drama teilnehmen, bei dem nie Langeweile aufkommt. Und Sie werden sehen, daß man von einem Investmentprozeß fasziniert sein muß, um aus ihm Profit zu ziehen. Von Gold läßt man sich schneller faszinieren als von jeder anderen Anlage.

Folgen Sie dabei keinen Propheten, glauben Sie nie an ein sicheres System. So, wie der politische Mensch manchmal aus der Wirklichkeit zu fliehen sucht, indem er sich Ideologen zuwendet, so suchen manche Anleger eine imaginäre Sicherheit, indem sie auf Gurus hören oder auf Systeme schwören, mit denen sich Kurse angeblich im voraus berechnen lassen. Wenn Sie nun der Meinung sind, Sie sollten Gold in Ihre Anlageüberle-

## Goldpreise (Mittelkurse) in US-$ und Sfr.
(1815–1939 London, ab 1952 Zürich)

| Jahr | Jahresmittel $/Unze | Sfr./kg | Höchst $/Unze | Sfr./kg | Tiefst $/Unze | Sfr./kg |
|---|---|---|---|---|---|---|
| 1815 | 20,82 | 3445 | – | – | – | – |
| 1830 | 19,03 | 3444 | – | – | – | – |
| 1860 | 18,75 | 3162 | – | – | – | – |
| 1875 | 18,84 | 3144 | – | – | – | – |
| 1900 | 18,94 | 3157 | – | – | – | – |
| 1920 | 20,52 | 3933 | 22,29 | 4273 | 18,99 | 3625 |
| 1925 | 20,64 | 3434 | 21,26 | 3461 | 20,29 | 3415 |
| 1930 | 20,60 | 3428 | 20,90 | 3440 | 20,42 | 3419 |
| 1939 | 34,42 | 4887 | 37,22 | 4980 | 32,79 | 4726 |
| 1952 | 37,59 | 5213 | 38,25 | 5460 | 37,25 | 5050 |
| 1955 | 35,03 | 4827 | 35,06 | 4835 | 35,01 | 4820 |
| 1960 | 35,27 | 4899 | 35,61 | 4975 | 35,09 | 4870 |
| 1965 | 35,13 | 4890 | 35,17 | 4916 | 35,19 | 4875 |
| 1968 | 38,60 | 5431 | 42,– | 5873 | 35,20 | 5015 |
| 1969 | 41,10 | 5659 | 43,87 | 6073 | 34,80 | 4845 |
| 1970 | 35,90 | 4984 | 39,35 | 5480 | 34,83 | 4833 |
| 1971 | 40,80 | 5396 | 44,– | 5743 | 37,38 | 5188 |
| 1972 | 58,10 | 7217 | 70,50 | 8563 | 43,70 | 5500 |
| 1973 | 97,20 | 10058 | 128,50 | 12428 | 64,45 | 7788 |
| 1974 | 159,10 | 15298 | 201,– | 17770 | 118,– | 12753 |
| 1975 | 161,10 | 13273 | 185,50 | 15050 | 126,– | 11125 |
| 1976 | 124,80 | 10096 | 138,25 | 10910 | 101,88 | 8090 |
| 1977 | 147,77 | 11399 | 168,88 | 12625 | 128,50 | 10245 |
| 1978 | 194,21 | 11036 | 245,25 | 11950 | 165,13 | 10390 |
| 1979 | 310,38 | 16498 | 517,– | 26390 | 216,38 | 11550 |
| 1980 | 615,44 | 33226 | 855,– | 43870 | 467,– | 26730 |
| 1981 | 459,83 | 29038 | 601,50 | 34485 | 390,50 | 22725 |
| 1982 bis Sept. | 363,33 | 23222 | 502,50 | 33875 | 295,50 | 18725 |

gungen einbeziehen, werden Sie gründlich darüber nachdenken müssen, in welcher Form Sie dies tun, welche Art der Goldanlage oder Goldspekulation Ihren Neigungen und Bedürfnissen entspricht. Diese verschiedenen Möglichkeiten werde ich Ihnen in den nächsten Kapiteln vorstellen.

Schon bevor Sie die erste Unze Gold kaufen, müssen Sie sich darüber im klaren sein, was Sie damit bezwecken. Wollen Sie spekulieren, um ein Differenzgeschäft zu machen? Dann sind Preistrends für Sie interessant, die ein paar Wochen oder ein paar Monate dauern.

Wollen Sie Gold langfristig für drei oder vier Jahre halten? Dann werden Sie versuchen müssen, am Beginn eines Bull-Marktes dabei zu sein und dabei zu bleiben, solange er andauert, ohne sich an dem charakteristischen Zick-Zack der Kurse zu stören.

Oder betrachten Sie Gold als letzte Sicherheit? Dann kaufen Sie einen Vorrat an Münzen, suchen dafür einen geeigneten Aufbewahrungsort, und Sie besitzen ab sofort eine unvergleichliche Versicherung für einen wie auch immer gearteten politischen oder finanziellen Ernstfall, der hoffentlich nie eintritt.

Als Spekulation oder als langfristige Anlage auf ein paar Jahre mag Gold besser oder schlechter als andere Investments abschneiden, als letzte Sicherheit ist es unschlagbar.

Ein Franzose, der zu Beginn des Ersten Weltkrieges für eine Million Francs 50 000 Napoleon-Goldstücke erwarb und der täglich einen Napoleon ausgab, um davon zu leben, hat heute erst die Hälfte des Vorrates verbraucht. Der Rest ist 15 Millionen Francs wert – das fünfzehnfache des Startkapitals von 1914.

# Warum empfehlen Experten eine goldene Reserve?

Wer mit dem Risiko arbeitet, lernt vorsichtig zu sein. Finanzexperten empfehlen deshalb, 5 – 10 % des Vermögens in Gold zu investieren. Denn wer kann heute sagen, wie sich die Zukunft entwickeln wird? Der Wert des Geldes ist unsicher. Die Wirtschaftslage noch ungeklärt. Macht es da nicht Sinn, in Gold zu investieren? Der Krügerrand ist die beliebteste Art, Gold zu besitzen. Mit ihm sichern Sie Stück für Stück Ihr Vermögen. Egal, ob Sie mit 1/10, 1/4, 1/2 oder 1/1 Unze puren Goldes anfangen. Krügerrand Goldmünzen enthalten exakt die angegebene Feingoldmenge. Durch die klassisch harte Münzlegierung sind Sie widerstandsfähiger als nicht legierte Münzen. Im internationalen Goldhandel ist der Krügerrand ein fester Bestandteil.

Das ist beruhigend. Sie können ihn rund um die Welt kaufen. Aber auch wieder verkaufen. Jederzeit und überall.
Sie bekommen die Krügerrand Goldmünzen mit einem geringen Handelsaufschlag bei allen Banken und Sparkassen. Weitere Informationen schickt Ihnen gern: International Gold Corporation Ltd., Coin Division/G, Tal 48, 8000 München 2.

```
Coupon: Bitte schicken Sie mir weitere
Informationen. Meine Adresse:

Name
Straße
PLZ, Wohnort
```

International Gold Corporation Ltd., Coin Division/G, Tal 48, 8000 München 2.

**Krügerrand. Ein Stück Gold. Ein Stück Sicherheit.**

## II. Der Kassamarkt: Man kann es auch bar bezahlen

In einer Zeit, da imaginäres Gold in schier unglaublichen Mengen an den Terminmärkten gehandelt wird, mag die Mitteilung überraschen, daß man wirkliches Gold nach wie vor kaufen kann. Kaufen, bezahlen und mitnehmen. Gold zum Anfassen und Aufbewahren. Als ich einmal einen Vormittag lang dem Treiben im Goldring der COMEX im World Trade Center in Manhattan zusah, wurde ich das Gefühl nicht los, daß mancher der Händler auf dem Floor noch nie einen echten Goldbarren in der Hand gehabt hatte.

Auch heute noch spielen die amerikanischen Broker und Banken im physischen Goldgeschäft eine untergeordnete Rolle. Tonangebend ist nach wie vor Europa. Nach Europa fließt immer noch der allergrößte Teil des Goldes, das jährlich in den Minen der Welt gefördert wird, und von hier aus wird es in alle Welt verteilt. Und letzten Endes wird der Goldpreis doch von den Verschiebungen im Verhältnis zwischen Angebot und Nachfrage bestimmt, von Entwicklungen auf einem realen Markt, wie er sich in Europa am besten beobachten läßt. Es ist daher nicht verwunderlich, daß viele, rein technisch ausgerichtete Finanzanalysten nie ein Gefühl für diesen Markt entwickeln konnten – was immer wieder zu grotesken Fehlbeurteilungen der Preisaussichten geführt hat.

Die europäischen Handelsplätze sind Zürich, das der britische Autor *Timothy Green* einmal einen »Supermarkt« für Gold nannte, London, der Platz mit der längsten Tradition und Frankfurt, das nach der Einführung der Mehrwertsteuer auf Gold in der Bundesrepublik zwar viel inländisches Geschäft verloren hat, im internationalen Handel aber ohne jeden Zweifel eine herausragende Rolle spielt. Im übrigen haben die deutschen Banken längst Wege gefunden, ihrer inländischen Kundschaft den steuerfreien Goldkauf zu ermöglichen – Luxemburg ist vielen deutschen Anlegern eine Reise oder einen Telefonanruf wert.

Wer in der Bundesrepublik Goldbarren kaufen möchte, wird in der Regel besser damit fahren, nicht den normalen Schalterkurs zu bezahlen, sondern über das Frankfurter Fixing zu gehen.

An der Frankfurter Goldbörse, die seit 1968 besteht, werden an jedem Werktag um zwölf Uhr die Preise für den 1-kg-Barren und für den großen Barren notiert, der ungefähr 12,5 kg wiegt. Die Notierungen sind in Deut-

# Angebot und Nachfrage
(weltweit in Tonnen)

**Angebot**

|  | 1972 | 1973 | 1974 | 1975 | 1976 | 1977 | 1978 | 1979 | 1980 | 1981 | 1982 |
|---|---|---|---|---|---|---|---|---|---|---|---|
| Westl. Minenförderung | 1,177r | 1,111r | 996r | 945r | 964r | 962r | 972r | 959r | 950r | 971r | 1,013 |
| Netto Handel mit Ostblock | 213 | 275 | 220 | 149 | 412 | 401 | 410 | 199 | 90 | 280r | 207 |
| Käufe (+) oder Verkäufe (-) von Währungsbehörden | -151 | 6 | 20 | 9 | 58* | 269* | 362* | 544* | -230* | -276r | -98 |
| Total | 1,239r | 1,392r | 1,236r | 1,103r | 1,434r | 1,632r | 1,744r | 1,702r | 810r | 975r | 1,122 |

**Private Nachfrage**

|  | 1972 | 1973 | 1974 | 1975 | 1976 | 1977 | 1978 | 1979 | 1980 | 1981 | 1982 |
|---|---|---|---|---|---|---|---|---|---|---|---|
| Schmuck | 999 | 518 | 226r | 525r | 938r | 1,005r | 1,012r | 740r | 128r | 598r | 716 |
| Andere Industrien | 241 | 266 | 216 | 189r | 217r | 225r | 257 | 265r | 219r | 215r | 198 |
| Medaillen | 41 | 22 | 8 | 22r | 50 | 52 | 50 | 33 | 16r | 27r | 22 |
| Offizielle Münzen | 63 | 54 | 287 | 251r | 183 | 142 | 288 | 291 | 186r | 191r | 133 |
| Identifizierte Anlage | -8 | 49 | -29 | 31 | 174 | 75 | 113 | 172 | 11 | 279 | 294 |
| Stat. Differenz (Enthortung) | -97 | 483 | 528 | 85 | -128 | 133 | 24 | 201 | 250 | -335 | -241 |
| Total | 1,239r | 1,392r | 1,236r | 1,103r | 1,434r | 1,632r | 1,744r | 1,702r | 810r | 975r | 1,122 |

r = geändert gegenüber früheren Cons. Gold Fields-Berichten
*= einschl. Verkäufe des US Schatzamtes und des Intern. Währungsfonds
Quelle: "Gold 1983", hrsg. von Cons. Gold Fields PLC, London

# MASSE, GEWICHTE, UMRECHNUNGSFORMELN

Das traditionelle Gewichtsmass für Gold, die Troy-Unze aus dem angelsächsischen Gewichtssystem (englisch troy ounce, abgekürzt oz.), ist trotz dem allmählichen Übergang zum metrischen System im Goldhandel noch fest verwurzelt und wichtigste Kotierungsgrundlage an den meisten führenden Goldhandelsplätzen.
1 oz = 31,1034807 g (in der Praxis wird jedoch meistens mit dem abgekürzten Umrechnungskoeffizienten 31,1035 gerechnet).

**Einige runde Vergleichszahlen Unzen/Kilogramm**

```
    32 ozs. =     1 kg
   400 ozs. =    12½ kg
 1 000 ozs. =    32 kg
 3 200 ozs. =   100 kg
 8 000 ozs. =   250 kg
16 000 ozs. =   500 kg
32 000 ozs. =  1000 kg
```

**Umrechnungsformeln $/oz. in Fr./kg**

Gegeben: Goldpreis $/oz. und $/Fr. Kurs
Gesucht: Goldpreis Fr./kg
Formel: $$\frac{\text{Goldpreis \$/oz.} \times \text{\$/Fr. Kurs}}{0,0311035}$$

Gegeben: Goldpreis $/oz. und Goldpreis Fr./kg
Gesucht: $/Fr. Kurs
Formel: $$\frac{\text{Goldpreis Fr./kg} \times 0,0311035}{\text{Goldpreis \$/oz.}}$$

Gegeben: Goldpreis Fr./kg und $/Fr. Kurs
Gesucht: Goldpreis $/oz.
Formel: $$\frac{\text{Goldpreis Fr./kg} \times 0,0311035}{\text{\$/Fr. Kurs}}$$

Im Nahen Osten und auf dem indischen Subkontinent bildet das Tola die traditionelle Masseinheit für Gold. Handelsüblich sind Barren zu 10 Tolas.
1 Tola = 11,6638 g = 0,375 oz.
Dagegen wird im Fernen Osten, soweit sich der chinesische Einflussbereich geltend macht, Gold per Tael gehandelt, wobei Barren zu 5 und 10 Tael am meisten verbreitet sind.
1 Tael = 37,4290 g = 1,20337 oz.
Die Feinheit wird im bankmässigen Goldhandel nach Tausendsteln, in der Schmuckwarenbranche jedoch nach Karat, bemessen.
 1 Karat = 41,66667 Tausendstel
14 Karat = 583,33338 Tausendstel
18 Karat = 750 Tausendstel
22 Karat = 916,66674 Tausendstel
24 Karat = 999,9 Tausendstel
Ab und zu noch auftauchende alte Goldbarren, welche nach früherer Usanz mit einer Feinheit von 1000 Tausendsteln gestempelt sind, werden mit der heute handelsüblichen Höchstfeinheit 999,9 Tausendsteln abgerechnet und in der Regel aus dem Verkehr gezogen und eingeschmolzen.

*Quelle:* Gold, Schweizerischer Bankverein

## Umrechnungstabellen der Gewichtseinheiten

| Granus | Unze | Tola | Unze | Gramm | Tola | Tola | Unze | Gramm |
|---|---|---|---|---|---|---|---|---|
| | 0,032151 | 0,085735 | | 31,1035 | 2,6667 | | 0,375 | 11,6638 |
| | 0,064302 | 0,171471 | | 62,2070 | 5,3333 | | 0,750 | 23,3276 |
| | 0,096452 | 0,257206 | | 93,3105 | 8,0000 | | 1,125 | 34,9914 |
| | 0,128603 | 0,342941 | | 124,4140 | 10,6667 | | 1,500 | 46,6552 |
| | 0,160754 | 0,428677 | | 155,5175 | 13,3333 | | 1,875 | 58,3190 |
| | 0,192904 | 0,514412 | | 186,6210 | 16,0000 | | 2,250 | 69,9828 |
| | 0,225055 | 0,600147 | | 217,7245 | 18,6667 | | 2,625 | 81,6466 |
| | 0,257206 | 0,685883 | | 248,8280 | 21,3334 | | 3,000 | 93,3104 |
| | 0,289357 | 0,771618 | | 279,9315 | 24,0000 | | 3,375 | 104,9742 |
| | 0,321507 | 0,857354 | | 311,0348 | 26,6667 | | 3,750 | 116,6380 |
| | 0,643015 | 1,714707 | | 7,7759 | 0,6667 | | 37,50 | 1166,38 |
| | 1,607537 | 4,286768 | | 15,5518 | 1,3333 | | | |
| | 3,215074 | 8,573535 | | 3110,3481 | 266,6668 | | | |
| | 8,037686 | 21,433838 | | 12441,3922 | 1066,6671 | | | |
| | 16,075372 | 42,867676 | | | | | | |
| | 32,150743 | 85,735352 | | | | | | |
| | 401,884283 | 1072,6919 | | | | | | |

## Handelsübliche Feinheitsbezeichnungen des Goldes

| Karat | Feinheitsgrad | Anwendung |
|---|---|---|
| 24 | 1000 | reines Gold |
| – | 995 | London good delivery |
| 22 | 916 | Münzgold<br>Schmuckindustrie<br>z.T. Indien, Bangladesh<br>z.T. Naher Osten |
| 21 | 875 | |
| 18 | 750 | |
| 14 | 583,3 | } Europa |
| 10 | 417,7 | USA, Ferner Osten Hongkong |
| 9 | 375 | |
| 8 | 333,3 | |

*Quelle:* Gold Handbuch, SKA

scher Mark. Für den 1-kg-Barren beträgt die Makler-Gebühr ½ Promille und die Bankprovision ein halbes Prozent.

Bis 11.45 Uhr können Sie bei Ihrem Geldinstitut – so jedenfalls handhabt es die Deutsche Bank – Aufträge erteilen. Dies können Bestens-Aufträge sein, die zum Tageskurs ausgeführt werden, oder limitierte Aufträge, die maximal bis zum Monatsende gültig sein können.

Es sind immer noch erstaunlich viele deutsche Anleger, die sich am Frankfurter Fixing orientieren. Aber Gold ist nun einmal ein auf Dollar-Basis gehandeltes internationales Metall, und als Anleger kommen Sie nicht umhin, den Preis in Dollar zu beobachten, wenn Sie sich ein Urteil über den Trend am Markt bilden wollen.

Seit langem dienen die zwei täglichen *Fixings* in London als Bezugspunkt für den internationalen Handel. Wie laufen sie eigentlich ab?

Jeweils um 10.30 und um 15 Uhr Londoner Zeit treffen sich im Fixing-Room der Bank N. M. Rothschild & Sons die Vertreter der fünf großen englischen Häuser. Der Chefgoldhändler von *Rothschild* führt traditionell den Vorsitz, außerdem nehmen Vertreter von Mocatta and Goldsmid, Sharps, Pixley, Johnson Matthey und Samuel Montagu teil. Sie alle sind während des Fixings über offene Telefonleitungen mit ihren eigenen Händlerzimmern verbunden.

Der Vertreter von Rothschild beginnt das Fixing mit der Bekanntgabe eines Eröffnungspreises. Dieser wird an den Handel der einzelnen Häuser weitergeleitet, wo die Kunden davon unterrichtet werden. Auf der Basis der Aufträge, die nun hereinkommen, erklärt sich der jeweilige Vertreter beim Fixing als Käufer oder Verkäufer.

Falls der Eröffnungspreis auf kein Interesse stößt, oder falls zu diesem Preis mehr Käufer als Verkäufer oder mehr Verkäufer als Käufer auftreten, Angebot und Nachfrage also nicht ausgeglichen werden können, wird dieselbe Prozedur zu höheren oder niedrigeren Preisen so lange wiederholt, bis ein Preis gefunden ist, der beide Seiten zufrieden stellt. Angebot und Nachfrage sind jetzt bei einem exakten Preis ausgeglichen, und der Vorsitzende erklärt: »Gentlemen, we are fixed.«

Das Fixing kann in ein paar Minuten vorüber sein, es hat aber auch schon weit über eine Stunde gedauert. Da die Händler der vertretenen Firmen ihre Kunden über die Preisschwankungen während des Fixings laufend informieren, können diese ihre Instruktionen nach Belieben ändern, solange das Fixing andauert.

Zu diesem Zweck haben die Vertreter im Fixing-Room von Rothschild

## Anerkannte Schmelzereien und Prüfer

| Land | | |
|---|---|---|
| Australien | Melters & Assayers | Matthey Garrett Pty. Limited |
| | Melters & Assayers | Engelhard Industries Pty. Ltd. |
| | Melters & Assayers | The Perth Mint (formerly Royal Mint, Perth Branch) |
| Belgien | Melters & Assayers | N.V. Métallurgie Hoboken-Overpelt S.A. |
| | Melters & Assayers | Johnson Matthey & Pauwels, S.A. |
| BR Deutschland | Melters & Assayers | W.C. Heraeus GmbH. |
| | Melters & Assayers | DEGUSSA |
| | Melters & Assayers | Norddeutsche Affinerie |
| Canada | Melters & Assayers | Royal Canadian Mint |
| | Melters & Assayers | Canadian Copper Refiners Ltd. |
| | Melters & Assayers | Engelhard Industries of Canada Ltd. |
| | Melters & Assayers | Johnson Matthey & Mallory Limited |
| China, Volksrepublik | Melters & Assayers | Refinery of China |
| Frankreich | Melters & Assayers | Caplain-Saint-André, S.A. |
| | Melters & Assayers | Compagnie des Métaux Précieux |
| | Melters & Assayers | Laboratoires Boudet & Dussaix |
| | Melters & Assayers | Les Anciens Etablissements Léon Martin |
| Grossbritannien | Melters & Assayers | Johnson Matthey Chemicals Limited |
| | Melters & Assayers | Sheffield Smelting Co., Ltd. |
| | Melters & Assayers | Engelhard Industries Ltd. |
| Italien | Melters & Assayers | Metalli Preziosi S.p.A. |
| Japan | Melters & Assayers | Tanaka Kikinzoku Kogyo K. |
| | Melters & Assayers | Mitsui Mining Co. |
| | Melters & Assayers | Mitsubishi Min. Corp. |
| Korea – Demokr. Volksrep. | Melters & Assayers | Central Bank, D.P.R. of Korea |
| Niederlande | Melters & Assayers | Schone Edelmetaal B.V. |
| | Melters & Assayers | H. Drijfhout & Zoon's Edelmetaalbedrijven B.V. |
| Philippinen | Melters & Assayers | Central Bank of the Philippines |
| Schweiz | Melters & Assayers | Métaux Précieux S.A. |
| | Melters & Assayers | Usine Genevoise de Dégrossissage d'Or |
| | Melters & Assayers | Argor, S.A. |
| | Melters & Assayers | Valcambi S.A. |
| Republik Südafrika | Melters & Assayers | Rand Refinery Limited |
| Spanien | Melters & Assayers | Industrias Reunidas Minero-Metalurgicas, S.A. |
| Vereinigte Staaten | Melters & Assayers | United States Assay Offices & Mints |
| | Melters & Assayers | United States Metals Refining Company |
| | Melters & Assayers | ASARCO |
| | Melters & Assayers | Homestake Mining Company |
| | Melters & Assayers | Engelhard Minerals and Chemicals |
| | Melters & Assayers | Handy & Harman |
| Sowjetunion | Melters & Assayers | State Refineries |
| | Melters & Assayers | ALL Union Gold Factory |

*Quelle:* Gold Handbuch, SKA

einen kleinen Union Jack auf dem Schreibtisch stehen. Sobald einer der versammelten Herren »flag« sagt und seinen Union Jack aufstellt, darf der Vorsitzende nicht fixieren. Erst wenn alle Union Jacks gesenkt sind, kann der Vorsitzende den Fixing-Preis bekannt geben.

Beim Fixing geben zunächst die Verkäufer die Menge an, die sie anbieten, und erst danach decken die Käufer ihre Karten auf.

Der Vorteil des Fixings ist die geringe Marge. Verkäufer erhalten den Fixing-Preis ohne Abzug, nur die Käufer zahlen eine Kommission. Gehandelt wird in 400-Unzen-Barren (ca. 12,5 kg), die 995 fein sind. Das bedeutet, daß 995 von 1000 Teilen reines Gold sind.

Wer kauft und verkauft beim Fixing? Es sind Banken, Goldproduzenten und Goldverbraucher, aber auch große Investoren. Falls nicht anders vereinbart, erfolgt Zahlung und Auslieferung zwei Arbeitstage später.

Das Fixing ermöglicht es übrigens, daß ein einziger Käufer oder Verkäufer den Preis unverhältnismäßig stark beeinflußt, aber trotz gelegentlicher Verzerrungen sind die Fixings doch ein vorzügliches Indiz für die Stimmung und den Trend am Goldmarkt.

Zürich kennt kein Fixing. Der Schweizerische Berufshandel tritt als Selbstkontrahent auf und arbeitet somit aufgrund von Eigenpositionen, wenn diese auch im Lauf der Jahre und mit zunehmender Volatilität des Goldpreises immer mehr geschrumpft sind. Da die Zürcher Banken nicht als Makler für ihre Kunden handeln, erheben sie auch keine Kommission. Die Preise werden netto für Ankauf und Verkauf notiert. Die für die normale Privatkundschaft geltende Marge zwischen Geldkurs und Briefkurs beträgt meist drei Dollar, war aber in Zeiten extremer Marktverhältnisse auch schon weiter.

Die neueste Dienstleistung des Platzes Zürich ist die von den drei Großbanken gegründete Goldbrokergesellschaft *PREMEX AG*, die nicht mit privaten Kunden handelt, sondern Geschäfte zwischen Professionellen, meist Banken, vermittelt.

Mit dem sagenumwobenen *Zürcher Goldpool* werden Sie als privater Kunde nicht in Berührung kommen. Er wurde Ende der sechziger Jahre gegründet, als Zürich – auf Kosten Londons – zum Hauptabnehmer südafrikanischen Goldes avancierte. Heute hat der Pool etwas an Bedeutung eingebüßt, und die meisten Investoren wissen nie so recht, was er eigentlich tut.

Am besten, wir lassen dazu die Schweizerische Kreditanstalt zu Wort kommen:

## Barren und die Raffinage

Die meisten führenden Produzentenländer pflegen ihre Neuproduktion in Form der als Standardbarren bezeichneten Einheiten zu zirka 12½ kg mit einer Feinheit von 995 Tausendsteln auf den Markt zu bringen. Gold in dieser Form ist vorwiegend eine Domäne des Berufshandels und großer industrieller Verarbeiter sowie der Zentralbanken, denen es als Währungsreserve dient. Ein großer Barren, welcher bei einem Unzenpreis von beispielsweise 600 $ einen Wert von rund 240 000 $ verkörpert, übersteigt aber in der Regel die Möglichkeiten eines privaten Anlegers oder auch eines gewerblichen Verbrauchers. Der Berufshandel pflegt daher einen Großteil der ihm aus der Neuproduktion anfallenden Barren einzuschmelzen und auf höhere Feinheiten von 999 oder 999,9 Tausendsteln zu raffinieren, um daraus Kleinbarren und Plättchen verschiedenster Gewichtsstufen und Abmessungen für die Bedürfnisse einer weltweiten Kundschaft herzustellen. Interessant ist in diesem Zusammenhang, daß von den großen Produzenten einzig die UdSSR ihre großen Barren mit einer Feinheit von 999,9 auf den Markt bringt. Eine noch weitergehende Raffinage auf 999,99 oder 999,999 findet allenfalls für hochspezialisierte, technische Anforderungen statt, muß aber mit einem bedeutenden zusätzlichen Aufwand erkauft werden. In der Schmuckindustrie ist übrigens die Angabe des Feingehalts in Karat üblich. 24 Karat entsprechen reinem Gold. 18 Karat entsprechen einer Legierung, die 750 Tausendstel Gold und 250 Tausendstel andere Metalle, zum Beispiel Kupfer, Silber usw. enthält.

Der Bankverein nimmt Gold in jeder nicht handelsüblichen Form, das heißt mit Feinheiten von weniger als 995 Tausendsteln, zur Raffinage entgegen, ob es sich um große oder kleine Mengen, um Rohgold aus der Minenproduktion, industrielle Abfälle, altes Zahngold oder um unmodern gewordenen Schmuck handelt. Der Verkäufer kann uns dasselbe einliefern und erhält nach Verarbeitung in unserer Scheideanstalt nach Wunsch den Feingoldgehalt auf einem Metalldepot gutgeschrieben oder dessen Gegenwert zum jeweiligen Tageskurs ausbezahlt.

*Quelle:* Gold, Schweizerischer Bankverein

»Um die beträchtlichen Mengen des von der Republik Südafrika verkauften Goldes zu angemessenen Preisen reibungslos aufnehmen zu können, schlossen sich die drei Großbanken (Schweizerische Kreditanstalt, Schweizerischer Bankverein und Schweizerische Bankgesellschaft) zum sogenannten Zürcher Goldpool zusammen. Unter diesem Arrangement kaufen die drei Institute das angebotene Metall nicht einzeln, sondern gemeinsam als nicht-konkurrierende Engroshändler. Dagegen verkauft jede Bank das erworbene Gold als Detaillist.«

»Die Abwicklung der Pool-Geschäfte ist dem Clearing-System nachgebildet. Wann immer ein Mitglied Gold kauft oder verkauft, findet eine Gegentransaktion mit dem Pool statt, ohne daß allerdings einem Mitglied der Einblick in die einzelnen Geschäfte eines anderen Mitglieds möglich wäre. Normalerweise werden Positionen zu einer Einheit von mindestens 250 kg zusammengefaßt und über den Pool ausgeglichen.«

»Vorräte besitzt physisch nur das einzelne Pool-Mitglied. Die Gesamtposition des Pools selber wird bloß buchhalterisch erfaßt. Ergibt sich beispielsweise ein Angebotsüberschuß auf dem Markt, so wird dieser von den Pool-Mitgliedern zu gleichen Teilen aufgenommen. Tritt hingegen ein Überschuß der Nachfrage auf, dann wird dieser aus den jeweiligen Eigenbeständen gedeckt. Die Händler-Büros sind über eine Konferenzlinie dauernd in Kontakt miteinander und können so anhand der laufenden Veränderungen die Preise festlegen.«

Im folgenden werde ich Ihnen die gängigsten Goldbarren und Goldmünzen vorstellen und Ihnen sagen, wie Sie Gold bar kaufen können, ohne es in Empfang zu nehmen – nämlich auf einem Goldkonto, auf einem Golddepot oder mit Hilfe eines Goldzertifikats.

Selbstverständlich ist die Feinheit des Goldes auf jedem *Barren* angegeben. Der in London oder anderswo notierte Preis der Feinunze bezieht sich immer auf die handelsüblichen, großen Barren mit einer Feinheit von mindestens 995. Bei diesen Barren bestehen 995 von 1000 Teilen aus reinem Gold. Ein vollkommen reiner Goldbarren, den es allerdings nicht zu kaufen gibt, hätte eine Feinheit von 1000. Barren mit Feinheit von mindestens 995 sind »*good delivery*« (= gute Lieferung), und sie müssen von einer anerkannten Scheideanstalt stammen. Ein Teil des Währungsgoldes, das die USA besitzen, ist nicht »gute Lieferung« und müßte daher erst umgeschmolzen werden, wollten die Amerikaner es am Weltmarkt verkaufen.

## Numismatische Münzen und Medaillen

Neben den marktgängigen, durch niedriges Aufgeld bekannten Goldmünzen, die Sie in der Bundesrepublik kaufen können, gibt es eine Vielzahl von anderen Münzen und Medaillen. Wie hoch deren Aufgeld auf den reinen Goldpreis ist, ersehen Sie aus unserer aktuellen Goldpreisliste, die Sie in jeder Geschäftsstelle erhalten.

Gegenüber den gängigen Münzen haben diese numismatischen Objekte die Besonderheit, daß die Differenz zwischen Kauf- und Verkaufspreis infolge der geringeren Marktgängigkeit größer ist. Um bei einem eventuellen Wiederverkauf Gewinn zu erzielen, ist ein größerer Anstieg des Goldpreises erforderlich als bei marktüblichen Goldmünzen. Denn der Goldpreisanstieg muß die beträchtliche Handelsspanne und die bezahlte Mehrwertsteuer übersteigen. Solche numismatischen Goldmünzen sind daher eher Sammlerobjekte und Raritäten als eine Geldanlage. Darum bieten wir solche Stücke in der Regel auch nicht an.

Ihre Nachteile liegen aber nicht nur in der Kursspanne, die in extremen Fällen über 30 Prozent ausmacht, sondern auch in der sehr unterschiedlichen Beurteilung des Erhaltungsgrades seltener Münzen. Dieser Unsicherheitsfaktor kann zu erheblichen Preisdifferenzen führen.

Der Vorteil: Sie können Ihre Freude am Sammeln mit einer Anlage verbinden. Aber Sie sollten sich darüber im klaren sein, daß Ihre Liebhaberei den Ausschlag geben soll.

Goldmedaillen können wir als Geldanlage nicht empfehlen. Für sie gilt das Sprichwort: „Es ist nicht alles Gold, was glänzt." Goldmedaillen sind lediglich Metallscheiben, die aus besonderen Anlässen und ohne Nennwert geprägt werden. Befugt ist jeder dazu, kaum einer der Herausgeber ist aber bereit, die Medaillen wieder zurückzunehmen. Deshalb gibt es auch keinen „Markt" für Goldmedaillen. Das Aufgeld auf den Goldwert ist unverhältnismäßig hoch, und beim Verkauf erhält man nur den reinen Metallwert abzüglich der Schmelzkosten. Auf Ihren Wunsch würden wir Ihnen natürlich auch Goldmedaillen besorgen. Aber nicht, ohne Sie vorher ausdrücklich auf die Problematik hinzuweisen, die damit zusammenhängt. Deshalb: Bevor Sie Sammlermünzen oder Medaillen kaufen, sprechen Sie mit einem unserer Kundenberater.

*Quelle:* Wie Sie Geld richtig in Gold anlegen, Deutsche Bank

Goldbarren tragen außer der Feinheitsangabe eine Seriennummer, die Gewichtsangabe, die Handelsmarke und den Prüfstempel. Am preiswertesten sind die großen Barren im Gewicht von etwa 12,5 kg, die für einen normalen Investor freilich arg ins Geld laufen. Als Gold noch historisch billig war, waren sie auch für kleinere Anleger erschwinglich. Heute wird der private Investor kaum über den 1-kg-Barren hinausgehen.

Je kleiner der Barren, desto mehr muß für die Gewichtseinheit Gold bezahlt werden, weil die Herstellung mit kleineren Größen teurer wird.

Die 1-kg-Barren werden noch in drei Feinheiten angeboten: 995, 999 und 999,9. »Vier Neuner«, wie die Goldhändler sagen, sind demnach Barren, bei denen höchstens ein Zehntausendstel aus fremdem Material besteht. Bei den Barren von 500 Gramm abwärts sind »vier Neuner« üblich. Unterschiedliche Feinheiten bei Barren oder Münzen haben für den Käufer allerdings keine Bedeutung, da dies im Preis berücksichtigt wird. Für die Beimengungen im Metall zahlt der Käufer schließlich nicht mit.

Als *Goldplättchen* bezeichnet man für gewöhnlich Gewichte von 100 Gramm abwärts. Die kleinen Plättchen (zehn Gramm, fünf Gramm, 2,5 Gramm, zwei Gramm und ein Gramm) erfreuen sich als Schmuck weltweit steigender Beliebtheit. So finden die Plättchen der SKA besonders in Südostasien seit Jahren großen Anklang.

In der Regel werden die Plättchen nicht wie Barren in Formen gegossen, sondern aus gewalzten Bändern hergestellt und mit einem attraktiven Oberflächenfinish versehen.

Die meisten Produzenten liefern ihr Gold in großen Barren mit der Feinheit von 995 – nur die Sowjetunion liefert vorwiegend mit einer Feinheit von 999,9. Der Handel muß daher die großen Barren mit der Feinheit 995 einschmelzen und raffinieren, und es ist manchmal ein Indiz reger privater Nachfrage, wenn Barren mit der Feinheit 999,9 knapp werden.

Bei den Münzen unterscheidet man zwischen numismatischen, halbnumismatischen, kuranten und nachgeprägten Münzen. Mit *Medaillen* werden wir uns nicht befassen, da sie fast immer zu überhöhten Preisen von x-beliebigen Firmen auf den Markt gebracht werden und nur selten wiederverkäuflich sind. Mit Anlage haben sie nichts zu tun, wobei nicht auszuschließen ist, daß eine von einem anerkannten Künstler gestaltete Medaille Sammlerwert besitzt oder später einmal erhält – sofern die Auflage eng begrenzt war.

### Arten von Münzen sowie Medaillen

| Gattung | Prägezeit | Beispiele | Preisbesonderheiten |
|---|---|---|---|
| Numismatik | seit d. 7. Jh.v.Chr. bis 1804 | griechische und römische Münzen | Einzelpreise |
| Halbnumismatik | seit 1804 bis etwa 1850 | 20 Lire König Carlo Felice; 20 Franken Napoléon I. | Einzelpreise |
| kurante Münzen | seit etwa 1850 | 20 Franken Vreneli; 10 Franken Vreneli; 20 Dollar Double Eagle; 1 Pfund Sovereign, alt | Marktpreis in loser Anlehnung an Goldpreis (hohes Agio) |
| Bullion Coins | seit 1957 | 1 Pfund Sovereign, neu; Krüger-Rand; 10 Rubel Tscherwonetz | Marktpreis in enger Anlehnung an Goldpreis (geringes Agio) |
| Medaillen | seit historischer Zeit | Papst-Serien; Künstler-Serien; Gedenkstücke verschiedener Art, wie SKA-Goldmedaille zum 125-Jahr-Jubiläum | Einzelpreise |

### Entwicklung der Agi von Goldmünzen nach dem Zweiten Weltkrieg

| | | Feingold-gehalt in g | Agio in % auf den Barrenpreis | | | | | | Mitte |
|---|---|---|---|---|---|---|---|---|---|
| | | | 1952 | 1960 | 1970 | 1975 | 1980 | 1981 | 1982 |
| **Kurante Goldmünzen** | | | | | | | | | |
| Vreneli | Fr. 20 | 5,81 | 13 | 24 | 69 | 70 | 17 | 43 | 18 |
| Napoléon | Fr. 20 | 5,81 | 45 | 24 | 57 | 91 | 48 | 41 | 23 |
| Sovereign, alt | £ 1 | 7,31 | 42 | 17 | 27 | 30 | 24 | 19 | 13 |
| Double Eagle | $ 20 | 30,09 | – | 20 | 71 | 62 | 22 | 31 | 22 |
| **Laufend geprägte Münzen** | | | | | | | | | |
| Sovereign, neu | £ 1 | 7,32 | – | – | 15 | 31 | 3 | 4 | – |
| Mexiko | Pes. 50 | 37,50 | – | – | 30 | 5 | 3 | 2 | 1 |
| Österreich | Kr. 100 | 30,49 | – | – | 13 | 4 | 3 | – | – |
| Südafrika | Unze 1 | 31,10 | – | – | – | 4 | 3 | 2 | 3 |

*Quelle:* Gold Handbuch, SKA

Als *numismatisch* im engeren Sinn gelten die Münzen, die vor 1804 – vor dem Kaiserreich Napoleons – geschlagen wurden. Ihr Preis ist vom aktuellen Goldpreis praktisch unabhängig. Sie sind keine Geldanlage, sondern ein Hobby wie das Sammeln von Gemälden, Briefmarken und altem Porzellan. Daß sich ein liebevoll und mit Sachkenntnis gepflegtes Steckenpferd nachher als gute Anlage herausstellen kann, wird jeder wissen, der einmal Antiquitäten gesammelt hat. »Das Wort sammeln«, sagte Carl Jakob Burckhardt, »steht für einen hohen sittlichen Wert, dem alles Schöpferische und alle wirkliche Freiheit entspringt.«

Das Sammeln von antiken Münzen ist eine ebenso zeitraubende wie schöne und teure Leidenschaft, und wenn Sie glauben, Sie könnten daran Gefallen finden, spazieren Sie doch einmal in das Monetarium der SKA in der Bahnhofstraße in Zürich. Sie finden es in unmittelbarer Nähe des Bahnhofs. Auch in anderen Großbanken finden Sie numismatische Spezialabteilungen. Übrigens lohnt sich beim Kauf von Münzen immer ein Gang zur Bank Leu, ebenfalls in der Bahnhofstraße – die Preise sind dort manchmal günstiger.

Die Erfahrung zeigt, daß Sie für ein tadellos erhaltenes Stück immer wieder einen guten Preis erzielen, wenn Sie es verkaufen wollen. Sammeln Sie also keine abgegriffenen Stücke.

Die bekanntesten Erhaltungsgrade für Münzen sind folgende:

|     | Deutsch            | Französisch         | Englisch       |
| --- | ------------------ | ------------------- | -------------- |
| I   | Polierte Platte    | Flan bruni          | Proof          |
| II  | Fdc/Stempelglanz   | Fleur de coin       | Uncirculated   |
| III | Vorzüglich         | Superbe             | Extremely fine |
| IV  | Sehr schön         | Très beau           | Very fine      |
| V   | Schön              | Beau                | Fine           |
| VI  | Sehr gut erhalten  | Très bien conservé  | Very good      |

Es ist fast unnötig, hinzuzufügen, daß antike Münzen, aber auch Münzen der Neuzeit mit hohem Aufpreis mehr als früher gefälscht werden. Auf Gelegenheitskäufe in Italien, Griechenland oder anderswo sollten Sie sich wirklich nicht einlassen – auch bei Goldangeboten aus privater Hand ist Vorsicht geboten.

# PRÄGETABELLE DER SCHWEIZER GOLDMÜNZEN

(gemäss Angaben der Eidg. Münzstätte, Bern)

**10 Franken**

Probe
(wie definitive Prägung)
1910/11      56

Definitive Prägungen

| | |
|---|---|
| 1911 | 100 000 |
| 1912 | 200 000 |
| 1913 | 600 000 |
| 1914 | 200 000 |
| 1915 | 400 000 |
| 1916 | 130 000 |
| 1922 | 1 020 000 |
| Total | 2 650 000 |

**20 Franken**

| Proben | | |
|---|---|---|
| 1871 | 30 | (Mod. Voigt) |
|  | 200 | (Mod. Durussel) |
| 1873 | 1 080 | (Mod. Dorer)[1] |
| 1887 | 176 | (Mod. Walch-Bühler) |

| Definitive Prägungen | (Mod. Walch-Bühler) |
|---|---|
| 1883 | 250 000 |
| 1886 | 250 000 |
| 1888 | 4 224 |
| 1889 | 100 000 |
| 1890 | 125 000 |
| 1891 | 100 000 |
| 1892 | 100 000 |
| 1893 | 100 000[2] |
| 1894 | 120 600 |
| 1895 | 200 000[3] |
| 1896 | 400 000 |
| Total | 1 749 824 |

**20 Franken**

Probe
(Mod. Landry mit Stirnlocke)
1897      12

Definitive Prägungen
(wie Probe, jedoch ohne Stirnlocke)

| | |
|---|---|
| 1897 | 400 000[4] |
| 1898 | 400 000 |
| 1899 | 300 000 |
| 1900 | 400 000 |
| 1901 | 500 000 |
| 1902 | 600 000 |
| 1903 | 200 000 |
| 1904 | 100 000 |
| 1905 | 100 000 |
| 1906 | 100 000 |
| 1907 | 150 000 |
| 1908 | 355 000 |
| 1909 | 400 000 |
| 1910 | 375 000 |
| 1911 | 350 000 |
| 1912 | 450 000 |
| 1913 | 700 000 |
| 1914 | 700 000 |
| 1915 | 750 000 |
| 1916 | 300 000 |
| 1922 | 2 783 678 |
| 1925 | 400 000 |
| 1926 | 50 000 |
| 1927 | 5 015 000 |
| 1930 | 3 371 764 |
| 1935 | 175 000 |
| 1935 L | 20 008 813[5] |
| 1947 | 9 200 000[6] |
| 1949 | 10 000 000[6] |
| Total | 58 634 255 |

**100 Franken**

| | |
|---|---|
| 1925 | 5 000 |

**Anmerkungen**

[1] 1000 Stück entfallen auf Prägung mit Münzzeichen (3 Punkte)
   80 Stück entfallen auf Prägung ohne Münzzeichen (2 Punkte)
[2] Zuzüglich 25 Stück aus hellerem Walliser Gold aus Gondo
[3] Desgl. 19 Stück
[4] Desgl. 29 Stück
[5] Prägungen 1946/47 Münzzeichen LB
[6] Randinschrift AD LEGEM ANNI MCMXXXI

*Quelle:* Gold, Schweizerischer Bankverein

Münzen, die in der ersten Hälfte des 19. Jahrhunderts geprägt wurden, werden als *halbnumismatisch* bezeichnet.

In sehr großen Mengen sind *kurante*, nach 1850 geprägte Goldmünzen erhältlich. Dies ist das Geld des Goldstandards, das Geld einer Zeit, als die europäische Zivilisation auf ihrem Höhepunkt stand. Moderne Nachprägungen fallen nicht unter diese Kategorie. Da kurante Münzen in der Regel nicht sehr selten sind, spielt bei ihnen der aktuelle Goldpreis durchaus eine Rolle. Hinzu kommt aber ein mehr oder weniger hohes Aufgeld.

Das Gebiet, auf das sich der Münzsammler wagt, ist kaum übersehbar. Zum Beispiel waren Mitte des 19. Jahrhunderts allein in der Schweiz 860 landeseigene Münzen im Umlauf, im Wert von 15 Millionen Franken. Der gesamte Münzumlauf in der Schweiz machte damals aber 115 Millionen Franken aus, die meisten Münzen waren demnach ausländische.

Für einige Münzen haben sich Namen eingebürgert, die jeder Investor kennt – zum Beispiel das *Vreneli*. Es ist ein goldenes 20-Franken-Stück, das ab 1897 jenen Frauenkopf erhielt, der ihm später den Namen gab. Bis 1935 wurden davon 19 Millionen Stück hergestellt. Dazu kamen von 1911 bis 1922 2,65 Millionen halbe Vreneli und 1925 5000 Fünfer-Vreneli zu 100 Franken.

Andere weitverbreitete kurante Münzen sind: der *Napoléon*, eine französische 20-Francs-Münze mit dem Bild Napoleons III.; der *Sovereign*, eine englische Münze mit dem Bild früherer Könige; der *Eagle*, das amerikanische 10-Dollar-Stück mit dem amerikanischen Adler auf der Rückseite und dem Kopf des Freiheitssymbols oder einem Indianerkopf auf der Vorderseite; der *Double-Eagle*, das amerikanische 20-Dollar-Stück mit dem amerikanischen Adler auf der Rückseite und dem Kopf beziehungsweise der ganzen Gestalt des Freiheitssymbols auf der Vorderseite.

Auch kurante Goldmünzen können nicht in jedem Fall als reine Geldanlage eingestuft werden. Der Aufpreis auf das Goldgewicht schwankt oft beträchtlich, wobei es auch Zeiten gab, wo diese Münzen einen längeren Rückgang des Marktpreises für Gold kaum mitgebracht haben. Jedenfalls genügt es nicht, eine Meinung zur Entwicklung des Goldpreises zu haben, um die Preisbildung bei diesen Münzen einschätzen zu können.

Wenn aber kurante Münzen einmal auf ihren Metallwert zurückfallen, was schon vorkam, sollten Sie sie jeder anderen Goldanlage vorziehen. Denn später bildet sich bestimmt wieder ein Aufgeld heraus.

Ein unproblematisches Investment sind hingegen die neugeprägten Münzen, die sogenannten *Bullion Coins*. Sie sind, wie der Name sagt,

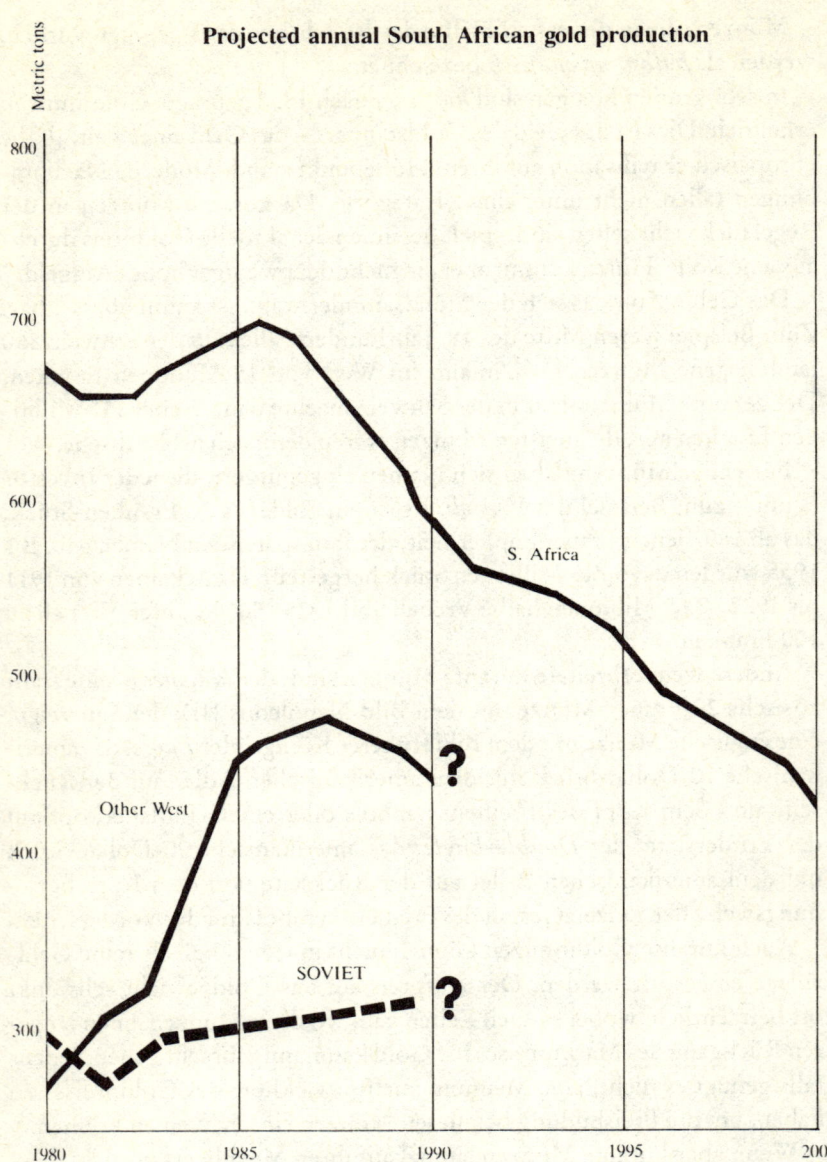

Eine scharf fallende Goldproduktion in Südafrika, spätere Rückgänge in den anderen westlichen Ländern und höhere Produktionszahlen für die Sowjetunion – so schätzen die Experten die Aussichten für die Goldförderung bis 1990 und 2000. Quelle: Strauss, Turnbull

Edelmetall in Münzform. Zu dieser Gattung zählen der *Krügerrand* in Größen zwischen einer Unze und ¹/₁₀ Unze, der kanadische Maple Leaf, der mexikanische Peso, der russische Tscherwonetz, die österreichischen Neuprägungen und der neue, ab 1957 geprägte englische Sovereign. Der Aufpreis, das sogenannte Agio, ist bei den Bullion Coins sehr gering, erreicht aber beim kleinsten Krügerrand zehn oder elf Prozent. Werfen Sie einen Blick auf die Preisliste mit den Agios.

Ich werde oft gefragt, welche Bullion Coins ich vorziehe. Folgen Sie Ihrem persönlichen Geschmack. Nur sollte die Münze international bekannt und damit leicht zu handeln sein, und sie sollte kein zu großes Agio aufweisen. Für den Krügerrand spricht also einiges, aber deswegen müssen sie ihn nicht ausschließlich kaufen. Und wenn Sie zu den furchtsamen Gemütern gehören, die vor einer russischen Besatzung Angst haben, können auch ein paar *Tscherwonetz* dabei sein – wie sollten Sie sich sonst mit den Rotarmisten verständigen.

Ein *Golddepot,* auf das Sie Barren ebenso wie Münzen kaufen können, erspart manche Probleme der Aufbewahrung und läßt vor allem den Dieben keine Chance. Ein deutscher Anleger, der über seine Hausbank kaufen möchte, eröffnet es am besten in Luxemburg. Dafür eignet sich z. B. die *Banque de Luxembourg,* an der die Deutsche Bank beteiligt ist. Der Mindestbetrag liegt bei DM 5000, eine Steuer fällt in Luxemburg nicht an. Für das Depot können Sie auch die preisgünstigen 1-kg-Barren über das Frankfurter Goldfixing erwerben. Sie können auf dem Depot jederzeit wieder verkaufen und erhalten den aktuellen Marktpreis. Die Aufbewahrung ist nicht kostenlos, aber sie fällt bei Gold ohnehin kaum ins Gewicht. Sie brauchen dabei selbst nicht mit Luxemburg in Verbindung zu treten, Sie können alles über eine inländische Filiale der Deutschen Bank abwickeln.

Golddepots bieten selbstverständlich auch die Schweizer Banken an. Da das Gold auf einem Depot von Anfang an in Ihrem Besitz ist, wird die Warenumsatzsteuer von 6,2% erhoben. Sie können wählen zwischen:

- *Einzeldepots:* Ihr Gold wird getrennt vom Gold anderer Kunden aufbewahrt, in welchem Fall die Spesen etwas höher sind.
- *Sammeldepots:* für Privatkunden kommen gattungsmäßig geführte Sammeldepots in Frage, auf die Barren oder Bullion Coins gekauft werden können. Weil die Bestände der einzelnen Kunden hier nicht ausgesondert sind, eignen sich Sammeldepots logischerweise nur für austauschbares Gold, nicht aber für Sammlermünzen.

## Krügerrand Goldmünzen. Gesamtverkauf weltweit pro Monat.

| | 1980 Unzen monatlich | 1980 Unzen gesamt | 1981 Unzen monatlich | 1981 Unzen gesamt | 1982 Unzen monatlich | 1982 Unzen gesamt |
|---|---|---|---|---|---|---|
| Januar | 287 641 | 287 641 | 284 423 | 284 423 | 379 844 | 379 844 |
| Februar | 6 254 | 293 895 | 320 507 | 604 930 | 308 932 | 688 776 |
| März | 124 432 | 418 327 | 345 363 | 950 293 | 664 335 | 1 353 111 |
| April | 259 939 | 678 266 | 123 370[1] | 1 073 663 | 142 752 | 1 495 865 |
| Mai | 231 484 | 909 750 | 112 670 | 1 182 675 | 141 419 | 1 637 283 |
| Juni | 228 354 | 1 138 104 | 207 011 | 1 393 344 | 206 006 | 1 843 289 |
| Juli | 255 170 | 1 393 274 | 447 076 | 1 840 420 | 147 061 | 1 990 350 |
| August | 273 503 | 1 666 777 | 407 682 | 2 248 102 | 62 316 | 2 052 666 |
| September | 264 107 | 1 930 884 | 215 799 | 2 463 901 | 20 198* | 2 072 864 |
| Oktober | 364 143 | 2 295 027 | 329 089 | 2 792 990 | 50 768 | 2 123 632 |
| November | 409 890 | 2 704 917 | 406 657 | 3 199 647 | 262 462 | 2 386 094 |
| Dezember | 437 583 | 3 142 500 | 359 870 | 3 559 517 | 179 330 | 2 565 800 |
| Gesamt | 3 142 500 | 3 142 500 | 3 559 517 | 3 559 517 | 2 565 800 | 2 565 800 |

*Zu den hohen Rückkäufen der Verbraucher an den Markt im September '82 wurden zusätzlich 20.198 Unzen Krügerrand dem Markt weltweit zur Verfügung gestellt.

## Krügerrand Unzen gesamt Münzen in 4 Größen zu 1, 1/2, 1/4 und 1/10 Unze.

| 1970: 211 018 | 1971: 550 200 | 1972: 543 700 | 1973: 859 300 | 1974: 3 203 675 |
|---|---|---|---|---|
| 1975: 4 803 925 | 1976: 3 004 945 | 1977: 3 331 344 | 1978: 6 012 293 | 1979: 4 940 755 |
| 1980: 3 142 500 | 1981: 3 559 517 | | | |

*Die Zahlen nennen die Weltweit verkauften Feinunzen Gold in Form von Krügerrand Goldmünzen. Basis: Vertriebsstatistik der Chamber of Mines of South Africa, Johannesburg, über neu geprägte Krügerrand.

| | 1 Unze Krügerrand | 1/2 Unze Krügerrand | 1/4 Unze Krügerrand | 1/10 Unze Krügerrand |
|---|---|---|---|---|
| Feingoldgehalt | 31,10 g | 15,55 g | 7,78 g | 3,11 g |
| Gesamtgewicht | 33,93 g | 16,97 g | 8,48 g | 3,39 g |
| Münzgoldqualität | 916 2/3 | 916 2/3 | 916 2/3 | 916 2/3 |
| Durchmesser (mm) | 32,6 | 27,00 | 22,00 | 16,50 |
| Dicke (mm) | 2,79 | 2,38 | 1,84 | 1,30 |
| Datierung | seit 1967 bis heute | seit 1980 | seit 1980 | seit 1980 |

Quelle: International Gold Corporation

Vorderseite: Portrait Paul Kruger – erster Präsident der Südafrikanischen Republik – umrahmt von Namen des Landes Südafrika in Englisch und Afrikaans.
Rückseite: Springbock (das südafrikanische Wappentier) mit der Jahreszahl der Prägung und den Angaben:
Krügerrand / 1/2 Krügerrand / 1/4 Krügerrand / 1/10 Krügerrand
Fyngoud / Fyngoud / Fyngoud / Fyngoud
1 oz / 1/2 oz / 1/4 oz / 1/10 oz
Fine Gold / Fine Gold / Fine Gold / Fine Gold
Münzanstalt: Regelmäßige Prägung aller 4 Krügerrand erfolgt durch die Südafrikanische Münze – Jahreszahl jährlich neu –

Die Bayern zieht es wegen der nahen Grenze manchmal auch nach Österreich. Verschiedene deutsche Banken vermitteln den steuerfreien Kauf von Bullion Coins bei einer Bank in Österreich, wo die Stücke aufbewahrt werden können. Für Devisenausländer ist dies möglich, weil Goldmünzen, die in ihrem Herkunftsland als gesetzliche Zahlungsmittel gelten, in Österreich nicht als Gold, sondern als Geldsorten behandelt werden. Mir wäre allerdings nicht ganz wohl bei dem Gedanken, Gold in einem Land liegen zu haben, in dem keine Devisenfreiheit herrscht.

Beim Grenzübertritt in zahlreiche Länder muß Gold deklariert werden, selbst bei der Einreise in die Schweiz. Deswegen empfiehlt es sich, zumindest einen Teil des eigenen Goldbestandes schon jetzt dort zu haben, wo man später vielleicht auf ihn zurückgreifen möchte. Problemlos über Grenzen ist Gold in schriftlicher Form zu transportieren: als Zertifikat.

*Goldzertifikate* werden in der Bundesrepublik von mehreren Großbanken angeboten. Die Zertifikate der *Deutschen Bank Compagnie Financière Luxembourg* z. B. lauten auf 500 Gramm Gold oder ein Mehrfaches davon. Es sind Namenspapiere, die die Lieferung der aufgeführten Menge Gold an die im Zertifikat genannte Person garantieren.

Aufbewahrungskosten entstehen nicht. Sie können jederzeit Ihren Anspruch auf Lieferung geltend machen. Die Lieferung erfolgt in Luxemburg steuerfrei, wobei die gewünschte Aushändigung drei Arbeitstage vorher mitzuteilen ist.

Das Zertifikat können Sie jederzeit zurückgeben und sich den Gegenwert zum dann gültigen Goldpreis gutschreiben lassen. Der Unterschied zwischen An- und Verkauf liegt in der Regel bei etwa drei Prozent.

Zertifikate haben eine ganze Reihe von Vorteilen: sie sind problemlos zu transportieren, wie bereits erwähnt; sie sind mehrwertsteuerfrei; der Preis entwickelt sich genau wie der internationale Goldpreis gegenüber der Deutschen Mark; Sie haben keine Probleme mit der Aufbewahrung; Sie tragen keinerlei Sicherheitsrisiko, auch nicht bei Diebstahl oder Feuer.

Andererseits haben Sie das Gold nicht zu Hause, und sollten Sie das im Zertifikat verbriefte Gold beziehen und in die Bundesrepublik einführen, wird die Einfuhrumsatzsteuer fällig.

Noch einmal: Goldzertifikate lauten auf den Namen des Berechtigten und bestätigen einen Miteigentumsanteil an einem Sammelbestand von Goldbarren oder Goldmünzen. Die Zertifikate sind keine Wertpapiere im Rechtssinne, sondern lediglich Beweismittel für die Ausübung der Eigentumsrechte. Bei Verlust eines Zertifikats bedarf es daher auch keines langwierigen und aufwendigen Aufgebotsverfahrens.

Übrigens können Sie auch eine Person Ihres Vertrauens mit der Abholung des Goldes in Luxemburg beauftragen.

## Das Gold-Termingeschäft mit Schweizer Banken

Das nachstehende Beispiel zeigt schematisch, wie Einschuss und Nachschuss berechnet werden:

|  | je Unze in US-$ | Wert für 100 Unzen in US-$ |
|---|---|---|
| Kontraktpreis | 400.– | 40 000.– |
| 35% Einschuss des Kunden | 140.– | 14 000.– |
| 65% Vorschuss Bank | 260.– | 26 000.– |

Bei einem Preisrückgang steigt das Risiko der Bank um 65% der Kursdifferenz. Folglich muss der Kunde 65% der Kursdifferenz nachschiessen.

| | | |
|---|---|---|
| Preisrückgang von $ 400.– auf | 380.– | 38 000.– |
| Differenz zum Kontraktpreis | 20.– | 2 000.– |
| 65% der Differenz = Nachschuss des Kunden | 13.– | 1 300.– |

Bei einem *Verkaufskontrakt*, also bei Leerverkäufen, gilt grundsätzlich die gleiche Einschusspflicht. Entwickeln sich die Preise günstig, so wird dem Kunden der entstandene Differenzgewinn auf Verlangen gutgeschrieben:

| | | |
|---|---|---|
| Kontraktpreis | 400.– | 40 000.– |
| 35% Einschuss des Kunden | 140.– | 14 000.– |
| 65% Vorschuss Bank/Broker | 260.– | 26 000.– |
| Rückgang des Marktpreises von $ 400.– auf | 380.– | 38 000.– |
| Differenz zum Kontraktpreis | 20.– | 2 000.– |
| 65% der Differenz = Gutschrift für Kunden | 13.– | 1 300.– |

*Quelle:* Gold Handbuch, SKA

*Inhaber-Goldzertifikate,* die nicht auf einen bestimmten Namen lauten, werden z. B. von der Credit Suisse, Luxembourg, angeboten. In der Schweiz fällt die Ausgabe von solchen Zertifikaten unter das Monopol der Nationalbank und ist allen anderen Stellen verboten. Als die Währungen noch mit Gold gedeckt waren, waren Banknoten ja nichts anderes als Inhaber-Goldzertifikate. Das Recht an einem solchen Zertifikat steht jedem zu, der es vorweist. Es ist vollständig übertragbar.

Derartige Zertifikate können in der Schweiz zwar deponiert, aber nur in Luxemburg oder bei einer anderen ausländischen Geschäftsstelle der SKA, wo dies mit den nationalen Gesetzen in Einklang steht, eingelöst werden.

Goldzertifikate stellen ein Zahlungsversprechen dar. Sie sind eine Ergänzung in der Palette des Goldangebots, und ihr wichtigster Vorteil liegt wohl darin, daß sie leicht transportiert werden können. Aus Gründen, auf die ich später eingehen werde, sollte eine solide Goldanlage aber nicht auf Zertifikaten aufgebaut sein.

Seitdem auch in der Schweiz Gold besteuert wird, erfreuen sich die *Metallkonti* steigender Beliebtheit. Sie werden für Gold, Silber, Platin und Palladium angeboten. Für die weißen Metalle sind sie ideal, denn da diese keine geldähnliche Funktion wie Gold erfüllen, macht es auch keinen Sinn, sie zu beziehen und physisch zu besitzen. Bei Silber wäre dies wegen des großen Volumens auch zu umständlich. In den weißen Metallen investiert man, um Differenzgewinne zu erzielen, nicht aber, um eine letzte Reserve für schlechte Zeiten aufzubauen.

Mit einem Metallkonto sind Sie jederzeit beweglich. Sie können telefonisch kaufen und verkaufen, wobei die Mindestmenge 32 Unzen (ca. 1 kg) beträgt, Sie können auch Gold auf Kredit hinzukaufen und dabei eine moderate Hebelwirkung erzielen. Sie zahlen keine Warenumsatzsteuer, solange Sie das Gold nicht beziehen – und die Marge von etwa drei Dollar zwischen Geld- und Briefkurs ist erheblich geringer als bei fast allen Wertpapiergeschäften.

Schließlich eine Bemerkung zum Termingeschäft mit Banken in Zürich oder Frankfurt. Es ist wenig bekannt, daß auch an diesen Plätzen Terminkontrakte vermittelt werden, obwohl dort kein offizieller Terminmarkt existiert. Ich behandle diese Variante nicht im Kapitel »Futures«, sondern jetzt schon, weil es sich eigentlich um *Cash-forward*-Kontrakte handelt – um ein Kassageschäft auf einen späteren Zeitpunkt.

Führende Goldhandelsbanken in Frankfurt ermöglichen dieses Geschäft nur großen Kunden, in Zürich sind Cash-forward-Geschäfte ab 100 Unzen möglich.

Hier Auszüge aus einem Kommentar der SKA:

»In Zürich als typischem Cash-forward-Markt werden keine festen Terminmonate gehandelt, sondern für einzelne Daten Terminkurse auf Grund der Verzinsung errechnet. Jedes Termingeschäft beinhaltet seitens der als Kontrahent auftretenden Bank oder des Brokers eine Kreditoperation. Denn diese übernehmen die Gewähr, daß ihr Kunde am Stichtag den Kauf- oder Verkaufskontrakt erfüllt.«

»Vor Abschluß eines Termingeschäfts muß der Kunde daher ein Sicherheitsdepot – Einschuß genannt – hinterlegen. Es ist eine Art Unterpfand. Die eigentliche Haftung bezieht sich jedoch auf den gesamten Kontraktwert und macht deshalb ein Vielfaches des Einschusses aus. Daher ist es für den Akteur bei Termingeschäften ratsam, über hinreichende Liquiditätspolster zu verfügen, wenn er nicht Gefahr laufen will, seine Position im unrechten Moment auflösen zu müssen.«

Bei Termingeschäften verlangt die SKA 35% Einschuß, was bei einem Goldpreis von $ 400 $ 14 000 ausmacht. Jeder Kontrakt beläuft sich auf 100 Unzen. Ist der Kunde long, hat er also gekauft, und fällt der Goldpreis um $ 20, dann müßte er $ 13 je Unze nachschießen. Als Nachschuß verlangt die SKA 65% der Differenz zwischen dem ursprünglichen Kontraktpreis und dem (im Falle einer Long-Position) gesunkenen Marktpreis. Bei Leerverkäufen gilt dieselbe Einschuß- und Nachschußpflicht.

Außerdem weist die SKA darauf hin, daß sie berechtigt ist, eine Zwangsliquidation des Kontraktes vorzunehmen, falls der verlangte Nachschuß nicht unverzüglich geleistet wird. Zur Abwicklung von Termingeschäften können dem Kunden aber auch Kreditlimiten aufgrund einer bankmäßigen Deckung eingeräumt werden.

Termingeschäfte mit einer Bank sind teurer als an den offiziellen Warenterminbörsen in New York oder London. Sie sind aber sicherer, weil die Bank als »principal« auftritt, für die Erfüllung also haftet – und das tut der Broker nicht. Der Broker ist lediglich Agent.

Übrigens können Sie durch den Forward-Verkauf von physischem Gold, den Sie bei Ihrer Bank liegen haben, risikolos einen Zinsertrag erzielen, der an die Zinssätze am Euromarkt heranreicht, wobei Sie aber kein Euromarkt-Risiko tragen. Überdies bleibt dieser Zinsertrag zunächst steuerfrei, denn eine Quellensteuer wird hier nicht automatisch abgezogen.

In welcher Form auch immer Sie Gold kaufen, überlegen Sie sich vorher und nicht nachher, was Sie damit bezwecken.

Wollen Sie traden, um kurz- und mittelfristige Preisschwankungen auszunutzen, die ein paar Wochen oder ein paar Monate dauern können? Dann sind Münzen ungeeignet. In diesem Fall ist ein Metallkonto oder das Termingeschäft das ideale Vehikel.

Oder wollen Sie das Gold als langfristige Anlage für ein paar Jahre, für die Dauer eines gesamten Bull-Marktes halten? Dann kommen ein Depot, zur Ergänzung Zertifikate, eventuell auch ein Metallkonto in Frage.

Oder betrachten Sie Ihr Gold als letzte Sicherheit, als Notreserve für schlechte Tage? Dann sollten es Münzen und vielleicht auch einige Barren sein, die voll bezahlt und sicher verwahrt sind.

Machen Sie bitte nicht den Fehler vieler Investoren, die ihre Notreserve dezimieren, wenn der Goldpreis einmal fällt, oder die umgekehrt Gold, das als Spekulation gedacht war, kurzerhand zur langfristigen Anlage erklären, sobald der Marktpreis unter den Einstiegspreis gefallen ist.

Sie müssen von Anfang an wissen, was Sie wollen – zu welchem Zweck und mit welcher zeitlichen Perspektive Sie das Gold gekauft haben.

## III. Vorsorge: Gold als letzte Sicherheit

Der Schlüssel zu unserem Verhalten als Anleger liegt mehr, als wir es selbst ahnen, in unserer psychischen Grundeinstellung – und in dem Bild, das wir uns von der politischen und wirtschaftlichen Zukunft machen.

Da gibt es die eingefleischten Pessimisten, die unverbesserlichen Optimisten und schließlich die Realisten, die manchmal eine Neigung zum Fatalismus haben.

Der Pessimist sagt: Ich habe die Zukunft gesehen, und sie funktioniert nicht. Er will im Grunde auch gar nicht, daß sie funktioniert. Der Pessimist zieht eine innere Befriedigung aus dem Wissen, daß er Zeuge eines großen Untergangsschauspieles ist – des Untergangs des Abendlandes, des Geldwertes, des Kapitalismus, der ganzen Welt, so wie wir sie kennen. Der Genuß an dieser apokalyptischen Perspektive wird noch süßer dadurch, daß der Pessimist zu Recht annimmt, daß die Mehrheit der Zeitgenossen seine Ansichten nicht teilt. Er wäre enttäuscht, wenn alle so dächten wie er.

Solche weltanschaulichen Pessimisten finden sich in nicht geringer Anzahl unter den Goldhortern. Sie verstecken zunehmende Mengen an Gold in allen möglichen Safes, unter Matratzen, unter Fußböden, im Mauerwerk ihres Hauses, ja sogar im Erdreich ihres Gartens, wobei sie selten versäumen, in eben diesem Garten in bestimmter Tiefe Nägel an den verschiedensten Stellen einzugraben, damit die Metalldetektoren der Diebe in die Irre geführt werden.

Ein Krieg im Mittleren Osten, ein Konflikt in Mittelamerika, ein Anschlag auf irgendeinen Präsidenten und jedes Knistern in der Struktur der internationalen Schuldenpyramide sind für den Pessimisten gute Nachrichten. Niedrige Inflationsraten, reichliches Öl und Ruhe am Golf rechnet er zur Kategorie der schlechten Nachrichten. Da er seine tiefste Befriedigung aus steigenden Goldpreisen zieht, nimmt er fast alles in Kauf, was diesem Zwecke dient und freut sich sogar manchmal insgeheim darüber – nicht weil er von Natur aus schadenfroh wäre, sondern weil es seine Meinung bestätigt.

Der zweite Typ, der des unverbesserlichen Optimisten, sagt: Ich habe die Zukunft gesehen, und sie ist wunderbar. Unser Optimist liest in der Zeitung am liebsten Regierungsverlautbarungen, weil sie immer so schön klingen, glaubt den Banken aufs Wort, daß es eigentlich gar keine Schuldenkrise gibt und folgt allen möglichen Abrüstungsverhandlungen mit nie erlahmender Zuversicht, so lange sie auch dauern mögen. Der Optimist ist der festen Meinung, daß finanzielle und politische Katastrophen heutzutage nicht mehr möglich sind, weil wir alle doch dazugelernt haben. Gold faßt er nicht an, statt dessen kauft er gerne öffentliche Anleihen, weil die Regierungen schließlich deren Rückzahlung versprochen haben.

Und der Realist? Er sagt: Ich habe die Zukunft nicht gesehen, und sie wird funktionieren oder auch nicht. Der Realist weiß, daß es nicht darauf ankommt, zukünftige Entwicklungen vorherzusehen, sondern zu wissen, welche Entwicklungen unter den gegebenen Umständen möglich, denkbar oder wahrscheinlich sind. Er hofft vielleicht auf das Beste, aber schließt auch das Schlimmste nicht aus. Er ist fest entschlossen, sich von Nichts überraschen zu lassen. Er ist ein wachsamer Mensch. Er hat Sinn für Geschichte, weil sie ihn lehrt, daß Boom und Bust, Prosperität und Niedergang, aufeinander folgen wie der Tag auf die Nacht – daß es nichts Neues gibt unter der Sonne, auch nicht seit der Erfindung des Computers.

Der Realist hofft eigentlich nicht darauf, daß das internationale Finanzsystem zusammenbricht und Gold auf $ 3000 steigt. Es ist ihm mehr oder weniger gleichgültig, weil er weiß, daß es immer ein Investment geben wird, das zu seiner Zeit das Beste ist.

Der Realist ist stets bereit, seine Meinung zu überprüfen und zu revidieren und sich neuen Situationen anzupassen. Er ist kein gold bug, wie die Amerikaner sagen, kein fanatischer Anhänger des gelben Metalls. Er ist Pragmatiker, und als solcher vertritt er den Standpunkt, daß es unter den gegebenen Umständen riskanter ist, überhaupt kein Gold zu haben als einen Teil seines Vermögens in Gold zu investieren.

Der Realist trifft, mit einem Wort, Vorsorge für alle Eventualitäten – ganz im Sinne von *McMahon*, des stellvertretenden Gouverneurs der Bank von England, der einmal sagte: »Keine Zeit ist nützlicher verschwendet, als diejenige, die für Vorkehrungen gegen Katastrophen aufgewendet wird, die sich dann doch nicht ereignen.«

Gold als Notreserve, als letzte Sicherheit – und dies ist meine eigene, hoffentlich realistische Einstellung – ist durch nichts zu ersetzen. Jemand, der sich systematisch und mit Vorliebe bei Preiseinbrüchen einen Goldvorrat aufbaut, gilt heute nicht mehr als Sonderling wie noch vor 20 Jahren. Gold hat sich in den siebziger Jahren zu einem akzeptierten, sogar modernen Investment gemausert, aber als sehr sophisticated gilt das Goldhorten doch noch nicht. Letzten Endes ist es ja auch eine eher bäuerliche als urbane Angewohnheit.

Der amerikanische Professor Robert *Triffin* artikulierte diese in feinen Kreisen immer noch existierende emotionale Abneigung gegen Gold einmal mit den Worten: »Man kann sich keine absurdere Verschwendung menschlicher Ressourcen vorstellen, als in den abgelegensten Winkeln der Erde nach Gold zu graben, nur, um es wegzuschaffen und es umgehend wieder in tiefen Löchern zu beerdigen, die nur zu dem Zweck gebohrt werden, es aufzunehmen, und die schwer bewacht werden, um es zu schützen.«

Das erinnert mich an den Satz eines Landsmannes von Triffin, des amerikanischen Autokönigs *Ford,* der einmal sagte: »Geschichte, das ist doch nur Mist.«

Wer so denkt, kann natürlich nicht begreifen, daß die Menschen seit ein paar Tausend Jahren das Bedürfnis nach einem, um es abstrakt auszudrücken, Wertaufbewahrungsmittel haben – und daß Gold diese Funktion besser als jedes andere Medium erfüllt hat und erfüllt. Seine Kaufkraft ist über Jahrhunderte und Jahrtausende stabil geblieben, eine Tatsache, die so offenkundig ist, daß viele dazu neigen, sie zu übersehen.

Der Kauf von Gold als letzte Sicherheit hat nichts mit einer Spekulation auf eine bestimmte Preisentwicklung zu tun. Gold, das diesem klar definierten Zweck dient, darf nicht in Dollar oder Franken oder Mark bilanziert werden, sondern ausschließlich in Unzen. Eine Notreserve in Gold halten Sie nicht, weil Sie damit rechnen, Sie könnten später dafür soundsoviel Papiergeld bekommen – sondern Sie halten sie, weil Sie wissen, daß wenigstens dieser Teil Ihres Vermögens nie wertlos werden wird und weil Sie wissen, daß Gold kauft, wenn nichts mehr kauft.

Jemand, der eine Million Dollar hochverzinslich am Euromarkt angelegt hat, darf nicht davon ausgehen, daß sein Wohlstand damit wirklich gesichert wäre. Er hat Forderungen an Schuldner, die er gar nicht kennt – und er könnte theoretisch morgen mit leeren Händen dastehen. Er könnte über Nacht zum armen Mann werden. 1000 oder 2000 Unzen Gold, diskret gekauft und sicher verwahrt, garantieren ihm hingegen unter allen vorhersehbaren Umständen, daß er finanziell überleben wird.

Diese Funktion als letzte Sicherheit kann Gold nur erfüllen, wenn es in der richtigen Form und mit der nötigen Sorgfalt verwahrt wird. Mit diesen, teilweise juristischen Aspekten, wollen wir uns im folgenden befassen. Auch das Bankgeheimnis spielt hierbei eine Rolle, aber dies ist das Thema eines anderen Kapitels.

## Goldvorschriften (Übersicht)

| Land | Im Inland | | Im Verkehr mit dem Ausland | |
| --- | --- | --- | --- | --- |
| | Besitz | Handel | Import | Export |
| Australien | frei | frei | Genehmigung | Genehmigung |
| Bahrain | frei | frei | frei | frei |
| Belgien/Luxemburg | frei | frei | frei | frei |
| Brasilien | nur Münzen | nur Münzen | Lizenz | Lizenz |
| Chile | frei | frei | frei | frei |
| Dänemark | frei | frei | Münzen frei sonst Lizenz | Lizenz |
| BR Deutschland | frei | frei | frei | frei |
| Finnland | frei | frei | Schmuck frei sonst Genehmigung | Genehmigung |
| Frankreich | frei | frei | Genehmigung, Schmuck und Münzen bis 500g frei | Lizenz |
| Griechenland | Barren und bestimmte Münzen frei | Barren und bestimmte Münzen frei | Lizenz, wenn gegen Devisen | nein |
| Grossbritannien | frei | frei | frei | frei |
| Hongkong | frei | frei | frei | frei |
| Indien | nein (wenn nicht angemeldet) | Lizenz | Sondergenehmigung | verboten bis auf Schmuck, dessen Goldwert 10% des Gesamtwertes nicht überschreitet |
| Indonesien | frei | frei | Lizenz | verboten, ausser Gedenkmünzen |
| Irland | nur Münzen | nur Münzen | Lizenz nur für numismatische und industrielle Zwecke | Lizenz |
| Italien | frei | frei ausser unraffiniertem Gold | Lizenz nur für industrielle Erzeugnisse | Lizenz ausser für Schmuck |
| Japan | frei | frei | frei | frei |
| Kanada | frei | frei | frei | frei, Lizenz für Länder der «Area Control List» |

*Quelle:* Gold Handbuch, SKA

## Goldvorschriften (Übersicht)

| Land | Im Inland | | Im Verkehr mit dem Ausland | |
|---|---|---|---|---|
| | Besitz | Handel | Import | Export |
| Kenia | nur numismatische Münzen und Industriebedarf | | Lizenz | Sondergenehmigung |
| Kolumbien | nur Numismatik | nur Numismatik | nur Zentralbank | nur Zentralbank |
| Kuwait | frei | frei | frei wenn über 18 Karat Gold | frei |
| Malaysia | frei wenn Gewichtseinheit 100 g nicht überschreitet | frei | Lizenz ausser wenn Gewichtseinheit 100 g nicht übersteigt | Lizenz |
| Niederlande | frei | frei | frei | frei |
| Neuseeland | frei | frei | Lizenz aber nur für monetäre Behörden und Industrie | Lizenz |
| Norwegen | frei | frei | frei | frei |
| Österreich | frei | frei, wenn unter 585 Feinheit | Lizenz | Lizenz ausser Schmuck |
| Oman | frei | frei | frei | frei |
| Pakistan | nein | nein | nein | nein |
| Panama | frei | frei | Lizenz | Lizenz |
| Philippinen | nein, ausser 2 philippinische Münzen | nein | Lizenz nur für monetäre Behörden und industrielle Verbraucher | Lizenz |
| Portugal | frei | nach Bewilligung der Bank of Portugal | nur mit Bewilligung der Bank of Portugal | |
| Saudi Arabien | frei | frei | frei | frei |
| Singapur | frei | frei | frei | frei |
| Südafrika | nur Münzen | nur Schmuck | Genehmigung der Reserve Bank | |
| Spanien | frei | frei | Vergabe von Quoten für industriellen Bedarf | frei |
| Schweden | frei | frei | Lizenzen nur für Industrie | |
| Schweiz | frei | frei | frei | frei |
| Vereinigte Staaten | frei | frei | frei ausser für folgende Staaten: Kambodscha, Kuba, Nordkorea, Vietnam und Iran | frei |
| Venezuela | frei | frei | Lizenz | Lizenz |

## Steuerfreiheit und Besteuerung von Goldmünzen,
die als gesetzliche Zahlungsmittel gelten – Europa –

| Land | Erwerb | Import | Import- und/oder Verkaufssteuer/MwSt. |
|---|---|---|---|
| Andorra | ja | ja | 5% Zoll |
| Belgien | ja | ja | 1% MwSt. seit 1. 3. 82 |
| Channel Islands Guernsey | ja | ja | keine |
| Großbritannien | ja | ja | 15% seit 1. 4. 82 |
| Jersey | ja | ja | keine |
| Cypern | ja | nein | keine |
| Dänemark | ja | nein | 22% Verkaufssteuer |
| Finnland | ja | ja | 14% Umsatzsteuer |
| Frankreich | ja | nein | 6% Verkaufssteuer |
| Bundesrepublik Deutschland | ja | ja | 13% MwSt. |
| Gibralta | ja | ja | keine |
| Griechenland | ja (begrenzt) | ja (genehmigungspflichtig) | keine |
| Island | ja (begrenzt) | ja (begrenzt) | 23,5% Verkaufssteuer |
| Isle of Man | ja | ja | keine |
| Irland | ja | ja (genehmigungspflichtig) | Einfuhr-Deklaration |
| Italien | ja | nein (nur mit Sondergenehmigung) | keine |
| Luxemburg | ja | ja | keine |
| Liechtenstein | ja | ja | 5,6% Verkaufssteuer |
| Malta | ja | ja | keine |
| Monaco | ja | nein | 6% Verkaufssteuer |
| Niederlande | ja | ja | 4% MwSt. |
| Norwegen | ja | ja | 20% MwSt. |
| Österreich | (ja) | (ja) | 0% Steuer auf gesetzliche Zahlungsmittel (Verkäufe nur an Devisen-Ausländer) 18% Verkaufssteuer auf Münznachprägungen. |
| Portugal | ja | nur mit Sondergenehmigung der Central Bank | 3% Verkaufssteuer |
| Spanien | ja | ja | 30% Luxussteuer |
| Schweden | ja | nein ausgenommen zu Sammlerzwecken | 20% Verkaufssteuer |
| Schweiz | ja | ja | 5,6% Verkaufssteuer |

Quelle: IGC

Ein nicht geringes Risiko droht den Goldbesitzern von der Seite der Regierungen. Gold ist immer ein Stück Freiheit von der Willkür und den Manipulationen der Herrschenden, und deswegen lieben sie es nicht, wenn ihre Untertanen Gold kaufen. Ab und zu holen sie sogar zum Schlag gegen Goldbesitzer aus – und im übrigen ist Mißtrauen gegenüber der Obrigkeit ohnehin die erste Pflicht eines jeden Anlegers.

Nehmen Sie den Fall Frankreich. Das französische Bürgertum befolgte seit Generationen die Regel, ein Drittel des Vermögens in Haus- und Grundbesitz, ein weiteres Drittel in Gold und vielleicht ein knappes Drittel in Wertpapieren anzulegen. Die Franzosen sind damit, wie ein Blick auf ihre Geschichte zeigt, nicht schlecht gefahren. Sie sind, wahrscheinlich nach den Indern, heute die größten privaten Goldbesitzer der Welt. Die Schätzungen reichen von 3000 bis 5000 Tonnen.

Jede französische Regierung der bisher fünf Republiken respektierte die Liebe der Franzosen zum Gold, bis Mitterrand 1981 über Nacht den Kauf und Verkauf des Metalls registrierungspflichtig machte.

Wer auch nur einen Napoléon in Frankreich veräußern will, muß seitdem seinen Ausweis vorlegen. Schmuckstücke und Kunstgegenstände über einem Minimum-Wert müssen mit Verrechnungsscheck bezahlt werden. Die Versicherungen haben dem Finanzamt eine Liste der Kunden vorzulegen, die Wertsachen ab einer Summe von 100 000 Francs versichern lassen.

Französische Abonnenten des Informationsdienstes GOLD & MONEY INTELLIGENCE, der in einem neutralen Umschlag aus der Schweiz versandt wird, haben mir berichtet, die Behörden hätten den Brief – der nicht etwa als Drucksache versandt wird – geöffnet und vom Empfänger Auskunft verlangt, warum er G & M abonniert habe.

Der Goldbesitzer kann daher bei der Auswahl der Lokalität, wo er sein Gold aufbewahrt, der Frage nicht ausweichen: Ist dieses Land ein liberaler Staat? Und bleibt er es auch?

Diese beneidenswerte Organisation menschlichen Zusammenlebens beschränkte sich 1983 auf so wenige Staaten, daß man sie beinahe an den Fingern zweier Hände abzählen konnte: uneingeschränkt konnte man eigentlich nur die Schweiz, die Bundesrepublik, Großbritannien, Kanada, Australien und einige kleinere Staaten hinzuzählen. Schon in Skandinavien ist die finanzielle Freiheit der Bewohner derart eingeengt, daß wir diese Nationen kaum zu jenem kleinen, exklusiven Kreis zählen können.

Die USA sind kein liberaler Rechtsstaat, was eine Massendemokratie mit ihren systemimmanenten totalitären Neigungen auch gar nicht sein kann. Deswegen eignen sich die USA nicht als Aufbewahrungsort für Gold.

In den USA wurde schon einmal, unter Roosevelt, alles private Gold konfisziert, wobei die Entschädigung weit unter dem Marktpreis lag. Seit dem 1. Juli 1983 müssen in den USA die Gold- und Silberhändler alle

Transaktionen dem Internal Revenue Service, der amerikanischen Finanzbehörde, melden. Dasselbe gilt für Broker, bei denen Spekulanten mit Terminkontrakten in Gold und Silber handeln. Im Kongreß wurde sogar verlangt, von jedem, der Gold kauft, Fingerabdrücke zu nehmen.

Der ausländische Investor muß auch wissen, daß die Gesetzgebung der Vereinigten Staaten ausländische Vermögen – und dies gilt nicht nur für Gold, sondern für sämtliche Anlagen – ausgesprochen schlecht behandelt. Europäer, die glauben, im Ernstfall böte ihnen eine Farm in Amerika oder auch nur ein Dollar-Konto in New York irgendeine Sicherheit, unterliegen einem grausamen Irrtum. Daß in den USA keinerlei Bankgeheimnis existiert, sei nur am Rande erwähnt.

Ausländische Vermögen in den USA und Guthaben bei US-Banken, selbst bei deren Filialen im Ausland, sind durch zwei Gesetze bedroht: dem *Trading With the Enemy Act* von 1917 und dem *International Emergency Economic Powers Act* von 1978. Das zuständige »Office of Foreign Assets Control« ist für sein hartes Vorgehen bekannt.

Unter den Begriff »Feind« nach der Definition des Gesetzes von 1917 fielen im Zweiten Weltkrieg nicht nur feindliche Regierungen, sondern auch Jedermann, der in Gebieten lebte, die vom Feind besetzt waren, ja sogar neutrale Personen (auch juristische), die mit dem Feind in den besetzten Gebieten Handel trieben. Selbst nach dem Krieg erhielten nicht alle Deutschen ihr US-Vermögen vollständig zurück. Grundbesitz z. B. war oft verkauft worden, und die Entschädigung fiel sehr mager aus. 1941 wurden sogar schweizerische Guthaben in Amerika eingefroren, und die Schweiz mußte 1946 für die Aufhebung der Blockierung 250 Millionen Franken zahlen – als »freiwilligen« Beitrag zum Wiederaufbau Europas.

Wenig bekannt ist, daß nach 1975 antikommunistische Flüchtlinge aus Südvietnam nach ihrer Ankunft in den USA erleben mußten, daß ihre dortigen Guthaben blockiert waren. Manche von ihnen mußten sich mühevoll durch jahrelange Prozesse kämpfen.

Im 20. Jahrhundert wurden wahrscheinlich mehr Vermögen durch ungenügende juristische Absicherung und durch mangelhafte geographische Risikoverteilung verloren als durch unsachgemäße Spekulation. Lesen Sie hier, wie das Zürcher Bankhaus *Vontobel* die Risiken von US-Anlagen beurteilt:

Die Behandlung von fremden Vermögen während eines Staatsnotstandes und von Feindvermögen in Kriegszeiten unterliegt in den USA seit 1917 dem »Trading with the Enemy Act«, der vielfach ergänzt worden ist, aber immer noch in Kraft steht und daher wieder wirksam wird, wenn ein neuer außenpolitischer Notstand oder militärische Konflikte eintreten.

Das Gesetz überträgt dem amerikanischen Präsidenten, gestützt auf Art. I der Verfassung, weitreichende Befugnisse in Kriegszeiten oder im Falle eines vom Präsidenten erklärten außenpolitischen Notstandes. Der Präsident hat es daher in der Hand, den »Notstand« zu erklären und die Maschinerie des Gesetzes in Kraft treten zu lassen, bevor tatsächlich ein Krieg ausbricht. Er kann dann ausländische Vermögen einfrieren, d. h. er kann die Kontrolle über das in den USA liegende Eigentum auf die amerikanische Regierung übertragen. Das geschah soeben mit der Blockierung des persischen Staatsvermögens in den USA. Der Präsident kann im Kriegsfall in den USA liegendes fremdes Vermögen auch beschlagnahmen, indem es als feindlich erklärtes Eigentum auf den Staat übergeht.

Im letzten Weltkrieg erfolgte auf das Einfrieren die Beschlagnahme. Die Vereinigten Staaten, obwohl sie damals noch neutral waren, froren von 1940 an den Besitz von Einwohnern innerhalb der von den Achsenmächten besetzten Gebiete bis zum Ende der Besetzung ein und erstatteten ihn nach dem Krieg zurück. Die Beschlagnahmung des Vermögens jener Eigentümer, die als »Feinde« angesehen wurden, weil sie sich im »feindlichen Gebiet« befanden, erfolgte erst nach Ausbruch des Krieges zwischen den Vereinigten Staaten und Deutschland im Dezember 1941. Obwohl beschlagnahmtes Vermögen schließlich an die Opfer der deutschen Invasion und Verfolgung zurückerstattet wurde, war der Weg zur Wiedererlangung in vielen Fällen lang und dornig.

Das Einfrieren war somit nur eine vorübergehende Maßnahme, um die Interessen der Vereinigten Staaten und der Einwohner der von den Achsenmächten besetzten Gebiete zu schützen. Als jedoch Amerika tatsächlich in den Krieg verwickelt wurde, trat die Beschlagnahme an die Stelle des Einfrierens. Die Beschlagnahme wird somit nur in Kriegszeiten dem »Feind« gegenüber angewandt.

Der Begriff »Feind« im Sinne von § 2 des Gesetzes war jedoch soweit gefaßt, daß er nicht nur Feindregierungen und Einwohner im Feindesland, sondern auch sonst jedermann umfaßte, der im vom Feind besetzten Gebiet lebte, wie auch jede neutrale Person und Rechtseinheit, die mit dem Feind oder mit dem vom Feind besetzten Gebiet Handel trieb.

Obwohl amerikanische Gesellschaften selbst keine Feinde waren, wer immer auch ihr Eigentümer war, mußten sie doch erschöpfende Auskunft geben über die Identität jedes Vorstandsmitgliedes, Direktors oder Aktio-

## Ein Verhältnis: Die Schweiz und Gold (I)

Fast alle maßgebenden Staaten haben mit unterschiedlichen Maßnahmen während kürzerer oder längerer Zeit versucht, das Gold aus dem privaten Kreislauf zu verdrängen. Von der relativ liberalen Regelung, bei welcher sich der Staat lediglich die Kontrolle über den grenzüberschreitenden Verkehr mit Gold vorbehielt, im übrigen aber den privaten Goldhandel im Lande selbst mehr oder weniger unbehelligt ließ, bis zur restriktivsten Variante, bei welcher dem Bürger jeglicher Besitz von Gold außer in Form von Schmuck- und Kunstgegenständen verwehrt wurde und der Außenhandel striktes Staatsmonopol blieb, gab es bis heute alle möglichen Zwischenstufen. Die Folgen solcher Eingriffe in den freien Markt waren überall dieselben: der privaten Nachfrage nach Gold stand ein ungenügendes Angebot gegenüber, was dazu führte, daß der interne Goldpreis gegenüber dem Preis im freien Markt eine Prämie aufwies, die unvermeidlich zum Schmuggeln verlockte.

In der Schweiz konnte stets nach Belieben Gold gekauft und verkauft werden; sie hat den Goldhandel sowohl im Lande selbst wie auch im Verkehr mit dem Ausland nie eingeschränkt. Die wenigen Ausnahmen bestätigen nur die Regel: während des Zweiten Weltkriegs gab es vorübergehend Beschränkungen, die aber alle wieder aufgehoben wurden.

Im monetären Bereich finden sich Vorschriften über das Gold im Bundesgesetz über das Münzwesen vom 18. Dezember 1970. Es erteilt in Art. 2 dem Bundesrat die Kompetenz, die Goldparität der Währung festzulegen. In Art. 10 wird die Fälschung der ehemals kursierenden schweizerischen Goldmünzen den Bestimmungen des Strafgesetzbuches unterstellt. Das Bundesgesetz vom 23. Dezember 1953 über die Schweizerische Nationalbank ist 1978 im Sinn einer Erweiterung des Instrumentariums geändert worden. Ungeachtet der Demonetisierung des Goldes blieben jedoch die Bestimmungen über das Gold unverändert in Kraft. Art. 19 bestimmt nach wie vor, daß der Gegenwert der umlaufenden Noten zu mindestens 40 Prozent durch Goldmünzen und Goldbarren gedeckt sein muß. Dagegen wurde die Vorschrift, wonach die Mindestgolddeckung im Inland aufbewahrt werden muß, fallengelassen. Nach Art. 22 kann der Bundesrat die Verpflichtung der Nationalbank zur Einlösung ihrer Noten in Gold aufheben und den Noten-Zwangskurs verleihen. Die Nationalbank bleibt aber verpflichtet, den Wert des Frankens auf der gesetzlich vorgeschriebenen Parität zu halten und beim An- und Verkauf von Gold die vom Bundesrat vorgeschriebenen Preisgrenzen einzuhalten. Das Gesetz atmet somit immer noch den Geist der Goldwährung, auch wenn der Bundesrat von der ihm eingeräumten Möglichkeit Gebrauch gemacht und die Nationalbank schon am 29. Juni 1954 von der Einlösungspflicht enthoben hat. Art. 64 überträgt der Notenbank das Emissionsmonopol und stellt Goldzertifikate den Banknoten gleich. Es ist den Schweizer Banken somit bei Strafe verwehrt, wie in anderen Ländern Goldzertifikate auszugeben und damit zu handeln.

närs, der möglicherweise ein Feind gewesen sein konnte. Depositen von Geldgebern aus den besetzten Gebieten wurden nach 1940 eingefroren und unterlagen der Beschlagnahme nach 1941. Wo Zweifel über die Identität des Inhabers bestanden, wurde das Eigentum in der Regel eingefroren oder beschlagnahmt, und man überließ es dem Eigentümer oder dem früheren Eigentümer nachzuweisen, daß er zur Rückgabe berechtigt war.

Nach dem Kriege wurde der Begriff »Feind« verengt, und diejenigen, die im früher besetzten Gebiet lebten oder Verfolgungsopfer gewesen waren, wurden von diesem Begriff ausgenommen. Eingefrorenes Eigentum wurde einfach »aufgetaut«. Beschlagnahmtes Eigentum oder dessen Erlös ist an diejenigen zurückerstattet worden, die ihre Berechtigung nachweisen konnten. Aber in vielen Fällen war das Eigentum, vor allem Grundbesitz, verkauft worden. Der Erlös entschädigte dann die Eigentümer oft ungenügend.

Aus diesen Gründen kann man sich fragen, ob die Vereinigten Staaten der ideale Zufluchtsort für auf den Namen von Ausländern lautende Vermögen sind, die aus einem von einer Invasion bedrohten Land stammen.

Dem wäre die dringende Mahnung hinzuzufügen, bei Anlagen in den USA, die bereits bestehen, unter allen Umständen eine englische Gesellschaft zwischenzuschalten, oder eine auf *Grand Cayman*, weil bei Grand Cayman ausgeschlossen ist, daß es jemals als feindliches Territorium eingestuft werden könnte.

Wer die rechtlichen Verhältnisse in den USA kennt, wird diejenigen in der Schweiz zu schätzen wissen. Nicht umsonst bringen vorsichtige Amerikaner einen Teil ihres Geldes in der Schweiz in Sicherheit, während viele Europäer den umgekehrten Weg gehen – und dabei kann nur eine Seite recht haben.

Gold oder wenigstens einen Teil des eigenen Goldes in der Schweiz zu haben, beruhigt. Warum?

Weil das Schweizer Bankgeheimnis immer noch zu den besten der Welt zählt, weil es sehr unwahrscheinlich ist, daß die neutrale *Schweiz* in einen kriegerischen Konflikt in Europa verwickelt wird, weil die Schweiz eine lange Tradition des Respektes vor ausländischem Eigentum hat und weil dort in der Vergangenheit weniger in den freien Goldhandel eingegriffen wurde als in anderen Ländern. Gold war in der Schweiz noch nie verboten.

Selbst im Zweiten Weltkrieg wurde der Goldhandel in der Schweiz nicht unterbrochen. Allerdings mußten Import und Export von der Na-

# Ein Verhältnis: Die Schweiz und Gold (II)

Da in der Schweiz die Epoche der Goldumlaufwährung erst mit der Abwertung des Schweizer Frankens im Jahre 1936 zu Ende ging, bestand ein Goldhandel im heutigen Sinne vor dem Zweiten Weltkrieg noch kaum. Trotzdem wurde bei Kriegsausbruch der Handel mit Gold konzessionspflichtig erklärt, die Ein- und Ausfuhr von Gold der Bewilligungspflicht durch das Noteninstitut unterstellt, und es wurden staatliche Höchstpreise für Barrengold (Fr. 4970.–/kg) und für die kuranten Münzen festgesetzt. Die Nationalbank erklärte sich allerdings bereit, den inländischen Goldbedarf aus ihren Reserven zu decken und gab zu diesem Zweck in den Jahren 1942–1946 für rund eine Milliarde Franken Gold an den konzessionierten Handel ab. Das alles vermochte aber die Entstehung eines Schwarzhandels während des Krieges nicht zu verhindern.

Als in den Nachkriegsjahren die Durchsetzung der Vorschriften immer schwieriger wurde, entschied man sich, den freien Markt wieder herzustellen. Am 15. Dezember 1951 fielen die Kontroll- und Höchstpreisvorschriften, am 15. April 1952 diejenigen über den Transithandel, und am 1. Juli 1952 wurde die Genehmigungspflicht der Ein- und Ausfuhr fallengelassen. Am 15. Mai 1954 wurde das Gold auch von der Warenumsatzsteuer befreit. Jetzt verfügte die Schweiz über alle wesentlichen Voraussetzungen, um im internationalen Goldhandel eine führende Rolle zu spielen, nämlich die völlige Freiheit des Goldverkehrs, eine frei konvertierbare Währung, ein niedriges Zinsniveau, welches die Finanzierung des kapitalintensiven Goldgeschäfts wesentlich erleichterte, ein leistungsfähiges Bankwesen und stabile politische und wirtschaftliche Verhältnisse.

Der Schweizerische Bankverein nahm als erste der drei Großbanken bereits 1947 die Möglichkeiten wahr, welche im Goldgeschäft lagen. Mit viel Initiative und geduldiger Aufbauarbeit schuf er sich ein Netz von Beziehungen in allen maßgeblichen Absatzmärkten der Welt und leistete damit Pionierdienste für die spätere Stellung Zürich im internationalen Goldhandel.

Als der Londoner Goldmarkt nach seiner kriegsbedingten Schließung 1954 seine Tore wieder öffnete, besaßen die Schweizer Banken bereits ein so großes Plazierungspotential, daß sie von allem Anfang an als größte Käufer am Londoner Fixing in Erscheinung traten. Die Bank of England als Agent der Südafrikanischen Reservebank – und in den sechziger Jahren zusätzlich als Interventionsstelle des Zentralbankenpools – vermittelte über die Broker das Angebot, und so konnte in London mit einem Telefonanruf jeder beliebige Bedarf beschafft werden. Es ergab sich damit eine natürliche Arbeitsteilung zwischen London und Zürich, indem London sozusagen als Grossist den Weltmarkt versorgte, während Zürich weltweit die Verteilerfunktion übernahm.

*Quelle:* Gold, Schweizerischer Bankverein

tionalbank bewilligt werden, und es wurde ein staatlicher Höchstpreis festgesetzt, der bei 4970 Franken pro Kilo lag. Daneben florierte ein kriegsbedingter Schwarzmarkt mit spekulativ überhöhten Preisen. Die Höchstpreisvorschriften wurden am 15. 12. 1951 abgeschafft, und die Genehmigungspflicht für Import und Export entfiel am 1. 7. 1952. Am 15. 5. 1954 wurde Gold auch von der Warenumsatzsteuer befreit, bis sie am 1. 1. 1980 wieder eingeführt wurde.

Deutsches Eigentum blieb schließlich doch nicht unangetastet. Im Frühjahr 1945 mußte der Bundesrat unter dem Druck der Siegermächte, vor allem der Amerikaner, die Blockierung der privaten deutschen Guthaben in der Schweiz beschließen. Die Guthaben wurden 1952 wieder freigegeben.

Bei allem, was für die Schweiz spricht, werden ganz Vorsichtige dennoch nicht alle Eier in einen Korb legen wollen. Bei größeren Vermögen jedenfalls macht eine weitergehende geographische Risikoverteilung durchaus Sinn.

Bei Europäern, die eine Goldreserve außerhalb Europas wünschen, kam in den letzten Jahren *Kanada* in Mode, wo Gold überdies in einigen Provinzen, zum Beispiel in Quebec, steuerfrei gekauft werden kann. London bietet sich ebenfalls an, und auch gegen südamerikanische Länder ist nichts einzuwenden, denn trotz aller Turbulenzen haben sie ausländisches Eigentum stets respektiert. Wenn Sie keine Beziehung zu Lateinamerika haben und kein Spanisch sprechen, wäre vielleicht die britische Kronkolonie Grand Cayman eine Alternative – eine verträumte, beim internationalen Kapital derzeit sehr beliebte Steueroase, wo man überdies einen von den Unbilden der restlichen Karibik unbeschwerten Urlaub verleben kann.

Hier einige Adressen von Instituten, bei denen eine kleinere oder größere Goldreserve für einen regnerischen Tag nicht schlecht aufgehoben wäre:

*Credit Suisse,* 624 Dorchester Boulevard West, Suite 1100, Montreal H3B4B6, Kanada.

*SBC Financial Limited* (Tochtergesellschaft des Schweizerischen Bankvereins), 800 Dorchester Boulevard West, Suite 1620, Montreal H3B1Y7.

*Guardian Trust Company,* 123 Yoange Street, Toronto M5C1W4, Kanada.

*Swiss Bank & Trust Corporation* (Tochtergesellschaft des Schweizerischen Bankvereins), B. N. X. Building, Cardinal Avenue, P. O. Box 852, Grand Cayman, B. W. I. (Kauf und Verwahrung von Edelmetallen, Gesellschaftsgründungen).

*Banco de Montevideo,* Rincon esq. Misiones 1399, Casilla de Correo 612, Montevideo, Uruguay.
*Deutsche Bank,* Bmé. Mitre 401, 1036 Buenos Aires, Casilla de Correo 995, 1000 Buenos Aires, Argentinien.
*Deutsche Bank Compagnie Financière Luxembourg,* 25 Boulevard Royal, Boîte Postale 586, Luxemburg.

Nach unserem Spaziergang um die halbe Welt sollten Sie aber auch daran denken, daß ein Teil Ihrer Notreserve jederzeit greifbar sein muß – zu Hause oder im Safe einer Bankfiliale, gleich um die Ecke.

Ich werde oft gefragt, wie sicher *Safes* eigentlich sind. Nun, zunächst einmal bieten sie die einzige Möglichkeit, Gold bei einer Bank anonym aufzubewahren – ohne, daß die Bank davon weiß. Bei Goldkonten und Golddepots ist dies schließlich nicht der Fall.

Anonymität setzt aber auch voraus, daß Sie den Betrag für derartige Käufe nicht vom Konto abbuchen lassen, sondern daß Sie dieses Gold bar kaufen.

Die übrigen Risiken eines Safes sind sehr theoretisch: Es könnte ausgeraubt werden, und dann würde die Bank das Gold nicht ersetzen, weil sie erstens nur bei grobem Verschulden haftet und zweitens keine Kenntnis vom Inhalt des Safes hatte. Und der Staat könnte von einem Tag auf den anderen die Tresorräume der Banken sperren – aber es ist schwer vorstellbar, daß dies in einem liberalen Rechtsstaat, und ausgeschlossen, daß es in allen Staaten gleichzeitig geschieht.

Lassen Sie mich jetzt die Alternativen zum Safe durchsprechen, und zwar immer unter dem Aspekt der Sicherheit. Denn schließlich macht eine Notreserve keinen Sinn, bei der ein auch noch so kleines Risiko besteht, daß Sie nicht jederzeit auf sie zurückgreifen können – oder bei der sich im Ernstfall irgendwelche Probleme einstellen könnten.

Unterscheiden Sie strikt zwischen Golddepot und Goldkonto. Beim Golddepot sind die Besitzverhältnisse klar. Es gibt Depots mit Einzel- und solche mit Sammelverwahrung. Gold in einem *Einzeldepot* wird bei Ihrer Bank physisch gesondert verwahrt. Es ist Ihr persönliches Alleineigentum. In der Schweiz zahlen Sie derzeit für Barren und Münzen, die in einem Depot liegen, eine Warenumsatzsteuer von 6,2%. Der Vorteil gegenüber der Verwahrung im Schließfach liegt darin, daß Sie jederzeit telefonische Kauf- und Verkaufsaufträge geben können.

Beim *Sammeldepot* erwerben Sie hingegen einen Miteigentumsanteil an den im Depot verwahrten Edelmetallen. Sie besitzen also keine Barren mit einer bestimmten Nummer. Die Bank ist sowohl bei Einzel- als auch bei Sammelverwahrung verpflichtet, die den Depots der einzelnen Kunden entsprechende Menge Gold auch tatsächlich zu halten. Dabei steht es in ihrem Ermessen, das Gold im In- oder Ausland oder auch bei Dritten zu lagern. Auch bei der Sammelverwahrung fällt der jeweils geltende Steuersatz an. Als Kunde können Sie sich jederzeit Ihren Anteil aussondern oder ausliefern lassen. Die Rechtsstellung des Kunden ist bei der Sammelverwahrung im wesentlichen dieselbe wie bei der Einzelverwahrung. Er ist nicht schlechter gestellt. In beiden Fällen hat der Kunde als Eigentümer eine dingliche Berechtigung, und dies ist der entscheidende Unterschied zum Metallkonto, worauf ich später eingehen werde.

Noch einmal: Der Kauf auf einem Einzeldepot begründet Eigentum, der Kauf auf einem Sammeldepot Miteigentum. Juristisch ist das eine so sicher wie das andere. Die *Sammelverwahrung* von Gold unterscheidet sich nicht von Wertpapieren. Das heißt, daß die Bank dieses Gold oder diese der bei Wertpapiere tatsächlich halten muß und daß der Miteigentümer im Falle eines Konkurses der Bank dieselben Rechte hat wie der Alleineigentümer. Trotzdem wäre mir das Einzeldepot symphatischer.

Das Gold geht also in keinem Fall in die Konkursmasse der Bank ein. Wichtig auch: Wenn Sie sich aus einem Depot Gold ausliefern lassen, das Sie vor der Einführung der Warenumsatzsteuer im Januar 1980 gekauft haben, brauchen Sie keine Steuern nachzuzahlen.

Als Inhaber eines *Metallkontos* sind Sie ganz im Gegensatz zum Depot nicht Besitzer des Metalls, Sie haben vielmehr einen Lieferanspruch an die Bank. Das Metallkonto hat aber auch Vorzüge gegenüber dem Depot.

Der erste Vorteil: Während bei Einzel- und Sammelverwahrung der Verlust von Barren oder Münzen, sofern ihn nicht die Bank verschuldet hat, zu Lasten des Kunden geht, die Aufbewahrung also »auf Gefahr des Deponenten« erfolgt, braucht sich der Inhaber eines Metallkontos über die theoretische Möglichkeit eines Diebstahls keine Sorgen zu machen. Das ist das Problem der Bank. Der zweite Vorteil: Beim Kauf (auch hier bleiben wir beim Beispiel Schweiz) fällt keine Warenumsatzsteuer an. Andererseits hat das Metallkonto auch eine Reihe von Nachteilen:

- Die Bank ist nicht verpflichtet, eine der Gesamtmenge ihrer Lieferverpflichtungen entsprechende Goldmenge physisch zu halten. Im Ernstfall sind also Liquiditätsschwierigkeiten nicht völlig auszuschließen, falls zu viele Kunden Auslieferung verlangen.

**SKA SCHWEIZERISCHE KREDITANSTALT** GEGRÜNDET 1856

CREDIT SUISSE
CREDITO SVIZZERO

## Reglement für Metallkonti

1. Der Kontoinhaber besitzt in Höhe seines Kontoguthabens auf seinem Gold-, Silber-, Platin- oder Palladiumkonto einen Lieferanspruch auf die entsprechende Menge Edelmetall.

   Die Schweizerische Kreditanstalt (nachstehend «Bank» genannt) kann für Gutschriften, Belastungen und Lieferungen minimale Gewichts- bzw. Stückeinheiten vorschreiben.

2. Der Kontoinhaber kann sich die seinem Kontoguthaben entsprechende Menge Edelmetall gemäss den jeweils geltenden gesetzlichen Bestimmungen bei der kontoführenden Geschäftsstelle der Bank (Erfüllungsort) aushändigen lassen, sofern nichts anderes vereinbart ist. Mit der Auslieferung erwirbt er Eigentum am betreffenden Edelmetall.

   Auf Wunsch liefert die Bank das Edelmetall auch an einem anderen Ort aus, vorausgesetzt, dass dies praktisch möglich ist und mit den dort geltenden Gesetzen im Einklang steht. Die Auslieferung an einem anderen Ort erfolgt jedoch ausschliesslich auf Kosten und Risiko des Kontoinhabers.

   Bei Transferbeschränkungen, kriegerischen Ereignissen, höherer Gewalt oder ähnlichen Gründen behält sich die Bank das Recht vor, das Edelmetall auf Kosten und Risiko des Kontoinhabers an dem Ort und in der Weise zu liefern, wie ihr dies möglich ist und zweckmässig erscheint.

3. Sofern das Kontoguthaben nicht auf eine Anzahl vertretbarer Einheiten (z. B. 1 kg-Barren) lautet, ist die Bank berechtigt, Barren beliebiger Grösse mit mindestens handelsüblichem Minimalfeingehalt zu liefern und dabei die zum Zeitpunkt der Lieferung gültigen Fabrikationszuschläge in Rechnung zu stellen.

   Grössere Quantitäten sind der Bank fünf Bankwerktage im voraus zu avisieren, um eine rechtzeitige Bereitstellung zu ermöglichen.

   Das Feingewicht von gelieferten Barren wird dem Edelmetallkonto belastet. Ergibt sich dabei zugunsten oder zulasten des Kontoinhabers ein Restanspruch, erfolgt der Ausgleich grundsätzlich zum Kurs des Zürcher Edelmetallmarktes (mangels eines solchen zum internationalen freien Edelmetallpreis) zum Zeitpunkt der Erstellung der Abrechnung.

4. Der Inhaber eines Münzenkontos besitzt in Höhe seines Kontoguthabens einen Lieferanspruch auf die entsprechende Anzahl Münzen. Diese werden in marktkonformer Qualität geliefert. Der Kontoinhaber hat keinen Anspruch auf Lieferung von Münzen eines bestimmten Jahrganges oder einer bestimmten Prägung.

   Im übrigen gelten die vorliegenden Konditionen sinngemäss auch für Münzenkonti.

5. Guthaben auf Metallkonti werden nicht verzinst.

6. Bei Lieferung von Edelmetall im schweizerischen Zollinland hat der Kontoinhaber die Warenumsatzsteuer zu entrichten. Auch alle andern gegenwärtigen und zukünftigen Steuern, Abgaben usw. gehen zulasten des Kontoinhabers.

7. Die Bank belastet für die Führung von Metallkonti eine Gebühr gemäss separatem Tarif. Sie behält sich eine jederzeitige Änderung dieser Gebühr vor.

8. Metallkonti werden in der Regel mindestens jährlich abgeschlossen.

9. Im übrigen finden die Allgemeinen Geschäftsbedingungen der Bank Anwendung.

## Regulations concerning Metal Accounts

*This text is a translation. In case of dispute, the parties shall be bound by the official version in the German language.*

1. The account holder shall be entitled to the delivery of a quantity of precious metal corresponding to the balance of his gold, silver, platinum or palladium account.

   Credit Suisse (hereinafter called the «Bank») is entitled to prescribe minimum quantities of unit or weight in the case of credits or debits and deliveries.

2. The account holder may withdraw the quantity of the precious metal corresponding to the balance of the precious metal in his metal account in accordance with the legal provisions in force at the office of the Bank administering the account (place of performance) provided that nothing is agreed to the contrary. By taking delivery, the account holder acquires title to the said precious metal.

   Upon request the Bank shall deliver the precious metal to any other place provided that such delivery is practicable and in accordance with the prevailing legal provisions at the other place. The account holder however shall be liable for any costs and charges and bear the risk arising from delivery in a location other than the customary place of performance.

   In the case of transfer restrictions, war or warlike events, force majeure, Acts of God or similar occurrences, the Bank retains the right to make delivery of the precious metal, at the expense and risk of the account holder, to a location and in such manner as it deems to be practicable and suitable under the circumstances.

3. Unless the credit balance indicates a number of fungible units (e. g. 1 kg bars), the Bank is entitled to make delivery with bars of any size, however, having at least the minimum fineness in accordance with customary market practice, and thereupon to charge the additional fabrication costs prevailing at the time of delivery.

   In case of large withdrawals the Bank requires notice five business days in advance in order to make the necessary preparations.

   The fine weight of the bars delivered shall be debited to the precious metal account. Differences to the debit or credit of the account holder shall be balanced at the price prevailing on the Zurich precious metal market (failing which, the international free market price) at the time the statement is issued.

4. The account holder of a coins account is entitled to delivery of a quantity of coins corresponding to his balance. Delivery shall be effected in coins of standard commercial quality. The account holder is not entitled to request delivery of coins of a specific year or minting.

   Furthermore, the present conditions also apply, analogously, to coins accounts.

5. Precious metals accounts bear no interest.

6. When delivery of precious metals is made within the Swiss customs area the indirect tax (turnover tax) shall be charged to the account holder. In addition, all other current or future taxes, charges etc. are for the account of the account holder.

7. The Bank charges a fee for carrying metal accounts in accordance with a separate tariff and reserves the right to alter the said fee at any time.

8. As a rule metals accounts are closed once a year at least.

9. Furthermore, the General Conditions of the Bank shall be binding.

- Der Kunde hat lediglich einen *Lieferanspruch* auf eine bestimmte Menge Edelmetall. Sobald er auf dem Metallkonto gekauft hat, ist er deswegen noch nicht Eigentümer der Ware.
- Falls die Auslieferung großer Mengen gewünscht wird, ist dies der Bank im voraus – in der Regel fünf Bankwerktage vorher – zu avisieren.
- Im Falle des Konkurses der Bank hat der Kunde kein Aussonderungsrecht. Er muß sich mit der Konkursdividende zufriedengeben. Deswegen sollten Sie auf die Bonität der Bank achten, bei der Sie ein Metallkonto eröffnen.
- Zum Zeitpunkt der Auslieferung des Edelmetalls ist die dann geltende Steuer fällig. Wenn zu einem späteren Zeitpunkt Steuersatz und Goldpreis höher sind als heute, wäre es billiger gewesen, den jetzigen Steuersatz auf den jetzigen Goldpreis zu zahlen.
- Die Bank kann das Gold nur im Einklang mit den jeweils geltenden Gesetzen ausliefern. Es besteht also die rein theoretische Möglichkeit, daß zu einem späteren Zeitpunkt gar nicht ausgeliefert werden darf – eine Möglichkeit, die allerdings im Falle der Schweiz nahezu unvorstellbar ist.

Aus allen diesen Gründen sollten Sie ein Metallkonto nur zur Spekulation benutzen. Unterscheiden Sie immer zwischen Eigentum und Lieferanspruch. Gold, auf das Sie lediglich einen Anspruch haben, kann keine letzte Sicherheit darstellen.

Sie werden sich nun fragen, ob es nicht eine Möglichkeit gibt, die Vorzüge eines Metallkontos mit denen eines Depots zu kombinieren, d. h. ob man Gold nicht steuerfrei kaufen und es gleichzeitig besitzen kann.

*Loco Schweiz Transit* bietet diese Möglichkeit. Auch hier handelt es sich um eine Sammelverwahrung, die Miteigentum begründet. Die Ware liegt aber nicht im Zollinland, sondern in einem Zollfreilager, derzeit am Flughafen. Deswegen ist der Kauf steuerfrei. Die Warenumsatzsteuer muß erst bezahlt werden, wenn sich der Kunde das Gold ausliefern läßt. Nur wenige Schweizer Banken bieten auch ihren kleineren Kunden diese Möglichkeit – unter den drei Banken des Goldpools ist es nur der *Schweizerische Bankverein*. Außerdem hat sich die *Überseebank* auf diese Dienstleistung spezialisiert.

Da sich das Zollfreilager derzeit im Flughafen Zürich-Kloten befindet, lesen Sie auch oft die Bezeichnung *Loco Zürich Transit*. Es wäre aber auch denkbar, daß eine Bank ein anderswo gelegenes Zollfreilager benutzt.

Wegen der beschränkten Platzverhältnisse am Flughafen ist Einzelverwahrung im Transit nicht möglich.

Daß der Kauf Loco Schweiz Transit zunächst steuerfrei ist, könnte sich freilich später auch als Nachteil herausstellen. Wenn sich ein Kunde zum Beispiel das Gold 1985 ausliefern läßt, muß er den dann gültigen Steuersatz auf den dann gültigen Goldpreis zahlen. Die Steuer wird ihn dann also voraussichtlich teurer kommen als heute. Steuerfrei bleibt das Gold selbstverständlich, wenn es an die Bank zurückverkauft wird, was jederzeit möglich ist.

Aus dem Gesagten geht hervor, daß Gold, das Sie Loco Schweiz Transit gekauft haben, nicht dem *Konkursrisiko* der Bank unterliegt. Dies ist ein Unterschied zum Metallkonto. Die Aufbewahrung im Zollfreilager ist recht gut geeignet für eine langfristige Goldanlage, bei der Sie beweglich bleiben wollen: ein Telefonanruf genügt, und Sie können hinzukaufen oder auch einmal Gewinne mitnehmen.

In einem Merkblatt hat die *Überseebank* zusammengestellt, was Sie mit Gold, das sie Loco Zürich Transit besitzen, sonst noch machen können:

- Sie können es jederzeit am Schalter der Bank beziehen und zahlen dann die Warenumsatzsteuer auf den Goldpreis vom Tag der Auslieferung.
- Sie können es auch steuerfrei von der Bank beziehen, falls Sie es innerhalb von 30 Tagen aus der Schweiz auszuführen beabsichtigen. Zu diesem Zweck müssen Sie das von der Bank ausgefüllte Formular »Deklaration für die Ausfuhr im Fremdenverkehr« beim Verlassen der Schweiz von der Schweizerischen Zollbehörde abstempeln lassen und an die Bank zurücksenden. Die Bank verlangt vorher ein Bardepot in der Höhe der Warenumsatzsteuer. Das Bardepot wird ihnen zurückerstattet, wenn Sie das Deklarationsformular innerhalb von 30 Tagen abgestempelt vorlegen. Falls Sie das Gold doch nicht ausgeführt haben und das Formular nicht innerhalb des vorgeschriebenen Zeitraums bei der Bank eintrifft, wird die Warenumsatzsteuer fällig, in welchem Fall das hinterlegte Bardepot von der Bank an die Steuerbehörde überwiesen wird.
- Sie können sich das Gold praktisch an jeden Ort der Welt, wo dies unter Berücksichtigung der lokalen Gesetze möglich ist, nachsenden lassen. Kleinere Sendungen wird die Bank per Luftpost und selbstverständlich versichert aufgeben. Bei größeren Mengen wird sie die Transportfirma MAT Securitas beauftragen.

Gold, das Sie als letzte Sicherheit betrachten, gehört dennoch nicht ins Zollfreilager und auch nicht in ein Bankdepot.

Nehmen wir einmal folgenden, zugegebenermaßen theoretischen Fall: Ein deutscher Kunde einer Schweizer Bank möchte Europa wegen eines Notstandes verlassen. Er fliegt über Zürich, um dort auf sein Gold zurückzugreifen. Da eine Auslieferung im Zollfreilager des Flughafens nicht möglich ist, muß er in jedem Fall in die Stadt fahren, um dort das Gold am Hauptsitz seiner Bank abzuholen. In Filialen wird möglicherweise nicht genug vorhanden sein. Er muß dann unter Umständen eine große Summe aufbringen, um die Steuer zu zahlen. In einem solchen Extremfall wäre es wohl praktischer, auf das eigene Safe zurückgreifen zu können.

Andere Möglichkeit: er fliegt überhaupt nicht über Zürich, sondern bezieht das Gold bei einer Tochter seiner Bank in Übersee – oder läßt sich den Gegenwert überweisen. Dies könnte er selbstverständlich nicht, wenn das Metall in einem Safe in Europa läge.

Wenn Ihr Goldbesitz juristisch unantastbar ist, wenn Sie auf eine ausgewogene geographische Verteilung und auf die notwendige Anonymität geachtet haben, ist Ihnen noch zu wünschen, daß sich Ihr Gold nicht als gefälscht herausstellt, wenn Sie es später einmal brauchen.

Gefälscht werden vor allem historische Münzen mit hohem Aufpreis: sie werden, durchaus mit echtem Gold, nachgeprägt. Gefälscht wird hier also nicht das Metall, sondern der Seltenheitswert. Aber auch *falsche Goldbarren* – außen Gold, innen Wolframkern – kommen ab und zu in Umlauf. In Freiburg saß einmal ein fleißiger Mann, der in Heimarbeit gut zwei Jahre lang 100-Gramm-Barren fabrizierte.

Am fälschungssichersten sind Bullion Coins wie der Krügerrand, weil die Verwendung eines Wolframkerns dazu führen würde, daß die Prägung verschwommen aussieht.

Vor Fälschungen können Sie sich wirklich ganz einfach schützen: Kaufen Sie das Gold nur bei der Bank. Und wenn Sie doch einmal aus besonderen Gründen Gold von einer Privatperson kaufen, lassen Sie es prüfen.

Eine sorgfältige Bank wird jede Münze und jeden Barren, der hereinkommt, prüfen, bevor sie das Gold weiterverkauft. Der Goldhändler einer Großbank erzählte mir, daß er grundsätzlich auch von Notenbanken angekauftes Gold prüfen läßt. Die Geräte, die dazu verwendet werden, untersuchen das Metall zerstörungsfrei mit Ultraschall.

Wenn Sie all dies beachten, nie den Unterschied zwischen physischem Besitz und Lieferanspruch vergessen und mit einem vertretbaren Teil

Ihres Vermögens Gold als letzte Sicherheit erwerben, haben Sie eine unvergleichliche Vorsorge für Ihr finanzielles und im äußersten Fall vielleicht sogar persönliches Überleben getroffen, wie sie kein anderes Investment zu bieten vermag.

Kein Geringerer als *Lord Keynes*, der jeder besonderen Vorliebe für das gelbe Metall unverdächtig ist, schrieb 1943 im Entwurf für das Abkommen von Bretton Woods: »Gold hat noch immer einen großen psychologischen Wert, der durch die gegenwärtigen Ereignisse nicht geschmälert wird. Und der Wunsch, Gold für unvorhersehbare Ereignisse in Reserve zu halten, wird wohl auch noch weiterhin fortbestehen.«

## IV. Futures: Gefährlich leben

Ein weit verbreitetes Vorurteil besagt, daß die meisten Spekulanten an den Terminmärkten Geld verlieren. Wie so viele Vorurteile entspricht auch dieses der Wahrheit.

Warum dies so ist, läßt sich schon schwerer erklären. Es stimmt, daß man einem bestimmten Goldpreis nicht ansieht, ob er steigen oder fallen wird. Denn jeder aktuelle Preis ist der Ausdruck eines, wenn auch nur vorübergehenden Gleichgewichtes zwischen Angebot und Nachfrage.

Nehmen wir an, Gold wird heute Nachmittag bei $ 400 gefixt: dann ist dies der exakte Preis, auf den sich Käufer und Verkäufer geeinigt haben, weil sie ihn für gerechtfertigt und realistisch hielten. Hätten die Verkäufer diesen Preis für zu niedrig gehalten, dann hätten sie nichts verkauft. Hätten die Käufer ihn für zu hoch angesehen, dann hätten sie nicht gekauft. Dennoch muß sich eine Seite geirrt haben, denn schon einen Tag oder eine Woche später wird der Preis ganz woanders liegen – und Käufer oder Verkäufer werden dann wissen, ob es nicht besser gewesen wäre, zu warten. Es stimmt zwar, daß es immer wieder Marktteilnehmer geben wird, die nicht warten können, weil sie kaufen oder verkaufen müssen. Aber das ändert nichts an dem Prinzip, daß die Chancen, mit einer Entscheidung am Markt richtig zu liegen, theoretisch zunächst nicht größer als 50% sind.

Hätte ein Spekulant fünfzigmal recht und fünfzigmal unrecht, dann könnte sein Konto am Jahresende ohne Verlust, aber auch ohne Gewinn abschneiden. Wenn dies bei Ihnen der Fall ist, dann sind Sie überdurchschnittlich gut. Denn von vielen Brokern hört man, daß 80 bis 90% ihrer Kunden ihr Geld verlieren und einmal hörte ich sogar einen Satz von 100%.

Sobald Sie wissen, warum dies so ist und warum es nicht so sein muß, haben Sie das Termingeschäft in Gold verstanden und besitzen die Voraussetzung dafür, dabei Gewinne zu machen – und das kann nur bedeuten, öfter richtig als falsch zu liegen. Dies im Sinne von *André Kostolany*, der einmal sagte, er habe 49 mal unrecht gehabt und 51 mal recht. Und von der Differenz habe er ganz gut gelebt.

Der Terminmarkt ist, das dürfen Sie nie vergessen, ein Nullsummenspiel. Es gibt immer genauso viele Käufer wie Verkäufer. Was die Käufer gewinnen, verlieren die Verkäufer – und wenn die Verkäufer verdienen,

## Die Welt-Zeitzonen . . .

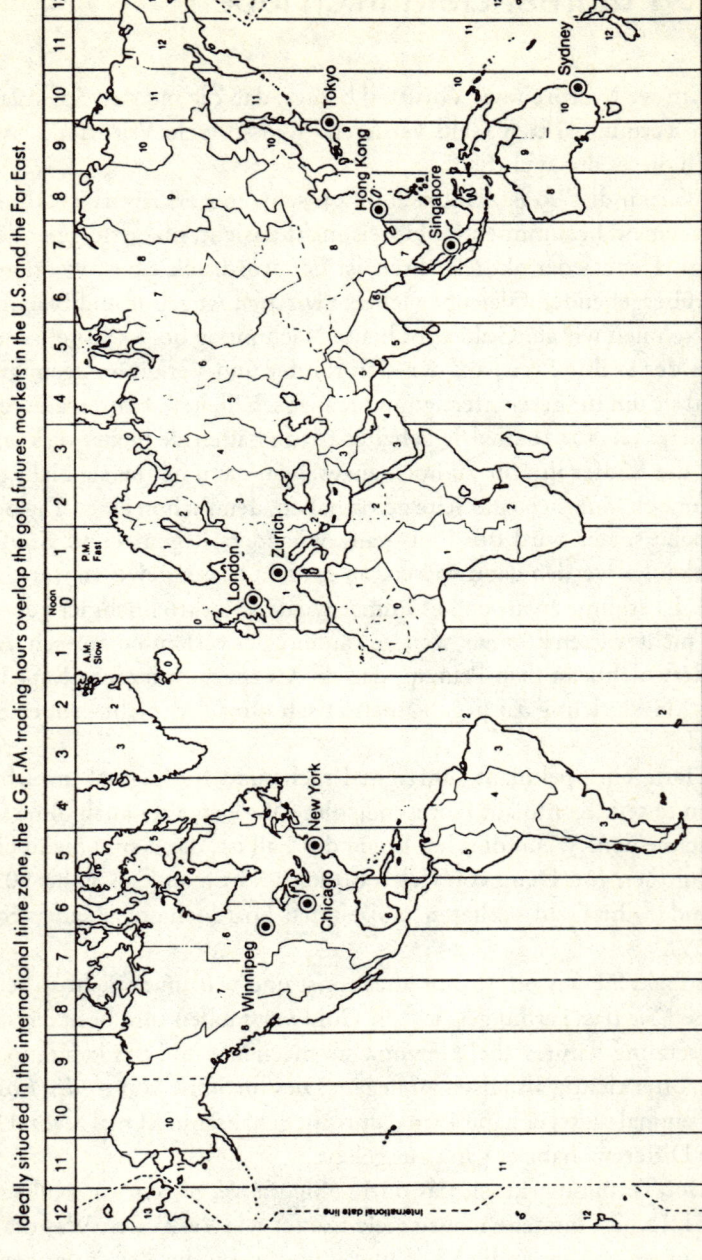

Ideally situated in the international time zone, the L.G.F.M. trading hours overlap the gold futures markets in the U.S. and the Far East.

Hours fast or slow of Greenwich Mean Time.

holen sie sich den Profit von den Käufern. Auf diesem Exerzierfeld Erfolg zu haben, bedeutet notwendigerweise, anderen etwas wegzunehmen.

Das geht aber nur, wenn Sie intelligenter sind als die anderen – intelligenter, besser informiert, erfahrener und disziplinierter. Gegen wen tritt der private Spekulant hier eigentlich an?

Da sind zum einen die professionellen Trader an der New Yorker Warenterminbörse, der Commodity Exchange. Diese sogenannten *Floor Broker* bzw. Floor Trader sind es, die im Gold-Ring der Börse stehen und durch offenen Zuruf kaufen und verkaufen, solange die Sitzung andauert. Sie handeln im Auftrag der Brokerhäuser, aber auch auf eigene Rechnung. Und sie können dabei im Jahr gut und gerne mehrere 100 000 Dollar verdienen.

Ein »local«, der auf eigene Rechnung spekuliert, genießt dabei einen höchst unfairen Vorteil. Er weiß, wo die limitierten Aufträge (die »stops«) der Kunden liegen, und er kann daran verdienen – auf Kosten der Kunden selbstverständlich. An der COMEX ist es ein völlig normaler Vorgang, daß die »locals« den Preis so lange künstlich drücken, bis die kleinen Spekulanten ihre Kontrakte liquidieren müssen und damit Geld verlieren – und daß dieselben »locals« anschließend billig kaufen, den Preis nach oben treiben und dann ihre Kontrakte an die Spekulanten weiterreichen, wenn der Preis bereits überhöht bzw. die Ware übergekauft ist.

Außerdem sind Edelmetall-Handelshäuser, Banken, Minengesellschaften, Goldverarbeiter und andere Professionelle an der COMEX engagiert – sei es, um eigene Goldbestände abzusichern (zu hedgen), sei es, um spekulativ an diesem Markt zu verdienen. In der Regel kann man davon ausgehen, daß sie den Goldmarkt unvergleichlich besser kennen als der private Spekulant und entsprechend besser abschneiden. Wobei allerdings nicht verschwiegen werden soll, daß amerikanische Broker, die manchmal auch auf eigene Rechnung traden, und Metallhandelshäuser, ja selbst eine europäische Bank, schon Verluste in zwei- und dreistelliger Millionenhöhe in Gold fabriziert haben. (Am Rande sei hinzugefügt, daß die Banken ihre wirklich großen Verluste in der Vergangenheit nicht mit Gold, sondern mit Anleihen zu machen pflegten.)

Der private Spekulant muß aber auch gegen die *Commodity Funds* antreten, die bei der Verwaltung ihrer Gelder das menschliche Gehirn weitgehend durch Computer ersetzt haben. Die Computer bewegen heute etwa ein Drittel des spekulativen Volumens an der COMEX – vor fünf Jahren waren es vielleicht nur fünf Prozent.

## ... und die internationalen Goldmärkte

| Country | Exchange | Contract size | Trading Months | Quotations | Minimum fluctuation |
|---|---|---|---|---|---|
| Canada | Winnipeg Commodity Exchange | 400 troy ounces<br>100 troy ounces | Jan/Apr/Jul/Oct<br>Feb/May/Aug/Nov | U.S. $<br>U.S. $ | 20 cents per ounce<br>20 cents per ounce |
| U.S.A. | Chicago Board of Trade | 100 troy ounces | Feb/Apr/Jun/Aug/Oct/Dec | U.S. $ | 10 cents per ounce |
|  | Chicago Mercantile Exchange IMM | 100 troy ounces | All months | U.S. $ | 10 cents per ounce |
|  | Commodity Exchange of New York | 100 troy ounces | Feb/Apr/Jun/Aug/Oct/Dec | U.S. $ | 10 cents per ounce |
| United Kingdom | London Gold Futures Market | 100 troy ounces | Current month & next 6 consecutive months | U.S. $ | 10 cents per ounce |
|  | London Bullion Market | 400 troy ounces | spot & any forward date | U.S. $ | 5 cents per ounce |
| Switzerland | Zurich | 400 troy ounces | spot & any forward date | U.S. $ | 5 cents per ounce |
| Singapore | Singapore Gold Exchange | 100 troy ounces |  | U.S. $ | 10 cents per ounce |
| Hong Kong | Hong Kong Commodity Exchange | 100 troy ounces | Feb/Apr/Jun/Aug/Oct/Dec | U.S. $ | 10 cents per ounce |
|  | The Chinese Gold & Silver Exchange Society | 100 taels |  | H.K. $ | 10 cents per tael |
| Japan | Tokyo | 1 kilo | 3 forward months | yen | per gramme |
| Australia | Sydney Futures Exchange | 50 troy ounces | Mar/Jun/Sept/Dec | Aus $ | 10 cents per ounce |

76

Anhand komplizierter technischer Formeln berechnen die Computer, wenn gekauft und verkauft werden soll – und das Management der Fonds befolgt gerne die elektronischen Anweisungen, denn wie wollen Sie einen Fonds-Manager für die Fehlentscheidungen eines Computers verantwortlich machen?

In der guten alten Zeit setzte der Handel mit einer Ware Sachwissen über den betreffenden Markt voraus. Die Einführung der Computer auf dem Goldmarkt macht es selbst totalen Ignoranten möglich, angeblich zu wissen, wann gekauft und verkauft werden soll. Das Studium des Marktes selbst ist dann nicht nur überflüssig, ein solches Ansinnen würde bei den Computer-Boys sogar auf Unverständnis und Entrüstung stoßen.

Wie immer, rächt sich die innere Natur der Dinge. Die computer-gesteuerten Commodity Funds produzieren Verluste über Verluste. Von ganz wenigen Ausnahmen abgesehen, war die Erfolgsbilanz der amerikanischen Commodity Funds – selbst die angesehener Brokerhäuser – im Sommer 1983 ausgesprochen miserabel, und zwar bezogen auf die zurückliegenden zwölf Monate.

Dennoch ist der Respekt des Publikums vor den Computern nicht auszurotten – weil die fixe Idee vieler Spekulanten, Kurse im voraus berechnen zu wollen, ebenfalls nicht ausrottbar ist.

Weil die Computer fast alle in derselben Preisgegend kaufen und verkaufen, verschärfen sie den Preisverlauf und machen ihn hektischer, als er es ohne ihre Existenz wäre. Aber weil sie fast immer zu spät kaufen oder verkaufen, sind die Computerprogramme kaum in der Lage, dem intelligenten Spekulanten Geld abzunehmen. Sie haben den Markt vulgarisiert, aber nicht grundlegend verändert.

Weil die USA das Herzland des Kapitalismus sind und zugleich äußerst begabt im Erfinden finanzieller Innovationen, ist es kein Wunder, daß dort mehr Gold auf Termin gehandelt wird als anderswo. An der New Yorker COMEX gibt es Tage, an denen so viel Gold gehandelt wird, wie ein Drittel der südafrikanischen Jahresproduktion ausmacht. Gemessen am Volumen folgen der International Monetary Market, MidAmerica und der Chicago Board of Trade – alle drei Börsen in Chicago.

An der *MidAmerica Commodity Exchange* wird mit kleinen Kontrakten à 33,2 Unzen gehandelt, überall sonst mit Kontrakten zu 100 Unzen.

Die *COMEX*, an der 1982 über zwölf Millionen Kontrakte Gold à 100 Unzen umgesetzt wurden, beging am 5. Juli 1983 ihren 50. Geburtstag. Silber wird dort seit dem 12. Juni 1963, und Gold seit dem 31. Dezember

Die Kursliste aus dem »Wall Street Journal« zeigt die Goldpreise an zwei Börsen: der COMEX in New York und dem International Monetary Market in Chicago. Ganz oben finden Sie die Erklärungszeile.

Open = Eröffnungspreis.
High = Höchstpreis.
Low = Tiefstpreis.
Settle = Schlußpreis.
Change = Veränderung zum Vortag.
Lifetime High/low bezieht sich auf die gesamte Zeit, in der der Kontrakt bisher gehandelt wurde.
Open-Interest ist die Zahl der offenen Short- oder Long-Kontrakte.
Volumen = Tagesumsatz.

# Futures Prices

Thursday, July 7, 1983
Open Interest Reflects Previous Trading Day.

|  | Open | High | Low | Settle | Change | Lifetime High | Lifetime Low | Open Interest |
|---|---|---|---|---|---|---|---|---|
| Oct | 78.00 | 76.25 | 76.25 | 75.90 | − .35 | 79.00 | 74.25 | 222 |
| Dec | 74.75 | 74.75 | 74.50 | 74.60 | − .15 | 76.00 | 74.00 | 298 |

Est vol 7,200; vol Wed 5,000; open int 33,452, +63.

**ORANGE JUICE (CTN)—15,000 lbs.; cents per lb.**

| | | | | | | | | |
|---|---|---|---|---|---|---|---|---|
| July | 119.50 | 120.00 | 119.50 | 120.00 | + .50 | 142.20 | 104.75 | 568 |
| Sept | 116.90 | 118.00 | 116.90 | 117.45 | + .60 | 134.50 | 106.10 | 1,714 |
| Nov | 114.95 | 115.50 | 114.90 | 115.10 | + .50 | 131.95 | 105.70 | 992 |
| Jan84 | 108.00 | 108.40 | 108.00 | 108.10 | + .10 | 132.50 | 100.15 | 1,049 |
| Mar | 107.75 | 108.00 | 107.70 | 107.80 | + .40 | 132.20 | 100.00 | 1,358 |
| May | 108.00 | 108.00 | 107.80 | 108.00 | + .10 | 119.20 | 100.90 | 379 |
| July | 107.75 | 108.00 | 107.75 | 107.80 | + .15 | 108.50 | 101.00 | 169 |
| Sept | 108.00 | 108.00 | 108.00 | 108.00 | + .30 | 109.00 | 103.80 | 66 |
| Nov | 108.50 | 108.50 | 108.50 | 108.30 | + .60 | 109.00 | 108.00 | 28 |

Est vol 850; vol Wed 274; open int 6,323, +36.

**POTATOES (NYM)—50,000 lbs.; cents per lb.**

| | | | | | | | | |
|---|---|---|---|---|---|---|---|---|
| Nov | 7.77 | 7.90 | 7.77 | 7.90 | .... | 7.95 | 7.12 | 649 |

Est vol 22; vol Wed 57; open int 649, −35.

**SUGAR—WORLD (CSCE)—112,000 lbs.; cents per lb.**

| | | | | | | | | |
|---|---|---|---|---|---|---|---|---|
| Sept | 11.57 | 11.19 | 10.50 | 11.17 | + .61 | 13.78 | 6.80 | 5,009 |
| Oct | 10.83 | 11.40 | 10.74 | 11.35 | + .48 | 13.50 | 7.05 | 48,461 |
| Jan84 | 11.15 | 11.75 | 11.15 | 11.75 | + .50 | 14.23 | 7.65 | 152 |
| Mar | 11.78 | 12.29 | 11.68 | 12.29 | + .50 | 14.48 | 8.08 | 30,361 |
| May | 12.00 | 12.54 | 11.90 | 12.54 | + .50 | 14.70 | 8.35 | 7,636 |
| July | 12.15 | 12.78 | 12.13 | 12.78 | + .50 | 14.95 | 8.65 | 1,951 |
| Sept | 12.40 | 13.02 | 12.40 | 13.02 | + .50 | 14.93 | 9.65 | 419 |
| Oct | 12.60 | 13.25 | 12.55 | 13.25 | + .50 | 15.30 | 10.65 | 577 |

Est vol 12,935; vol Wed 13,340; open int 94,566, +459.

**SUGAR—DOMESTIC (CSCE)—112,000 lbs.; cents per lb.**

| | | | | | | | | |
|---|---|---|---|---|---|---|---|---|
| Sept | 22.15 | 22.15 | 22.05 | 22.08 | − .12 | 22.80 | 20.50 | 1,198 |
| Nov | 21.60 | 21.60 | 21.54 | 21.55 | − .06 | 21.90 | 20.80 | 1,205 |
| Jan84 | .... | .... | 21.73 | + .10 | 22.00 | 21.30 | 237 | |
| Mar | 21.80 | 21.80 | 21.80 | 21.78 | − .03 | 22.00 | 21.25 | 2,125 |
| May | .... | .... | .... | 21.90 | .... | 22.05 | 21.20 | 822 |
| July | .... | .... | 21.95 | + .03 | 22.05 | 21.35 | 613 | |
| Sept | .... | .... | .... | 22.03 | .... | 22.05 | 21.50 | 470 |
| Nov | .... | .... | .... | 22.05 | + .02 | 22.00 | 22.00 | 351 |

Est vol 277; vol Wed 104; open int 7,021, −89.

**—METALS & PETROLEUM—**

**COPPER (CMX)—25,000 lbs.; cents per lb.**

| | | | | | | | | |
|---|---|---|---|---|---|---|---|---|
| July | 74.90 | 76.70 | 74.90 | 76.75 | + 1.70 | 103.00 | 62.60 | 1,468 |
| Aug | .... | .... | .... | 77.25 | + 1.65 | 77.90 | 74.90 | 2 |
| Sept | 76.40 | 78.00 | 76.15 | 77.95 | + 1.65 | 93.60 | 64.15 | 52,336 |
| Dec | 78.45 | 80.05 | 78.30 | 80.00 | + 1.65 | 93.00 | 66.30 | 27,761 |
| Jan84 | .... | .... | .... | 80.60 | + 1.60 | 89.50 | 66.90 | 739 |
| Mar | 80.35 | 81.90 | 80.15 | 81.85 | + 1.60 | 90.40 | 68.00 | 9,138 |
| May | 81.70 | 82.00 | 81.50 | 83.05 | + 1.65 | 88.40 | 69.00 | 2,539 |
| July | 82.90 | 82.95 | 82.75 | 84.25 | + 1.65 | 89.20 | 70.70 | 3,280 |
| Sept | 84.20 | 85.50 | 83.90 | 85.45 | + 1.60 | 90.40 | 73.20 | 3,346 |
| Dec | 86.20 | 86.20 | 85.70 | 87.20 | + 1.60 | 92.00 | 82.10 | 1,302 |
| Jan85 | .... | .... | .... | 87.80 | + 1.60 | 92.00 | 83.20 | 297 |
| Mar | 88.00 | 88.00 | 88.00 | 89.00 | + 1.60 | 93.20 | 86.50 | 754 |
| May | .... | .... | .... | 90.20 | + 1.60 | .... | .... | 275 |

Est vol 13,000; vol Wed 6,630; open int 103,237, +985.

**GOLD (CMX)—100 troy oz.; $ per troy oz.**

| | | | | | | | | |
|---|---|---|---|---|---|---|---|---|
| July | 410.50 | 412.80 | 410.50 | 430.50 | +17.50 | 456.50 | 402.00 | 50 |
| Aug | 413.00 | 437.00 | 409.50 | 432.80 | +17.30 | 545.40 | 348.00 | 42,700 |
| Sept | 438.00 | 438.00 | 434.00 | 436.40 | +17.40 | 438.00 | 420.00 | 3 |
| Oct | 421.00 | 443.00 | 417.00 | 440.00 | +17.50 | 548.50 | 362.00 | 13,136 |
| Dec | 426.50 | 446.50 | 423.00 | 447.30 | +17.70 | 554.70 | 370.00 | 20,899 |
| Feb84 | 434.50 | 457.00 | 434.00 | 454.80 | +17.90 | 562.50 | 389.00 | 6,981 |
| Apr | 441.00 | 443.50 | 441.00 | 462.40 | +18.10 | 572.00 | 385.50 | 6,547 |
| June | 447.00 | 470.00 | 444.50 | 470.40 | +18.30 | 580.00 | 409.00 | 8,539 |
| Aug | 462.50 | 462.50 | 462.50 | 478.70 | +18.70 | 588.00 | 447.50 | 7,487 |
| Oct | .... | .... | .... | 487.10 | +18.90 | 597.00 | 452.50 | 4,053 |
| Dec | 473.00 | 500.00 | 473.00 | 495.60 | +19.20 | 608.00 | 462.00 | 4,337 |
| Feb85 | 509.00 | 509.90 | 509.90 | 504.30 | +19.40 | 522.00 | 469.00 | 418 |
| Apr | .... | .... | .... | 513.10 | +19.50 | 507.50 | 485.00 | 24 |

Est vol 50,000; vol Wed 27,045; open int 115,174, +1,009.

**GOLD (IMM)—100 troy oz.; $ per troy oz.**

| | | | | | | | | |
|---|---|---|---|---|---|---|---|---|
| Sept | 440.50 | 440.00 | 413.50 | 437.50 | +18.40 | 626.20 | 350.00 | 3,852 |
| Dec | 427.50 | 451.00 | 424.00 | 448.50 | +18.70 | 554.00 | 415.10 | 795 |
| Mar84 | 439.10 | 461.00 | 439.10 | 460.10 | +19.10 | 567.80 | 429.00 | 32 |
| Apr | .... | .... | .... | 464.10 | +19.20 | .... | .... | 2 |
| June | .... | .... | .... | 472.20 | +19.60 | 574.60 | 447.60 | 10 |

Est vol 6,312; vol Wed 3,785; open int 4,691, −383.

78

1974 gehandelt. Übrigens ließ die US-Regierung die COMEX im März 1941 schließen, indem sie sämtliche dort gehandelte Waren für »strategisch« erklärte – ein Ereignis, das sich irgendwann in der Zukunft im Falle eines kriegerischen Konfliktes oder einer finanziellen Katastrophe durchaus wiederholen kann.

Seit 1982 besitzt auch Europa eine Terminbörse für Gold, den *London Gold Futures Market,* der im Prinzip nicht anders funktioniert als die COMEX, dabei aber einige Vorteile aufweist, auf die ich später zurückkommen werde.

Jetzt werden Sie sicher wissen wollen, was ein Termingeschäft eigentlich ist, wie es praktisch abläuft und wie die Terminbörse organisiert ist.

Für sich genommen, ist ein Termingeschäft in Gold nicht grundsätzlich anders, nicht komplizierter und auch nicht riskanter als ein Kassageschäft. Eigentlich existiert weltweit nur ein einziger Goldmarkt – und nur ein Goldpreis, der in New York zum selben Zeitpunkt nicht anders ist als in Frankfurt oder Hongkong und bei dem geographische Abweichungen sehr schnell durch *Arbitrage* ausgeglichen würden.

Würde Gold in diesem Augenblick in New York drei Dollar mehr kosten als in Frankfurt, dann würde es sich lohnen, Gold in Frankfurt zu kaufen und in New York zu verkaufen, und die Preisdifferenz würde umgehend verschwinden. Nichts anderes ist Arbitrage.

Daß Gold auf Termin teurer ist als per Kasse, ändert nichts an dieser grundsätzlichen Überlegung. Wenn Gold heute per Kasse $ 400 je Unze kostet und Sie 100 Unzen kaufen wollen, haben Sie zwei Möglichkeiten. Entweder Sie zahlen gleich und Sie nehmen das Gold anschließend in Empfang, dann zahlen Sie $ 40 000 für die 100 Unzen. Oder Sie ziehen es vor, zwar jetzt zu kaufen, aber später zu zahlen und die Ware später entgegenzunehmen: dann ist dies ein Termingeschäft. Wird das Geschäft beispielsweise auf ein Jahr abgeschlossen und liegt der aktuelle Zins für Eurodollars bei 10%, dann werden Sie in einem Jahr selbstverständlich nicht $ 40 000, sondern $ 44 000 zahlen müssen.

Der *Terminpreis* liegt ganz einfach um einen Prozentsatz über dem Kassapreis, der sich an den Dollar-Zinsen orientiert. Die Lagerkosten bei Gold sind viel niedriger als bei manchen anderen Waren, deswegen können wir sie und die Versicherungskosten hier vernachlässigen. Merken Sie sich bitte: Je weiter der Liefermonat in der Zukunft liegt, desto höher der Aufpreis auf den Kassapreis.

Daß dies so sein muß, ist eigentlich selbstverständlich. Denn wenn Sie die 100 Unzen jetzt kaufen, beziehen und bezahlen, verzichten Sie auf die $ 4000, die Sie bei einem Zinssatz von 10% kassieren würden, wenn Sie diese $ 40 000 auf ein Jahr angelegt hätten.

Andererseits kann der Terminkäufer seine $ 40 000 noch ein ganzes Jahr lang am Geldmarkt parken – und verdient dabei jene $ 4 000, die auf den Kassapreis aufgeschlagen werden. Im Endergebnis ist der Terminkauf nicht teurer und nicht billiger als der Kassakauf.

Was aber würde geschehen, wenn der Terminpreis auf ein Jahr nicht $ 440, sondern $ 450 betrüge (und dies bei einem Kassapreis von $ 400), obwohl die Marktzinsen immer noch bei 10% liegen? Dann wäre es ein gutes Geschäft, Gold per Kasse zu kaufen und dasselbe Gold auf Termin zu verkaufen. Sie tragen dann keinerlei Preisrisiko, kassieren aber Zinsen, die über den am Markt herrschenden Sätzen liegen.

Eine solche Operation, bei der Gold in der Kasse gekauft und gleichzeitig auf Termin verkauft wird, nennt man *cash & carry*. Wenn Sie cash & carry verstanden haben, werden Sie auch verstehen, warum die Terminprämie den am Markt gültigen Zinssatz nie wesentlich oder für längere Zeit übersteigen kann.

Im übrigen ist ein Termingeschäft rechtlich genauso bindend wie ein Kassageschäft. Sie haben eine bestimmte Menge Gold gekauft – wenn auch auf einen späteren Zeitpunkt, jedoch zu einem bereits jetzt festgelegten Preis. Sie haben einen Vertrag (= Kontrakt) geschlossen, für den Sie geradestehen müssen.

Mit anderen Worten: das Termingeschäft als solches unterscheidet sich nicht wesentlich vom Kassageschäft, Sie müssen nur den Zinsfaktor mit einkalkulieren.

Es ist sogar für den kleineren und mittleren Investor billiger, Gold an einem Terminmarkt zu kaufen, denn Sie sparen sich die Marge von etwa drei Dollar, die an einem Platz wie Zürich zwischen An- und Verkaufspreis liegt. Die Kommunikation zwischen einem Broker und dem Kunden ist schnell und bequem, und wenige Minuten, nachdem er den Auftrag gegeben hat, kann der Kunde bereits erfahren, zu welchem Preis er gekauft oder verkauft hat. Das Termingeschäft wird dem Kunden sozusagen mundgerecht serviert, was man vom Service mancher Banken und vor allem ihrer Filialen nicht immer behaupten kann.

Wo aber liegen die immensen Gefahren, denen der kleine Spekulant ausgesetzt ist, wenn er sich an Terminmärkten engagiert? Sie liegen in den Begleitumständen dieser Industrie, die manchmal den Anschein erweckt, als verkaufe sie nicht einmal gesunde Spekulation, geschweige denn eine Anlage, sondern ganz einfach fun & gambling – Spaß und Glücksspiel.

Die Bemerkungen, die jetzt folgen, zielen nicht auf die einzelnen Angestellten amerikanischer Brokerhäuser. Unter dem Personal dieser Häuser finden sich kompetente und inkompetente, integre und weniger integre Personen wie in jedem anderen Beruf. Es gibt Broker, die den Kunden nach bestem Wissen und Gewissen betreuen – und es gibt andere, die nach Kräften bemüht sind, ihn nicht daran zu hindern, sein Geld restlos zu verspielen.

Die Tücken des Geschäftes sind, darum geht es, systemimmanent. Zum einen ist das Einkommen der »account executives«, der Berater in den Brokerhäusern, an die Kommissionen gebunden, die die Firma vom Kunden erhält. Je öfter getradet wird, desto besser läuft das Geschäft. Und dabei weiß jeder Profi, daß ständiges Kaufen und Verkaufen ein Konto früher oder später ruiniert.

Zum anderen liegt die Gefahr des Geschäftes in der Hebelwirkung, und diese beruht auf den meist lächerlich geringen Einschüssen. Der Minimum-Einschuß, den die COMEX im Sommer 1983 für einen Kontrakt Gold festgesetzt hatte, lag bei $ 1 500. Die meisten Brokerhäuser verlangten mehr, meist $ 2 500.

Der *Einschuß (= Margin)* ist vom Kunden beim Abschluß des Kontraktes als Sicherheit zu hinterlegen. Er stellt keine Anzahlung dar, denn bezahlt wird erst bei Bezug der Ware oder vorheriger Liquidation des Kontraktes. Der Kunde muß ja ohnehin für den gesamten Kontraktwert geradestehen.

In der Praxis hinterläßt die Entrichtung des Margin normalerweise keine Spuren auf dem Konto, das Sie bei einem Broker unterhalten. Das Geld auf dem Konto wird am besten in Treasury-Bills geparkt – Money Market Funds sind meist von geringerer Bonität –, und diese T-Bills dienen als Sicherheit für den Broker, wobei sie gleichzeitig einen Zinsertrag abwerfen.

Ein Kunde, der 40 000 Dollar auf einem Broker-Konto liegen hat, könnte nun einen Kontrakt Gold zum Unzenpreis von $ 400 kaufen. Das Risiko wäre dann nicht größer als bei einem Kassageschäft: der Kunde würde auf jede Hebelwirkung verzichten. Fiele der Goldpreis um $ 40, dann blieben von den $ 40 000 noch $ 36 000 übrig.

Würde der Kunde aber, was durchaus möglich ist, mit den $ 40 000 sechzehn Kontrakte Gold kaufen – bei einem Margin von je $ 2 500 –, dann wäre das gesamte Konto ausgelöscht, wenn Gold nur um $ 25 fiele. Ein Verlust von 100%.

Ein Spekulant, der so vorgeht, ist von allen guten Geistern verlassen. Aber Ähnliches ereignet sich tatsächlich immer wieder, wenn zwei Voraussetzungen gegeben sind: die Gier, schnell reich zu werden und eine nahezu totale Unkenntnis des Marktes und seiner Risiken.

Man kann nun darüber streiten, ob es Aufgabe einer Börse oder eines Brokers ist, solche Kunden vor sich selbst zu schützen. In Amerika wird diese Frage verneint. Anderenfalls würde man den Margin bei einem Kontrakt, der $ 40 000 wert ist, auf vielleicht $ 10 000 festsetzen, und damit eine permanente Versuchung aus dem Weg räumen, Hasard zu spielen.

Übrigens beschränken sich solche spekulativen Torheiten nicht auf den Terminmarkt. Ich kenne Spekulanten, die ihr Haus verpfändet (und dann verloren) haben, um mit Silber reich zu werden. Daher eine ernste Mahnung: Auch wenn Sie noch so sicher zu sein glauben, daß die Preise in eine bestimmte Richtung gehen, dürfen Sie sich nie so exponieren, daß eine unerwartete Marktentwicklung Ihnen finanziell wirklich weh tut.

Und auch beim Termingeschäft sollten Sie sich an die gute alte Regel europäischer Banken halten, daß der Wert des Kontraktes etwa zu 30% gedeckt sein soll. Und erst, wenn Sie viel Routine haben, kaufen Sie für $ 40 000 vielleicht vier Kontrakte – und dies bei einem angenommenen Goldpreis von $ 400.

Ich möchte Ihnen jetzt den Ablauf eines Termingeschäftes schildern, wobei Sie auch die wichtigsten, meist englischen Fachausdrücke kennenlernen werden.

Der Goldpreis steht bei $ 400 und Sie sind *bullish* – Sie rechnen mit einer steigenden Preistendenz. Sie beschließen, long zu gehen und zwei Kontrakte zu kaufen. (Der Einfachheit halber vernachlässigen wir im folgenden die Differenz zwischen Kassa- und Terminpreis.)

Den einen Kontrakt kaufen Sie *bestens* (= *at the market*), und schon kurz, nachdem Sie den Auftrag gegeben haben und er an die Börse übermittelt wurde, erfahren Sie, daß Sie bei $ 405 gekauft haben.

Den anderen Auftrag haben Sie limitiert und zwar bei $ 400. Sie haben Glück, der Goldpreis geht zwei Tage später noch einmal leicht zurück und der Auftrag kann tatsächlich bei $ 400 ausgeführt werden. Normalerweise gilt ein limitierter Auftrag nur für einen Tag. Sie haben ihn aber in diesem Fall »*bis auf Widerruf*« (= good-till-cancelled) gegeben.

Mit limitierten Aufträgen sollten Sie sparsam umgehen, weil die Limits es so an sich haben, sehr oft nicht erreicht zu werden. Der Limiteur, der hat's oft schwer. Das Warten auf ein Limit endet nicht selten in verpaßten Chancen. Wenn Sie aus wohl erwogenen Gründen glauben, die Preise müßten steigen, dann kaufen Sie eben. Und wenn Sie unsicher sind, tun Sie lieber nichts. Im Endeffekt wird das ständige Benutzen von Limits das Abschneiden eines Kontos nicht verbessern. Aber eine Regel läßt sich auch hier nicht aufstellen. Bei sehr volatilen Preisen können Limits durchaus nützlich sein, aber es ist eine beinahe unerreichbare Wissenschaft, sie an der richtigen Stelle zu setzen.

Schon bevor Sie die zwei Kontrakte gekauft haben, haben Sie sich überlegt, was Sie tun würden, falls die Preise nicht – wie erwartet – steigen, sondern fallen. Sie haben sich vorher ein Urteil darüber gebildet, bis zu welchem Ausmaß Sie bereit sind, Verluste hinzunehmen.

Zu diesem Zweck können Sie gleich zu Beginn eine *Stop-Loss-Order* setzen, z. B. bei $ 390. Der Zweck dieses Auftrages ist es, einen etwaigen Verlust zu begrenzen. (Oder, wenn Sie später bereits im Gewinn sind, den dann entstandenen Gewinn gegen einen Kurseinbruch abzusichern.) Sobald Gold auf $ 390 fällt, wird Ihr Kontrakt verkauft, genauer gesagt, wird Ihr limitierter Verkaufsauftrag eine Bestens-Order. Es ist durchaus möglich, daß erst bei $ 385 verkauft werden kann.

Stop-Loss-Aufträge machen Verluste nicht immer voll kalkulierbar. Wenn Gold am Montag an der COMEX bei $ 405 geschlossen hat, könnte es am Dienstag bereits bei Eröffnung um das zulässige Limit, z. B. um $ 25, gefallen sein. In diesem Falle eröffnet es an diesem Dienstag bei $ 380, und wenn sich keine Käufer finden, kann der Preis während der gesamten Sitzung *limit-down* bleiben. In diesem Fall findet kein Handel statt, und Sie können Ihren Kontrakt nicht verkaufen.

Dies kann sich sogar ein paar Tage lang wiederholen, bis das Limit erweitert wird oder bis der Preisverfall zu Ende geht, weil die Käufer wieder Mut fassen. Sie können also tagelang in Ihren Kontrakt eingesperrt sein, und Ihre Verluste können gewaltige Ausmaße annehmen.

Dagegen können Sie sich jedoch schützen, indem Sie Ihren Kontrakt vormittags in London glattstellen lassen (dort existiert tatsächlich ein inoffizieller Handel mit COMEX-Kontrakten) oder indem Sie dieselbe Menge Gold, die Sie vorher auf einen späteren Termin gekauft haben, jetzt im Kassa-Monat verkaufen. Der Kassa-Monat unterliegt an der COMEX keinem Limit, deswegen ist ein solches Gegengeschäft auch dann möglich, wenn alle Termin-Monate limit-up oder limit-down sind.

# Kleines Commodity-Wörterbuch

**Bear:**

Als »Bear« oder »Baissier« bezeichnet man jemanden, der glaubt, daß die Preise zu hoch sind und ein Preissturz folgen wird.

**Bear Market:**

Ein »Bear Market« ist ein Markt, in welchem große Überschüsse und geringe Nachfrage den Rückgang von Preisen erforderlich machen.

**Bearish und Bullish:**

Wenn die Marktlage tiefere Preise erwarten läßt, spricht man von einer »bearishen« Situation. Erwartet man dagegen, daß die Preise ansteigen werden, so spricht man von einer »bullishen« Situation.

**Bid:**

ist die englische Bezeichnung für Nachfrage. Im Börsenverkehr gleichbedeutend mit »Geld«.

**Bull:**

ist das Gegenteil von »bear« und bedeutet in der englischen Börsensprache den »Haussier«.

**Bull Market:**

ist das Gegenteil von »Bear Market«, in welchem nur geringe Bestände und eine große Nachfrage den Anstieg von Preisen verursachen.

**Carrying Costs:**

Diese Kosten entstehen bei Waren, die in Lagerhäusern aufbewahrt werden. Grundsätzlich setzen sie sich aus Versicherungsgebühren, Zinsen und Lagerungskosten zusammen.

**Cash Commodity:**

Die tatsächliche Ware. Sie wird im Loco- oder Effektiv-Markt gehandelt und steht zur sofortigen Lieferung bereit.

**Clearing House:**

Das »Clearing House« wacht über die Einhaltung der übernommenen Verpflichtungen beider Seiten (des Käufers und des Verkäufers), führt die Aufrechnungen liquidierter Kontrakte durch und besorgt den Finanz-Ausgleich.

**Commission (Provision)**

Die »Commission« ist eine durch den Broker für die Durchführung spezieller Marktfunktionen erhobene Gebühr.

**Contract:**

1. Der »Contract«, die bilaterale Verpflichtung eines Käufers und Verkäufers, eingegangen durch eine gemeinsame Transaktion.
2. Eine festgelegte Menge, einer an den Terminbörsen gehandelten Ware. (Zum Beispiel 5000 Bushels, 10 000 Troy-Unzen oder 100 Ballen).

**Cover:**

ist gleich »eindecken«. Durch den Kauf eines Termin-Kontraktes wird eine vorher eingegangene Leerverkaufs-Position glattgestellt.

**Day Orders:**

Dies sind limitierte Aufträge, die nur für den Tag ihrer Aufgabe Gültigkeit haben. Wird das gewünschte Limit während des Tages nicht erreicht, erlischt der Auftrag automatisch bei Börsenschluß.

**Delivery Month:**

ist der Kalendermonat, in welchem ein Termin-Kontrakt ausläuft.

**Delivery Notice:**

ist die Benachrichtigung der Andienung der tatsächlichen Kontrakt-Ware durch den Verkäufer eines Termin-Kontraktes an das Clearing House.

**First Notice Day:**

ist der erste Tag, an welchem Mitteilungen über beabsichtigte Lieferung tatsächlicher Ware gegen Termin-Kontrakte von seiten des Verkäufers erklärt und von seiten des Käufers erhalten werden können.

**Good-till-cancelled (open):**

Ein Auftrag, welcher so lange Gültigkeit hat, bis er entweder ausgeführt oder durch den Kunden storniert wird. »Bis auf Widerruf«.

**Hedging:**

»Hedge«-Geschäfte sind reine Deckungsgeschäfte (ohne große Gewinnmöglichkeiten) zwecks Ausschaltung des Preis-Risikos. Terminverkaufs-Hedge oder Short-Hedge dient zur Sicherung gegen Verluste aus einem bis zur Wiederveräußerung etwa eintretenden Preisrückgang. Gegensatz: Terminkauf-Hedge oder Long-Hedge.

**Last Trading Day:**

ist der letzte Handelstag für eine bestimmte Ware in einem bestimmten Monat. Alle Kontrakte, die an diesem Tag nach Börsenschluß nicht glatt gestellt wurden, werden entweder angeliefert oder müssen im Effektiv-Markt liquidiert werden.

**Limit Order:**

Ein Auftrag, durch welchen der Kunde zu einem von ihm bestimmten Limit kaufen bzw. verkaufen möchte.

**Long:**

Jemand, der eine »ungehedgte« Kaufposition hat.

**Margin:**

ist gleich Marge, der Einschuß, der an Börsen bei Terminabschlüssen als Sicherheit zu hinterlegen ist.

**Margin Call:**

die Aufforderung, entweder zur Zahlung der durch eine Transaktion erforderlich gewordenen Original-Marge (siehe Original-Margin) oder zur Deckung einer Nachschuß-Pflicht, entstanden durch den Preisrückgang der gehaltenen Ware (siehe Variation-margin).

**Market Order:**

ist gleich »Billigst« oder »Bestens«-Order bei Kauf bzw. Verkauf. Diese Angaben in Börsenaufträgen besagen, daß der Auftrag zum augenblicklichen Kurs ausgeführt werden soll.

**Offer:**

ist gleich Briefkurs, der Kurs, zu dem Angebot besteht, zu dem ein Wertpapier oder eine Ware angeboten wird.

**Open Contracts:**

sind Kontrakte, die gekauft oder verkauft wurden, ohne daß die Transaktion durch entsprechenden Verkauf beziehungsweise Rückkauf oder tatsächlicher Lieferung beziehungsweise Empfang der Ware vervollständigt worden wäre.

**Open Interest:**

Gesamtzahl der noch nicht eingelösten Kontrakte auf einer Seite des Marktes. (In jedem Liefermonat ist der »Short-Interest« immer gleich dem »Long-Interest«, da die Zahl der gekauften Kontrakte der Zahl der verkauften Kontrakte entsprechen muß).

**Original Margin:**

Der Einschuß, der bei Terminabschlüssen erforderlich ist.

**Oversold oder Overbought Markets:**

Wenn das spekulative Kauf-Interesse drastisch reduziert wird und das spekulative Verkaufs-Interesse zunimmt, sei es tatsächlich oder auch nur relativ, so sagt man, daß der Markt überverkauft ist (oversold). Oft ist nach solchem Marktverhalten ein starker Preisanstieg zu erwarten. Das Gegenteil ist der Fall, wenn das spekulative Kaufinteresse sehr stark zugenommen hat und das spekulative Verkaufsinteresse stark zurückging (overbought). In diesem Falle spricht man von einem übersättigten Markt; ein sehr heftiger Preissturz ist oft die Folge.

**Paper Profit:**

Dieser Gewinn, der zunächst nur auf dem Papier existiert, kann durch Glattstellung der profitablen Position zu einem bestimmten Zeitpunkt und zu einem bestimmten Preis realisiert werden.

**Position:**

ist gleich Position. Man sagt, jemand hat eine Position, wenn er eine oder mehrere Kauf-(Long) oder Leerverkaufspositionen (Shorts) hält.

**Pyramiding:**

nennt man die Wiederanlage der an bereits gehaltenen Positionen erzielten Papier-Gewinne zum Zukauf von weiteren Positionen derselben Ware.

**Round Turn:**

nennt man die Glattstellung eines Kaufes durch einen entsprechenden Verkauf oder umgekehrt.

**Short:**

ist gleich Leerverkauf. Die Verkaufsseite eines nicht eingedeckten Termin-Kontraktes; wird auch als Bezeichnung für einen Spekulanten gebraucht, dessen Netto-Positionen ein mehr von nichteingedeckten Leerverkaufspositionen gegenüber nichteingedeckten Kaufpositionen aufzeigt.

**Spot Commodity:**

(siehe Cash Commodity)

**Spot Price:**

ist gleich Spot-Kurs oder Kassa-Kurs. Der Preis, zu dem die tatsächliche Ware zu einer bestimmten Zeit an einem bestimmten Ort gehandelt wird.

**Spread (oder) Straddle:**

diese Bezeichnungen haben gemeinhin denselben Sinn, aber in der Praxis gebraucht der Getreidehändler das Wort »Spread«, wohingegen andere Commodity-Interessenten den Ausdruck »Straddle« verwenden. Einen »Spread« definiert man am besten als den Kauf einer anderen Terminware (z. B. Kauf: Korn, Verkauf: Weizen). Nach den Auslegungen der C. E. A. (Commodity Exchange Authority) werden als »Spreads« nur Longs und Shorts der gleichen

Ware mit verschiedenen Liefermonaten bezeichnet. (Z. B. Long: July Wheat, Short: September Wheat).

**Stop Order oder Stop Loss Order:**

Eine »Stop Order« ist ein Auftrag, der im Falle eines Kauf-Stops eine Höchstgrenze über den herrschenden Marktpreisen oder im Falle eines Verkaufs eine Untergrenze unter dem bestehenden Kurs-Niveau festlegt. Der Auftrag ist erst bei Erreichen des Stop-Preises auszuführen und wird dann zur »Markt«- oder »Bestens-Order«. Im Falle der Erteilung eines derartigen Auftrages wird eine bestehende Position nur liquidiert, wenn eine ihr entgegenlaufende Preisbewegung eintritt. Die Aufgabe einer »Stop Loss Order« ist es, einen Verlust zu begrenzen und einen Gewinn abzusichern.

**Switch (oder Forward Switch):**

Als Switch bezeichnet man die Eindeckung einer Position in einer bestimmten Terminware und die gleichzeitige Wiederherstellung einer Position in derselben Ware mit Lieferpflicht zu einem späteren Termin. (Z. B.: Verkauf einer bislang Juli weizen gehaltenen Long-Position und gleichzeitiger Kauf eines Kontraktes September Weizen).

**Technical Rally (oder Decline):**

Eine auf- oder abwärts gerichtete Preisbewegung, hervorgerufen durch spezielle, sich innerhalb des Terminmarktes entwickelnde Bedingungen, die vollkommen unabhängig sind von den beiden fundamentalen Faktoren Angebot und Nachfrage. Die Bedingungen erklären sich beispielsweise durch Veränderungen des Open Interest (siehe Open Interest), des Umsatzes; sie werden weiter beeinflußt von der Heftigkeit, Spanne und Richtung kurz vorhergegangener Preisbewegungen und nicht zuletzt durch das Herannahen des First Notice Day's (siehe First Notice Day).

**Trading Limit:**

Für nahezu alle an den Warenterminbörsen gehandelten Produkte ist eine maximale Preisveränderung während einer Börsensitzung vorgeschrieben. Diese Limits sind von Markt zu Markt verschieden. Sollten die Preise ihre maximale Spanne nach oben oder unten erreicht haben, erlischt der Handel automatisch, es sei denn, daß Nachfrage über dem erlaubten Tiefstkurs und Angebot unter dem erlaubten Höchstkurs erfolgt.

**Variation Margin Call:**

Die Aufforderung zur Erfüllung einer Nachschußpflicht. Diese Aufforderung ergeht dann, wenn durch gegenläufige Preisbewegung ein Papierverlust 25% des Einschußwertes (Original Margin) überschritten hat.

*Quelle:* Das Warentermingeschäft mit Bache

Nur zu oft werden Stop-Loss-Aufträge dann ausgeführt, wenn sie gar nicht mehr notwendig gewesen wären, also kurz bevor der Preis wieder steigt. Das Problem, sie an der richtigen Stelle zu setzen, ist fast unlösbar. Fest steht jedenfalls, daß Stopp-Loss-Aufträge meist zu knapp gesetzt werden. Je größer die täglichen Preisschwankungen, desto mehr Spielraum muß man geben.

Im Laufe der Zeit habe ich den Eindruck gewonnen, daß es meist besser ist, Stop-Loss-Aufträge überhaupt nicht vorher zu geben, sondern sie mental vorzumerken und sie nicht auf einen COMEX-Preis, sondern auf das Londoner Nachmittagsfixing zu beziehen. Das Nachmittagsfixing ist repräsentativer als das Vormittagsfixing, weil dann auch die Amerikaner teilnehmen.

Bei dieser Methode liquidieren Sie erst dann, wenn das Fixing auf einen bestimmten Preis oder darunter fällt. Dadurch vermeiden Sie es, das Opfer extremer Tagesschwankungen an der COMEX zu werden, die oft wenig aussagefähig sind.

Diskutabel ist auch die Methode, den Verlust auf einer Position auf einen starren Prozentsatz zu beschränken: Drei Prozent bei normalen Marktverhältnissen, fünf Prozenten bei volatilen Verhältnissen.

All dies setzt voraus, daß Sie grundsätzlich nur dann long gehen, wenn der Markt *überverkauft (= oversold)* ist, das heißt, wenn der Preis gerade gefallen ist und das spekulative Kaufinteresse deutlich zurückgegangen ist.

Wenn Sie in einem überhitzten, euphorischen, *übergekauften (= overbought)* Markt long gehen, ist die Wahrscheinlichkeit meist größer, daß Sie mit Verlust ausgestoppt werden. Denn nur, wer oben auf der Leiter steht, kann tief fallen – nicht derjenige, der nur einen Fuß auf die erste Sprosse gesetzt hat.

Wenn der Marktpreis unter Ihren Kaufpreis fällt, ist es möglich, daß Sie einen *Margin-Call* erhalten. Dies wird von Broker zu Broker etwas unterschiedlich gehandhabt, und hängt davon ab, wie angesehen der Kunde ist und wie man ihn finanziell einschätzt. Aber in der Regel ergeht der Margin-Call, wenn der Preis so weit gefallen ist, daß 25% des ursprünglichen Einschusses (in unserem Beispiel $ 2 500) aufgezehrt sind. Jetzt muß ein Nachschuß geleistet werden, um das entstandene Minus in der Position auszugleichen.

Auch dies ist lediglich eine Formalität, denn als vorsichtiger Spekulant haben Sie genug Polster auf dem Konto, um eine kurze Durststrecke überstehen zu können.

Wenn auf dem Konto aber nichts mehr ist, weil zu viele Kontrakte gekauft wurden, muß bei einem Margin-Call neues Geld herangeschafft werden – oder aber die Kontrakte werden vom Broker zwangsliquidiert.

Aber, wie gesagt: ein Spekulant, bei dem es so weit kommt, hat von Anfang an alles falsch gemacht. Er gleicht einem General, der einen Krieg ohne Reserven eröffnete.

Zurück zu unseren beiden Positionen, die bei $ 400 und $ 405 gekauft wurden. Sie haben dabei einen Monat gewählt, der mindestens ein Vierteljahr in der Zukunft liegt, denn dies ist der Zeitraum für eine sinnvolle Spekulation. Terminkontrakte sollte man kaufen, um einen steigenden Preistrend zu nutzen, der ein paar Wochen oder ein paar Monate dauern kann. Je schneller der Preisanstieg, desto größer die Wahrscheinlichkeit einer scharfen Preiskorrektur nach unten, vor der Sie Ihre Kontrakte glattgestellt haben sollten.

Ein Kaufkontrakt wird *glattgestellt*, indem zum Ausgleich ein anderer Kontrakt verkauft wird. Damit ist dann die bisherige Position aufgelöst, und die Differenz zwischen Kauf- und Verkaufspreis wird Ihrem Konto abzüglich der Kommission gutgeschrieben – falls Sie mit Gewinn liquidiert haben.

Nehmen Sie keine zu nahen Monate, sonst müssen Sie unter Umständen vorzeitig glattstellen und gleichzeitig einen späteren Termin kaufen, was selbstverständlich Spesen kostet. Man nennt dies einen »*Switch*«. Ihr Broker wird Ihnen sagen, wann ein Switch fällig ist und dabei auf den *First Notice Day* achten. Dies ist der erste Tag, an dem der Verkäufer Mitteilung über die beabsichtigte Lieferung der Ware machen kann – eine Mitteilung, die Sie als Käufer an diesem Tag erhalten können.

Der Terminmarkt ist bekanntlich ein sehr kommodes Vehikel, um auch an fallenden Preisen zu verdienen. Wenn Sie auf sinkende Goldpreise spekulieren, sind Sie *bearish* eingestellt. Und sobald Sie einen Kontrakt leer verkauft haben, sind sie short. Jetzt haben Sie die Chance, an fallenden Preisen zu verdienen, und nicht nur das. Selbst wenn der Kassapreis längere Zeit gleich bliebe, käme Ihre Short-Position in den Gewinn, weil die Zeitprämie schrumpfen würde. Der Terminpreis würde nach und nach auf das Niveau der Kassapreise absinken. Wenn sich am Markt nichts ändert, arbeitet die Zeit also für die Baissiers, nicht für die Haussiers.

Sie können natürlich auch Gold, das Sie besitzen, auf Termin verkaufen. Aber dies ist nicht der eigentliche Sinn der Baisse-Spekulation an den Terminmärkten. Hier verkaufen die Baissiers die Ware »leer« – in der

Hoffnung, ihre Short-Position später bei tieferen Preisen eindecken zu können und die Preisdifferenz als Gewinn zu kassieren. Dieses Eindecken setzt, technisch gesehen, den Kauf eines Kontraktes voraus. Sobald Sie denselben Monat, den Sie früher verkauft haben, zurückgekauft haben, ist die alte Position liquidiert.

Es ist eine irreale Welt, in der die Spekulanten Dinge kaufen, die sie nie bezahlen könnten und auch gar nicht haben wollen – und Waren verkaufen, die sie gar nicht besitzen. Kürzlich fiel mir die Broschüre eines Brokers in die Hände, die das Warentermingeschäft als »Kapitalanlage« anpries. Davon kann natürlich keine Rede sein. Es handelt sich hier um reine Differenzgeschäfte. Mit Anlage hat das nicht das Geringste zu tun.

Den Begriff Spekulation – sofern sie nicht in Glücksspiel ausartet – verwende ich in diesem Zusammenhang überhaupt nicht im negativen Sinne. Spekulation ist nichts anderes als eine intellektuelle Tätigkeit, die darauf abzielt, teurer zu verkaufen als man gekauft hat – und dabei die Mehrheit der Marktteilnehmer zu überlisten.

Es stimmt, daß Spekulation in der Regel keinen volkswirtschaftlichen Nutzen stiftet. Aber es ist auch nicht die Pflicht einer Privatperson, nur Dinge zu tun, die der Allgemeinheit dienen. Dem wird ja bereits durch die Ausübung eines Berufes und die Entrichtung der Steuer genüge getan. Im übrigen ist es das Recht des Bürgers, sein Vermögen zu erhalten und zu vermehren, so gut er kann. Der Notwendigkeit zur Spekulation entkommt er dabei ohnehin nicht. Selbst der Dauerbesitz eines vollen Sparbuches ist Spekulation – eine Spekulation darauf, daß die Regierung den Geldwert nicht zu schnell sinken läßt, beziehungsweise darauf, daß die Zinsen über der Inflationsrate bleiben.

Nicht der Terminmarkt an sich, sondern die Subkultur, die speziell die COMEX entwickelt hat, ist ein Ärgernis. Für den Anleger, den Analytiker und den Goldhändler wäre das Leben sicherlich leichter, wenn es die COMEX nicht gäbe. Die Preise wären ruhiger und berechenbarer.

Nun zu einer heiklen Frage: Soll man gelegentlich auch short in Gold gehen? Während ausgeprägter Bear-Märkte wie 1975/76 und 1981/82 wäre es sicherlich lukrativ gewesen. Aber die Erfahrung zeigt, daß der normale Investor psychologisch dafür nicht gerüstet ist. Und solange eine langfristige Hausse intakt ist, ist Short-gehen grundsätzlich gefährlicher als Long-gehen.

Es kommt aber etwas anderes hinzu. Aufwärtsbewegungen entwickeln sich in der Regel nach einer Periode, in der die Preise einen Boden bilden.

Man hat mehr Zeit zu disponieren und die entsprechenden Positionen aufzubauen. Preisstürze innerhalb eines Bull-Marktes kommen dagegen meist aus heiterem Himmel, sind schnell und vehement – und schon deswegen sehr schwer zu traden.

1982 haben die Baissiers enorm viel Geld mit Leerverkäufen verloren. So war für die Preisexplosion im Spätsommer 1982 ein einziger großer Leerverkäufer hauptverantwortlich, der bei steigenden Preisen seine Short-Positionen panikartig eindecken mußte. Allein zwei oder drei große Shorts, allesamt Kunden amerikanischer Brokerhäuser, müssen 1982 Gelder in dreistelliger Millionenhöhe verloren haben.

Falls Sie nach dem, was Sie bisher gelesen haben, am Terminhandel mit Gold interessiert sind, dann beachten Sie folgenden Rat: Betreiben Sie das Geschäft nicht nach den Regeln der COMEX, sondern nach Ihren eigenen Regeln. Damit meine ich, daß Sie es fast wie ein Kassageschäft angehen sollten: ruhig, nicht zu kurzfristig, nicht mit zu großer Hebelwirkung, und ohne jede Euphorie oder Panik. Wenn Sie sich von den Emotionen der Subkultur anstecken lassen, haben Sie keine Chancen.

Möglicherweise liegt der beste Schutz gegen die permanenten Versuchungen der COMEX darin, gar nicht an die COMEX zu gehen. Eine Alternative wäre der neue *London Gold Futures Market*, der überdies eine Reihe von rechtlichen Vorteilen bietet.

Das Volumen dieses Marktes ist zwar, verglichen mit der COMEX, verschwindend klein, aber doch groß genug für die Plazierung von ein paar Aufträgen, also groß genug für die Bedürfnisse eines Anlegers, dessen Gesamtkonto vielleicht eine Million Franken ausmacht und der davon zehn Prozent für Termingeschäfte einsetzt.

In London werden, wie an der COMEX, Kontrakte über 100 Unzen Gold auf Dollar-Basis gehandelt. Liefermonate sind der Kassamonat und die folgenden sechs Monate. Allerdings wird mangels Interesse nicht täglich in allen Monaten gehandelt.

Die minimale Preisschwankung in London beträgt zehn Cents je Unze – auch dies nach dem Vorbild der COMEX.

Welche Vorteile bietet London gegenüber New York?

- Es kann nicht vorkommen, daß der Handel einen ganzen Tag lang oder sogar mehrere Tage lang ausgesetzt wird, weil die Limit-Regeln in London flexibel sind. Falls der Preis auf das geltende Limit steigt oder fällt, ruht der Handel in allen Liefermonaten außer dem Kassamonat für 30 Minuten.

- In London wird das Bankgeheimnis ausländischer Investoren in aller Regel respektiert, wenn auch gesetzliche Regelungen wie in der Schweiz fehlen. Die britischen Banken haben lediglich die Steuerbehörde über die Zinseinkommen von Inländern zu informieren. In den USA dagegen ist der ausländische Kunde eines Brokers oder einer Bank nicht geschützt. Daß finanzielle Angelegenheiten vertraulich bleiben sollten, ist dem amerikanischen Rechtsverständnis völlig fremd. Alle Transaktionen ausländischer Anleger in den USA werden entweder der amerikanischen Steuerbehörde IRS gemeldet oder können jederzeit von ihr abgefragt werden. Bei den Finanzinstituten in den USA besteht weder Interesse daran noch die Möglichkeit dazu, die Privatsphäre der Kunden vor dem Fiskus zu schützen.

    Außerdem bedroht die amerikanische Feindstaatenklausel ausländische Konten im Kriegsfall mit Blockierung. Die Rechtssicherheit für Ausländer, die in den USA investieren oder auch nur ein Konto unterhalten, ist schlichtweg ungenügend.

- Für London sprechen auch die für Europäer angenehmeren Öffnungszeiten: 9.30 Uhr bis 12.10 Uhr, 14 Uhr bis 16.40 Uhr Londoner Zeit.

Ein Thema für sich sind die Manipulationen zum Schaden des Publikums, wie sie sich die COMEX mehr als einmal geleistet hat.

Vielleicht erinnern Sie sich noch an die Ereignisse Ende Februar 1983, als der Goldpreis binnen weniger Tage von $ 511 auf $ 408 fiel. Der allergrößte Teil dieses Preissturzes hatte sich, nicht ohne Zutun amerikanischer Firmen, im Verlauf des letzten Februar-Wochenendes in Hongkong ereignet. Am Vormittag des 25. 2., einem Freitag, kostete Gold noch $ 470, am Montagnachmittag schon $ 408: eine perfekte Falle für die Haussiers, denn sie hatten praktisch keine Gelegenheit, ihre Long-Positionen rechtzeitig glattzustellen.

Ausgerechnet an jenem Montag, als der Goldpreis sein Tief erreicht hatte, erhöhte das Margin-Committee der COMEX mit Wirkung vom 1. 3. den Einschuß für einen Goldkontrakt von $ 2 500 auf $ 4 000 und den für Silber von $ 4 500 auf $ 7 500. Die Brokerhäuser verlangten von ihren Kunden aber noch höhere Einschüsse, in der Regel $ 6 000 für Gold und $ 10 000 für Silber. Leute, die Gold bei Preisen um $ 500 gekauft hatten und bereits hohe Nachschüsse hatten aufbringen müssen, wurden nochmals zur Kasse gebeten, und zwar ohne daß der Preis weiter fiel. Die Folge waren neue Zwangsliquidationen von Konten, und dies bei Preisen, wo gar keine Notwendigkeit mehr dafür bestand, denn die Kurse setzten bereits zu einer ersten Rally an, die Gold auf $ 440 brachte.

Die COMEX hatte zum zweiten Mal die Regeln mitten im Spiel geändert. Bekanntlich hatte der COMEX-Vorstand im Januar 1980 verfügt, daß Silber nicht mehr gekauft, sondern nur noch verkauft werden durfte. Damit wurde die Silber-Hausse stranguliert – und zwar von COMEX-Vorstandsmitgliedern, die zuvor short gewesen waren und enorm viel Geld verloren hatten, und die dann ab Januar 1980 dieses Geld auf Kosten der Haussiers zurückzugewinnen begannen.

Daß ein Börsenvorstand in dieser Form für seine eigenen Interessen Partei ergreift, ist schon seltsam genug. Daß er darüber hinaus die Geschäftsgrundlagen, auf die sich der Kunde eingerichtet hat, einseitig und rückwirkend ändert, verträgt sich wohl kaum mit einem zivilisierten Rechtsverständnis. Die Margin-Erhöhung, die am 1. 3. 83 wirksam wurde, galt nämlich auch für früher eingegangene Positionen.

Von zwei großen kontinentaleuropäischen Goldhändlern weiß ich, daß sie seit einiger Zeit wegen der dort herrschenden Rechtsunsicherheit keine Geschäfte an der COMEX mehr tätigen. Und der Chefhändler eines Londoner Metallbrokers sagte mir unverblümt: »Ich benutze die COMEX nur noch, um dort short zu gehen. Wenn ich in New York etwas verkaufe, was ich dort nicht habe, kann es mir wenigstens niemand wegnehmen.«

Auch der private Investor sollte sich rechtzeitig auf alle Eventualitäten einrichten. Im Falle eines Crash oder eines Krieges würde die COMEX von den US-Behörden umgehend geschlossen, und die Gelder in New York wären zunächst blockiert.

Wie für jedes finanzielle Geschäft gilt auch für den Terminhandel mit Gold: Werden Sie erst aktiv, wenn Sie sich gründlich informiert haben und genau wissen, was Sie tun. Es ist kaum vorstellbar, mit welcher Leichtfertigkeit und Naivität manche Investoren mit Aktien, Anleihen, Commodities und eben auch mit Gold experimentieren.

Deswegen müssen Sie nicht unbedingt so gründlich sein wie jener Schweizer Investor, der mir anvertraute, er habe über fünf Jahre lang Trockenübungen auf dem Papier gemacht und Termingeschäfte mit Gold simuliert, bevor er seinen ersten wirklichen Auftrag plazierte.

# V. Optionen: Gold for the not so bold

Ohne Zweifel sind Optionen das schwierigste Vehikel, das der Goldmarkt zu bieten hat, und nur wenige Anleger sind damit vertraut. Noch weniger können von sich sagen, damit Geld verdient zu haben. Bringen Sie also ein wenig Geduld auf, und folgen Sie unserer Führung durch die geheimnisvolle Welt des Optionsgeschäftes. Irgendwann werden Sie Optionen auf Gold oder Goldminenaktien doch einsetzen wollen, um Ihr Konto gegen Verluste abzusichern oder spekulative Chancen wahrzunehmen. Je besser Sie mit Optionen vertraut sind, desto größer ist dann Ihre Chance, kostspielige Fehler zu vermeiden.

Wir befassen uns zunächst mit den Kaufoptionen, die auch *Call-Optionen* genannt werden. Eine Call-Option kann man nicht nur kaufen, sondern auch verkaufen, aber letzteres ist schon etwas komplizierter. Wir wollen uns zunächst ausschließlich mit dem Kauf von Call-Optionen befassen.

Man kauft sie, weil man steigende Goldpreise erwartet und weil man davon profitieren möchte. Die Definition eines Call-Kaufs, wie Sie sie überall lesen können, lautet: »Der Käufer einer Call-Option erwirbt das Recht, nicht jedoch die Pflicht, eine bestimmte Menge Gold zu einem im voraus bestimmten Preis jeder Zeit zwischen dem Transaktions- und dem Fälligkeitsdatum zu kaufen.«

So korrekt diese Definition ist, so wenig sagt sie über den eigentlichen Zweck des Optionskaufes aus. Zwar kann man Optionen durchaus dazu benutzen, Gold zu einem schon jetzt festgelegten Preis zu einem späteren Zeitpunkt zu erwerben. Aber in der Praxis werden Optionen nur selten mit dieser Absicht erworben.

In Wirklichkeit kommt der Kauf einer Call-Option einer Wette auf steigende Goldpreise gleich, bei der Sie Ihren Einsatz entweder verlieren, oder teilweise zurückerhalten, oder aber, wenn Sie sehr viel Glück haben, verdoppeln und vervielfachen können.

Dazu ein Beispiel: Am 1. Juli 1983, als Gold $ 417 kostete, mußten Sie als Käufer einer Call-Option von Valeurs White Weld $ 13 zahlen, um das Recht zu erwerben, in der Zeit bis zum Februar 1984 die Unze Feingold zu $ 510 kaufen zu können. Ihre Gesamtkosten für die Unze Gold beliefen sich demnach auf $ 510 + 13 = $ 523. Und dies bei einem Kassapreis, der am 1. Juli mehr als $ 100 tiefer war. Wer in aller Welt wäre daran

# Kleines Optionswörterbuch

**Call:**

Kaufoption. Ein Call wird bestimmt durch Stückzahl, Basispreis und Laufzeit und stellt einen rechtlichen Anspruch dar, innerhalb der Laufzeit 100 Aktien zu einem festgelegten Preis vom Verkäufer des Calls zu erwerben. Um diesen Anspruch zu erwerben, müssen Sie einen Preis zahlen.

**Chicago Board Options Exchange (CBOE):**

Tochter des Chicago Board of Trade, der größten Warenterminbörse der Welt. Erste Optionsbörse, die die Prinzipien des Warenterminhandels auf den Optionshandel anwendete. Start: April 1973.

**Clearing-house:**

Mit unserem deutschen Kassenverein vergleichbar. Das Clearinghouse der Optionsbörsen sorgt für Überwachung der Positionen, macht den Kassenausgleich und bewirkt die Lieferung von Aktien bei Ausüben der Calls.

**Covered writer:**

Der Anleger, der Kaufoptionen auf bestimmte Aktien seines Bestandes verkauft. Er verpflichtet sich, diese Aktien gemäß den Bedingungen der Kaufoption herauszugeben. Auf deutsch »Stillhalter«.

**Glattstellen:**

Verkaufen nach einem Kauf. Kauf nach einem Verkauf. Liquidation.

**Hebelwirkung:**

Überproportionale Auswirkung einer Kursbewegung der Aktie auf den Kurs der Option. Englisch: »Leverage Effect«.

**»Im Geld«:**

Wenn der Basispreis des Calls unter dem Kurs der Aktie ist, dann ist die Option »im Geld«. Englisch: »In the Money«.

**Innerer Wert:**

Differenz von Aktienkurs minus Basispreis. Mindestkurs eines Calls, der »im Geld« ist. Englisch: »Intrinsic Value«.

**Lieferverpflichtung:**

Der Stillhalter eines Calls verpflichtet sich zu liefern, wenn der Käufer es von ihm verlangt.

**Long:**

Sie sind »long«, wenn Sie eine Position gekauft haben.

**Nicht im Geld:**

Ein Call, dessen Basispreis über dem Aktienkurs liegt. Englisch: »Out of the money«.

**Prämie:**

Was der Käufer für die Option bezahlt. Auch »Aufgeld«, wenn der Call »Im Geld« ist.

**Rückkauf:**

Glattstellung eines Leerverkaufs oder Eindeckung einer Stillhalter-Position.

**Schreiber:**

Verkäufer einer gedeckten (covered writer) oder einer ungedeckten (uncovered bzw. naked writer) Option.

**Short:**

Sie sind »short«, wenn Sie einen Leerverkauf getätigt haben.

**Short covering:**

Glattstellung von Leerverkäufen.

**Spread:**

Das gleichzeitige Halten von long- **und** short-Positionen in Optionen derselben zugrundeliegenden Aktie.

**Stillhalter:**

Verkäufer von Optionen auf den eigenen Aktienbestand. Englisch: »Covered Writer«.

**Time Spread:**

Spread in Calls verschiedener Laufzeiten.

**Writer:**

Siehe Schreiber oder Stillhalter.

**Zugrundeliegende Aktie:**

Die Aktie, auf die eine Option gekauft und verkauft wird. Englisch: »Underlying stock«.

*Quelle:* Bache

interessiert gewesen, etwas im Februar 1984 so teuer zu kaufen, wenn er es im Juli 1983 viel billiger haben konnte?

Der Kauf einer so teuren Call-Option im Juli 1983 konnte also nur den Zweck haben, diese Option später an jemand anderen noch teurer weiterzureichen – mit anderen Worten: ein Differenzgeschäft mit Gewinn abzuschließen.

Die üblichen Erklärungen der Optionsfirmen, mit Hilfe eines Calls könne man sich Gold, das man erst später beziehen wolle, schon jetzt zu einem kalkulierbaren Preis sichern, überzeugen nicht.

Wenn Sie das Gold wirklich beziehen wollen, kaufen Sie es gleich. Und wenn Sie es aus besonderen Gründen erst später bezahlen wollen, kaufen Sie es auf Termin.

Goldoptionen werden in den USA von *Mocatta,* einem großen Edelmetallhändler, seit Jahren angeboten, und neuerdings auch von der COMEX in New York. In Europa werden Optionen an der *Europäischen Optionsbörse* in Amsterdam und von der Firma *Valeurs White Weld* in Genf gehandelt. Die Genfer Firma steht der Schweizerischen Kreditanstalt nahe, deswegen haben Kunden der SKA den leichtesten Zugang zu diesen Optionen.

Die aktuellen Optionsprämien von Valeurs White Weld können Sie täglich in der »International Herald Tribune« nachlesen. Veröffentlicht werden nur die Prämien für Calls. Am 1. Juli 1983 wurden folgende Preise angegeben:

Gold Options (prices in $/oz.)

| Prices | Aug. | Nov. | Feb. |
|---|---|---|---|
| 430 | 7.50–10.50 | 25.20–28.50 | – |
| 450 | 5.00– 7.00 | 16.00–19.00 | 27.00–31.00 |
| 470 | 2.00– 4.00 | 10.50–13.50 | 18.00–22.00 |
| 490 | 1.00– 2.00 | 6.50– 8.50 | 13.00–17.00 |
| 510 | 0.50– 1.50 | 4.50– 6.50 | 10.00–13.00 |

Gold 416.00–417.50

Anhand dieser Tabelle wollen wir nun die drei Merkmale einer Option erläutern – und anschließend untersuchen, welche der hier angebotenen Optionen unter welchen Gesichtspunkten interessant gewesen wären.

Die Tabelle sagt Ihnen, zu welchem Preis (= Basispreis) Sie 100 Unzen Gold (= Standardgröße des Kontraktes) bis wann (= Fälligkeitsmonat) kaufen können, aber nicht müssen – und was Sie für dieses Recht jetzt zahlen müssen (= Prämie). Für die Prämien ist jeweils ein Geld- und Briefkurs angegeben. Beim Kauf der Option zahlen Sie den höheren Briefkurs.

Konkret: Am 1. Juli 1983 zahlten Sie $ 10,50 je Unze, insgesamt also $ 1 050, um das Recht zu erwerben, bis zum letzten Arbeitstag des August 1983 100 Unzen Gold zu einem festen Preis von $ 430 zu kaufen.

Die billigste hier angebotene Option war die mit Fälligkeit August 1983 und einem Basispreis von $ 510, die teuerste die mit Fälligkeit Februar 1984 und einem Basispreis von $ 450. Angenommen, Sie würden letztere Option im Februar 1984 oder schon früher ausüben, was würde das Gold Sie dann kosten? Antwort: $ 450 + 31 = $ 481.

Die drei wichtigsten Merkmale einer Option kennen Sie jetzt bereits:

- Die *Fälligkeit* gibt die Vertragsdauer an, und sagt Ihnen, wie lange Sie das Recht haben, das Gold zu beziehen, falls Sie dies wirklich wünschen. Im Fälligkeitsmonat erlischt die Option – und es ist eine traurige Tatsache, daß sie für die Mehrzahl der Optionskäufer wertlos erlischt. Die ursprünglich bezahlte Prämie ist dann zu 100% verloren.
- Der *Basispreis* ist der Preis, zu dem die Gegenpartei das Gold an Sie liefern muß, falls Sie dies verlangen.
- Die *Prämie* ist Ihr Einsatz, den Sie am Beginn des Spiels zu entrichten haben und den die Gegenpartei, die die Option an Sie verkauft, kassiert.

Wer etwas kauft, muß sich zu allererst fragen: Ist es billig oder teuer? Denn davon hängt seine Chance ab, es noch teurer weiterverkaufen zu können.

Es ist leicht verständlich, daß eine Option um so teurer sein muß, je länger sie läuft und je niedriger der Basispreis ist. Denn: Je länger sie läuft, desto größer die Chance, daß Sie als Käufer des Calls mit Ihrer Erwartung steigender Goldpreise recht bekommen. Und je niedriger der Basispreis, desto größer die Chance, daß der Kassapreis darüber steigt und die Option einen inneren Wert erhält.

Außerdem richtet sich der Preis (= Prämie) der Option nach dem Verhältnis von Angebot und Nachfrage. Ist die Stimmung am Markt euphorisch, dann steigt die Nachfrage nach Calls und damit der Preis für die Calls.

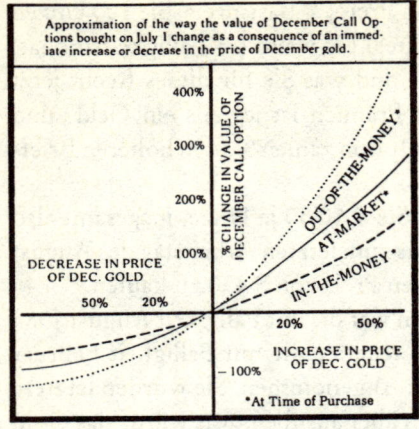

Die obere Grafik zeigt Ihnen, wie sich der Wert einer am 1. Juli gekauften Dezember-Call-Option voraussichtlich entwickelt, falls der Goldpreis steigt (horizontale Achse, rechts) oder falls er fällt (horizontale Achse links). Auf der vertikalen Achse können Sie die Wertänderung in Prozent ablesen. Die untere Grafik zeigt, wie Optionen, die »at-market« oder »out-of-the money« sind, in den angenommenen 12 Monaten bis Verfall auf Null gehen – immer vorausgesetzt, der Goldpreis bleibt in dieser Zeit stabil. Nur die Optionen »in-the-money« behalten einen inneren Wert.

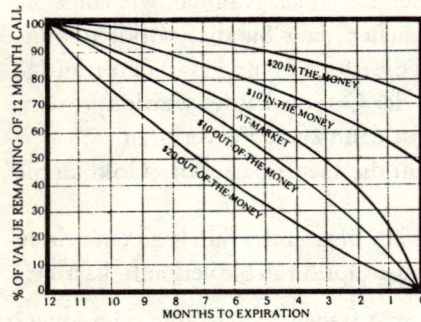

*Quelle:* Mocatta Metals Corporation

Wie die aktuellen Marktzinsen auf Optionsprämien einwirken, ist schon schwieriger zu definieren. Normalerweise sollte die Prämie, die der Käufer an den Stillhalter zahlt, bei hohen Zinsen etwas niedriger sein, weil der Stillhalter den erhaltenen Betrag in diesem Fall höher verzinslich anlegen kann. In jedem Fall dürfen Sie nicht davon ausgehen, daß die Prämie exakt im Rhythmus des Goldpreises steigt und fällt. Die Preisverzerrungen können beträchtlich sein.

Alle oben aufgeführten Optionen von Valeurs White Weld besitzen keinen inneren Wert, denn alle offerierten Basispreise liegen über dem Kassapreis vom 1. Juli, der sich auf 416/417,50 belief. Alle diese Optionen sind »*out of the money*«, »aus dem Geld«, wie man sagt. Anders ausgedrückt, es wäre ein Verlustgeschäft, bei einem Kassapreis von $ 417,50 eine der Optionen ausüben zu wollen. Denn Sie müßten für dasselbe Gold, das am freien Markt $ 417,50 kostet, $ 430 oder mehr bezahlen. Und auf diese Basispreise müßten Sie die Prämie aufschlagen, die Sie gleich zu Beginn entrichtet haben.

Was muß geschehen, daß eine Option einen »*inneren Wert*« erhält? Nehmen wir an, Sie haben einen Call August 430 gekauft und dafür $ 10,50 bezahlt. Zwei Wochen später steigt der Goldpreis auf $ 450. Jetzt liegt der Marktpreis über dem Basispreis von $ 430, und die Call-Option hat einen inneren Wert von $ 20. Dies wäre zugleich der theoretische Mindestpreis, den die Option dann kosten müßte. Wichtig auch: die Option liegt jetzt »*in the money*«, »im Geld«, weil der Marktpreis über den Basispreis geklettert ist.

Zurück zu der Frage, wie der Spekulant unter den 14 angebotenen Calls auswählen könnte:

- Falls er am 1. Juli glaubt, der Goldpreis werde sehr bald steigen, bevorzugt er eine frühe Fälligkeit, vielleicht sogar den August, weil hier die Prämien niedriger sind.
- Falls er eine Preissteigerung erst im Herbst des Jahres erwartet, nimmt er eine November- oder Februar-Option. Er zahlt mehr, dafür hat er länger Zeit, um recht zu bekommen.
- Den Basispreis würde er unter dem Gesichtspunkt auswählen, ob er nur an mäßig steigende oder an explodierende Preise glaubt. Wer sich bei einem Kassapreis von $ 417 für den Basispreis von $ 510 entscheidet, muß schon sehr bullish für Gold eingestellt sein.

Jeder, der längere Zeit mit Optionen experimentiert hat, wird die Erfahrung gemacht haben, daß man in der Regel mit Optionen von mittlerer Laufzeit und mittlerem Basispreis am besten fährt. Die ganz billigen Optionen sind meist vergeudetes Geld, sie laufen wertlos aus.

Der Käufer einer Call-Option gleicht einem Schwimmer, der sich gegen die Strömung bewegt und dem man auch noch Bleigewichte an die Füße geschnallt hat. Er kämpft gegen den Zeitfaktor, denn jede Woche, in der der Goldpreis nicht steigt, zehrt unerbittlich am Wert seiner Option. Und

## Beispiel eines doppelten Optionsengagements

*Ausgangslage:*
| | |
|---|---|
| Geschäftsumfang | 1 Option à 100 Unzen |
| Goldkurs | US-$ 400.– je Unze |

| | |
|---|---|
| Prämie für Kaufoption (steigende Richtung) 3 Monate | US-$ 14 je Unze = 1400.– (100 x 14) |
| Prämie für Verkaufoption (fallende Richtung) 3 Monate | US-$ 7 je Unze = 700.– (100 x 7) |
| Prämie für Doppeloption | US-$ 2100.– |

*Liquidation bei steigendem Goldpreis, Goldkurs 412.–*
| | |
|---|---|
| Preis der Kaufoption bei Fälligkeit | US-$ 20 je Unze = 2000.– (100 x 20) |
| Preis der Put-Option | US-$ 5 je Unze = 500.– (100 x 5) |
| Liquidationserlös | US-$ 2500.– |
| Bezahlte Prämie | US-$ 2100.– |

Gewinn der
gesamten Operation    US-$    400.–
oder 19% für 3 Monate, das sind 76% p.a., bezogen auf die Prämienzahlung.

Dieser Betrag setzt sich wie folgt zusammen:

| | |
|---|---|
| Gewinn aus Kaufoption | US-$ 600.– |
| Verlust aus Verkaufoption | US-$ 200.– |
| | US-$ 400.– |

*Liquidation bei fallendem Goldpreis, Goldkurs 388.–*
| | |
|---|---|
| Erzielter Preis für Kaufoption | US-$ 10 je Unze = 1000.– (100 x 10) |
| Erzielter Preis für Verkaufoption | US-$ 26 je Unze = 2600.– (100 x 26) |
| Summe | US-$ 3600.– |

Gewinn der
*gesamten Operation*    US-$    1500.–
oder 71% für 3 Monate, das sind 284% p.a., bezogen auf die Einzahlung.

Dieser Betrag setzt sich wie folgt zusammen:

| | |
|---|---|
| Verlust aus Kaufoption | US-$ 400.– |
| Gewinn aus Verkaufoption | US-$ 1900.– |
| | US-$ 1500.– |

*Quelle:* Gold Handbuch, SKA

er hat obendrein das Handicap einer bereits bezahlten Prämie, um die der Marktpreis auch noch steigen muß, damit die Gewinnzone erreicht wird. Und wenn er eine Option »aus dem Geld« gekauft hat, muß der Marktpreis erst einmal über den Basispreis steigen, damit die Option einen inneren Wert erhält.

Ein Anleger, der einen steigenden Preistrend voraussieht und Gold per Kasse kauft, wenn die allgemeine Stimmung noch schlecht ist, kann warten, bis er recht bekommt. Die Fähigkeit, künftige Preistrends zu erahnen, macht ihn aber noch lange nicht zum Gewinner bei Optionen.

Wenn er mit Optionen spekuliert, wird er immer wieder erleben müssen, daß der Goldpreis zu spät zu steigen beginnt oder zunächst nur langsam steigt – und daß seine Optionen wertlos verfallen, und zwar ausgerechnet dann, wenn der Markt beginnt, interessant zu werden. Deswegen keine zu kurzen Laufzeiten!

Angeblich liegt der Vorteil von Optionen darin, daß das Verlustrisiko begrenzt ist, weil es nur 100% ausmacht. Sie können nie mehr als den Einsatz verlieren. Welch ein Trost!

In Wirklichkeit haben Optionen empfindliche Nachteile gegenüber dem Kassa-Kauf und sind nur selten wirklich lukrativ. Diese von Anfang an eingebauten Nachteile wollen wir an einem Beispiel demonstrieren:

Gold kostet am 1. Juli $ 417 und steigt bis November 1983 auf $ 470. Wenn Sie am 1. Juli 100 Unzen kaufen und bar bezahlen, machen Sie bis zum November einen Profit von $ 5 300. Hätten Sie aber am 1. Juli einen November-Call zum Basispreis von 470 gekauft und bis November gehalten, dann hätten Sie nichts gewonnen und auch noch die Prämie von $ 1 350 verloren. Ein Minus, obwohl der Goldpreis kräftig stieg.

Wäre Gold im selben Zeitraum um $ 20 gefallen, dann wäre die Prämie selbstverständlich auch verloren gewesen, und die 100 Unzen wären $ 2000 weniger wert gewesen. Als Besitzer der 100 Unzen hätten Sie Ihr Gold aber noch gehabt – mit der Chance, an einem Preisanstieg voll zu partizipieren. Das für die Option aufgewendete Geld aber wäre unwiederbringlich verloren gewesen. Sie hatten eine Wette abgeschlossen und sie verloren. So und nicht anders sollten Sie den Kauf von Call-Optionen sehen.

Kalkulieren Sie beim Kauf einer Option immer die Möglichkeit mit ein, daß der Einsatz restlos verloren geht. Dieser Einsatz muß in einer vernünftigen Relation zur Größe Ihres Kontos stehen. Sie müssen den Verlust verschmerzen können, ohne mit der Wimper zu zucken.

Ich rate nicht rundweg von Goldoptionen ab, weise aber darauf hin, daß sie sehr schwierig mit Erfolg zu handhaben sind, da sie eine ganze Reihe von Nachteilen haben, und daß der wenig erfahrene Spekulant nicht darauf hoffen darf, damit leicht und schnell viel Geld zu verdienen. Wenn Sie an Optionen interessiert sind, experimentieren Sie ruhig eine Zeitlang damit – aber nur mit kleinen Beträgen – und finden Sie selbst heraus, ob Sie ein Gefühl für dieses schwierige Instrument entwickeln. Ich halte sie für schwieriger als Termingeschäfte.

Wenn Sie den Trend am Terminmarkt richtig gesehen und rechtzeitig gekauft haben, sind Sie im Gewinn, sobald der Preis auch nur um einen Dollar steigt. Als Käufer einer Call-Option wissen Sie nicht einmal, in welchem Ausmaß die Optionsprämie den Goldpreisanstieg reflektieren wird.

Nehmen wir einmal an, der Goldpreis bleibt während der gesamten Lebensdauer einer Option gleich. Dann wird der Preis der Option um so schneller sinken, je mehr sie »aus dem Geld« ist, d. h. je höher der Basispreis über dem Marktpreis liegt.

Falls Sie einen Call gekauft haben, dessen Basispreis mit dem Marktpreis identisch war (genau »at market«), dann verliert die Option langsamer an Wert, endet aber auch bei Null, falls der Marktpreis nicht steigt.

Falls der Call aber »im Geld« liegt, falls also der Basispreis niedriger als der Kassapreis ist, dann hat die Option von Anfang an einen inneren Wert und wird bei Fälligkeit vielleicht nur um ein Drittel gesunken sein – wobei wir auch hier voraussetzen, daß der Preis am freien Markt während der gesamten Laufzeit der Option zwar schwankt, aber am Ende nicht höher liegt als an dem Tag, an dem der Call gekauft wurde.

Richtig ist auch, daß ein Call »aus dem Geld« prozentual um so stärker steigt, je schneller der Goldpreis nach oben geht. In diesem Fall schneidet er besser ab als ein Call »im Geld« und als ein Call »at market«.

Fällt der Goldpreis hingegen, verlieren die billigen Calls (»aus dem Geld«) schneller und prozentual stärker an Wert als diejenigen Calls, die schon zu Beginn des Geschäfts einen inneren Wert hatten (»in the money«).

Um die Preiswürdigkeit einer Option einzuschätzen, muß man sich vorstellen, sie werde ausgeübt. Das heißt, man muß Basispreis, Marktpreis, Kontraktdauer und die bezahlte Optionsprämie in eine Beziehung zueinander setzen. Es ist aber, wie gesagt, nicht der Sinn einer Option, daß sie tatsächlich ausgeübt wird. In der Regel empfiehlt es sich, die

Option spätestens einen Monat vor Verfall zu liquidieren, mit anderen Worten: die hoffentlich entstandenen Gewinne rechtzeitig mitzunehmen.

Wie Sie das tun? Sie können den Call jederzeit zurückverkaufen, womit der Optionsvertrag annulliert ist. Dabei werden Sie dann feststellen, daß die Marge zwischen Geld- und Briefkurs ganz erheblich sein kann und selbstverständlich zu Ihren Lasten geht.

Werfen Sie noch einmal einen Blick auf die obige Tabelle. Falls Sie am 1. Juli den Call in der ersten Zeile (August 430) für $ 10,50 je Unze gekauft haben, würden Sie nur $ 7,50 je Unze zurückbekommen, wenn Sie ihn gleich wieder liquidieren. Bei den billigen Calls nimmt die Marge geradezu erschreckende Ausmaße an.

Wir wenden uns jetzt einer ganz anderen Operation zu, dem *»Schreiben«* (= Verkaufen) von Call-Optionen, wobei Sie als *Stillhalter* fungieren.

Das Angenehme an diesem Geschäft ist es, daß Sie gleich zu Beginn Geld erhalten, anstatt es ausgeben zu müssen: die Prämie, die der Call-Käufer zahlen mußte, wird (nach Abzügen) auf Ihr Konto überwiesen. Und Sie wissen ja bereits, je weiter entfernt die Fälligkeit und je niedriger der Basispreis, desto höher die Prämie.

Die unangenehme Seite des Stillhaltergeschäfts besteht darin, daß Sie als Gegenleistung für den Erhalt der Prämie Verpflichtungen eingehen, deren Ausmaße nicht von vornherein klar sind. Als Käufer einer Call-Option dagegen sind Sie zu gar nichts verpflichtet: Sie können, wenn Sie dies wollen, verreisen und Ihren Call vergessen. Ein Call-Käufer kann, aber muß nicht. Ein Stillhalter muß etwas tun, wenn die Gegenseite dies verlangt.

Wenn Sie einen Call über 100 Unzen Gold geschrieben (= verkauft) haben, dann müssen Sie auch in der Lage sein, diese 100 Unzen Gold zum vorher vereinbarten Preis (= Basispreis) dem Käufer anzudienen, wenn dieser es verlangt.

Wenn Sie diese 100 Unzen von Anfang an besitzen, kann Ihnen nicht allzu viel passieren. Sie liefern das Gold eben aus. Sie haben dann Ihr Gold verloren, aber Sie haben dafür einen bestimmten Preis erhalten und am Anfang eine Prämie kassiert.

Eine *nackte Option* kann dagegen gefährlich werden. Hier besitzt der Stillhalter die Ware nicht, muß sie sich aber unter Umständen plötzlich zu einem Marktpreis besorgen, der weit über dem Basispreis liegt. Der Verlust, den er dabei erleidet, ist völlig unkalkulierbar. Schreiben Sie nie »nackte« Optionen, weder in Gold noch in Aktien.

Merken Sie sich bitte: Als Stillhalter können Sie Ihre Option und damit Ihre Lieferverpflichtung jederzeit durch einen Rückkauf liquidieren. Sobald die Gegenpartei aber die Andienung der Ware verlangt – und dies kann jederzeit während der Kontraktdauer geschehen – müssen Sie liefern. Sie haben keine andere Wahl.

Selbstverständlich hofft der Stillhalter normalerweise, nicht liefern zu müssen. Er möchte die Prämie kassieren und dann in Ruhe gelassen werden. Zweck des Geschäftes ist es schließlich, einen Zinsertrag auf das Gold zu erzielen, nicht aber, das Gold zu verlieren. Nehmen wir einmal an, Sie haben im Sommer 1983, als Gold $ 400 kostete, eine Call-Option geschrieben und als Stillhalter dafür eine Prämie von $ 20 erhalten. Der Preis, zu dem Sie eine Lieferverpflichtung eingegangen sind (= Basispreis) wurde mit $ 450 festgesetzt. Welche Entwicklungen waren damals denkbar?

- Der Goldpreis stieg auf $ 500. Sie mußten die 100 Unzen andienen und erhielten dafür $ 450. Sie hatten dieses Gold bei $ 400 gekauft. Ihr Profit: $ 70. (Prämie plus Differenz zwischen Kaufpreis und Basispreis). Hätten Sie kein Optionsgeschäft abgeschlossen, dann hätte Ihr Gewinn pro Unze Gold $ 100 betragen. Fazit: Bei rapide steigenden Goldpreisen mindern Sie Ihr Gewinnpotential, wenn Sie Calls schreiben.
- Der Goldpreis blieb unter Schwankungen bei $ 400. Sie mußten das Gold nicht andienen, und Sie haben auf Ihren physischen Bestand weder Gewinn erzielt noch Verluste erlitten. Unter dem Strich blieben Ihnen $ 20. Ohne die Option hätte dieses Gold keinen Kapitalgewinn erbracht. Fazit: Bei ruhigen Goldpreisen bietet das Stillhaltergeschäft eine ideale Möglichkeit, Erträge zu erzielen, die bei geschicktem Vorgehen und etwas Glück durchaus 30% per annum ausmachen können.
- Der Goldpreis fiel von $ 400 auf $ 350. In diesem Fall behielten Sie das Gold. Der Verlust auf Ihren physischen Bestand wurde gemildert durch die Prämie von $ 20, die Sie zu Beginn erhalten hatten. Fazit: Bei fallenden Goldpreisen schützt das Schreiben eines Calls zwar nicht vor Verlusten, verringert sie aber – und Sie besitzen Ihr Gold nach wie vor, und können damit von einem späteren Preisanstieg profitieren.

Aus diesen Beispielen ersehen Sie, daß die Chance, mit dem Schreiben von Call-Optionen Gewinne zu erzielen, ungleich größer ist als beim einfachen Kauf von Call-Optionen. Ein großer Teil des Geldes, das die

Käufer von Calls aufbringen, landet für immer in den Taschen der Stillhalter. Die Stillhalter kassieren und halten sich insgeheim für cleverer als die Käufer – und oft sind sie es auch.

Freilich sind die Stillhalter immer wieder einem inneren Konflikt ausgesetzt – vor allem, wenn sie nicht von vornherein wissen, was sie wollen.

Wenn ich Gold als Sicherheit gegen finanzielle und politische Katastrophen erwerbe, kann es nicht in meinem Sinn sein, dieses Gold herausrücken zu müssen, wenn der Call-Käufer dies verlangt. Wenn ich Gold unter diesem Aspekt sehe, darf ich also keine Calls schreiben.

Wenn ich das Gold aber im Sinne eines reinen Differenzgeschäftes gekauft habe, um es später mit größtmöglichem Gewinn wieder zu verkaufen, dann bin ich mit Sicherheit verärgert, wenn der Call-Käufer meinen Gewinn schmälert, indem er Andienung verlangt.

Und wenn ich als Spekulant größere Verluste grundsätzlich vermeide, indem ich rechtzeitig verkaufe, darf ich ebenfalls keine Calls schreiben. Denn gegen größere Verluste schützen sie nicht.

Das Schreiben von Calls ist also weder geeignet für den konservativen Anleger, der die Sicherheit des Metalls schätzt, noch für den aggressiven, beweglichen Spekulanten.

Möglicherweise liegt dieser Technik sogar ein leichter Denkfehler zugrunde: nämlich die Idee, ein Investment, dessen Vorteile ganz woanders liegen, müsse auch noch Zinsen bringen. Die Logik eines Goldengagements liegt aber vielmehr im Kapitalgewinn und in der Sicherheit, die nur Gold bietet, weil es nicht bankrott gehen kann. Diese beiden Vorteile wahrnehmen zu wollen, bedeutet aber auch, auf etwas anderes, nämlich den Zinsertrag, zu verzichten. Daher ähnelt der Options-Stillhalter ein bißchen jenem Mann, der den Kuchen essen und behalten wollte.

Sind Sie jetzt immer noch am Stillhalter-Geschäft interessiert? Wenn ja, probieren Sie es ruhig einmal aus, vielleicht liegt es Ihnen tatsächlich. Anlagen und Spekulationstechniken müssen wie Maßanzüge sein: sie müssen zu den finanziellen Verhältnissen, den zeitlichen Möglichkeiten, der Mentalität und den intellektuellen Neigungen des Kunden passen. Und ein wichtiger Zweck dieses Buches ist es ja, Ihnen Alternativen aufzuzeigen und Ihnen bei der Auswahl der für Sie geeigneten Instrumente behilflich zu sein.

Die folgenden Tips können Ihnen dabei vielleicht helfen, als Stillhalter Prämien zu kassieren, ohne große Verluste auf Ihrem Goldbestand zu erleiden, beziehungsweise ohne auf die erheblichen Gewinne, die der

Markt manchmal bietet, verzichten zu müssen. All dies unter einen Hut zu bekommen, ist kompliziert, aber dennoch nicht unmöglich. Achten Sie auf folgendes:

- Um Erfahrungen zu sammeln, handeln Sie zunächst nur eine Option über 100 Unzen Gold. Ihre Option ist mit 100 Unzen Gold gedeckt, die am besten auf einem Metallkonto liegen. Sie sind ein »covered writer«, d. h. der Schreiber einer gedeckten Kaufoption. Das übrige Gold auf dem Konto benutzen Sie nicht für Optionen. Damit erhalten Sie sich auf diesem restlichen Teil des Kontos von vornherein das volle Gewinnpotential.
- Ihre Option schreiben Sie zu einem Zeitpunkt, an dem nichts auf schnell steigende Goldpreise hindeutet. Sie wählen einen ruhigen Markt, um das Risiko zu verkleinern, daß Sie das Gold andienen müssen.
- Aus derselben Überlegung heraus wählen Sie einen Basispreis, der deutlich über dem aktuellen Marktpreis liegt.
- Sie haben nun eine gute Chance, nicht liefern zu müssen, und können eine neue Option schreiben und damit eine neue Prämie kassieren, sobald die erste Option verfallen ist, oder sobald Sie diese Option vorzeitig glattgestellt haben. Da die Calls handelbar sind, können Sie dies jederzeit tun.
- Geht der Goldpreis aber steil nach oben, erzielen Sie auf die 100 Unzen, die Sie dann möglicherweise liefern müssen, immer noch einen ansehnlichen Gewinn. Und auf dem Rest des Kontos bleibt Ihr Gewinnpotential voll erhalten.
- Fällt der Goldpreis aber unter den Kaufpreis Ihres Goldes minus der Prämie, die Sie erhalten haben, dann geraten Sie in Verlust. Jetzt können Sie Ihren Call, dessen Preis ebenfalls gesunken ist, billiger eindecken, und sogleich einen neuen Call mit einem tieferen Basispreis schreiben. Mit viel Geschick können Sie, indem Sie dies mehrmals tun, auch eine längere Baisse ohne größere Verluste durchstehen. Anders ausgedrückt: die Verluste auf Ihrem physischen Gold werden immer wieder durch Prämieneinnahmen gemildert oder sogar wettgemacht.
- In der typischen Übertreibungsphase einer Goldhausse – denken Sie an 1974 und an 1980 – verzichten Sie grundsätzlich auf das Schreiben von Calls.
- Letzter Hinweis: Agieren Sie als beweglicher Stillhalter, indem Sie Ihre

Option auch einmal vor Verfall glattstellen, denn damit entledigen Sie sich Ihrer Lieferverpflichtung vorzeitig.

So viel zum Schreiben von Calls. Jetzt bin ich Ihnen aber noch einige Tips schuldig, wie Sie beim Kauf von Calls, den wir zu Beginn des Kapitels besprochen haben, Ihre von vornherein mageren Gewinnchancen verbessern können.

Zur Erinnerung: Sie kaufen eine Call-Option, weil Sie mit schnell steigenden Goldpreisen rechnen und weil Sie darauf setzen, daß die Option prozentual mehr steigen wird als der Goldpreis selbst. Bevor dann eine technische Reaktion einsetzt und der Goldpreis sich wieder abschwächt, liquidieren Sie den Call, der ja stets handelbar ist. Beachten Sie bitte folgendes:

- Kaufen Sie einen Call nie nur deswegen, weil er sehr billig ist. Je billiger, desto geringer die Chance, ihn mit Gewinn zurückzugeben.
- Nur wenn Sie die Chance für außergewöhnliche Preissteigerungen für Gold wittern, können Sie dennoch einmal ausnahmsweise einen solchen billigen Call mit hohem Basispreis und langer Laufzeit kaufen.
- Im übrigen ziehen Sie das saisonale Preismuster bei Gold mit ins Kalkül. Der Sommer, spätestens der August, bringt fast immer einen substantiellen Preisanstieg, der zumindest in den September hinein dauert. Und auch ab November/Dezember bis ins erste Quartal tendiert der Goldpreis meist fest, bis dann die übliche Frühjahrsbaisse den Preis herunterbringt.
- Dementsprechend können Sie zweimal im Jahr den Kauf von Calls riskieren: im Zeitraum Juli bis August und im vierten Quartal. Die Laufzeiten dürfen dabei nicht zu kurz sein. Bei der ersten Operation wählen Sie als Fälligkeitsmonat den November, bei der zweiten den Mai.
- Wenn Ihre Berechnung richtig war und die Option schön im Gewinn liegt, dann warten Sie auf keinen Fall bis November bzw. bis Mai. Denn sonst werden Sie erleben, daß der Gewinn wieder zusammenschrumpft oder sich sogar in Nichts auflöst. Liquidieren Sie, sobald der Goldpreis anfängt, müde zu werden.
- Besonders wichtig: Vergleichen Sie die Optionspreise bei Valeurs White Weld, in Amsterdam, bei Mocatta und an der COMEX – und kaufen Sie dort, wo die Prämien am günstigsten sind.

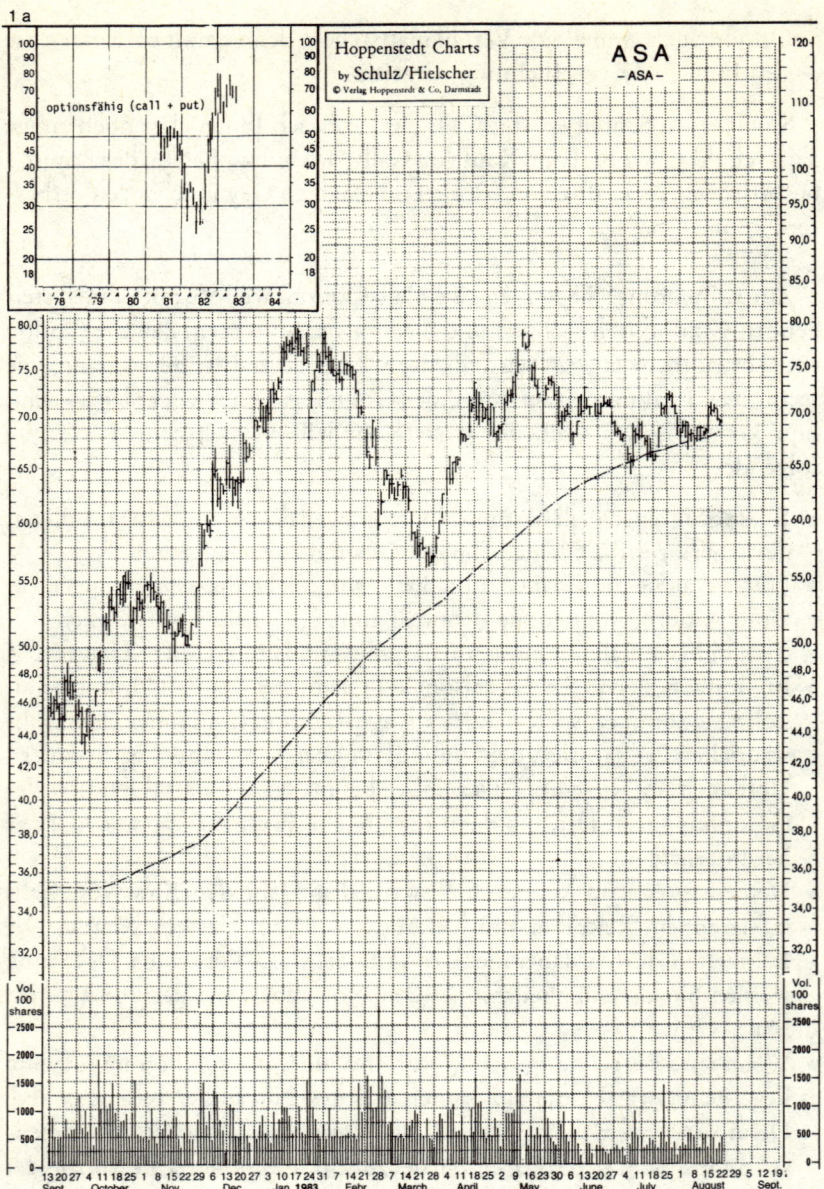

- Da Goldaktien gewöhnlich schneller steigen als Gold selbst, eignen sie sich oft besser für den Kauf von Calls. Vergleichen Sie die Prämien für Goldoptionen mit denen für *ASA* und *Homestake*.

Nicht erwähnt habe ich bisher *Put-Optionen* –, und zwar aus einem didaktischen Grund. Puts werden oft mit dem Verkauf von Call-Optionen verwechselt, haben aber damit nichts zu tun.

Auch Puts (= Verkaufsoptionen) können wie Calls sowohl gekauft als auch geschrieben (= verkauft) werden. Ich möchte mich im folgenden jedoch auf den Kauf von Put-Optionen beschränken.

Eine Put-Option gibt dem Käufer das Recht, 100 Unzen Gold zu einem festen Preis (Basispreis) kurz vor Fälligkeit zu verkaufen. Auch die Put-Option kann während der ganzen Laufzeit zurückverkauft, das heißt liquidiert werden.

Als Käufer einer Put-Option spekulieren Sie auf fallende Goldpreise, denn je schneller der Preis sinkt, desto höher der Preis dieser Option. Der Käufer einer Put-Option kann seine Prämie vollständig verlieren, trägt aber darüber hinaus keinerlei Risiko.

Meiner Meinung nach sind Puts die nützlichsten Optionen. Sie bieten eine ebenso bequeme wie unkomplizierte Möglichkeit, Bestände an physischem Gold und vor allem an Goldaktien gegen massive Kurseinbrüche abzusichern.

Nehmen wir an, Sie hatten im Februar 1983 100 Unzen Gold auf einem Metallkonto liegen. Der Goldmarkt war Ihnen damals um die $ 500 zu euphorisch, aber sie wollten nicht verkaufen – entweder weil Sie dachten, der Preis könne vor der unvermeidlichen Reaktion doch noch auf 520, 530 steigen, oder weil Sie unsicher waren, zu welchem Preis Sie das verkaufte Gold später zurückkaufen würden.

Hier wäre der Kauf einer Put-Option über 100 Unzen eine elegante Lösung gewesen. Freilich hätten Sie die Put-Option nach dem Preissturz auf $ 410 schnell liquidieren müssen, bevor der Goldpreis wieder anzog.

Noch empfehlenswerter sind Put-Optionen zur Absicherung von Goldaktien. Einmal sind die Spesen für Verkauf und Rückkauf der Aktien erheblich höher als bei Gold, und zum anderen zahlen die Goldminen Dividenden, die Ihnen möglicherweise verloren gehen, falls Sie die Aktien für eine gewisse Zeit abstoßen.

Südafrikanische Goldminenaktien hedgen Sie mit ASA-Puts. ASA ist eine Holding südafrikanischer Goldminengesellschaften und repräsen-

## Options Trading (Amex)

| Option name Expire date Strike price | Sales | Open Int. | Week's High | Low | Last Price | Net Chg. | N.Y. Close |
|---|---|---|---|---|---|---|---|
| MMIdx Jul130. | 6161 | 14278 | ¼ | 1-16 | 1-16— | ⅛ | 120.85 |
| MMIdx Oct115 | 363 | 353 | 9⅜ | 7¾ | 9⅛— | ⅝ | 120.85 |
| MMIdx Oct115 p | 1602 | 2148 | 3⅛ | 2¼ | 2⅜+ | ¼ | 120.85 |
| MMIdx Oct120 | 363 | 470 | 6⅝ | 5 | 6⅝ | ...... | 120.85 |
| MMIdx Oct120 p | 752 | 1023 | 5½ | 4¼ | 4⅜+ | ⅛ | 120.85 |
| MMIdx Oct125 | 738 | 1546 | 4⅛ | 3⅛ | 3⅞— | ⅜ | 120.85 |
| MMIdx Oct125 p | 456 | 990 | 8⅜ | 7 | 7¼+ | ¼ | 120.85 |
| MMIdx Oct130. | 970 | 2306 | 2 9-16 | 1⅞ | 2¼—5-16 | | 120.85 |
| MMIdx Jan115 p | 81 | 173 | 4¼ | 3⅛ | 3¾+ | ⅝ | 120.85 |
| MMIdx Jan125. | 99 | 657 | 6⅜ | 4⅞ | 5¾— | ⅞ | 120.85 |

| Week's Range | Open 120.38 | High 120.85 | Low 118.44 | Last 120.85 | Chg. −0.51 |
|---|---|---|---|---|---|

Total call vol. 32,924. Total put vol. 28,869.

| | Sales | Open Int. | High | Low | Last Price | Net Chg. | N.Y. Close |
|---|---|---|---|---|---|---|---|
| A M F Aug15.. | 84 | 991 | 2⅜ | 1⅝ | 2 — | ½ | 16⅞ |
| A M F Aug15 p | 160 | 1647 | 5-16 | 5-16 | 5-16+ | 1-16 | 16⅞ |
| A M F Aug20.. | 349 | 6716 | 5-16 | 3-16 | ¼— | ⅛ | 16⅞ |
| A M F Nov15.. | 86 | 2164 | 2¾ | 2½ | 2⅝— | ⅜ | 16⅞ |
| A M F Nov15 p | 60 | 815 | ¾ | ⅝ | 11-16+ | 3-16 | 16⅞ |
| A M F Nov20... | 340 | 3980 | 15-16 | ⅝ | ¾— | 3-16 | 16⅞ |
| A M F Feb15.. | 93 | 180 | 3⅜ | 3⅛ | 3⅛— | ½ | 16⅞ |
| A M F Feb15 p | 90 | 186 | 1 | ⅝ | 15-16+ | ¼ | 16⅞ |
| A M F Feb20.. | 137 | 1357 | 1 7-16 | 15-16 | 1¼— | ¼ | 16⅞ |
| A M R Aug25.. | 120 | 2687 | 13¼ | 10⅞ | 13¼+ | ¼ | 37⅞ |
| A M R Aug25 p | 111 | 4044 | ⅛ | ⅛ | 1-16— | 1-16 | 37⅞ |
| A M R Aug30.. | 1262 | 4207 | 8½ | 6 | 8½+ | ¼ | 37⅞ |
| A M R Aug30 p | 720 | 2063 | 9-16 | ¼ | ¼— | ⅛ | 37⅞ |
| A M R Aug35.. | 1000 | 1713 | 4⅝ | 2⅞ | 4½+ | ½ | 37⅞ |
| A M R Aug35 p | 663 | 1049 | 2¼ | 1 | 1¼+ | ¼ | 37⅞ |
| A M R Aug40.. | 641 | 431 | 2¼ | 1¼ | 2 + | ⅜ | 37⅞ |
| A M R Aug40 p | 81 | 45 | 4¼ | 3⅜ | 4¼+ | ¾ | 37⅞ |
| A M R Nov25 p | 54 | 254 | 9-16 | ⅜ | 7-16—1-16 | | 37⅞ |
| A M R Nov35.. | 288 | 937 | 6½ | 4⅞ | 5⅞+ | ⅛ | 37⅞ |
| A M R Nov40.. | 174 | 195 | 4 | 2⅞ | 3⅜— | ⅜ | 37⅞ |
| A M R Feb35.. | 345 | 133 | 7½ | 6¼ | 7 + | ⅜ | 37⅞ |
| A M R Feb40.. | 60 | 29 | 5½ | 4¼ | 4⅞+ | ⅞ | 37⅞ |
| A S A Aug45 p | 477 | 2503 | ⅛ | 1-16 | ⅛+ | 1-16 | 68⅛ |
| A S A Aug50 p | 288 | 2932 | ¼ | ⅛ | 3-16 | ...... | 68⅛ |
| A S A Aug55 p | 413 | 3341 | 9-16 | ⅜ | 7-16 | ...... | 68⅛ |
| A S A Aug60.. | 123 | 1014 | 11½ | 9 | 9¼— | 3⅛ | 68⅛ |
| A S A Aug60 p | 1393 | 4823 | 1¾ | 15-16 | 1 3-16+ | ¼ | 68⅛ |
| A S A Aug65.. | 289 | 1490 | 7⅞ | 5⅝ | 6 — | 2¾ | 68⅛ |
| A S A Aug65 p | 1684 | 4761 | 3⅛ | 2⅜ | 2¾+ | 9-16 | 68⅛ |
| A S A Aug70.. | 1327 | 4244 | 4⅞ | 3⅛ | 3⅜— | 1⅞ | 68⅛ |
| A S A Aug70 p | 829 | 3244 | 5⅞ | 4¼ | 5½+ | 1¼ | 68⅛ |
| A S A Aug75.. | 1321 | 5883 | 2 15-16 | 1 3-16 | 1⅜— | 1⅜ | 68⅛ |
| A S A Aug75 p | 201 | 906 | 9 | 7⅜ | 8⅝+ | 1¾ | 68⅛ |
| A S A Aug80.. | 1383 | 8759 | 1¾ | ¾ | 13-16—13-16 | | 68⅛ |
| A S A Aug80 p. | 68 | 989 | 13 | 11 | 12¾+ | 2¼ | 68⅛ |
| A S A Nov55 p | 242 | 1322 | 1 11-16 | 1⅛ | 1⅜+ | ¼ | 68⅛ |
| A S A Nov60 p | 295 | 1607 | 3 | 2¼ | 2⅞+ | 11-16 | 68⅛ |
| A S A Nov65.. | 141 | 893 | 10¾ | 8¾ | 8⅞— | 2⅞ | 68⅛ |
| A S A Nov65 p | 202 | 1519 | 5⅛ | 4⅜ | 5⅛+ | 1 | 68⅛ |
| A S A Nov70.. | 813 | 3505 | 9 | 5⅞ | 6⅛— | 2¾ | 68⅛ |
| A S A Nov70 p | 193 | 1211 | 8 | 6¼ | 7⅜+ | 1 | 68⅛ |
| A S A Nov75.. | 1275 | 5184 | 6½ | 4⅛ | 4⅜— | 2⅝ | 68⅛ |
| A S A Nov75 p | 86 | 502 | 10⅞ | 9¼ | 10⅞+ | 1⅝ | 68⅛ |
| A S A Nov80.. | 756 | 1530 | 4⅞ | 2¾ | 3 — | 1⅞ | 68⅛ |
| A S A Feb65.. | 69 | 273 | 14¼ | 10¾ | 11½— | 2¾ | 68⅛ |
| A S A Feb65 p | 52 | 400 | 6¼ | 5¾ | 5¾+ | ¾ | 68⅛ |
| A S A Feb70.. | 148 | 398 | 11 | 8⅝ | 8⅝— | 2⅝ | 68⅛ |
| A S A Feb70 p | 123 | 307 | 8⅞ | 7¾ | 8⅞+ | 1½ | 68⅛ |
| A S A Feb75.. | 187 | 621 | 9 | 6⅝ | 6⅝— | 2⅛ | 68⅛ |
| A S A Feb80.. | 303 | 1247 | 7 | 5¼ | 5⅜— | 2⅛ | 68⅛ |

tiert den Gesamtmarkt recht gut. Beispiel: für je 50 Vaal Reefs, die Sie absichern wollen, kaufen Sie einen ASA-Put.

Das Optionsgeschäft bei Aktien verläuft auch nicht anders als bei Gold, wie es in diesem Kapitel dargestellt wurde.

Optionen auf den größten Goldproduzenten der USA, Homestake, werden an der Chicago Board Options Exchange, Optionen auf die Holding ASA an der American Stock Exchange gehandelt.

Da beide Aktien in der Hausse normalerweise stärker steigen als der Goldpreis und in der Baisse tiefer fallen, sind sie für das Optionsgeschäft interessanter als Gold selbst. Die Hebelwirkung ist größer – und die Prämien sind preiswerter als die Preise der Goldoptionen bei Valeurs White Weld.

Nebenstehender Ausschnitt aus Barron's zeigt die Prämien für ASA-Optionen am 1. Juli 1983. Von links nach rechts enthält die Tabelle folgende Informationen:

- Fälligkeitsmonat, Basispreis und ein p, falls es sich um einen Put handelt.
- Das Volumen der Verkäufe der zurückliegenden Woche.
- Das »open interest« vom Donnerstag der Woche – das ist die Gesamtzahl der ausstehenden Optionen. Daraus ersehen Sie, wie liquide die jeweilige Option ist, und Sie können das open interest bei den Calls mit dem bei den Puts vergleichen – und daraus ablesen, ob der Markt mehrheitlich bullish oder bearish bestimmt ist.
- Hintereinander folgen jetzt der Höchst-, Tiefst- und Schlußpreis der Woche, sowie die Preisänderung der Woche.
- Schließlich der Wochen-Schlußpreis der Aktie in New York.

Dazu zwei Beispiele: Falls Sie mit steigenden Goldpreisen und einem steigenden ASA-Kurs rechneten, konnten Sie am 1. Juli einen November-Call mit dem Basispreis 65 zu $ 8⁷/₈ kaufen. Da die Aktie $ 68¹/₈ kostete, hatte der Call einen inneren Wert von $ 3¹/₈. Der entsprechende Put kostete $ 5¹/₈. Sie konnten also für gut 500 Dollar (zuzüglich der Kommission der Bank oder des Brokers) einen Bestand von 100 südafrikanischen Goldminenaktien gegen einen Kurseinbruch bis zum Herbst 1983 absichern. Hätten Sie die 100 Aktien stattdessen verkauft, dann wären die Spesen für den Verkauf und späteren Rückkauf sowie der Verlust an Dividenden Ihnen vielleicht genauso teuer gekommen, je nachdem, wel-

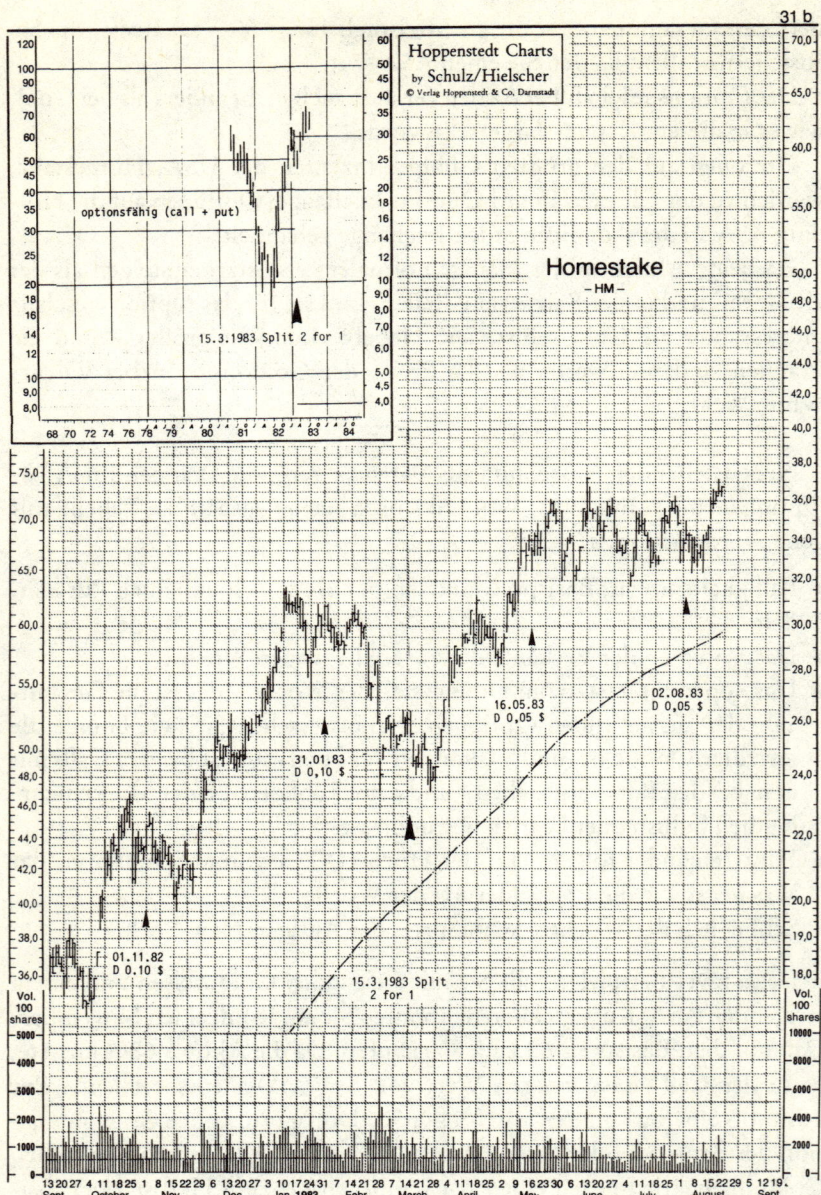

che südafrikanischen Goldminenaktien Sie in Ihrem Portfolio hatten. (Dabei wurde vorausgesetzt, daß die 100 Goldaktien ungefähr so hoch wie ASA notierten).

Gold for the not so Bold, Gold für die nicht ganz so Kühnen – so werden in den USA Goldoptionen propagiert. Tatsächlich können Optionen, sparsam und intelligent eingesetzt, gelegentlich nützlich sein: um bestehende Positionen gegen empfindliche Kurseinbrüche abzusichern und um außergewöhnliche Gewinnchancen wahrzunehmen.

Unbestreitbar aber sind Optionen, falls es keine »nackten« sind und falls nur ein winziger Prozentsatz des Kapitals dafür eingesetzt wird, ausgesprochen nervenschonend.

Wer eine Option kauft, steht anders als der Spekulant am Terminmarkt in keinerlei Zugzwang, und er weiß von Anfang an, daß er nie mehr als seine Prämie verlieren wird. Und da er insgeheim sowieso davon ausgeht, daß er sie verlieren wird, weil dies das Normale ist, wird die Freude umso größer sein, wenn am Schluß dann doch 100, 200 oder 300% Gewinn aufs Konto gebucht werden können.

## IHRE PRIVATBANK
### FÜR INDIVIDUELLE VERMÖGENSVERWALTUNG UND INTERNATIONALE HANDELSGESCHÄFTE.

Wir beraten Sie gerne und kompetent.

**BANK FÜR HANDEL UND EFFEKTEN**
Talacker 50
CH-8039 Zürich
Telefon (01) 211 46 90

## VI. Minen: Das Gold, das Zinsen bringt

Lange Zeit galten sie als ein Geheimtip unter Investoren, und auch heute noch sind sie die Anlage einer kleinen, intelligenten Minderheit. Das wird auch in Zukunft so bleiben, schon aus ganz praktischen Gründen: die Börsenkapitalisierung aller südafrikanischen Goldminenaktien dürfte nicht viel größer sein als die von IBM.

Glücklicherweise, so muß man sagen, werden Goldminenaktien von normalen Banken nicht an normale Kunden empfohlen – und die meisten dieser normalen Kunden würden auch sicherlich davon zurückschrecken, weil sie sich mit diesen exotischen Papieren nicht auskennen.

Goldminenaktien gelten als riskanter als Gold selbst, und manchmal sind sie das auch. Ich möchte den Unterschied so beschreiben: während die Goldanlage zur Pflicht jeden Anlegers gehört, der sein Vermögen für den denkbar schlimmsten Fall absichern möchte, zählen die Goldminen zu jenen Hobbies, die äußerst profitabel sein können, wenn sie mit Sachverstand und Passion betrieben werden.

Ich kenne einen Anleger, der es als Amateur fast zur Perfektion auf diesem Gebiet gebracht hat. Ich besuchte ihn in seiner Villa an der Steilküste einer Insel im Atlantik, wo er sich mit Blick auf die Weite des Ozeans täglich mehrere Stunden seinen Goldminenaktien widmete. Er besaß die größte Kollektion von Goldminencharts, die ich je gesehen habe – und er kaufte die Aktien immer nur dann, wenn die Kurse krachten und kaum jemand diese Papiere haben wollte. Er war fasziniert von einem Investmentprozeß, der ihm lag – und dies ist immer eine Vorbedingung des Erfolges. Den hatte er übrigens auch. Er hat über die Jahre viel Geld verdient mit den südafrikanischen Minen. Er war übrigens so sophisticated, daß er einen Goldinformationsdienst nur deswegen abonniert hatte, weil dieser fast immer falsch lag. Der Dienst diente ihm als Bestätigung dafür, das Gegenteil dessen zu tun, was dort empfohlen wurde.

Profite mit Goldminen können atemberaubend sein. Wer Anfang 1978 $ 300 000 in einen Querschnitt südafrikanischer Goldminenaktien investierte und die Dividenden, die zweimal jährlich bezahlt wurden, regelmäßig reinvestierte, besaß drei Jahre später 2,6 Millionen Dollar. Wenn er die Dividenden konsumiert hätte – und davon hätte er nicht schlecht gelebt – hätte er es immerhin auf 2 Millionen gebracht. Wer aber 1978 für $ 300 000 nur Gold kaufte, erhöhte sein Kapital bis zum Herbst 1980 auf 1,1 Millionen Dollar.

## SOUTH AFRICAN GOLD SHARES

Highs and Lows 1979-1983
in US$

| | | 1979 | 1980 | 1981 | 1982 | 1983* | |
|---|---|---|---|---|---|---|---|
| Blyvooruitzicht | H | $13·05 | $27·34 | $20·37 | $15·25 | H: | $18·37 |
| | L | $3·37 | $10·84 | $10·00 | $6·31 | L: | $13·62 |
| Bracken | H | $3·01 | $6·22 | $4·55 | $3·10 | H: | $4·27 |
| | L | $0·97 | $3·13 | $1·92 | $0·92 | L: | $3·12 |
| Buffelsfontein | H | $30·45 | $66·76 | $50·50 | $49·37 | H: | $68·25 |
| | L | $10·75 | $26·69 | $26·00 | $20·37 | L: | $42·50 |
| Deelkraal | H | $5·56 | $8·60 | $5·82 | $4·35 | H: | $6·22 |
| | L | $1·27 | $4·42 | $2·82 | $1·80 | L: | $4·15 |
| Doornfontein | H | $9·20 | $29·60 | $26·50 | $22·37 | H: | $35·25 |
| | L | $3·07 | $9·57 | $13·50 | $9·06 | L: | $21·25 |
| Driefontein | H | $23·67 | $39·30 | $34·00 | $29·00 | H: | $38·75 |
| | L | $9·00 | $19·03 | $20·90 | 14·25 | L: | $28·75 |
| Durban Deep | H | $21·24 | $51·20 | $30·25 | $34·75 | H: | $47·75 |
| | L | $3·79 | $22·05 | $12·12 | $8·87 | L: | $28·50 |
| Elandsrand | H | $8·41 | $15·19 | $9·62 | $7·55 | H: | $14·62 |
| | L | $3·10 | $7·08 | $3·85 | $2·15 | L: | $9·66 |
| E.R.P.M. | H | $26·11 | $45·35 | $30·00 | $19·00 | H: | $27·00 |
| | L | $3·42 | $21·04 | $9·25 | $4·25 | L: | $16·75 |
| Elsburg | H | $4·03 | $8·32 | $5·90 | $3·00 | H: | $5·45 |
| | L | $1·01 | $4·00 | $2·20 | $1·00 | L: | $3·55 |
| Free State Geduld | H | $44·47 | $92·88 | $61·37 | $40·12 | H: | $55·75 |
| | L | $18·53 | $44·07 | $29·00 | $14·87 | L: | $38·50 |
| Grootvlei | H | $6·77 | $15·29 | $10·94 | $13·06 | H: | $20·00 |
| | L | $1·23 | $6·77 | $5·25 | $4·19 | L: | $13·37 |
| Harmony | H | $15·27 | $30·23 | $25·00 | $19·25 | H: | $27·00 |
| | L | $3·98 | $15·87 | $10·62 | $6·12 | L: | $17·50 |
| Hartebeestfontein | H | $58·40 | $109·15 | $83·50 | $68·50 | H: | $91·50 |
| | L | $15·81 | $49·00 | $42·00 | $25·75 | L: | $67·50 |
| Kinross | H | $9·56 | $21·04 | $17·37 | $18·00 | H: | $29·25 |
| | L | $3·60 | $9·94 | $9·37 | $6·00 | L: | $18·75 |
| Kloof | H | $27·42 | $54·25 | $40·25 | $37·37 | H: | $54·00 |
| | L | $6·97 | $24·87 | $23·12 | $17·62 | L: | $42·75 |
| Leslie | H | $2·62 | $4·86 | $3·52 | $3·30 | H: | $5·27 |
| | L | $0·72 | $2·67 | $1·75 | $0·90 | L: | $3·75 |
| Libanon | H | $18·37 | $38·33 | $23·25 | $31·62 | H: | $45·50 |
| | L | $5·87 | $16·81 | $13·12 | $10·25 | L: | $28·75 |
| Loraine | H | $3·63 | $10·85 | $5·46 | $5·80 | H: | $8·72 |
| | L | $0·88 | $3·77 | $2·25 | $1·25 | L: | $5·50 |
| President Brand | H | $32·63 | $80·00 | $60·12 | $44·00 | H: | $55·00 |
| | L | $11·29 | $31·06 | $27·12 | $18·12 | L: | $39·50 |
| President Steyn | H | $28·54 | $69·90 | $51·75 | $43·75 | H: | $60·75 |
| | L | $9·03 | $29·67 | $24·12 | $16·12 | L: | $42·50 |
| Randfontein | H | $61·50 | $107·50 | $94·50 | $106·00 | H: | $170·50 |
| | L | $38·62 | $57·75 | $37·50 | $32·75 | L: | $119·50 |
| St. Helena | H | $28·32 | $64·52 | $48·87 | $42·50 | H: | $50·50 |
| | L | $10·11 | $28·17 | $28·00 | $16·87 | L: | $37·00 |
| Southvaal | H | $22·57 | $45·52 | $43·50 | $51·50 | H: | $68·75 |
| | L | $6·04 | $17·72 | $24·50 | $17·50 | L: | $53·00 |
| Stilfontein | H | $13·05 | $35·82 | $28·62 | $15·87 | H: | $22·50 |
| | L | $4·11 | $12·81 | $12·12 | $7·37 | L: | $15·50 |
| Unisel | H | $9·19 | $14·96 | $10·75 | $12·12 | H: | $17·12 |
| | L | $2·68 | $8·83 | $4·62 | $5·75 | L: | $12·75 |
| Vaal Reefs | H | $61·50 | $112·50 | $96·50 | $97·00 | H: | $124·25 |
| | L | $18·50 | $48·30 | $51·25 | $37·12 | L: | $93·25 |
| Venterspost | H | $9·38 | $26·18 | $15·50 | $15·87 | H: | $23·00 |
| | L | $1·96 | $9·74 | $6·75 | $3·37 | L: | $15·25 |
| Welkom | H | $9·50 | $28·06 | $21·00 | $11·75 | H: | $16·12 |
| | L | $3·38 | $9·89 | $10·25 | $4·44 | L: | $12·25 |
| Western Areas | H | $6·11 | $12·67 | $9·44 | $4·75 | H: | $8·30 |
| | L | $1·64 | $6·35 | $3·62 | $1·75 | L: | $5·15 |
| Western Deep Levels | H | $35·40 | $80·41 | $69·25 | $51·37 | H: | $67·00 |
| | L | $10·90 | $31·25 | $30·12 | $17·37 | L: | $52·52 |
| Western Holdings | H | $54·75 | $117·07 | $92·50 | $48·00 | H: | $62·00 |
| | L | $22·45 | $52·70 | $42·75 | $20·62 | L: | $46·50 |
| Winkelhaak | H | $24·80 | $46·25 | $35·75 | $35·75 | H: | $48·75 |
| | L | $8·35 | $24·00 | $22·75 | $14·75 | L: | $33·25 |
| Zandpan | H | $9·38 | $18·87 | $15·62 | $11·25 | H: | $15·37 |
| | L | $2·88 | $8·51 | $7·50 | $5·25 | L: | $12·00 |

*to 20th May

*Quelle:* Strauss, Turnbull & Co.

Wenn Sie daraus den Schluß ziehen, daß Goldminen besser als Gold sind, treffen Sie den Nagel nicht auf den Kopf. Sie sind nicht besser, sie sind anders. Sie sind das Gold, das Zinsen bringt. Zinsen haben aber immer etwas Riskantes an sich. Und ein Investment, das hohe Zinsen bringt, wird in aller Regel riskanter sein als ein solches, das niedrigere Zinsen abwirft. Daß sich Gold überhaupt nicht verzinst, ist durchaus in Ordnung: es stellt keine Forderung an einen Dritten dar, es kann nicht pleite gehen und wertlos werden. Bei den Minen, wie bei allen Aktiengesellschaften, ist diese theoretische Möglichkeit nicht völlig auszuschließen. Eine Goldmine kann, je nach ihren Produktionskosten, Verluste machen, sie kann enteignet werden, Betriebsprobleme oder Sabotageakte sind denkbar – und letzten Endes sind auch die Aktienzertifikate von Goldminen nur bedruckte Stücke Papier.

Andererseits haben die guten Goldminen aber enorme Vorteile gegenüber Industriegesellschaften: Sie sind schuldenfrei, sie haben oft beträchtliche Barreserven, auf die sie auch noch Zinsen verdienen, ihre Reserven und ihre Produktion sind auf Jahre hinaus relativ zuverlässig abzuschätzen, sie müssen keine Konkurrenz fürchten, die den Markt mit einem vergleichbaren Produkt überschwemmt – und wenn Gold am freien Markt teurer wird, produzieren sie nicht mehr, sondern weniger. Dies jedenfalls ist die Wirkung einer südafrikanischen Vorschrift, bei steigenden Goldpreisen erst die schlechteren Erze abzubauen.

Man braucht sich nur eine Vorstellung von der annähernden zukünftigen Entwicklung des Goldpreises zu machen – und schon kann man ziemlich genau abschätzen, wieviel eine bestimmte Mine an Dividenden zahlen wird. Auch dies ist ein entscheidender Unterschied zu Industriegesellschaften: die südafrikanischen Goldminen zahlen alles, was sie verdienen – abzüglich Steuern, laufende Kosten und Investitionsaufwand – an die Aktionäre aus. Dies mag nicht für jede Ausschüttung zutreffen – bei den Zwischendividenden wird gewöhnlich etwas zurückgehalten – aber im Prinzip stimmt es doch. Schließlich hat eine Mine eine beschränkte Lebensdauer und der Aktionär wird normalerweise erwarten, sein eingesetztes Kapital schon lange vor dem Ende der Mine zurückerhalten zu haben.

All dies trifft jedoch in dieser Form nur auf die südafrikanischen Minen zu. Sie sind echte Renditepapiere. Bei australischen, kanadischen und US-amerikanischen Goldminen fehlt eigentlich immer etwas: entweder ihre Geschäftspolitik ist undurchsichtig, oder die Reserven sind nicht

## Canadian Gold Production 1980-1985
Metric Tons

| Mine | Company | 1980 | 81 | 82 | 83e | 84e | 85e |
|---|---|---|---|---|---|---|---|
| Campbell R.L. | Dome | 5·8 | 6·2 | 6·6 | 6·8 | 6·8 | 7·0 |
| Dome | Dome | 2·7 | 2·3 | 2·6 | 3·0 | 3·8 | 4·0 |
| Detour | Dome | 0 | 0 | 0 | 0·4 | 3·0 | 3·0 |
| Sigma | Dome | 0 | 1·5 | 1·9 | 1·7 | 1·7 | 1·5 |
| Doyon | Long Lac | 0 | 1·7 | 2·4 | 4·0 | 4·0 | 4·0 |
| Bosquet | Long Lac | 2·0 | 2·4 | 2·2 | 2·4 | 2·4 | 2·5 |
| Macassa | Long Lac | 1·7 | 1·6 | 1·7 | 1·3 | 1·2 | 1·0 |
| Camflo | Camflo | 1·6 | 2·0 | 3·3 | 3·3 | 3·5 | 3·5 |
| Pamour Porcupine | Noranda | 3·5 | 3·2 | 3·7 | 3·0 | 2·5 | 2·5 |
| Giant Yellowknife | GYK. | 1·2 | 1·8 | 2·2 | 2·4 | 2·4 | 2·4 |
| Hemlo | Noranda | 0 | 0 | 0 | 1·0 | 2·0 | 4·0 |
| Hemlo | Long Lac | 0 | 0 | 0 | 0 | 1·0 | 2·0 |
| Agnico Eagle | Agnico | 1·9 | 1·3 | 1·7 | 1·8 | 1·8 | 1·8 |
| Kerr Addison | Noranda | 1·8 | 1·6 | 1·7 | 1·6 | 1·2 | 1·0 |
| Cullaton L. | | 0 | 0 | 0·5 | 1·2 | 1·5 | 1·5 |
| Summit Lake | Scottie | 0 | 0 | 0·8 | 1·5 | 1·5 | 1·5 |
| Cu Rand/Port | Northgate | 1·6 | 1·7 | 1·8 | 1·9 | 2·2 | 2·2 |
| Bachelor Lake | BL. | 0 | 0 | 0·5 | 1·0 | 1·0 | 1·0 |
| Dickinson | | 0·9 | 1·0 | 1·0 | 1·5 | 1·7 | 1·7 |
| Renabie | Sungate | 0 | 0 | 0 | 1·2 | 1·4 | 1·4 |
| Kiena | Falconbridge | 0 | 0·5 | 1·9 | 2·0 | 2·0 | 2·0 |
| CCR Divisions | Noranda | 14·7 | 14·4 | 11·3 | 13·0 | 14·0 | 15·0 |
| Other Divisions | Noranda | 2·4 | 2·6 | 2·6 | 2·6 | 2·7 | 2·7 |
| Falconbridge | Falconbridge | 0·5 | 1·1 | 1·4 | 1·5 | 1·5 | 1·5 |
| Other + Biproduct Mines | | 7·3 | 5·2 | 10·7 | 12·0 | 12·5 | 13·3 |
| TOTAL | | 49·6 | 52·1 | 62·5 | 71·9 | 79·8 | 84·5 |

## Gold Production in the USA 1980-1985
Metric Tons

| Mine | Company | 1980 | 81 | 82 | 83e | 84e | 85e |
|---|---|---|---|---|---|---|---|
| Homestake | Homestake | 8·3 | 8·6 | 5·7 | 8·5 | 8·6 | 8·8 |
| McLaughlin | Homestake | — | — | — | — | — | 4·5 |
| Carlin | Newmont | 4·0 | 4·2 | 4·5 | 4·7 | 4·7 | 4·7 |
| Magma | Newmont | 1·5 | 1·5 | 1·2 | 1·5 | 1·5 | 1·5 |
| Jerritt Canyon | Freeport | 0 | 0 | 6·0 | 6·2 | 6·3 | 6·4 |
| Golden Quarry | Newmont | 0 | 0 | 0 | 0 | 0 | 3·0 |
| Battle Mt | Duval | 0 | 0 | 0 | 1·5 | 2·5 | 4·0 |
| Fortitude | Duval | 0 | 0 | 0 | 0 | 0 | 2·0 |
| Mercur Canyon | Getty | 0 | 0 | 0 | 2·0 | 2·4 | 2·5 |
| Round Mt | Copper Range | 2·0 | 2·0 | 2·2 | 2·2 | 2·2 | 2·2 |
| Horse Canyon | Placer | 0 | 0 | 0 | 0·8 | 1·2 | 1·2 |
| Alligator Ridge | B.P. | 0 | 1·8 | 2·0 | 2·0 | 2·0 | 2·0 |
| Pinson | Lacana | 1·0 | 1·7 | 2·0 | 2·0 | 2·0 | 2·0 |
| Golden Sunlight | Placer | 0 | 0 | 0 | 2·0 | 2·2 | 2·2 |
| Boulder Creek | Lacana | 0 | 0 | 0 | 0·0 | 0·2 | 0·6 |
| Rich Gulch | Inca | 0 | 0 | 0 | 0 | 1·5 | 2·5 |
| West End | Superior | 0 | 0 | 0·2 | 1·0 | 2·0 | 2·0 |
| Ortiz | Goldfields | 0 | 0 | 1·0 | 1·2 | 1·2 | 1·2 |
| Others | | 4·0 | 10·6 | 11·2 | 12·0 | 13·0 | 13·7 |
| Bi-Prod Copper Mines | | 9·5 | 12·1 | 8·0 | 10·0 | 12·0 | 13·0 |
| TOTAL | | 30·3 | 44·0 | 43·0 | 57·6 | 65·5 | 80·0 |

*Quelle:* Strauss, Turnbull & Co.

genau definierbar, oder sie halten Gewinne für andere Aktivitäten zurück, oder die Dividenden sind generell so niedrig, daß von einer Rückzahlung des eingesetzten Kapitals in absehbarer Zeit überhaupt keine Rede sein kann.

Führende amerikanische Titel wie »Homestake«, »Campbell Red Lake« oder »Agnico Eagle« rentieren meist nur mit 1% oder weniger und sind fast immer hoffnungslos überbewertet. Sie sind keine Renditepapiere, sondern im Grunde Optionsscheine. Sie steigen oder fallen mit dem Goldpreis – und dies gewöhnlich überproportional. Sie können eine erstklassige Spekulation sein, und ich rate durchaus nicht rundweg davon ab, aber sie sind keine langfristige Anlage für jemanden, der regelmäßige Einkünfte sucht.

Da es nichts auf dieser Welt umsonst gibt, muß die ungleich höhere Rendite südafrikanischer Goldminenaktien mit einem Nachteil erkauft werden, den die amerikanischen Minen nicht haben: mit dem politischen Risiko, das jeder trägt, der in der Republik am Kap investiert.

Im Klartext heißt dies, daß in Südafrika die Möglichkeit nicht völlig ausgeschlossen werden kann, daß die Goldminen eines Tages enteignet werden – und zwar von einer revolutionären schwarzen Regierung.

Als Anleger müssen Sie nun die Größe dieses Risikos selbst abschätzen und dann die Entscheidung treffen, ob es durch die hohen Dividenden ausgeglichen wird. Ich bin der Meinung, daß es mehr als ausgeglichen wird – aber ich werde später auf die Frage, wie lange und ob Südafrika politisch überlebt, zurückkommen.

Jedenfalls werden wir uns in diesem Kapitel auf die *»Kaffirs«*, wie man die südafrikanischen Goldaktien auch nennt, konzentrieren – einmal, weil sie den größeren Teil eines Goldminen-Portfolios ausmachen sollten und weil zu ihnen einige Erläuterungen notwendig sind, die sich bei den nordamerikanischen Titeln erübrigen.

Dies fängt schon mit der Frage an, wie und wo Sie die Kaffirs kaufen sollen: als ADR's, als »London registered«, als »Cape registered«, in Johannesburg, London, New York oder München.

Die meisten außerhalb Südafrikas gehandelten Kaffirs wechseln als ADR's den Besitzer. Die Abkürzung ADR steht für *»American Depositary Receipt«*. Dies sind nichts anderes als Quittungen, die hauptsächlich von den vier amerikanischen Großbanken Morgan Guaranty, Irving Trust, Citybank und der Chemical Bank ausgegeben werden. Die Aktien selbst werden treuhänderisch für den Kunden gehalten – er erhält eben diese »ADR« genannten Quittungen.

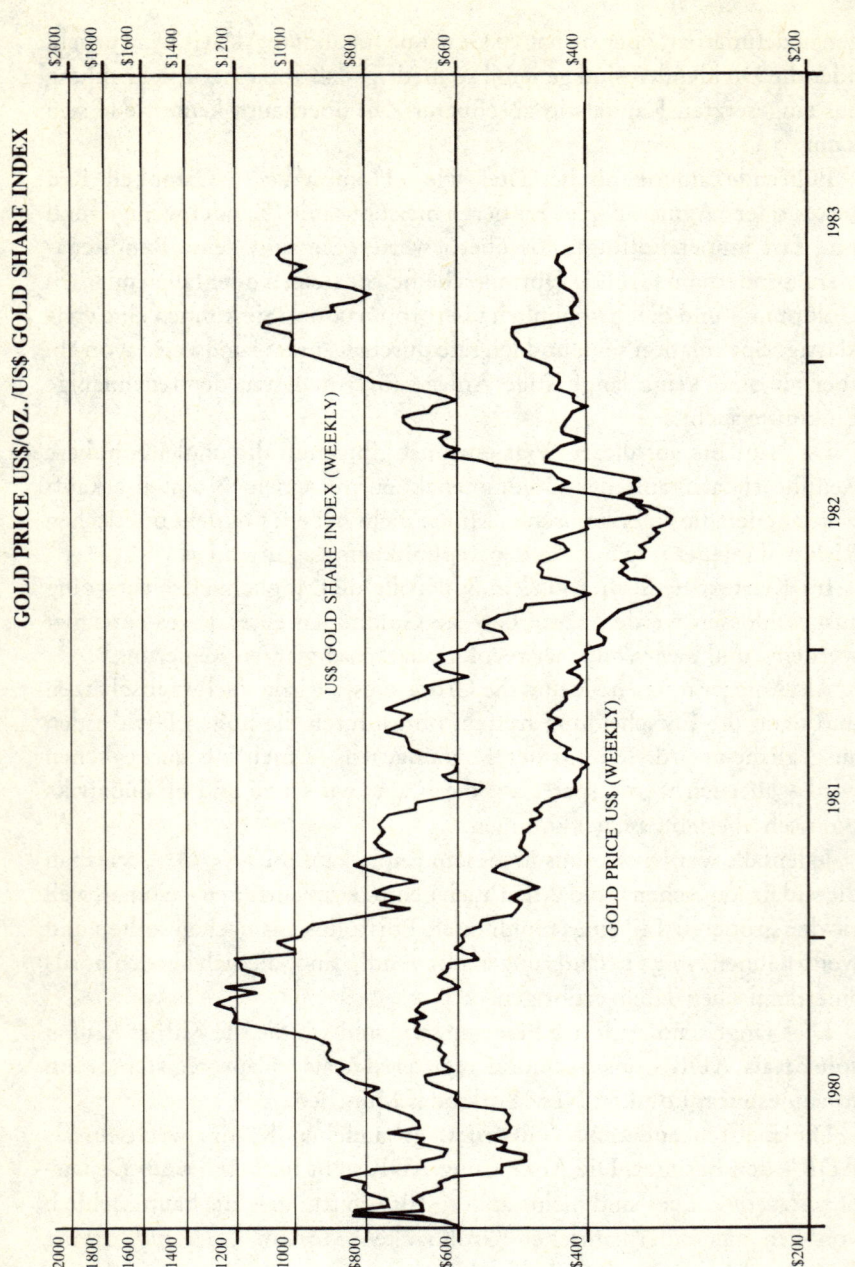

**GOLD PRICE US$/OZ./US$ GOLD SHARE INDEX**

* F.T. GOLD MINES INDEX CONVERTED TO US$

*Quelle:* Strauss, Turnbull & Co.

122

Der Kunde ist nicht in direktem Besitz der Aktie – und dies läßt manche sehr vorsichtige Investoren vor diesem Instrument zurückschrecken. ADR's werden übrigens nicht nur in New York, sondern auch in London und München gehandelt. Wer die Originalaktien haben möchte, kann sie »*London registered*« oder »*Cape registered*« kaufen. Letzteres kommt eigentlich nur in Frage, wenn Sie eine Bankverbindung in Südafrika haben. Die Stempelsteuer für Ausländer beträgt 1% in London und Johannesburg. Sie wird nur einmal, bei Kauf, fällig.

Wer ADR's nicht mag, wird in der Regel auf London ausweichen und dies mit höheren Spesen erkaufen müssen: zu dem einen Prozent Stempelsteuer kommen die relativ hohen Gebühren der Londoner Broker, die bei Käufen (und Verkäufen) im Wert von ein paar Tausend Pfund mehr als 1,5% ausmachen und erst bei größeren Aufträgen deutlich niedriger werden.

Ein kleiner Anleger, der zum Beispiel 100 Vaal Reefs in London kauft, registrieren läßt und ein halbes Jahr später wieder verkauft, zahlt gut und gerne 5% des Kaufpreises für die Stempelsteuer, die zweifache Kommission des Brokers und die Spesen seiner Hausbank. Für ihn wäre es billiger gewesen, er hätte die 100 Vaal Reefs in München gekauft, wo ein funktionierender Markt in ADR's existiert. Gehandelt werden in München Amgold, Driefontein, Kloof, Vaal Reefs und Western Deep.

Wenn Sie die ADR's nicht mögen, kann ein kleiner Trick dabei helfen, Spesen zu sparen. Sie kaufen die Kaffirs zunächst als ADR's – gleichgültig an welchem Börsenplatz – und lassen sie nachher in registrierte Aktien umwandeln. Dies ist jederzeit möglich.

Außerdem sollten Sie wissen, daß die amerikanischen Banken, die ADR's ausgeben, normalerweise einen US-Cent von der Dividende abziehen, daß Dividenden auf ADR's etwa zwei Wochen später ausgezahlt werden als die Dividenden auf die Originalaktien und daß sie gewöhnlich eine Woche früher ex-Dividende gehen.

In jedem Fall aber zieht der südafrikanische Fiskus 15% Quellensteuer (»withholding tax«) von der Dividende ab. Übrigens sind südafrikanische Aktien für Ausländer nicht mehr billiger als für Südafrikaner, seitdem die künstliche Investmentwährung »*Financial Rand*« abgeschafft wurde. Der Rand wird jetzt zu einem einheitlichen Kurs notiert – dies ein wichtiger Schritt Südafrikas auf dem Weg zur Liberalisierung des Devisenverkehrs.

Wenn Sie noch nie Goldminenaktien gekauft haben und sich mit diesem Markt noch vertraut machen müssen, empfehle ich Ihnen, mit wenigen bekannten Qualitätstiteln zu beginnen. Sie können sich auch zunächst auf die Holding *Amgold* beschränken, mit der Sie in einer ganzen Reihe von erstklassigen südafrikanischen Goldminen investiert sind. Das Risiko, daß bei einer einzelnen Mine die Ergebnisse einmal schlechter ausfallen als erwartet oder daß der Betrieb wegen eines Feuers oder wegen Wassereinbruchs unter Tage beeinträchtigt wird, ist bei Amgold breit genug gestreut. Wenn Sie aber einzelne Minen kaufen, sollten es nie weniger als drei oder besser noch fünf Titel sein.

Amgold werden sowohl in Zürich (in Schweizer Franken) als auch in München (in DM) gehandelt. Damit sparen Sie Spesen gegenäber einem Kauf in London, und es ist für Sie einfacher, den Kurs zu verfolgen. Aktien, deren Kurs Sie nicht täglich in Ihrer Zeitung finden, sollten Sie ohnehin meiden. Sie werden gekauft und dann allzu leicht vergessen.

Mit einzelnen guten Titeln werden Sie in der Regel besser abschneiden, als wenn Sie sich auf eine Holding wie Amgold beschränken – besser in Bezug auf Rendite und Kapitalgewinn. Der Markt hat immer seine Favoriten, die den anderen davonlaufen. 1982 zum Beispiel *Randfontein* und in der ersten Hälfte 1983 *Vaal Reefs*. Ein guter Berater wird versuchen, solche Titel für Sie herauszufinden.

Die Entscheidung, vor der Sie ganz am Anfang stehen, ist die zwischen »*Heavy-weights*« und »*marginal mines*«. Heavy-weights sind Minen mit großen Goldreserven, langer Lebensdauer, niedrigen Produktionskosten. Driefontein, Kloof, Western Deep und Vaal Reefs sind hier die besten Beispiele. Wenn bei einer Mine wie *Driefontein* die Produktionskosten je Unze nur knapp über $ 100 liegen, können Sie sich leicht ausrechnen, daß sie wohl nie mit Verlust arbeiten muß, denn so tief wird der Goldpreis wohl nicht mehr fallen. Sie wird immer eine Dividende zahlen können. Die Kurse von Driefontein werden bei fallenden Goldpreisen weniger nach unten gehen als der Durchschnitt des Marktes. Umgekehrt wird Driefontein auf steigende Goldpreise unterproportional reagieren, schon wegen der hohen Steuerbelastung. Driefontein ist wohl das beste Beispiel eines konservativen, wenig aufregenden, manchmal sogar langweiligen Wertes.

Bei den *Grenzminen* sieht alles ganz anders aus. Es sind Minen mit sehr hohen Produktionskosten je Unze, die oft in der Nähe des aktuellen Goldpreises liegen, mit beschränkter Lebensdauer und nicht sehr großen Reserven. Durban Deep, Venterspost und Loraine sind drei interessante Grenzminen. Sie liegen übrigens nicht an der Grenze der südafrikanischen

Republik, wie ein Finanzjournalist einmal glaubte, sondern an der Grenze der Rentabilität.

Bei solchen Minen, die oft sogar auf staatliche Unterstützung angewiesen sind, macht es einen großen Unterschied, ob Gold $ 100 mehr oder weniger kostet. Hinzu kommt, daß der Markt für diese Titel sehr eng ist – was bei gezielten Käufen oder Verkäufen auch nur eines New Yorker Brokers (dort sind sie recht beliebt) zu dramatischen Kursausschlägen führt. Von *Durban Deep* zum Beispiel sind nur 2 325 000 Aktien ausgegeben, weniger als von jeder anderen südafrikanischen Goldmine.

Die Grenzminen sind eine hervorragende Spekulation auf schnell steigende Goldpreise. Von Juni 1982 bis Anfang 1983 stiegen einige von ihnen um mehrere hundert Prozent. Die Belohnung für den, der richtig liegt, ist fürstlich – und entsprechend hart fällt die Bestrafung für den aus, der sie zum falschen Zeitpunkt kauft.

Ein Johannesburger Broker meinte einmal ironisch, die heavy-weights würden wohl hauptsächlich von Leuten gekauft, die mit fallenden Goldpreisen rechneten. Denn, wenn sie an höhere Goldpreise glaubten, wären sie doch schließlich mit den Grenzminen besser bedient.

Aber so einfach ist das nicht. Auf Qualität in einem Portfolio zu achten, ist nie ein schlechter Rat – und außerdem kann man nie ganz sicher sein, wohin der Goldpreis geht. Deswegen sollten Sie als vorsichtiger Anleger mit den guten Minen beginnen – und die Grenzminen als Dessert zur Hauptmahlzeit betrachten.

Wenn Sie das Schicksal der Minen, in die Sie investiert haben, genau verfolgen wollen, lesen Sie am besten die Quartalsberichte der Konzerne, die regelmäßig in der Financial Times erscheinen. Sie erfahren dort, wieviel Erz verarbeitet wurde (tons milled), wieviel Gramm Gold je Tonne Erz gewonnen wurde (yield-g/t), wie sich die Einnahmen minus die laufenden Kosten entwickelten (gold profit), wie der Gewinn nach Steuern aussah (profit after taxation) und welche Kapitalkosten (capital expenditure) anfielen.

Sie werden überrascht sein, wie unterschiedlich und scheinbar unberechenbar sich eine Änderung des Goldpreises auf die Dividenden auswirkt. Neben der Pacht, die an den Staat gezahlt werden muß, gehen vom Gewinn die Steuern ab, die nach einer komplizierten Formel berechnet werden, die bei verschiedenen Kategorien von Minen auch noch differiert. Bei den laufenden Kosten fallen Löhne und Elektrizität besonders ins Gewicht. Entscheidend bei der Schätzung der zukünftigen Dividenden sind – abgesehen von der Goldpreisentwicklung – die geplanten Investitionen einer Mine in neue Schächte, Kühlung, Erzverarbeitungsanlagen über Tage, Unterkünfte etc.

Dazu einige Zahlen: 1981 zahlten die südafrikanische Goldminen 1,83 Milliarden Rand Steuern und Pacht an den Staat – das waren 57% der Gewinne nach Kapitalkosten. 1982 beliefen sich die Investitionen auf 1,25 Milliarden Rand. Von 1972 bis 1982 konnten die Löhne der ungelernten Arbeiter – derzeit 480 000 – verzehnfacht werden. Ebenfalls 1982 wurden 1,371 Milliarden Rand an Dividenden ausbezahlt. Der durchschnittliche Goldgehalt einer Tonne Erz betrug 1982 6,76 Gramm.

Nachdem nun die grundlegenden Dinge über Goldminenaktien gesagt sind, wollen wir sie etwas genauer mit anderen Anlagen vergleichen und einige Kriterien aufstellen, nach denen man die Preiswürdigkeit der Aktien beurteilen kann.

Wie alle anderen Anlagen haben südafrikanische Goldminenaktien relative Vorteile und relative Nachteile. Der Vorteil gegenüber Industrieaktien und nordamerikanischen Goldminen liegt darin, daß sie außerordentlich hohe Renditen bieten, die mit der Verzinsung von Anleihen durchaus vergleichbar sind. Der Vorteil gegenüber Anleihen liegt darin, daß unter den Bedingungen fortgesetzter Inflation nicht nur eine nominale, sondern auch eine großzügige reale Verzinsung erzielt wird.

Anleihen darf man nur halten, wenn die Zinsen fallen – Goldminen waren bisher aber gerade dann interessant, wenn die Zinsen im Zuge der Inflation langfristig gestiegen sind. Die Rückzahlung des eingesetzten Kapitals ist bei guten Minen lange vor Ende ihrer Lebensdauer abgeschlossen, während die Rückzahlung von Anleihen, wenn überhaupt, mit entwertetem Papiergeld erfolgt. Und der Vorteil von südafrikanischen Minentiteln gegenüber Gold liegt bekanntlich darin, daß sie Zinsen bringen.

Der Nachteil der Minen gegenüber Gold besteht darin, daß sie – wie jedes Papier – nicht mehr als einen Besitztitel darstellen. Letzte Sicherheit bietet nur Gold, das man selbst besitzt. Der Grundsatz, daß eine hohe Gewinnchance nicht denkbar ist ohne ein erhöhtes Risiko, gilt auch für die Minen. Es handelt sich hier um ein politisches Risiko: die Minen könnten eines Tages von einer schwarzen Regierung in Johannesburg enteignet werden.

Wie aber sichert sich der vorsichtige Anleger gegenüber dem langfristig bestehenden politischen Risiko ab? Indem er nicht nur in den Minen, sondern gleichzeitig auch in Gold investiert. Denn: Würde es in Südafrika zum Schlimmsten kommen, dann würden zwar die Kurse der Minen fallen, die Goldpreise aber steigen.

Anders als Gold würden die Minen von der Rückkehr zu einem fixierten Goldpreis erheblich profitieren: sie könnten mit garantierten Einnahmen rechnen. Als in der letzten Deflation der offizielle Goldpreis von $ 20 auf $ 35 heraufgesetzt wurde, waren Goldminen die beste Anlage überhaupt. Der private Besitz von Gold aber wurde, jedenfalls in den USA, verboten.

Auf die Rückkehr zu einem offiziellen Goldpreis oder zu einer Art von Goldstandard würden die Goldminenaktien selbstverständlich sehr unterschiedlich reagieren – je nachdem, wie weit ihre Produktionskosten unter dem fixierten Preis lägen. Aber das Thema Goldstandard ist gegenwärtig ohnehin nicht akut.

Wegen der Zinsen und der Zinseszinsen sind Goldminen bereits dann interessant, wenn der Goldpreis in Zukunft real gleich bleibt, d. h. lediglich mit der Inflationsrate steigt. Folgendes schematisches Beispiel soll dies deutlich machen. Ein Investment in eine Mine mit fünfjähriger Lebensdauer ist nach diesen fünf Jahren real – also abzüglich der Inflation – 61% mehr wert, falls die Mine einen jährlichen realen Gesamtertrag von 10% auf das eingesetzte Kapital bringt. Hierbei wird vorausgesetzt, daß die Dividenden in denselben Aktien reinvestiert werden und selbstverständlich, daß die Aktie nur dann gekauft wird, wenn sie so billig ist, daß mit einem jährlichen realen Ertrag von 10% gerechnet werden kann. Werden die Dividenden hingegen regelmäßig in Gold angelegt, dann steigt der reale Wert des Investments nur um 32%. Wird der ursprüngliche Betrag aber ausschließlich in Gold investiert, dann liegt die reale Wertsteigerung um 0% – die Inflation wurde zwar geschlagen, mehr wurde aber nicht erreicht. Bei diesem Vergleich ist mit einkalkuliert, daß das Aktienkapital nach fünf Jahren auf 0 sinkt, weil die Mine nach ihrer Auflösung nichts mehr wert ist.

Die Rechnung sieht erheblich besser aus, wenn die Goldpreise in den nächsten Jahren real steigen, wenn die Steigerung also über der Inflationsrate liegt. Eben dies ist das Resultat der bisher gründlichsten Goldpreisstudie, die von dem kalifornischen Wissenschaftler *Dr. Brock* im Auftrag von Anglo American verfaßt wurde. Nach der Studie beträgt die Wahrscheinlichkeit, daß der reale Goldpreis 1986 unter $ 520 liegt, nur 1%. Die höchste Wahrscheinlichkeit für einen bestimmten Preisbereich (und zwar

$ 611 – $ 640) liegt bei 24%. Folgt man der Studie, dann werden Goldminen bis 1986 mit mehr als 99prozentiger Wahrscheinlichkeit eine erstklassige Anlage sein.

Leider bewegen sich die Kurse der Goldminenaktien oft nicht parallel zu den Goldpreisen. Ihre Entwicklung ist generell schwieriger zu beurteilen als die der Goldpreise. Erfahrungsgemäß ist aber der Goldminenmarkt intelligenter, sensibler und mehr vorausschauend als der Goldmarkt. So weigerten sich die Minen, den Preiseinbruch bei Gold im ersten Quartal 1980 klar nachzuvollziehen – so, wie sie vorher den übertriebenen Anstieg auf $ 850 im Januar glatt ignoriert hatten. Für die Minen endete der Bull-Markt eindeutig erst im Herbst 1980. (High des Financial Times Goldminen-Index: 558,9 am 22. 9. 1980. Low 1982: 209,2 am 9. 3.)

Tatsächlich endete auch der Bull-Markt in Gold dann erst im September 1980. Im September lag der Durchschnittspreis in Dollar bei 673,78, im Januar 1980 hatte er bei 674,94 gelegen.

Bei zwei anderen Gelegenheiten begannen die Goldminen früher und schneller zu steigen als Gold: Ende Juni 1981 und im März 1982. Gold folgte dann nach. Umgekehrt begannen die Goldminen im September 1981, als der Versuch eines neuen Bull-Marktes scheiterte, früher als Gold zu fallen. So oder so, sind sie oft ein Frühwarnindikator für Gold selbst. Ein nützliches technisches Hilfsmittel bei Kauf- und Verkaufsentscheidungen ist die *relative Stärke* der Goldminen (F. T.-Index dividiert durch das Nachmittags-Goldfixing in London.) Der Indikator zeigt nicht selten eine Trendwende an, die erst bei den Minen und dann bei Gold stattfindet. Dies bezieht sich sowohl auf langfristige als auch auf mittel- und kurzfristige Trends – aber immer können Sie auch nicht danach gehen.

Goldminen kauft man am besten, wenn sie nach einem scharfen Preiseinbruch überverkauft und zugleich analytisch billig sind. (Letzteres wird später erklärt.) Und wenn Sie bei stabilen oder steigenden Kursen kaufen, sollten Sie immer genügend Kapital in Reserve haben, um Preiseinbrüche ausnutzen zu können. Die Gefahr, dabei etwas falsch zu machen, ist am geringsten, wenn Sie nur erstklassige Titel (heavy-weights) nehmen. Dabei hat jede Aktie ihre charakteristischen Preisverläufe.

Wie beurteilt man, ob eine Goldaktie analytisch teuer oder billig ist? Eine einfache, eher primitive Methode ist es, die Dividendenschätzung für die nächsten 12 Monate – also je eine Zwischen- und Schlußdividende – heranzuziehen, wobei natürlich von einem bestimmten Durchschnittsgoldpreis in dieser Periode ausgegangen werden muß. Aktien mit guter

Anlagequalität lassen sich so nicht herausfinden. Denn eine kurzlebige Mine sollte normalerweise höher rentieren als ein erstklassiger Titel, denn bei ihr muß das eingesetzte Kapital in kürzerer Zeit zurückgezahlt werden. Nicht selten werden aber auch Grenzminen angeboten, die so teuer sind, daß der Käufer bis zum Ende der Lebensdauer der Mine nicht einmal sein Kapital zurückbekommt – falls das Schicksal der Mine nicht eine überraschende Wende zum Besseren nimmt oder falls die Goldpreise nicht rapide steigen.

Analytisch am anspruchsvollsten ist die Bewertungsmethode, die sich am gegenwärtigen Wert (*present value*) orientiert. Hier wird geschätzt, wieviel die Aktie gegenwärtig kosten müßte, um über die gesamte Lebensdauer der Mine einen bestimmten Gesamtertrag auf das eingesetzte Kapital zu erzielen. Liegt der Marktpreis über diesem fiktiven inneren Wert, dann ist die Aktie zu teuer und sollte verkauft bzw. in eine andere eingetauscht werden. Liegt der Marktpreis darunter, dann ist sie analytisch billig. Sinnvoll ist diese Methode, weil sie die künftigen Dividenden in Beziehung zur Lebensdauer der Mine setzt. Die Methode ist nützlich für den langfristigen Anleger, hilft dem schnellen Trader aber wenig.

Bei der Kalkulation des »present value« müssen freilich viele Größen in die Rechnung aufgenommen werden, die ständigen Änderungen unterworfen sind: die Goldreserven der Minen, die Produktionskosten, die Steuerbelastung usw. Den zukünftigen Ertrag exakt vorherzusagen, ist deswegen unmöglich. Die Methode ist dennoch berechtigt, weil sie zumindest einen Vergleich zwischen dem Wert der einzelnen Minen ermöglicht.

Wie die »present value«-Methode funktioniert und wie sie vom Anleger praktisch genutzt werden kann, wollen wir anhand der »Pop Charts« von *James Capel*, eines führenden Londoner Broker-Hauses, demonstrieren. Die Tabellen von J. Capel werden von einem Computer erstellt und weithin beachtet. Im einzelnen enthalten sie:

*Preisprofil:* Hier wird angenommen, daß der Goldpreis in Zukunft auf einem hypothetischen Niveau real gleich bleibt, daß Gold also zumindest seine Kaufkraft erhält. Bei den im folgenden wiedergegebenen Tabellen wurde das Preisprofil $ 400 zugrunde gelegt.

*Rand to Dollar rate:* Der Wechselkurs ist wichtig zur Berechnung der Rendite in den nächsten zwölf Monaten, weil die nächsten zwei Dividenden in Rand angegeben sind, der Aktienpreis aber in US-$.

*Life:* Geschätzte Lebensdauer der Mine – wichtig zur Berechnung des

James Capel & Co - GOLDVAL

Profile 400 Dollars per ounce - Pop chart by rate of return   Date: 24 / 6 / 82
Rand to Dollar rate: .95

| Mine name | Life | Est. Costs This Year | Share price US$ | Next two divs SA cents gross | Net Yield pct after -15% WHT | Current PV at 15% buy | Current PV at 9% sell | Current rate of return |
|---|---|---|---|---|---|---|---|---|
| Venterspost | 9 | 345 | 4.00 | 162.83 | 32.9 | 7.52 | 9.01 | 45.8 |
| Loraine | 15 | 371 | 1.55 | 10.69 | 5.6 | 3.51 | 4.97 | 33.9 |
| S A Land | 13 | 293 | 1.90 | 20.11 | 8.5 | 3.83 | 5.29 | 32.6 |
| Bracken | 7 | 301 | 1.10 | 45.97 | 33.7 | 1.44 | 1.66 | 28.9 |
| Randfontein | 21 | 194 | 36.00 | 816.23 | 18.3 | 60.56 | 88.94 | 26.8 |
| Harmony | 14 | 295 | 7.00 | 210.43 | 24.3 | 9.84 | 12.73 | 25.1 |
| Doornfontein | 20 | 194 | 10.50 | 281.08 | 21.6 | 14.88 | 20.23 | 24.5 |
| F.S.Geduld | 19 | 204 | 17.50 | 449.61 | 20.7 | 26.33 | 37.29 | 24.5 |
| W Deep | 29 | 159 | 19.00 | 352.92 | 15.0 | 28.05 | 40.61 | 24.1 |
| Durban Deep | 12 | 320 | 9.88 | 0.00 | 0.0 | 14.54 | 19.94 | 23.6 |
| St.Helena | 24 | 147 | 20.00 | 435.21 | 17.6 | 25.62 | 37.34 | 20.2 |
| Elsburg | 14 | 355 | 1.20 | 6.32 | 4.3 | 1.50 | 2.05 | 20.0 |
| Stilfontein | 18 | 263 | 8.75 | 245.15 | 22.6 | 10.41 | 14.00 | 19.2 |
| Grootvlei | 15 | 241 | 5.00 | 83.05 | 13.4 | 5.80 | 7.60 | 18.9 |
| Vaal Reefs | 29 | 175 | 39.50 | 810.17 | 16.6 | 47.36 | 70.55 | 18.6 |
| Kinross | 24 | 184 | 6.50 | 113.73 | 14.1 | 7.52 | 11.06 | 17.7 |
| Welkom | 30 | 244 | 5.25 | 138.72 | 21.3 | 5.87 | 8.01 | 17.6 |
| W.Areas | 14 | 355 | 2.05 | 9.73 | 3.8 | 2.30 | 3.16 | 17.5 |
| Pres.Brand | 24 | 186 | 20.50 | 442.59 | 17.4 | 22.18 | 30.59 | 16.8 |
| Hartebeest | 22 | 174 | 31.00 | 610.73 | 15.9 | 32.74 | 44.83 | 16.2 |
| Ergo | 17 | 193 | 4.25 | 70.84 | 13.5 | 4.48 | 6.18 | 16.1 |
| Winkelhaak | 24 | 141 | 15.25 | 299.45 | 15.9 | 16.02 | 22.68 | 16.0 |
| Libanon | 18 | 208 | 12.00 | 290.30 | 19.5 | 12.35 | 15.93 | 15.8 |
| Leslie | 9 | 310 | 1.15 | 29.06 | 20.4 | 1.17 | 1.42 | 15.7 |
| Buffels | 24 | 201 | 22.25 | 456.65 | 16.6 | 22.94 | 33.44 | 15.6 |
| Southvaal | 29 | 0 | 19.25 | 252.29 | 10.6 | 19.26 | 30.50 | 15.0 |
| W Holdings | 30 | 244 | 22.50 | 525.46 | 18.9 | 22.51 | 30.73 | 15.0 |
| Zandpan | 22 | 174 | 5.75 | 103.91 | 14.6 | 5.55 | 7.60 | 14.2 |
| Blyvoor | 15 | 174 | 7.75 | 172.33 | 18.0 | 7.44 | 9.52 | 13.9 |
| Kloof | 29 | 116 | 19.75 | 296.70 | 12.1 | 17.74 | 25.95 | 13.1 |
| Unisel | 24 | 153 | 6.63 | 77.41 | 9.4 | 5.81 | 8.94 | 13.0 |
| Deelkraal | 19 | 324 | 2.10 | 0.00 | 0.0 | 1.75 | 2.48 | 11.7 |
| Elandsrand | 25 | 386 | 2.50 | 0.00 | 0.0 | 1.96 | 3.03 | 11.5 |
| Pres.Steyn | 20 | 224 | 18.50 | 307.24 | 13.4 | 15.17 | 20.83 | 11.1 |
| Driefont Cons. | 34 | 106 | 16.75 | 263.84 | 12.7 | 12.77 | 18.98 | 10.7 |
| Marievale | 4 | 350 | 1.35 | 32.33 | 19.3 | 1.01 | 1.12 | -1.1 |

»rate of return«, des jährlichen realen Ertrages während der gesamten Lebensdauer.

*Estimated costs:* Was es kostet (in $), eine Unze Gold zu fördern.

*Share price:* Aktueller Aktienkurs, der den Renditeberechnungen zugrunde liegt.

*Next two dividends SA cents gross:* Die nächsten beiden Dividenden in südafrikanischen Cents, brutto.

*Net Yield percentage after – 15% WHT:* Die aufgrund dieser beiden Dividenden errechnete Rendite in den kommenden zwölf Monaten, netto – also nach Abzug der südafrikanischen Steuer (withholding tax) in Höhe von 15%.

*Current Present Value at 15% buy:* Hier lesen Sie, was die Aktien kosten müßten, um über die gesamte Lebensdauer der Mine eine reale Verzinsung von jährlich 15% abzuwerfen. Real, weil die Geldentwertung bereits abgezogen ist. (Andererseits wird bei der Berechnung der letzten drei Spalten der Tabelle angenommen, daß die Produktionskosten jährlich real um 1% steigen, also etwas schneller als die allgemeine Inflationsrate.) Ein Vergleich mit Anleiherenditen zeigt sofort, daß Goldminen mit einer realen Verzinsung von 15% eine phantastische Anlage sind. Mit 15% sind die Minen außergewöhnlich billig und werden deshalb von J. Capel zum Kauf empfohlen, sobald die Preise in dieser Spalte erreicht sind.

*Current Present Value at 9% sell:* Bei den Preisen in dieser Spalte liegt die reale Verzinsung nur noch bei 9% – zu wenig, so meint J. Capel, um das politische Risiko Südafrika auszugleichen. Die Preise werden als zu hoch angesehen, deswegen werden die Aktien auf diesem Niveau unter »sell« (verkaufen) kategorisiert.

*Current rate of return:* Diese Spalte zeigt die reale Verzinsung über die ganze Lebensdauer der Mine, bezogen auf den *aktuellen* Marktpreis und unter der Annahme des jeweiligen realen Goldpreises in der Zukunft (Preisprofil $ 400). Der Londoner Broker nimmt an, daß von einer südafrikanischen Mine vernünftigerweise eine reale Verzinsung von etwa 12% erwartet werden sollte. Was darunter liegt, besonders unter 9%, ist zu wenig. Was darüber liegt, besonders über 15%, ist attraktiv.

Die Present-Value-Methode ist zugegebenermaßen kompliziert und theoretisch, aber erlaubt zumindest einen Vergleich der relativen Preiswürdigkeit der einzelnen Minen. Vor allem aber wurden die beiden Tabellen abgedruckt, um zu demonstrieren, wie billig die Aktien am 24. 6. 1982 waren – verglichen mit den Preisen vom 17. 6. 1983.

Wir vergleichen nun drei Goldminen miteinander, die ganz verschiedene Anlageeigenschaften aufweisen: Vaal Reefs als erstklassigen Titel, Libanon als solide, aber gleichzeitig sehr volatile Aktie, die sich gut zum Traden eignet – und Durban Deep als typische »marginal mine« mit großer Hebelwirkung.

Wenn Sie sich ein Portfolio südafrikanischer Goldminenaktien zusammenstellen, sollte *Vaal Reefs* immer der erste Titel sein, den Sie in Erwä-

James Capel & Co - GOLDVAL

Profile 400 Dollars per ounce - Pop chart by rate of return    Date: 17 / 6 / 83
Current exchange rate - R1 = US$ .915

| Mine name | Life | Est. Costs This Year | Share price US$ | Next two divs SA cents gross | Net Yield pct after -15% WHT | Current PV at 15% | Current PV at 6.9% | Current rate of return |
|---|---|---|---|---|---|---|---|---|
| East Daggas | 29 | — | 5.45 | 0.00 | 0.0 | 5.99 | 13.76 | 16.1 |
| Simmer & Jack | 20 | — | 6.25 | 0.00 | 0.0 | 4.61 | 9.08 | 11.1 |
| Deelkraal | 19 | 306 | 4.60 | 23.15 | 3.9 | 2.95 | 4.50 | 6.5 |
| Ergo | 29 | 260 | 9.25 | 57.89 | 4.9 | 4.89 | 8.60 | 6.0 |
| Randfontein | 25 | 179 | 148.00 | 1336.06 | 7.0 | 76.12 | 131.62 | 5.5 |
| F.S.Geduld | 21 | 271 | 50.00 | 451.76 | 7.0 | 24.72 | 40.92 | 4.3 |
| W Deep | 28 | 179 | 61.50 | 471.37 | 6.0 | 28.99 | 48.64 | 4.2 |
| Harmony | 18 | 318 | 24.50 | 309.02 | 9.8 | 12.99 | 19.69 | 3.5 |
| W.Holdings | 29 | 266 | 55.50 | 638.05 | 8.9 | 26.66 | 42.50 | 3.4 |
| Driefont Cons. | 33 | 115 | 35.75 | 339.74 | 7.4 | 13.72 | 24.39 | 3.3 |
| Southvaal | 28 | 149 | 65.00 | 417.25 | 5.0 | 23.29 | 42.70 | 3.0 |
| Welkom | 29 | 266 | 15.13 | 167.19 | 8.6 | 6.94 | 11.06 | 2.9 |
| Durban Deep | 11 | 411 | 37.00 | 0.00 | 0.0 | 19.68 | 29.04 | 2.5 |
| St.Helena | 20 | 195 | 47.00 | 479.84 | 7.9 | 20.77 | 32.98 | 2.3 |
| Vaal Reefs | 22 | 191 | 120.00 | 940.34 | 6.1 | 48.48 | 79.29 | 1.9 |
| Stilfontein | 17 | 294 | 21.75 | 275.59 | 9.9 | 10.61 | 15.63 | 1.5 |
| Pres.Brand | 19 | 222 | 50.00 | 430.44 | 6.7 | 21.64 | 33.71 | 1.4 |
| Elandsrand | 28 | 226 | 13.75 | 47.29 | 2.7 | 4.46 | 7.70 | 1.2 |
| Doornfontein | 21 | 263 | 32.75 | 337.63 | 8.0 | 14.28 | 21.30 | 0.7 |
| Kinross | 23 | 227 | 27.50 | 100.60 | 2.8 | 7.87 | 14.27 | 0.2 |
| Hartebeest | 22 | 192 | 88.00 | 875.36 | 7.7 | 34.87 | 53.19 | 0.2 |
| Kloof | 25 | 126 | 52.00 | 433.42 | 6.5 | 18.75 | 29.23 | -0.1 |
| Winkelhaak | 21 | 177 | 45.00 | 342.24 | 5.9 | 15.96 | 25.29 | -0.3 |
| Zandpan | 22 | 192 | 16.00 | 148.51 | 7.2 | 5.91 | 9.02 | -0.6 |
| Venterspost | 10 | 359 | 20.50 | 369.61 | 14.0 | 11.46 | 14.94 | -0.9 |
| Elsburg | 13 | 371 | 4.50 | 18.33 | 3.2 | 1.96 | 2.84 | -0.9 |
| Loraine | 12 | 386 | 7.50 | 0.00 | 0.0 | 2.95 | 4.56 | -0.9 |
| Libanon | 17 | 225 | 42.75 | 445.08 | 8.1 | 17.05 | 24.91 | -1.3 |
| Unisel | 19 | 168 | 18.00 | 127.09 | 5.5 | 5.45 | 8.87 | -1.4 |
| E.R.P.M. | 10 | 459 | 19.75 | 0.00 | 0.0 | 9.13 | 12.89 | -1.5 |
| W.Areas | 13 | 371 | 7.20 | 28.23 | 3.0 | 3.02 | 4.38 | -1.5 |
| Pres.Steyn | 19 | 239 | 57.75 | 455.49 | 6.1 | 20.71 | 31.23 | -1.7 |
| Buffels | 17 | 235 | 67.50 | 536.73 | 6.2 | 22.46 | 34.29 | -2.5 |
| Blyvoor | 12 | 194 | 18.75 | 268.07 | 11.1 | 8.90 | 11.85 | -2.9 |
| Grootvlei | 14 | 245 | 20.50 | 143.01 | 5.4 | 6.27 | 8.76 | -7.0 |
| Bracken | 6 | 290 | 4.05 | 61.85 | 11.9 | 1.85 | 2.28 | -10.7 |
| Leslie | 9 | 332 | 4.35 | 39.08 | 7.0 | 1.32 | 1.75 | -11.7 |

gung ziehen. Selbstverständlich werden Sie einen Blick auf den Kurs, auf die aktuellen und die zu erwartenden Dividenden werfen, um zu überprüfen, ob Vaal Reefs nicht gerade dann, wenn Sie kaufen wollen, dem Rest des Marktes zu weit vorausgeeilt ist. Aber grundsätzlich gilt, daß Sie mit dieser Aktie ein Investment tätigen, das die Chance auf überdurchschnittlichen Kapitalgewinn mit Renditen verbindet, die normalerweise über denen deutscher oder Schweizer Anleihen liegen.

1982 konnte man Vaal Reefs – am Tief – für $ 37 kaufen. Bis Juli 1983 war sie auf $ 130 geklettert und rentierte mit knapp 7%. Selbstverständlich hängt die weitere Entwicklung vom Goldpreis ab. Liegt er 1984 im Durchschnitt bei $ 400, dann werden schätzungsweise $ 8,95 pro Aktie verdient, liegt er bei $ 600, wären es $ 14,10. Bei einem durchschnittlichen Goldpreis von $ 500 im Jahr 1984 könnte Vaal Reefs, bezogen auf einen Kurs von $ 130, etwa mit 9% rentieren.

Das Schöne an dieser Aktie ist, daß sie ebenso gut oder noch besser rentiert als z. B. Driefontein und Western Deep, daß aber mehr Phantasie in den Kursen ist. Und es ist eine Mine, die noch etwa 40 Jahre in Betrieb sein wird.

Der Goldgehalt je abgebaute Tonne Erz liegt mit acht bis neun Gramm über dem südafrikanischen Durchschnitt, die Produktionskosten je Unze lagen 1982 mit $ 188 unter dem Durchschnitt, und die Erzreserven betrugen 34 Millionen Tonnen mit einem durchschnittlichen Goldgehalt von elf Gramm. In jedem der nächsten Jahre wird Vaal Reefs zwischen 70 und 80 Tonnen Gold produzieren – mehr als alle Minen der USA und Kanadas zusammengenommen.

Aus der Mine Vaal Reefs kommen etwa 11% des südafrikanischen Goldes und 25% des Uran-Oxyds, das in Südafrika abgebaut wird. Das größere Potential liegt übrigens im südlichen Sektor, dessen Pachtrechte von Southvaal Holdings gehalten werden.

*Southvaal* ist nicht, wie manche glauben, eine selbständige Goldmine, sondern eben nur eine Holding-Gesellschaft, deren Aktien ebenfalls gehandelt werden. Sie läßt das Reef, das auf ihrem Gebiet liegt, von Vaal Reefs ausbeuten. Vaal Reefs erhält dafür 45% der Profite und bezieht außerdem ein Dividendeneinkommen aus einem 25%-Anteil an Southvaal.

Eigentlich müßte es demnach ziemlich gleichgültig sein, ob Sie Vaal Reefs oder Southvaal kaufen, da die größeren Reserven – wie gesagt – nicht im nördlichen Sektor liegen, der zu Vaal Reefs selbst gehört, sondern im südlichen Areal. In der Praxis ist es aber so, daß Southvaal im Vergleich zu Vaal Reefs einmal über- und einmal unterbewertet sein kann. Im Juli 1983 war Southvaal eher überbewertet, so daß es besser gewesen wäre, Vaal Reefs zu kaufen.

*Libanon* kombiniert wie keine andere südafrikanische Goldmine hohe Preisvolatilität mit gesunden Anlageeigenschaften. Es lohnt sich, diese Aktie zu traden – und für den langfristigen Anleger ist es hier besonders wichtig, einen günstigen Zeitpunkt für den Einstieg abzupassen.

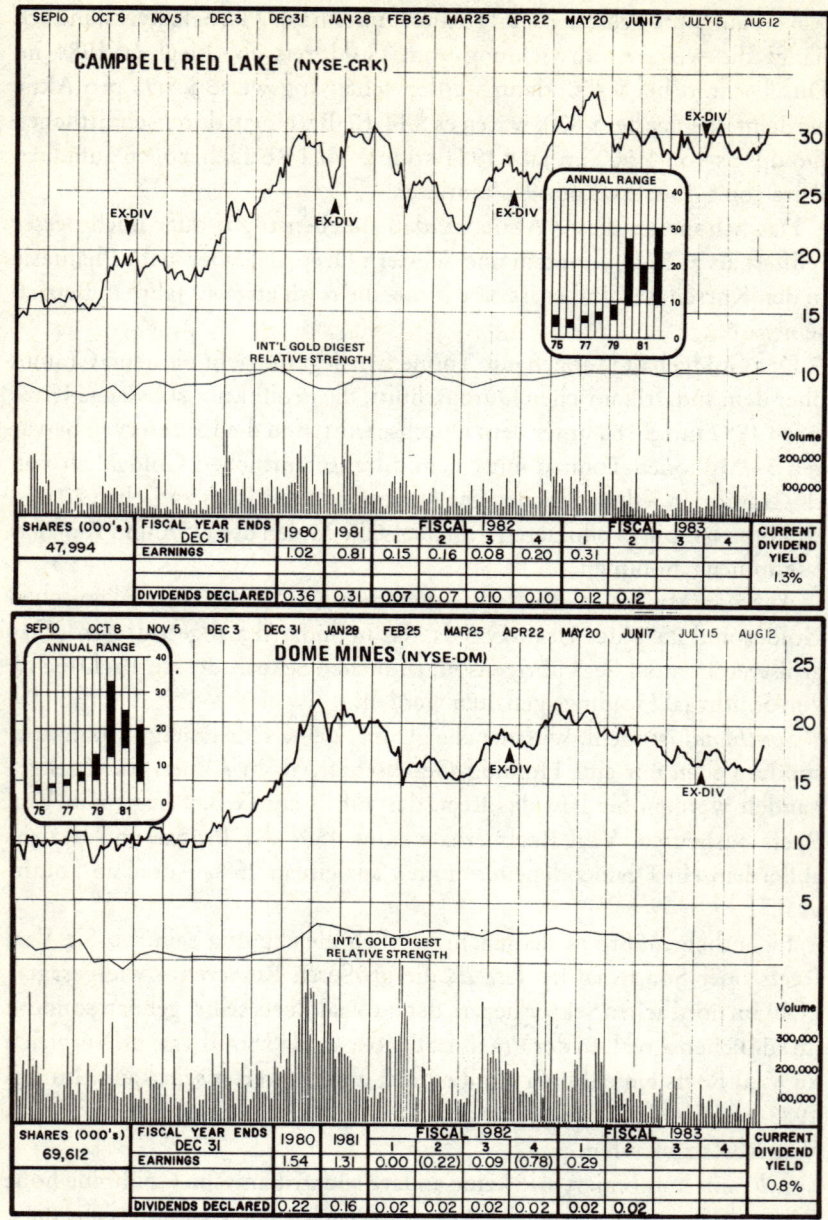

Die Charts von »International Gold Digest« enthalten folgende Angaben:

**Annual Range** = Kursspanne eines Jahres

**Relative Strength** = Relative Stärke der Aktie, und zwar relativ zum Marktdurchschnitt. Steigt sie, dann tendiert der Titel fester als der Durchschnitt.

**Shares** = Ausgegebene Aktien (in Tausend)

**Life Expectancy** = Lebensdauer (diese Angaben sind nicht immer zuverlässig)

**Fiscal Year ends** = Ende des Finanzjahres

**Earnings C/E** = Gewinn vor Kapitalaufwand (je Aktie)

**Earnings AFT.C/E** = Gewinn nach Kapitalaufwand (je Aktie)

**Cost/OZ. $** = Produktionskosten je Unze Gold

**Current Dividend Yield** = Laufende Rendite

**U** = Größerer Uran-Anteil

Mit Produktionskosten von $ 230 je Unze und gesicherten Erzreserven von 7,3 Millionen Tonnen mit einem durchschnittlichen Goldgehalt von 9,1 Gramm ist Libanon keine Grenzmine. Nachdem das Gebiet nördlich von Kloof gepachtet wurde, kann mit einer Lebensdauer von etwa 18 Jahren gerechnet werden. Die neuen Schächte werden $ 150 Millionen kosten, und solange die Expansion nicht abgeschlossen ist, wird dies die Dividende etwas schmälern.

Libanon fiel 1982 bis auf $ 10 – im Juli 1983 kostete die Aktie $ 46. Die jährliche Goldproduktion liegt knapp über zehn Tonnen. Der Gewinn je Aktie für 1984 wird auf $ 2,50 geschätzt, falls der Goldpreis im Jahresdurchschnitt $ 400 beträgt – und auf $ 4,10, falls er bei $ 600 liegt.

Die künftigen Kurse und Dividenden von Libanon werden sehr empfindlich auf den Goldpreis reagieren. Es ist eine Aktie für den Spekulanten, der große Hebelwirkung sucht, dabei aber doch auf Qualität achtet.

Nun möchte ich Ihnen eine typische »marginal mine« vorstellen – eine Mine, die seit 1981 keine Dividende mehr zahlte und deren zukünftige Rentabilität vollständig von der Richtung abhängt, die die Goldpreise nehmen. Die Rede ist von *Durban Deep*.

(Text-Fortsetzung auf Seite 156)

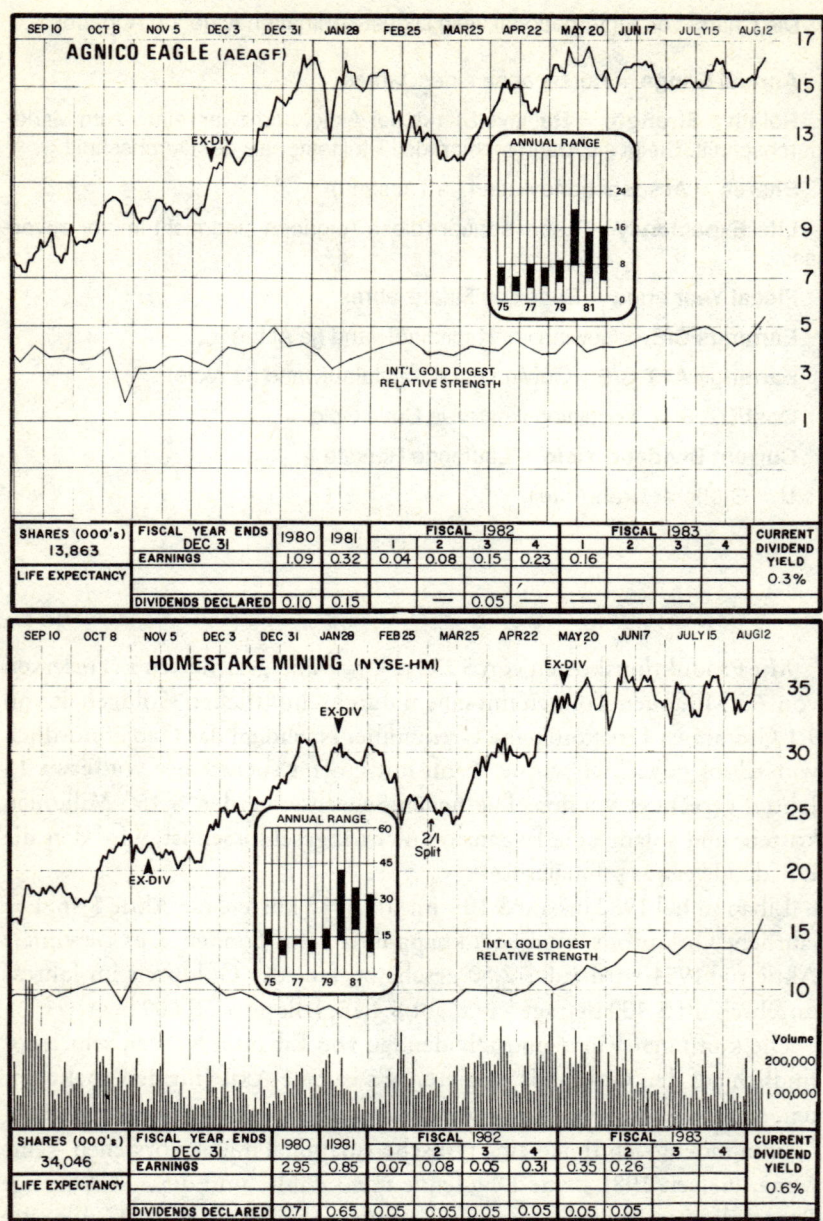

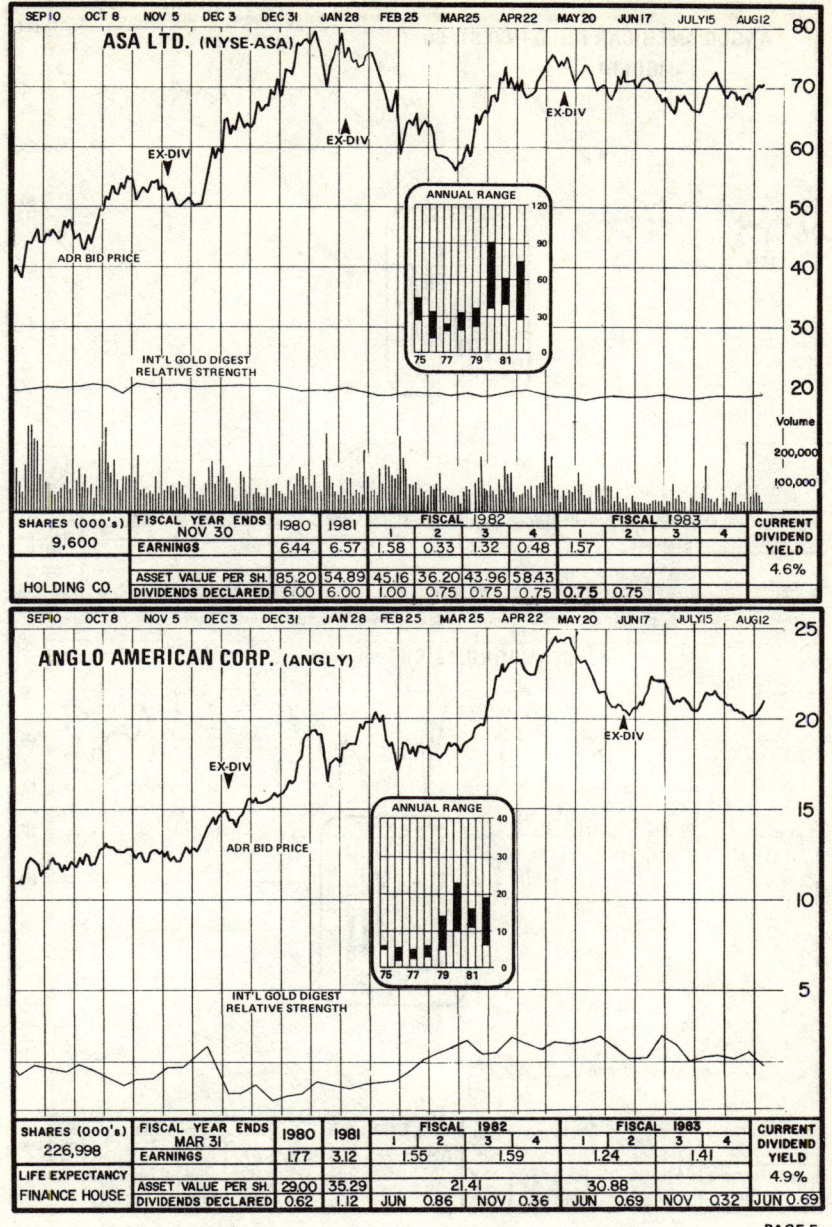

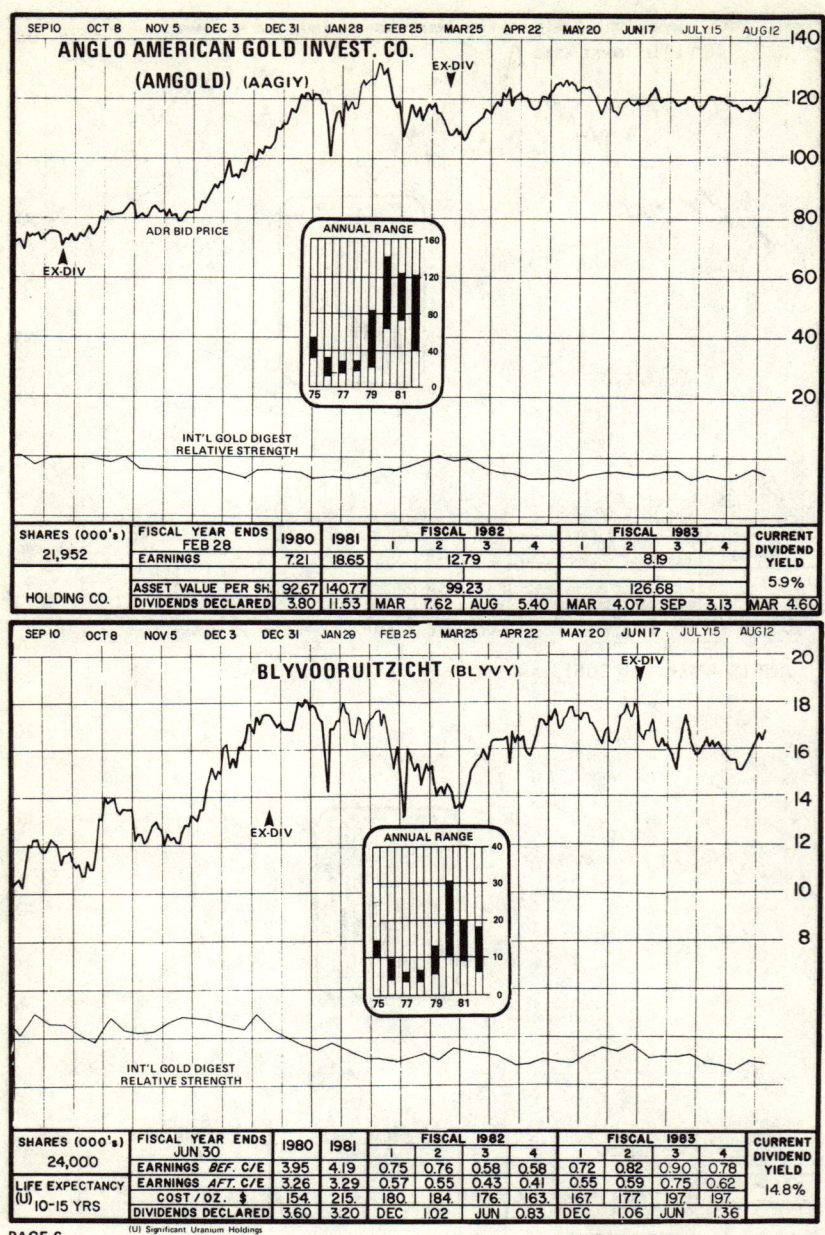

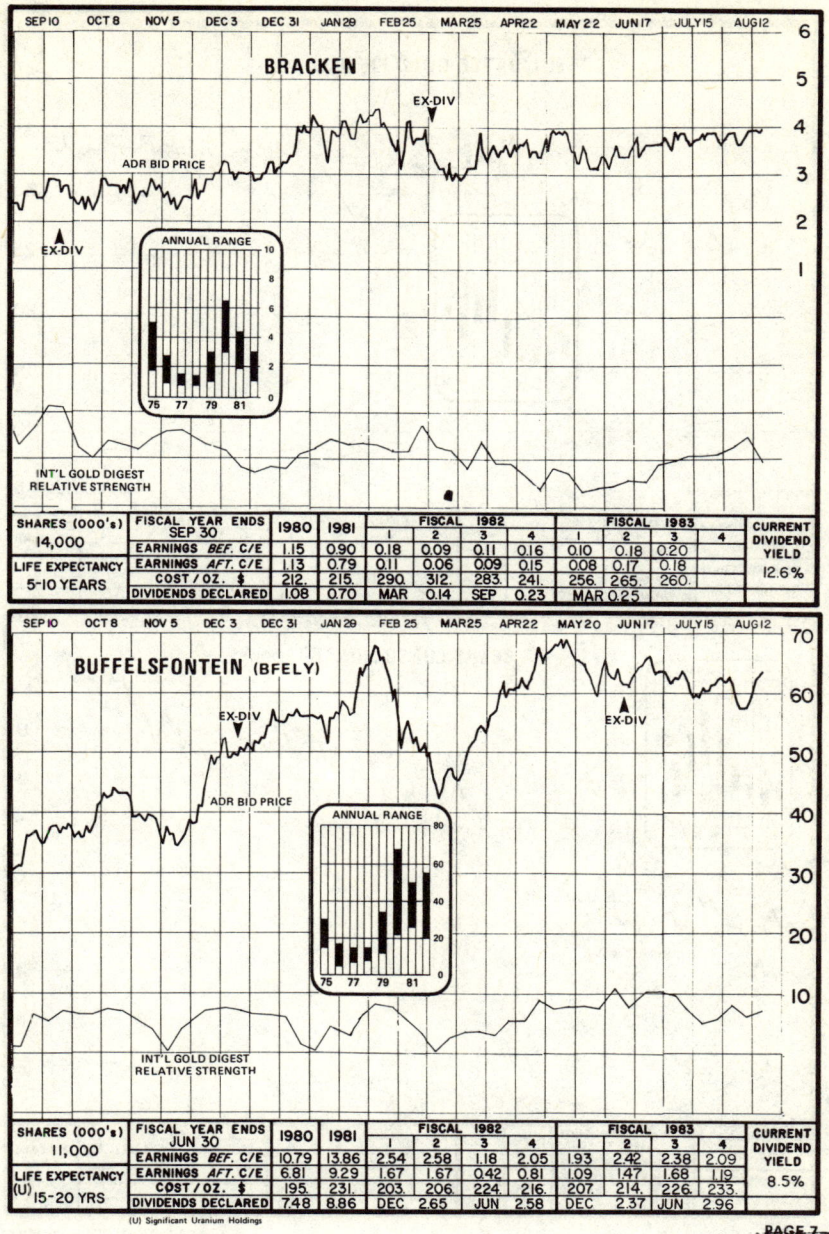

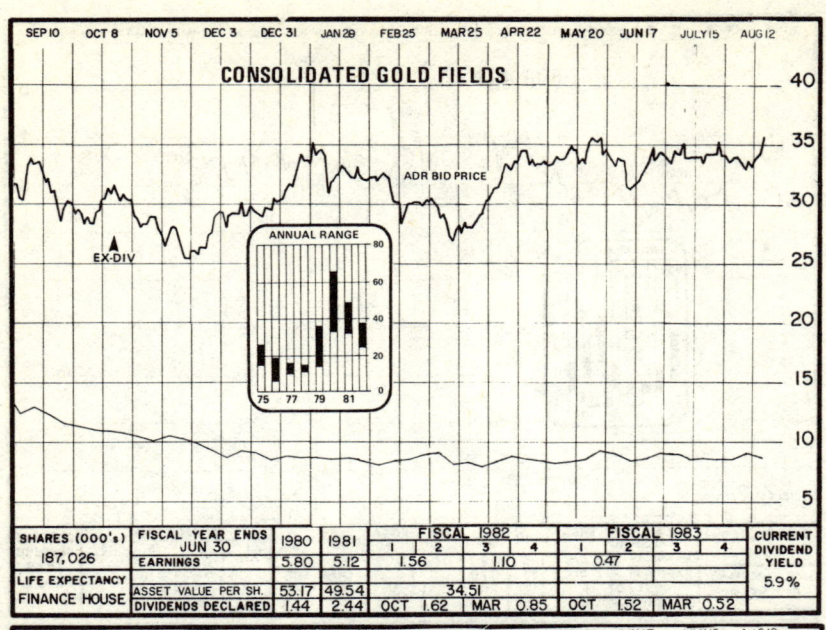
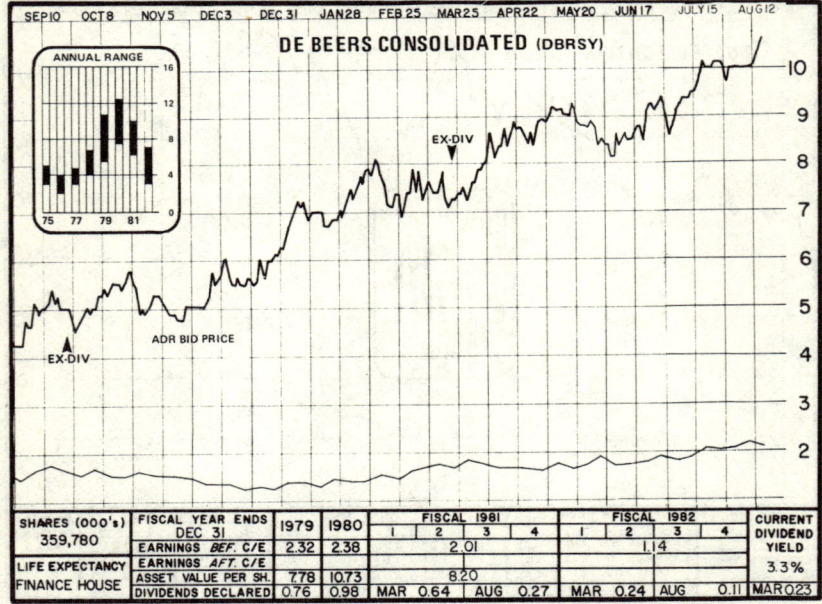

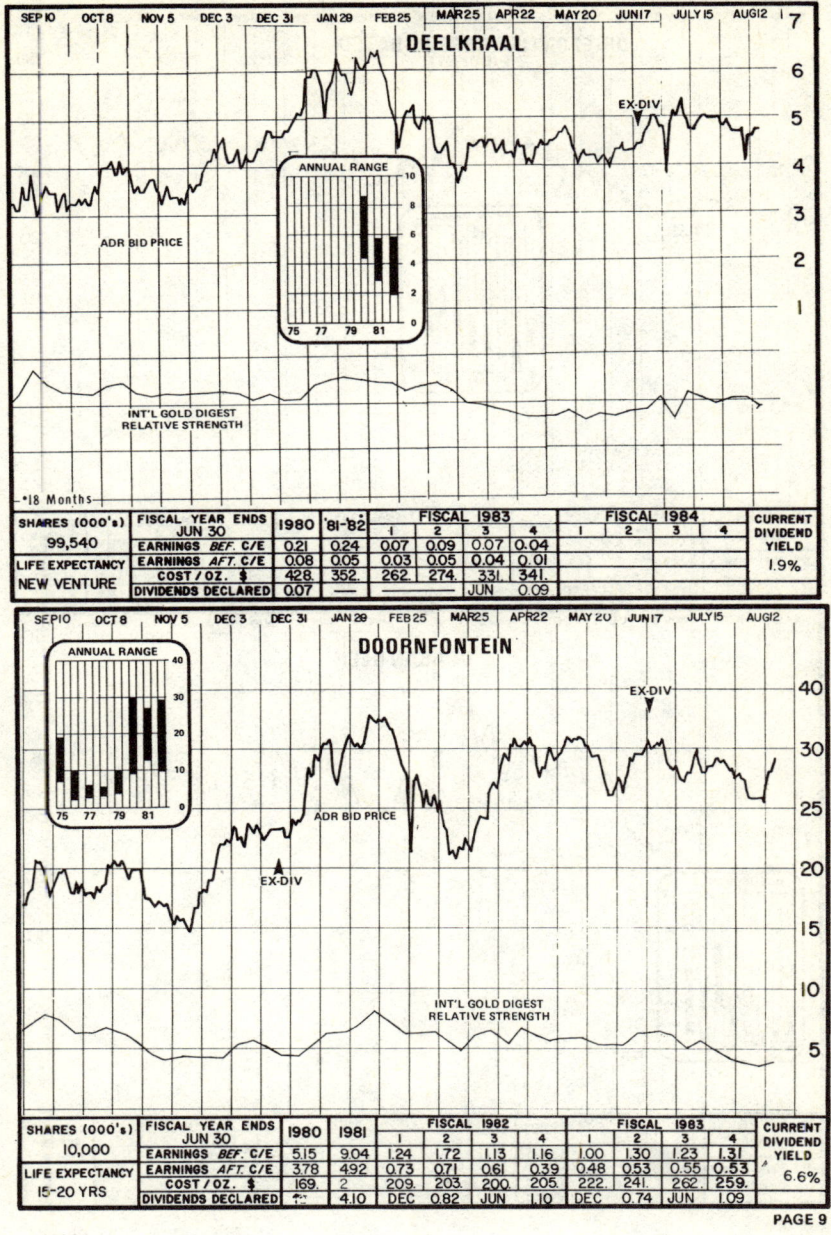

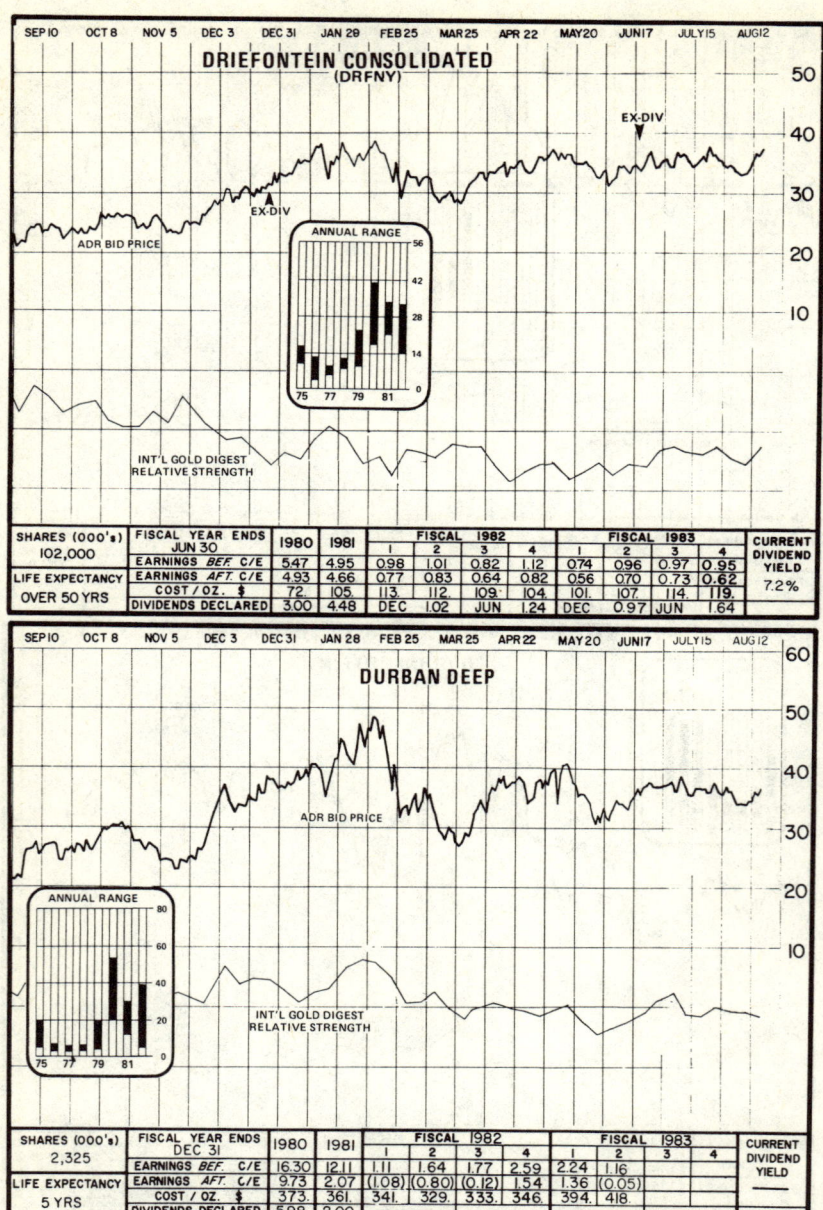

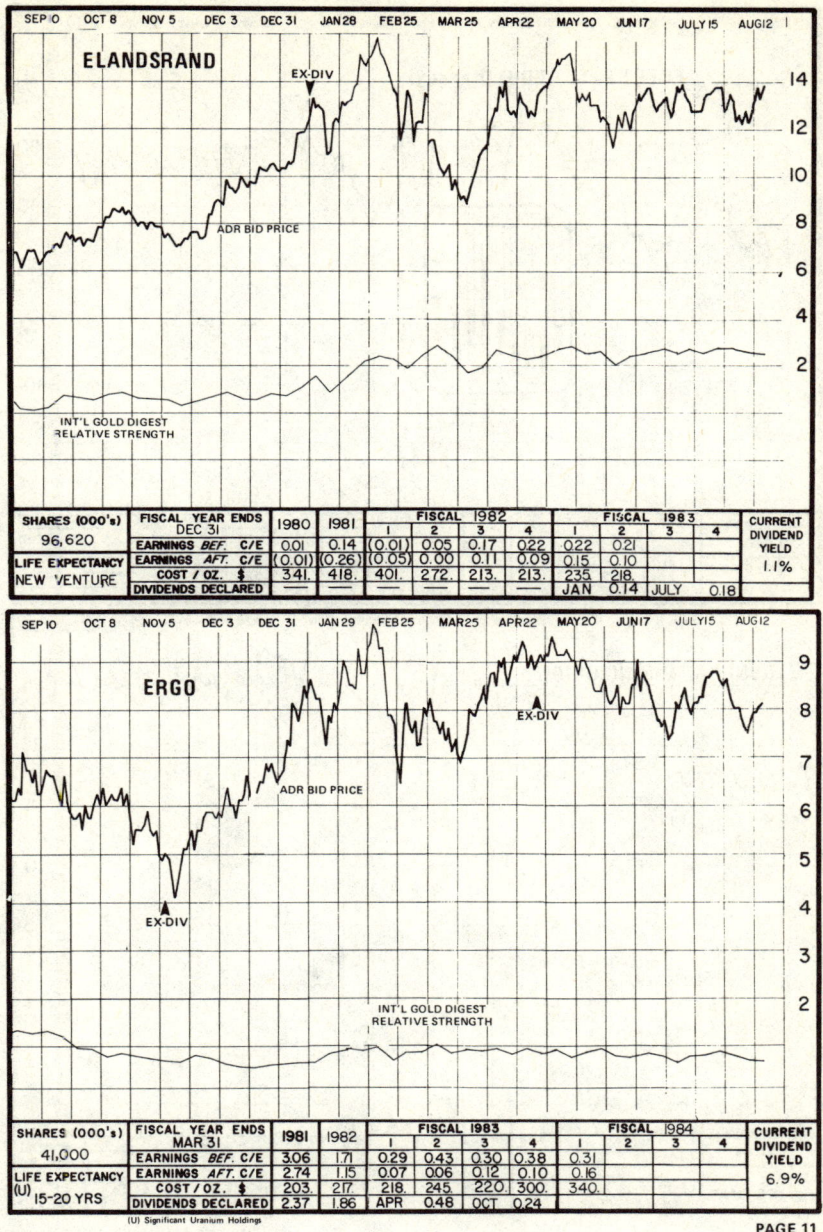

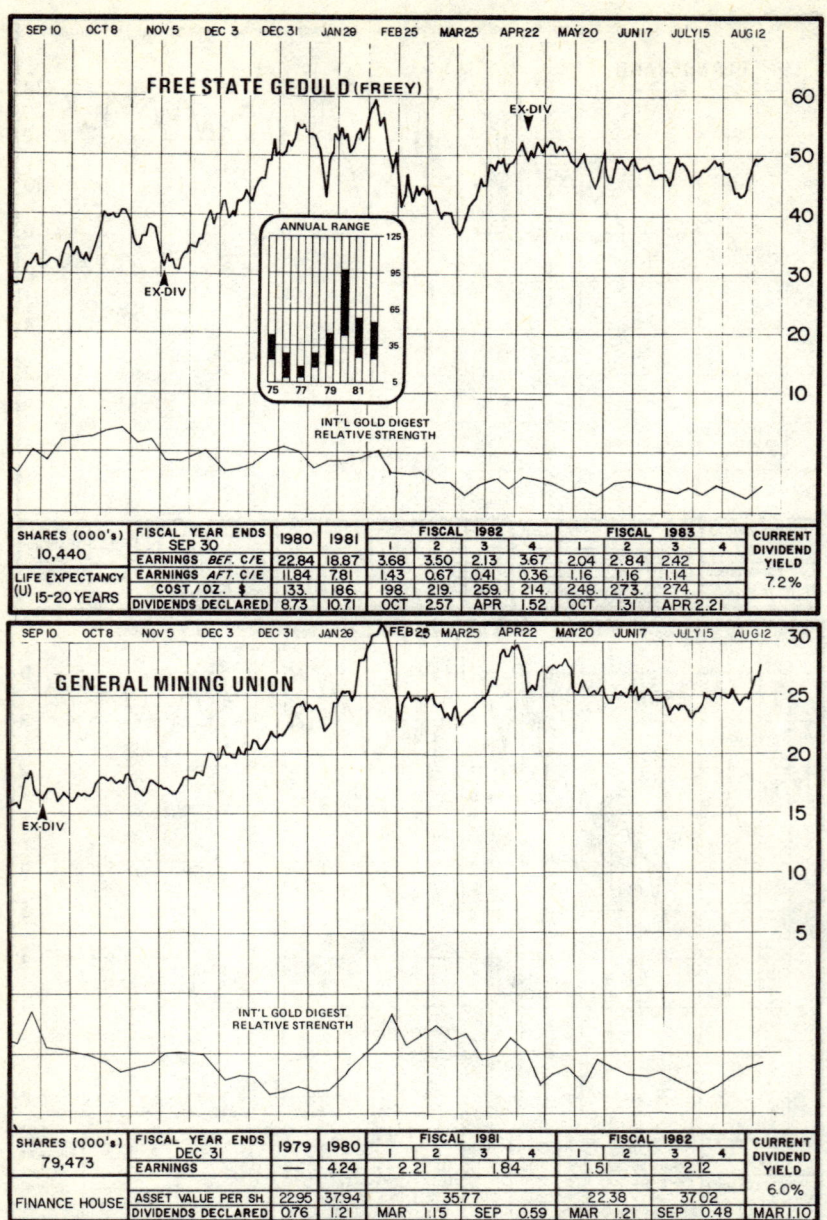

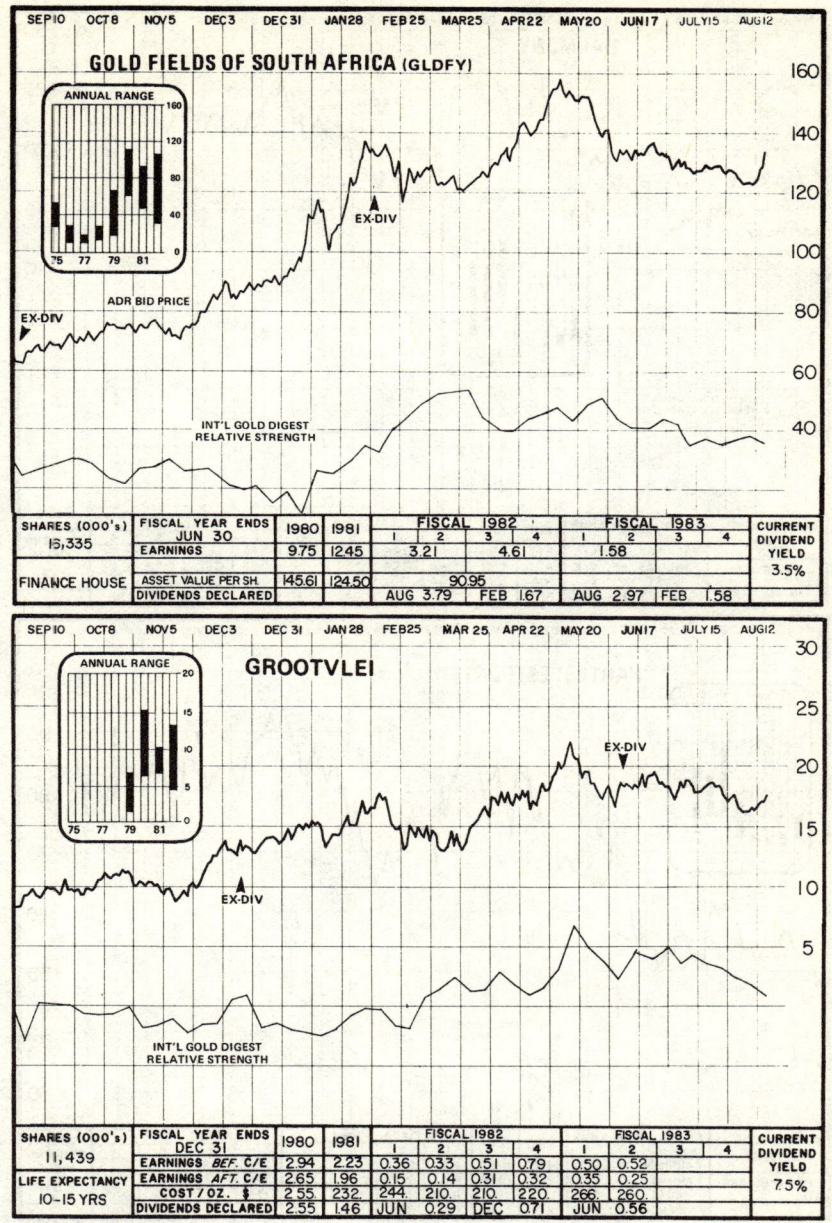

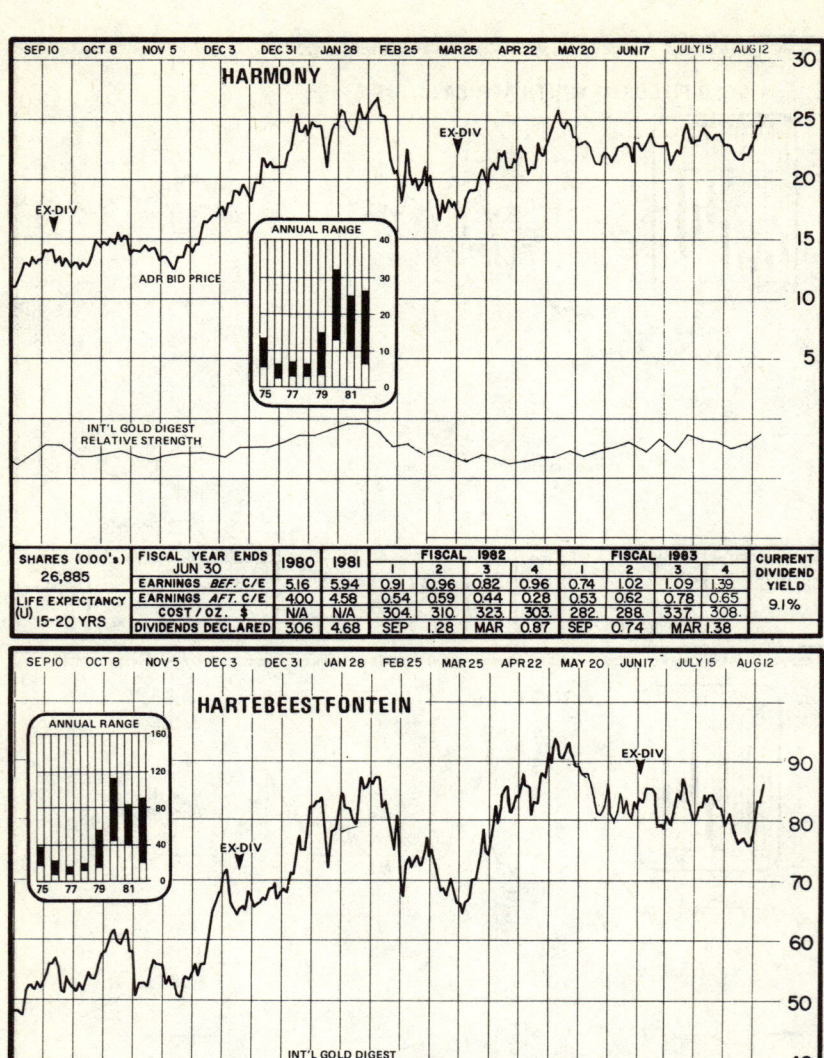

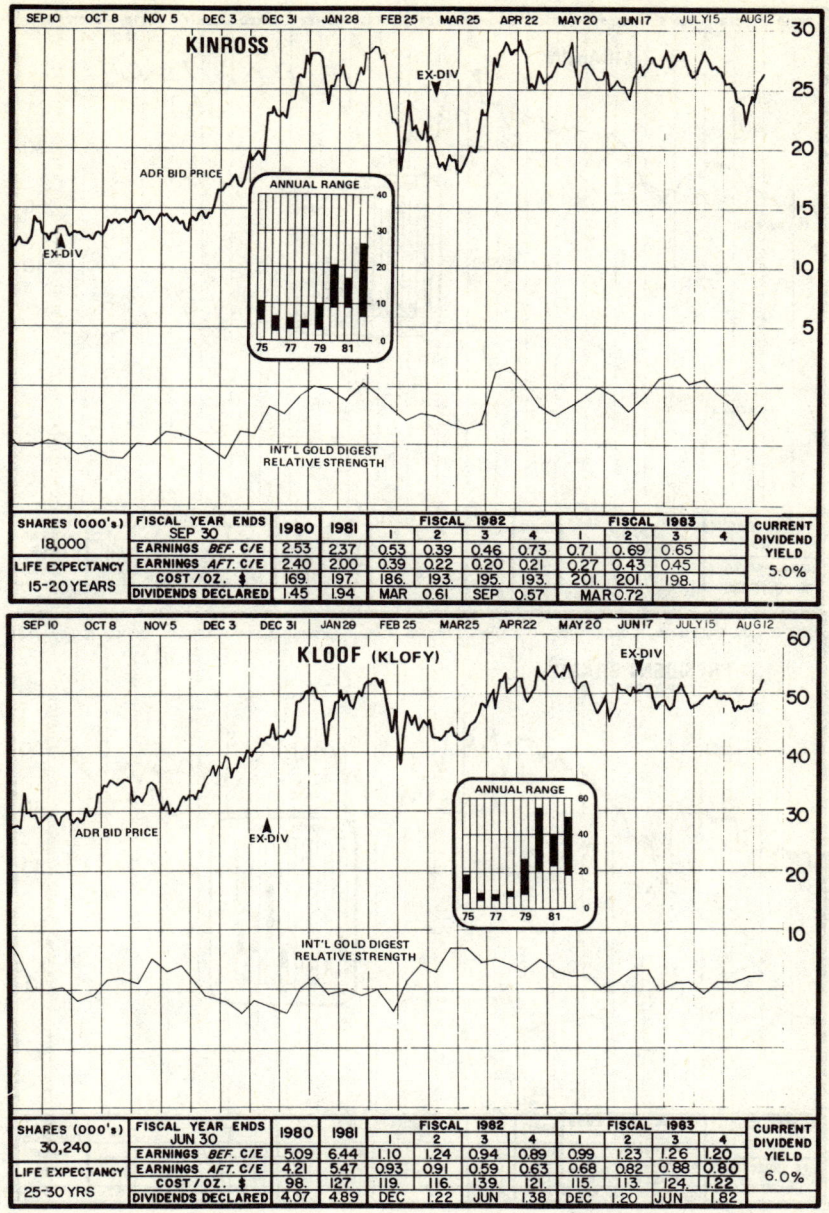

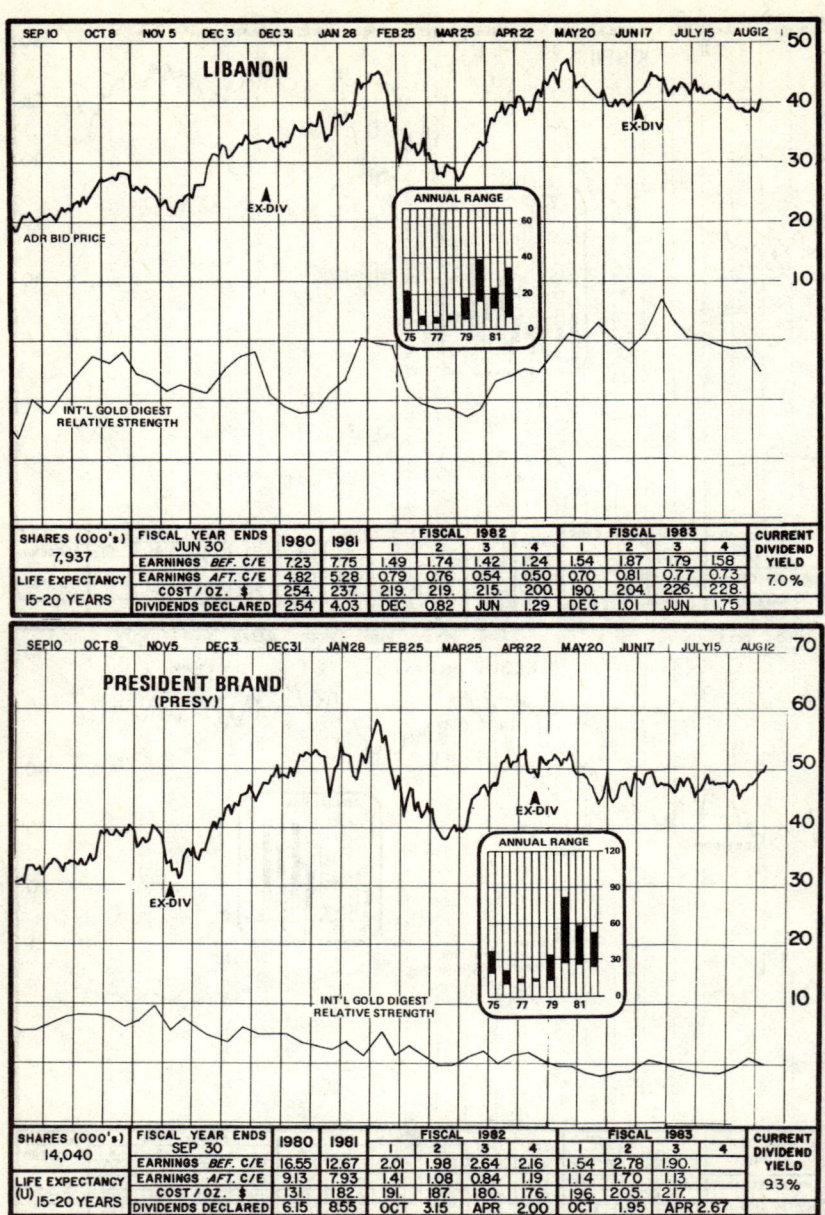

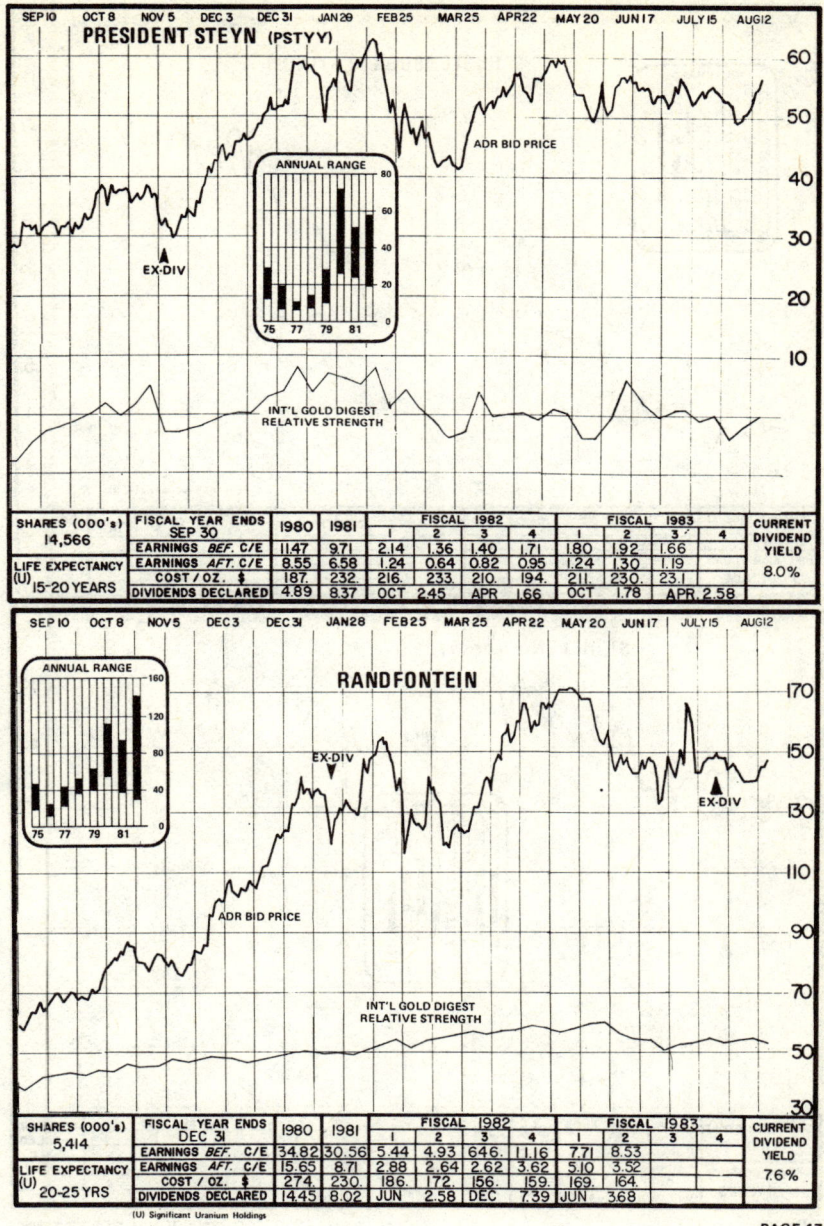

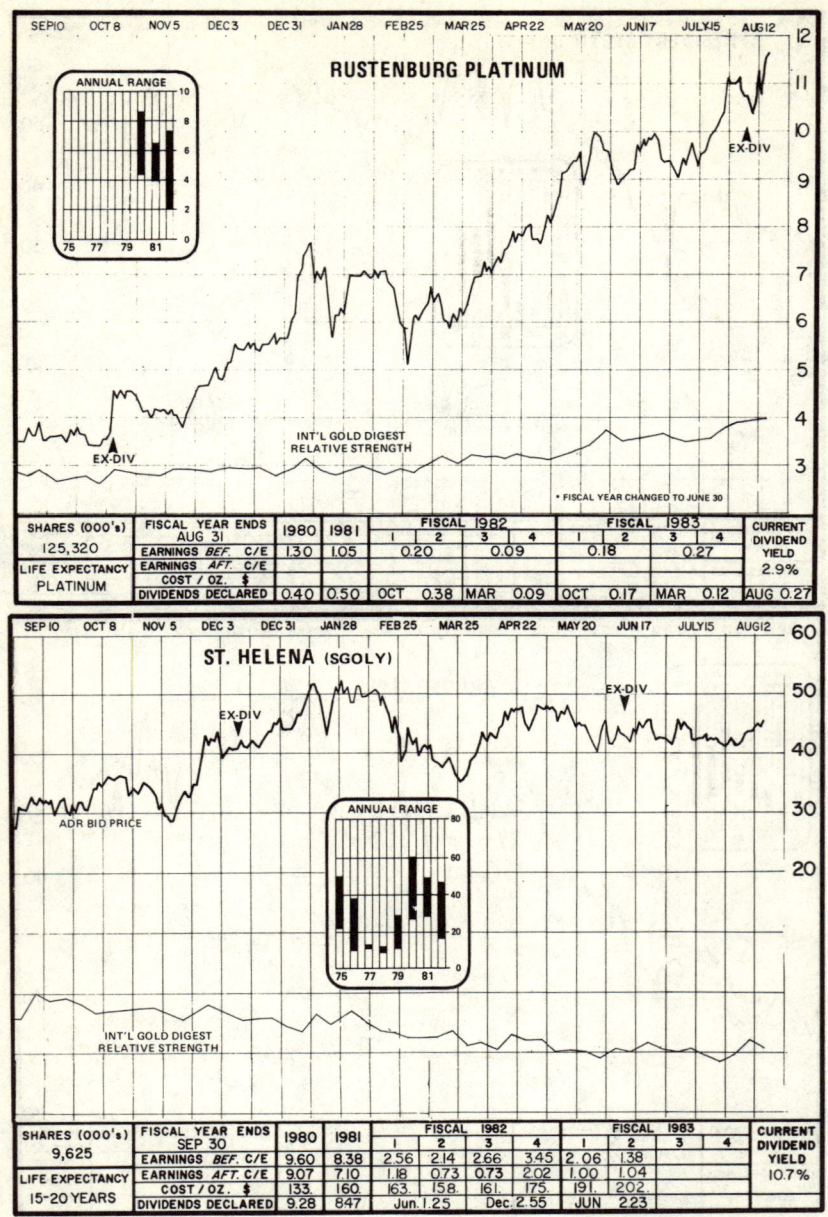

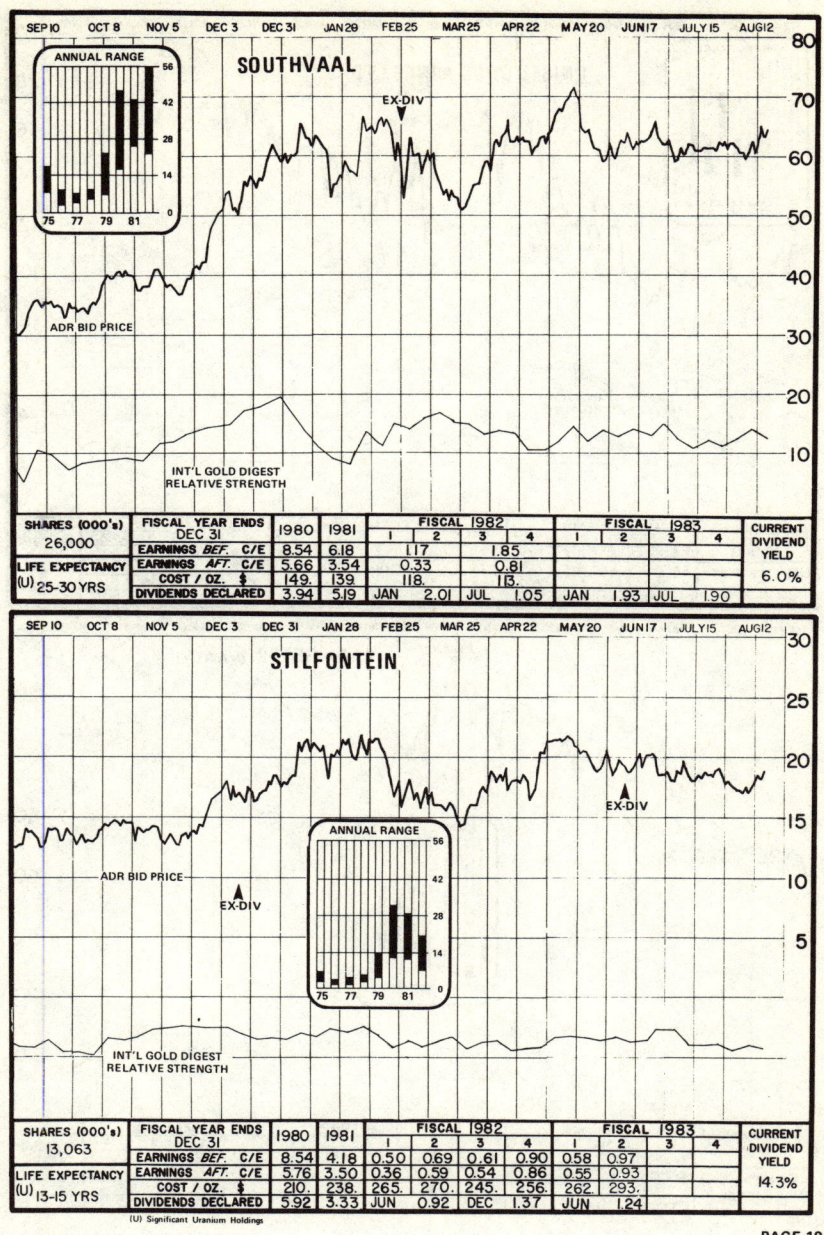

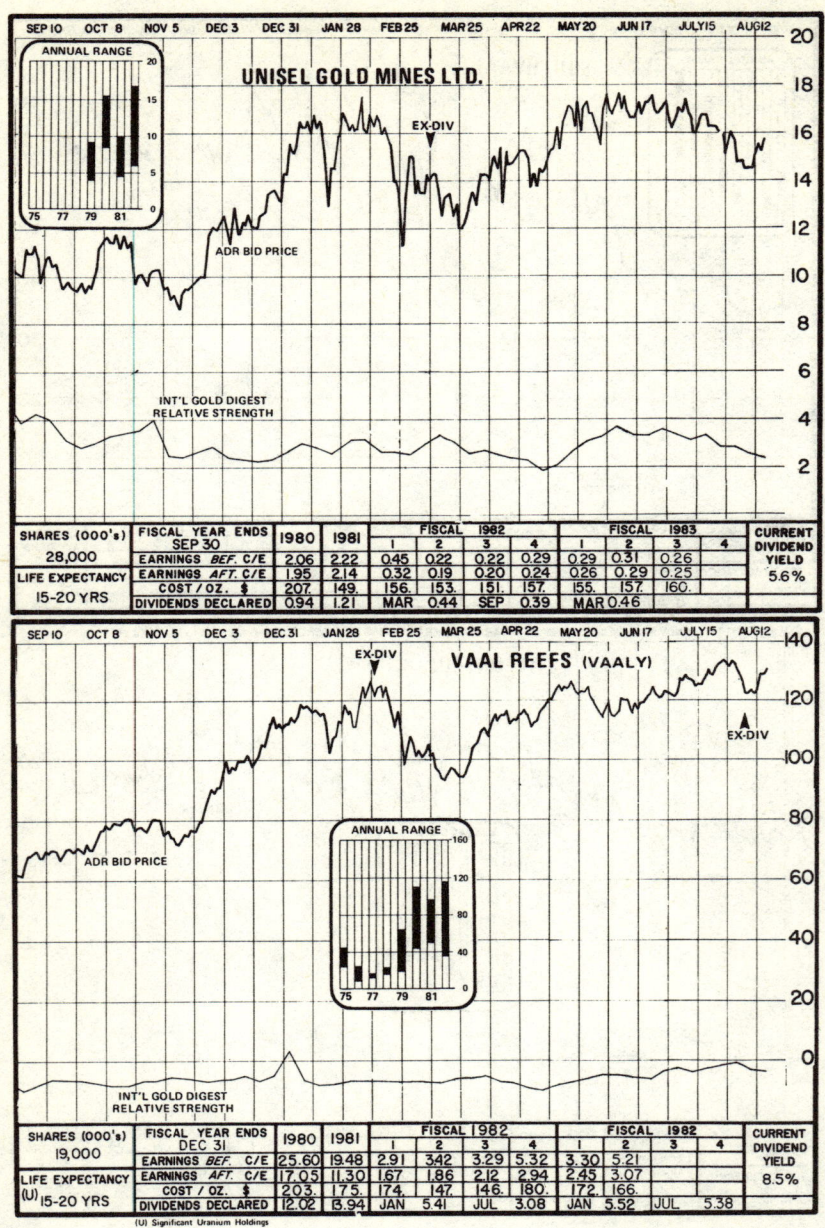

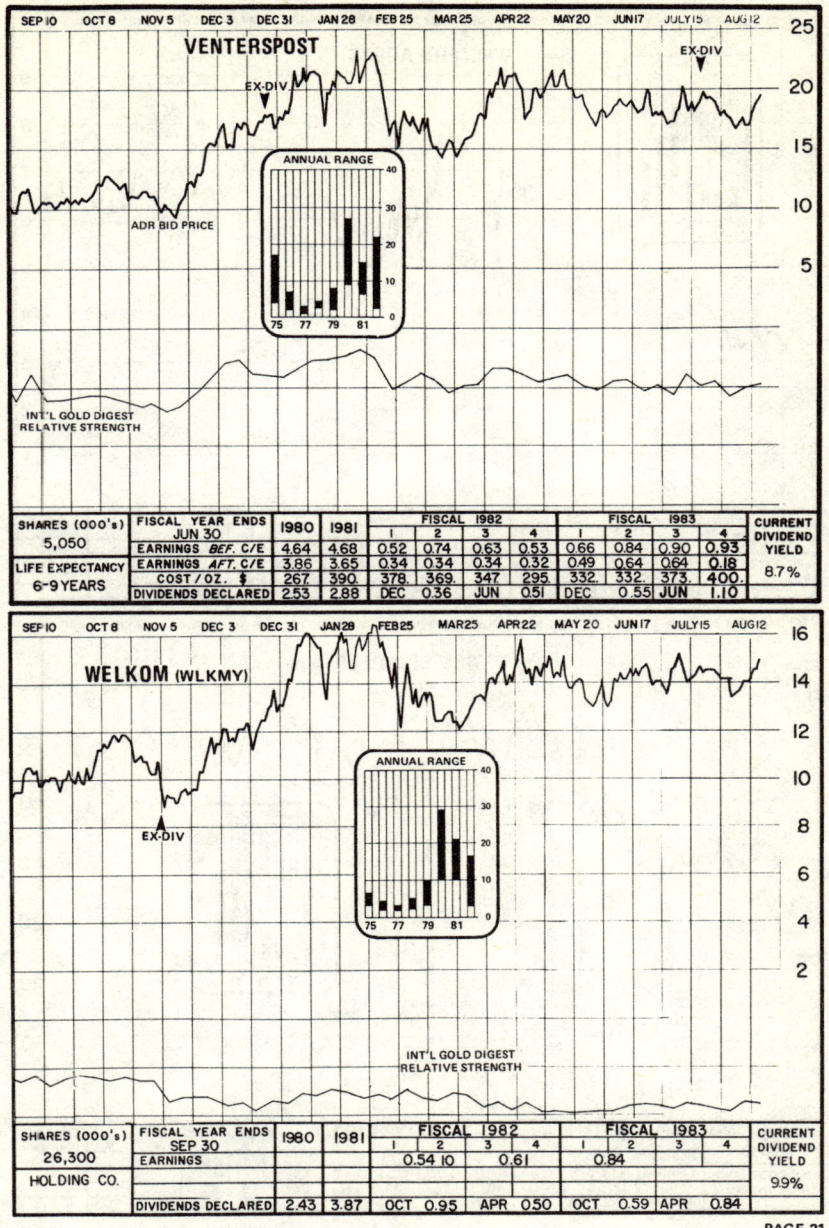

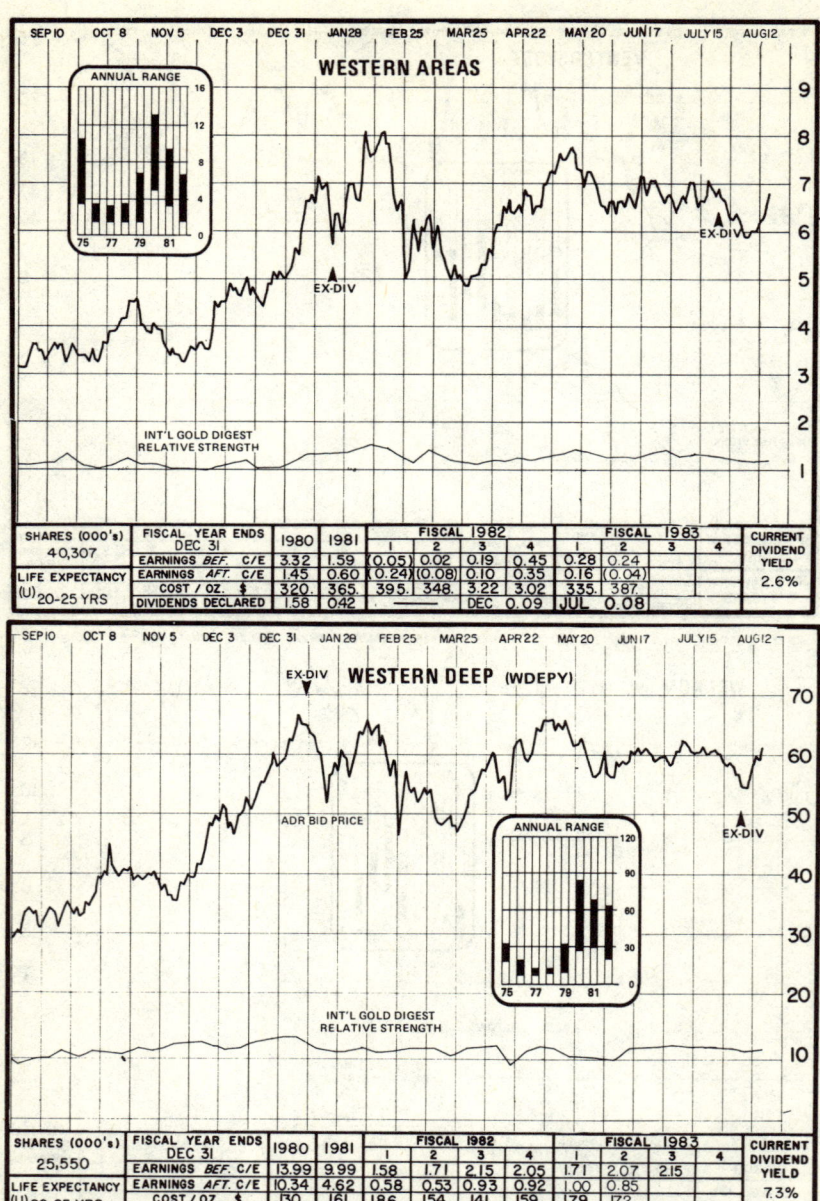

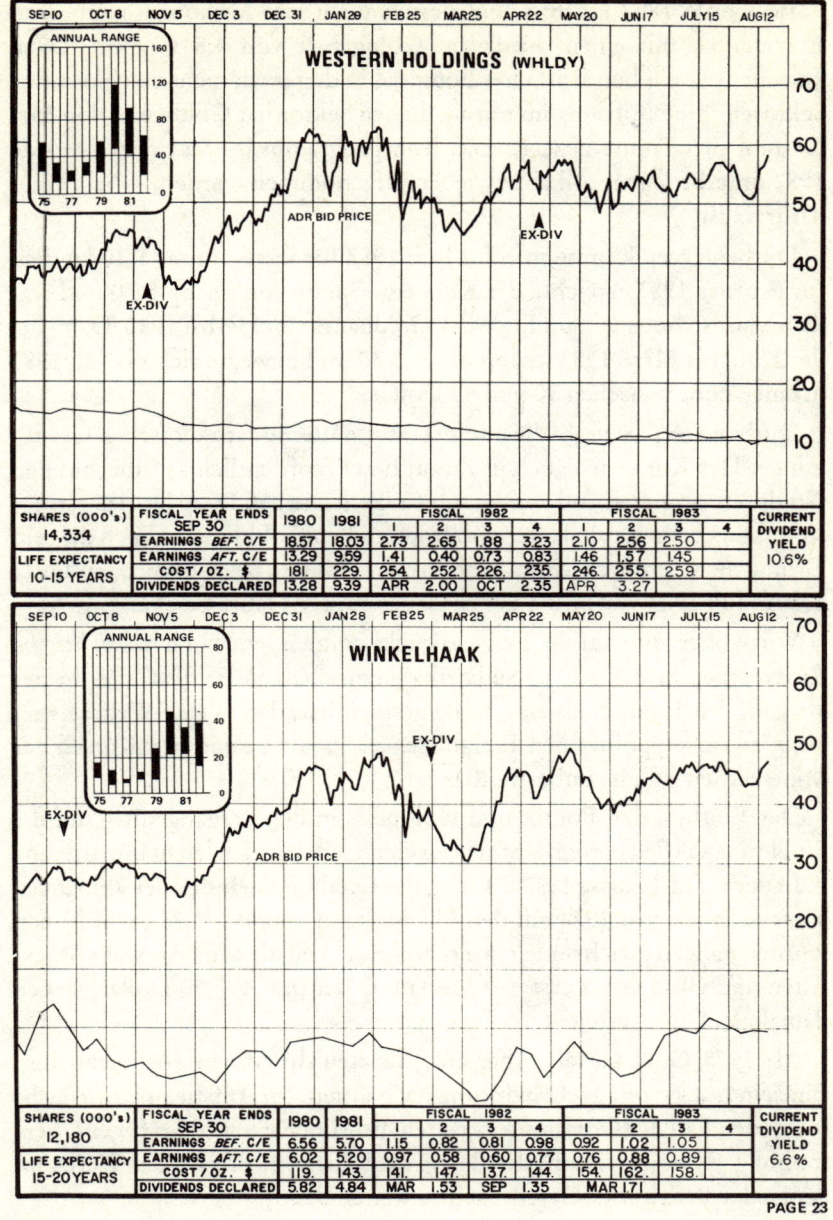

Sie wurde 1898 eröffnet und besitzt noch vier Millionen Tonnen an Erzreserven mit einem niedrigen Goldgehalt von 4,8 Gramm. Dazu kommt aber ein beträchtliches Potential in den noch nicht erschlossenen Sektoren. Eine Bohrung im nordöstlichen Sektor hat Goldwerte von 15,2 Gramm pro Tonne gezeigt. Das Bohrprogramm im Südwesten wurde 1982 unterbrochen, soll aber wieder aufgenommen werden, sobald Geld dafür da ist.

Durban Deep konnte man im Juni 1982 für knapp unter $ 10 kaufen. Im Februar 1983 erreichte der Kurs eine Spitze von knapp $ 50 und war damit fast so hoch wie am Ende der Goldhausse im Herbst 1980. Dann fiel der Kurs bis März 1983 knapp unter $ 30 und bewegte sich bis Juli 1983 in einer Zone zwischen 30 und 40 Dollar.

Durban Deep ist wohl die interessanteste aller südafrikanischen Grenzminen. Der Kurs wird auch in Zukunft außerordentlich sensibel auf den Goldpreis reagieren und extrem schwanken. Durban Deep hat das geringste ausgegebene Kapital aller südafrikanischen Goldminen – auch dies ein Grund für überdurchschnittliche Preisvolatilität. Bei Goldpreisen um $ 400 im Juli 1983 wurde die Lebensdauer auf acht Jahre geschätzt.

Wir wollen nun auf die Frage zurückkommen, wie hoch das *politische Risiko* einer Investition in Südafrika einzuschätzen ist. Daß dies in der Vergangenheit durchaus eine Rolle gespielt hat, daß es eine Wechselwirkung zwischen politischen Ereignissen in Südafrika und den Kursen der Minenaktien gab, ist unbestreitbar.

Der Einfluß, den Politik und Goldpreis in der Vergangenheit auf die Goldminenaktien hatten, läßt sich an einigen Beispielen leicht illustrieren.

In der Gold-Hausse 1973/74 stieg der Goldminen-Index der »Financial Times« im August 1974 auf den Höchststand von 460. Gold und Minen wurden nahezu gleichzeitig teurer. Nahezu, weil die Minen etwas vorauseilten und Gold selbst erst vier Monate später (mit 197,50 Dollar) seinen damaligen Gipfel erreichte.

Als 1975 Gold zu fallen begann, stürzten die Minen noch schneller. Eine eindrucksvolle Hebelwirkung nach unten. Im Aufstieg wie im nachfolgenden Fall des Goldpreises zeigten die Minen ein Bild kräftiger Übertreibung. Aber immerhin: der Bezug zwischen den Preisen der Ware und denen der Bergwerks-Gesellschaften war eindeutig.

1976 demonstrierten Schüler und Studenten in Soweto, der schwarzen Schwesterstadt von Johannesburg. Die Polizei schoß, es gab Tote und ein böses internationales Echo. Die Folge: der Financial Times-Index fiel bis August 1976 auf 78,8.

Gerechtfertigt? Natürlich nicht. Denn es war vorhersehbar, daß die Sicherheitskräfte den Aufruhr niederschlagen, und daß die Goldminen weiter produzieren würden. (Sie haben selbst in Rhodesien, mitten im Buschkrieg, ohne jede Behinderung ihren Betrieb aufrechterhalten können.) Entscheidend war also nicht die Nachricht aus Soweto, sondern die (kopflose) Bewertung der Nachricht durch schlechtinformierte ausländische Beobachter.

Bis Oktober 1977 hatte sich der Index wieder auf 174,5 erholt. Dann starb der schwarze Revolutionär und CIA-Agent Steve Biko im Gewahrsam der südafrikanischen Polizei – und der Index sackte innerhalb von vier Tagen auf 140,5 ab. Auch dieses tragische Ereignis hatte selbstverständlich nicht das geringste mit der Goldproduktion oder dem Goldpreis zu tun.

Im Oktober 1978 flogen die fünf westlichen Außenminister nach Pretoria, um über Südwestafrika zu verhandeln. Als aus dem Konferenzraum schlechte Nachrichten kamen, fielen die Minen scharf, obwohl Gold gerade mit 229 Dollar einen neuen Preisrekord aufstellte. Einen Tag später wurde Gold um drei Dollar billiger, aber die Minen zogen kräftig an, weil die Agenturen meldeten, die Außenminister hätten sich über Südwestafrika geeinigt.

Politik war also dafür mitverantwortlich, daß 1977 und 1978 zwar Gold um 68 Prozent teurer wurde, die Minen aber im selben Zeitraum nur um 18,1 Prozent zulegten und Ende 1978 mit der Indexzahl 141,5 schlossen.

So bescheiden das aussieht – auch damals gab es zwischendurch Gelegenheit zu stolzen Kursgewinnen. Wer zum Beispiel im Februar 1977 bei einem Indexstand von unter 100 gekauft hatte, konnte im August 1978 bei über 200 wieder verkaufen.

Die richtige Entscheidung in den Jahren seit 1974 wäre es also gewesen, bei schlechten Nachrichten sofort zu verkaufen und in der nachfolgenden Baisse wieder zu kaufen – wohl wissend, daß sich die Kurse wieder erholen würden, weil Unruhen in Soweto und die antisüdafrikanische Außenpolitik der USA zwar in der westlichen Presse, nicht aber in der Produktion der Goldminen registriert wurden.

Man muß die Panik ernst nehmen, darf aber nicht wirklich an sie glauben. Wer an den einmaligen Renditen und den immer wieder möglichen Kurssteigerungen südafrikanischer Goldminen verdienen will, muß das

## South African Gold Production 1978-1986
(Metric tonnes)

| Mine | 1978 | 1979 | 1980 | 1981 | 1982e | 1983e | 1984e | 1985e | 1986e |
|---|---|---|---|---|---|---|---|---|---|
| Driefontein | 106 | 100 | 83 | 76 | 77 | 75 | 75 | 75 | 74 |
| Vaal Reefs | 67 | 67 | 70 | 74 | 79 | 76 | 76 | 84 | 85 |
| Western Holdings | 49 | 47 | 45 | 43 | 40 | 41 | 41 | 41 | 40 |
| Western Deep Levels | 46 | 48 | 39 | 39 | 39 | 39 | 40 | 42 | 55 |
| Harmony | 31 | 32 | 31 | 32 | 32 | 32 | 32 | 31 | 31 |
| Hartebeestfontein | 32 | 32 | 32 | 31 | 30 | 30 | 29 | 28 | 27 |
| Kloof | 26 | 31 | 30 | 29 | 28 | 31 | 32 | 33 | 33 |
| Buffelsfontein | 28 | 26 | 27 | 28 | 28 | 29 | 29 | 28 | 28 |
| Free State Geduld | 43 | 37 | 32 | 28 | 25 | 27 | 27 | 27 | 26 |
| Randfontein | 21 | 23 | 21 | 25 | 27 | 28 | 28 | 28 | 28 |
| President Brand | 30 | 31 | 30 | 27 | 25 | 24 | 24 | 24 | 23 |
| President Steyn | 25 | 26 | 26 | 25 | 25 | 26 | 26 | 27 | 27 |
| Western Areas | 23 | 23 | 20 | 18 | 17 | 17 | 18 | 18 | 18 |
| Blyvooruitzicht | 20 | 19 | 18 | 19 | 20 | 19 | 19 | 18 | 17 |
| St. Helena | 17 | 17 | 17 | 16 | 15 | 15 | 15 | 14 | 14 |
| Stilfontein | 17 | 17 | 17 | 15 | 12 | 12 | 11 | 8 | 2 |
| Winkelhaak | 16 | 15 | 14 | 14 | 13 | 14 | 14 | 14 | 13 |
| Doornfontein | 12 | 12 | 12 | 12 | 11 | 10 | 11 | 11 | 11 |
| E.R.P.M. | 11 | 11 | 12 | 12 | 11 | 11 | 12 | 12 | 12 |
| Libanon | 13 | 12 | 11 | 10 | 11 | 11 | 11 | 10 | 10 |
| Kinross | 11 | 10 | 9 | 10 | 10 | 12 | 13 | 13 | 13 |
| Elandsrand | 0 | 3 | 5 | 5 | 8 | 10 | 12 | 13 | 15 |
| Deelkraal | 0 | 0 | 3 | 5 | 7 | 7 | 8 | 8 | 9 |
| Unisel | 0 | 5 | 6 | 7 | 8 | 7 | 7 | 8 | 8 |
| Durban Deep | 8 | 8 | 7 | 8 | 8 | 8 | 8 | 8 | 8 |
| Grootvlei | 6 | 6 | 6 | 7 | 7 | 8 | 8 | 8 | 7 |
| Loraine | 7 | 6 | 6 | 7 | 8 | 9 | 9 | 9 | 9 |
| E.R.G.O. | 3 | 4 | 7 | 6 | 6 | 6 | 6 | 9 | 9 |
| Venterspost | 6 | 6 | 6 | 6 | 6 | 6 | 6 | 6 | 6 |
| Leslie | 4 | 4 | 4 | 4 | 4 | 4 | 4 | 4 | 4 |
| Bracken | 5 | 4 | 4 | 3 | 3 | 3 | 3 | 2 | — |
| O.F.S. Met. Plant | 3 | 4 | 4 | 4 | 4 | 4 | 4 | 4 | 4 |
| E.T. Cons | 2 | 2 | 2 | 2 | 2 | 2 | 2 | 2 | 2 |
| W.R. Cons | 2 | 2 | 3 | 3 | 2 | 2 | 2 | 2 | 2 |
| Marievale | 3 | 2 | 1 | 1 | 1 | 1 | — | — | — |
| Wit Nigel | 1 | 1 | 1 | 1 | 1 | 1 | 1 | 1 | 1 |
| Sallies | 1 | 1 | 1 | 1 | 1 | 1 | 1 | — | — |
| Vlakfontein | 1 | 1 | 1 | 1 | 1 | 1 | — | — | — |
| Barberton | 1 | 1 | 1 | 1 | 1 | 1 | 1 | 1 | 1 |
| Beatrix | 0 | 0 | 0 | 0 | 0 | 0 | 4 | 8 | 8 |
| Simmer & Jack | 0 | 0 | 0 | 0 | 0 | 1 | 1 | 2 | 3 |
| Cons Modder | 0 | 0 | 0 | 0 | 0 | 1 | 2 | 3 | 4 |
| Sundry | 8 | 7 | 7 | 8 | 8 | 9 | 10 | 11 | 10 |
| Total | 706 | 705 | 675 | 658 | 664 | 671 | 682 | 695 | 697 |

politische Risiko eben in Kauf nehmen und es zu verringern suchen, indem er die Aktien nicht einfach liegen läßt, sondern ständig die Nachrichten verfolgt.

Im übrigen hat der südafrikanische Aktienmarkt seit dem Amtsantritt Präsident Reagans aufgehört, auf politische Verwicklungen und Unruhen im südlichen Afrika negativ zu reagieren. Die Anleger haben vollkommen richtig erkannt, daß sich Reagans Südafrikapolitik von der seines Vorgängers Carter grundlegend unterscheidet. Sie ist zwar distanziert, aber nicht feindlich.

Unter Carter verteilte der CIA noch revolutionäre Literatur, einschließlich der Werke von Che Guevara, in Soweto, der schwarzen Trabantenstadt von Johannesburg. Amerikas UNO-Botschafter Andrew Young machte keinen Hehl daraus, daß er am liebsten ein Ende des weißen Regimes am Kap gesehen hätte. Die Regierung Reagan dagegen betrachtet die Buren-Republik als einen zwar ungeliebten, aber doch unentbehrlichen heimlichen Verbündeten im Widerstand gegen das Vordringen Moskaus in Afrika.

Erst im Frühjahr 1983 wurden die Feinde Südafrikas im amerikanischen Kongreß wieder aktiver. Ein New Yorker Abgeordneter verlangte sogar ein Einfuhrverbot für Krügerrands. Solange sich aber an der offiziellen amerikanischen Haltung nichts ändert, steht die Zukunft des weiß regierten Südafrika nicht wirklich in Frage. Denn die Buren mußten amerikanische Boykottmaßnahmen schon immer mehr fürchten als den russischen Expansionismus, dessen Möglichkeiten in Afrika ohnehin begrenzter sind, als es oft den Anschein hat.

Eine militärische Aktion der sowjetischen Streitkräfte gegen Südafrika ist aus logistischen Gründen gar nicht durchführbar, und die feindlichen Nachbarn im Norden – Angola, Zimbabwe, Mozambique – sind durch Bürgerkrieg und wirtschaftlichen Niedergang so geschwächt, daß sie auf lange Sicht den Südafrikanern nicht ernstlich gefährlich werden können.

Schon vor Jahren sagten mir gut informierte Militärs in Pretoria, daß das wirkliche Problem des Landes in einem zunehmenden städtischen Terrorismus liegen werde, der das tägliche Leben erschwert, aber nicht in der Lage ist, die bestehende Ordnung umzustürzen.

So ist es denn auch gekommen: die Bombenanschläge auf öffentliche Einrichtungen und zivile Ziele haben zugenommen, und die Südafrikaner haben sich an eine latente innere Krise gewöhnen müssen, die aber bisher das Überleben des Staates nicht in Frage stellen konnte.

Nur ein Ereignis ist in den nächsten zwei oder drei Jahren denkbar, das schweren psychologischen Schaden anrichten könnte: eine Machtübernahme der kommunistischen SWAPO in Südwestafrika. Dadurch würde auch die Sicherung der Nordgrenze schwieriger als bisher – Grund genug für die Regierung, in der Auseinandersetzung um die Zukunft Südwestafrikas hart zu bleiben.

Man muß immer unterscheiden zwischen dem politischen Risiko, wie es der Markt sieht, und dem tatsächlich gegebenen Risiko. Auch in Zukunft könnte es hin und wieder vorkommen, daß politische Krisensituationen zu Kurseinbrüchen am Johannesburger Aktienmarkt führen. Mit diesem Risiko muß und kann der Anleger aber leben.

Etwas anderes wäre es, wenn die Minen sabotiert würden und nicht mehr produzieren könnten – oder wenn sie von einer schwarzen Regierung enteignet würden.

Nach menschlichem Ermessen kann man letzteres für die absehbare Zukunft ausschließen. Selbst das kleine, in der Welt völlig isolierte Rhodesien hielt sich im Kampf gegen die schwarzen Terroristen viel länger, als dies die meisten Beobachter sich vorgestellt hätten.

Und zu Zwischenfällen in den Minen, die die Produktion für längere Zeit unterbrochen hätten, kam es bisher nicht, weil die Sicherheitsmaßnahmen sehr strikt sind und weil die schwarzen Arbeiter in den Minen nicht unzufriedener sind als ihre Kollegen in den Industriebetrieben, eher im Gegenteil.

Goldminen sind, diesen Eindruck wollte ich Ihnen vermitteln, kein einfaches Investment. Wer mit ihnen spekuliert, in sie investiert, muß überdurchschnittlich viel Kenntnisse, Intelligenz, Wachsamkeit und politisches Urteilsvermögen mitbringen. In ihnen steckt mehr Bewegung und Spannung, mehr Chance und Risiko als im Gold selbst. Sie sind kein Ersatz für Gold, wohl aber eine großartige Ergänzung. Sie sind das Gold, das Zinsen bringt. Und wenn es gelingt, sie im richtigen Zeitpunkt billig zu kaufen, können Goldminen wahre Goldgruben sein.

## VII. Silber: Das ruhelose Metall

Kein anderes Investment war in den letzten Jahren so sehr das Objekt von Gier und Panik der internationalen Spekulation wie Silber. Von einem Tief bei $ 3,81 am 28. Januar 1976 stieg der Preis bis auf $ 48 am 21. Januar 1980, stürzte auf $ 11,10 am 28. März 1980, erholte sich wieder auf $ 24,25 am 22. September 1980 und beendete schließlich die Baisse bei $ 4,885 am 21. Juni 1982. Die Chancen für Anleger und Spekulanten, in den letzten Jahren mit Silber falsch zu liegen, waren ungleich größer als bei Gold – und doch ist es nicht verwunderlich, daß dieser Markt seit 1982 wieder die Aufmerksamkeit des Publikums findet.

Dennoch ist das »Gold des armen Mannes« ein unverstandener Markt geblieben. Wir wollen uns deswegen zunächst mit der Geschichte des Silbers befassen und einige Vergleiche zu Gold ziehen – und dann die zukünftigen Preischancen untersuchen.

Drei Feststellungen sind zur Preisgeschichte der letzten 100 Jahre wichtig:

- Silber war immer hektischer als Gold. Nicht erst seit 1979 zeigte es alle Charakteristika eines ruhelosen Metalls.
- In allen zurückliegenden Deflationen war Gold mit Abstand die bessere Anlage als Silber.
- Seitdem Silber seine Rolle als Währungsmetall verloren hat, existiert kein festes oder »richtiges« Preisverhältnis mehr zwischen Gold und Silber – sooft dies auch in der Presse behauptet wird.

Schon seit Jahren ist die Silberspekulation ein typisch amerikanisches Phänomen. Selbst die reichen Araber, die sich 1979 und 1980 im Schlepptau der Hunts daran beteiligten, müssen als Bestandteil der amerikanischen Szene angesehen werden. In der Regel ließen sie sich denn auch von Amerikanern beraten. Welche Erfahrungen haben die Amerikaner eigentlich in ihrer Geschichte mit dem Silber gemacht?

1772 beschloß der US-Kongreß die Errichtung einer staatlichen Münze und die Einführung eines Edelmetallstandards, der auf Gold und Silber beruhte. Das Preisverhältnis wurde auf 15 : 1 festgesetzt. Es zeigte sich aber bald, daß nicht einmal der amerikanische Staat in der Lage war, ein festes *Preisverhältnis* zwischen beiden Metallen aufrechtzuerhalten. Das

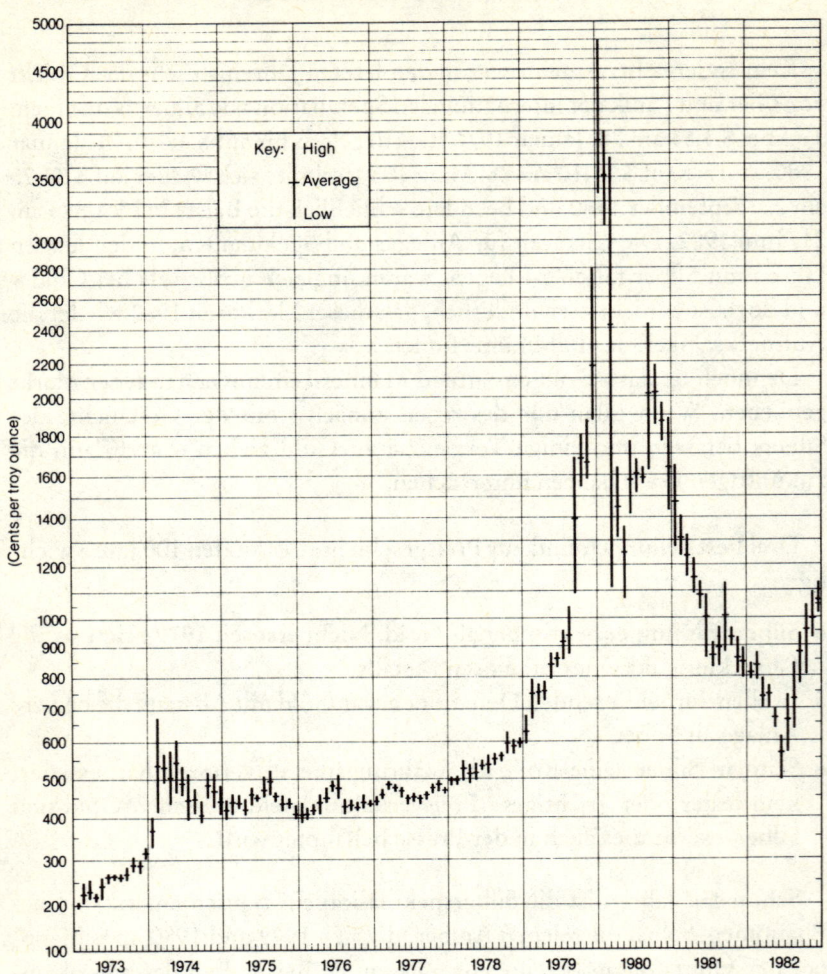

*Quelle:* Handy & Harman

Silber war zu hoch bewertet. Wie immer in solchen Fällen, vertrieb schlechteres Geld das gute Geld aus dem Kreislauf. Die Goldmünzen verschwanden immer mehr aus dem Zahlungsverkehr, die USA waren effektiv unter einem Silberstandard.

1834 wurde das Preisverhältnis auf 16 : 1 geändert. Jetzt war Gold leicht überbewertet, was zur Folge hatte, daß Gold von London in die USA floß, denn in England betrug das Preisverhältnis damals 15,7 : 1. De facto herrschte in den USA ab 1853 der Goldstandard, de jure ab 1873. »Das Verbrechen von 1873«, womit das Ende des bi-metallischen Währungssystems gemeint war, wurde später zu einem akuten Streitgegenstand in der amerikanischen Innenpolitik. Das Lager der Silberanhänger forderte eine Politik des leichteren Geldes und glaubte, diese sei nur mit Hilfe des Silbers realisierbar.

Im letzten Drittel des 19. Jahrhunderts gingen nicht nur die USA, sondern alle Staaten der westlichen Zivilisation zum Goldstandard über. Beim Silber blieben neben einigen lateinamerikanischen Nationen nur fernöstliche Staaten wie Indien und China. Die Folge war ein gigantischer Silberabfluß aus Europa nach dem Fernen Osten. Von 1852 bis 1873 exportierte Europa ungefähr so viel Silber nach Indien und in andere Länder des Orients wie in dieser Zeit weltweit produziert wurde. Silber fand praktisch nur noch in Asien Abnehmer. Heute ist der umfangreiche Silberhort Indiens, der damals aufgebaut wurde, eine ständige Quelle des Angebots auf den westlichen Märkten. Im Februar 1983 etwa wurden täglich an die zwei Tonnen Silber aus Indien über Dubai in den Westen geschmuggelt. Der Export aus Indien ist nach wie vor illegal.

Nachdem Silber in Europa und den USA – nicht zuletzt wegen seines unpraktischen Volumens – nicht mehr als Währung zirkulierte, verlor es seine entscheidende Preisstütze. Der Trend des Silberpreises ging auf Jahrzehnte hinaus abwärts – von $ 1,2995 im Jahr 1873 auf einen Tiefststand von 24 Cents im Dezember 1932. Allein in den 40 Jahren nach 1890 verlor Silber 76% seiner Kaufkraft – ein Vorgang, der bei Gold nie zu beobachten war und wohl auch undenkbar ist. Die Erklärung für den langfristigen Preisverfall: Silber war kein Währungsmetall mehr und *noch* kein Industriemetall. Nur durch Aufkäufe der US-Regierung in den dreißiger Jahren konnte der Preis, mit wechselndem Erfolg, künstlich gestützt werden.

Der Zweite Weltkrieg mit dem steigenden Silberbedarf der Rüstungsindustrie leitete die Wende ein. Die spätere Ausbreitung der Elektronik und

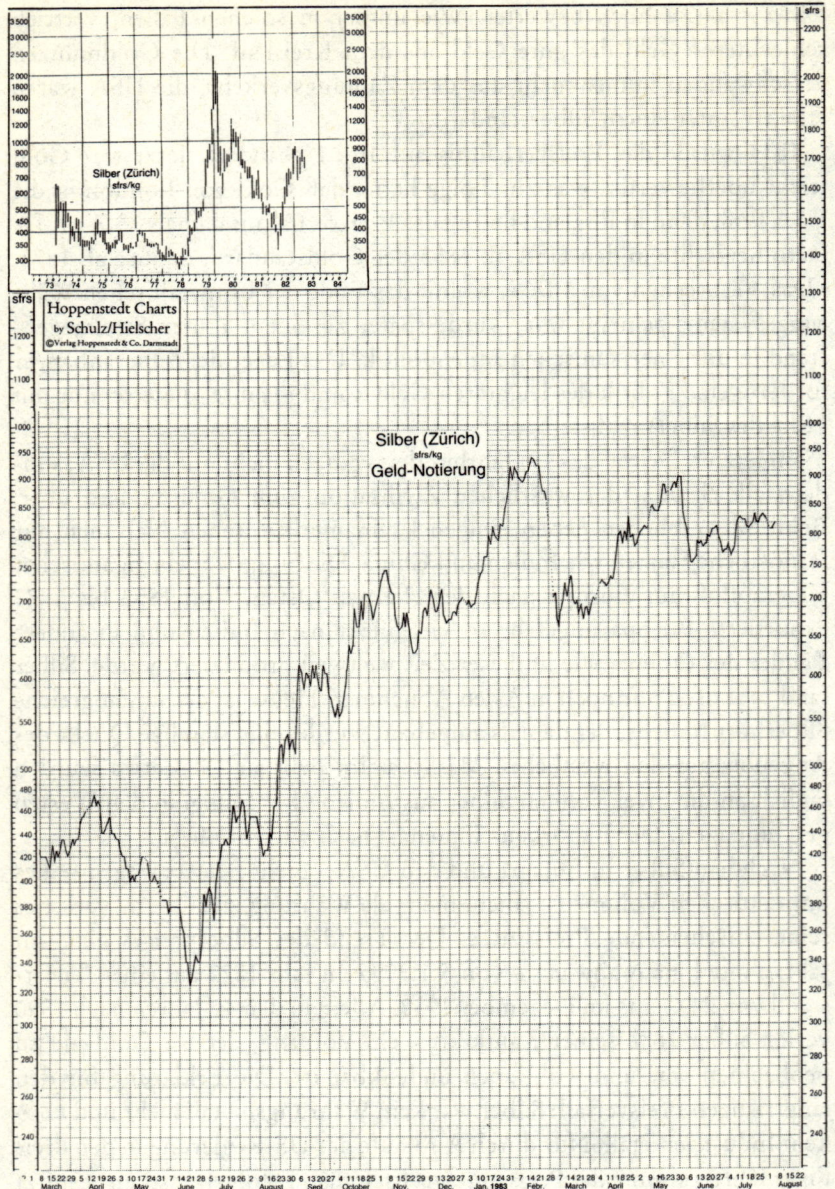

164

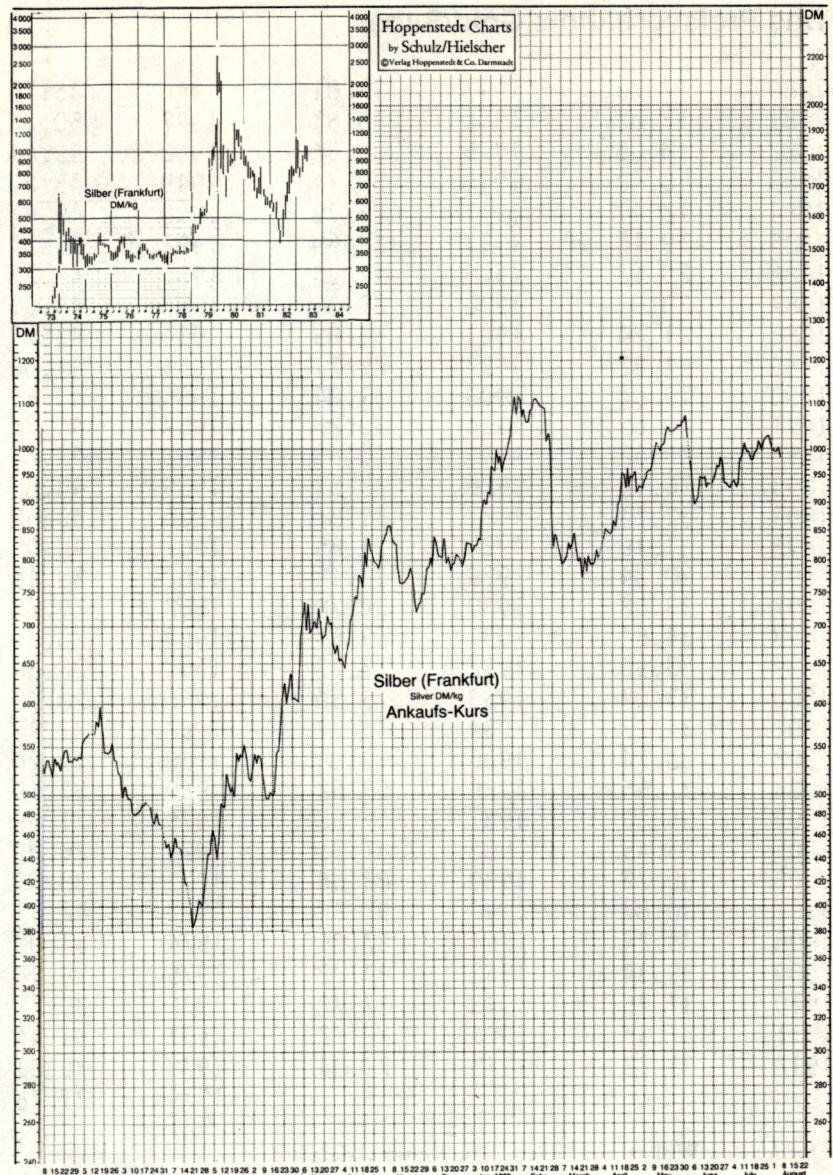

## Das Preisverhältnis Gold/Silber

| Jahr | Verhältnis | Jahr | Verhältnis | Jahr | Verhältnis |
|---|---|---|---|---|---|
| 1880 | 17.83 | 1913 | 33.81 | 1946 | 45.70 |
| 1881 | 18.02 | 1914 | 36.81 | 1947 | 50.06 |
| 1882 | 18.05 | 1915 | 39.34 | 1948 | 49.44 |
| 1883 | 18.42 | 1916 | 29.74 | 1949 | 45.20 |
| 1884 | 18.41 | 1917 | 22.79 | 1950 | 49.67 |
| 1885 | 19.16 | 1918 | 19.59 | 1951 | 41.34 |
| 1886 | 20.53 | 1919 | 17.34 | 1952 | 43.27 |
| 1887 | 20.89 | 1920 | 28.35 | 1953 | 43.51 |
| 1888 | 21.74 | 1921 | 31.89 | 1954 | 43.79 |
| 1889 | 21.82 | 1922 | 29.77 | 1955 | 41.50 |
| 1890 | 19.64 | 1923 | 31.04 | 1956 | 40.66 |
| 1891 | 20.69 | 1924 | 30.25 | 1957 | 40.76 |
| 1892 | 23.42 | 1925 | 28.85 | 1958 | 42.21 |
| 1893 | 26.18 | 1926 | 32.53 | 1959 | 40.82 |
| 1894 | 32.24 | 1927 | 35.82 | 1960 | 40.62 |
| 1895 | 31.19 | 1928 | 34.85 | 1961 | 40.09 |
| 1896 | 30.34 | 1929 | 38.18 | 1962 | 35.16 |
| 1897 | 33.88 | 1930 | 52.78 | 1963 | 29.22 |
| 1898 | 34.64 | 1931 | 69.61 | 1964 | 28.74 |
| 1899 | 33.96 | 1932 | 72.73 | 1965 | 28.84 |
| 1900 | 33.02 | 1933 | 75.50 | 1966 | 28.78 |
| 1901 | 34.27 | 1934 | 71.27 | 1967 | 22.71 |
| 1902 | 38.74 | 1935 | 53.84 | 1968 | 19.24 |
| 1903 | 37.65 | 1936 | 68.52 | 1969 | 23.46 |
| 1904 | 35.36 | 1937 | 68.82 | 1970 | 21.59 |
| 1905 | 33.49 | 1938 | 81.38 | 1971 | 26.99 |
| 1906 | 30.22 | 1939 | 83.50 | 1972 | 38.86 |
| 1907 | 30.87 | 1940 | 92.52 | 1973 | 42.11 |
| 1908 | 38.24 | 1941 | 87.85 | 1974 | 35.00 |
| 1909 | 39.34 | 1942 | 87.72 | 1975 | 39.10 |
| 1910 | 37.76 | 1943 | 87.72 | 1976 | 30.20 |
| 1911 | 37.95 | 1944 | 87.72 | 1977 | 34.14 |
| 1912 | 33.23 | 1945 | 72.94 | 1978 | 35.21 |
|  |  |  |  | 1979 | **27.76** |

*Quelle:* Roy W. Jastram, Silver – The Restless Metal

vor allem der Siegeszug der Photoindustrie, die heute noch der größte einzelne Abnehmer für Silber ist, ließen das Metall in eine neue Rolle hineinwachsen: in die eines unentbehrlichen Industriemetalls.

Daß Silber nicht schon in den sechziger Jahren scharf im Preis anzog, lag daran, daß sich das Schatzamt der USA damals vom größten Teil seiner Silberbestände trennte, die 1958 noch 2,1 Milliarden Unzen ausgemacht hatten. 1980 sorgte dann eine andere Angebotsquelle für Preisdruck: eine massive private Enthortung, wobei in Europa und den USA selbst wertvollstes Familiensilber eingeschmolzen wurde.

Daß Silber, seit es kein Währungsmetall mehr ist, unter Wirtschaftsrezessionen stärker leidet als Gold, liegt auf der Hand. Entsprechend entwickelte sich auch das Preisverhältnis in der Rezession bis Mitte 1982: der Silberpreis fiel nicht nur absolut, sondern auch relativ zum Goldpreis. Verheerend wirkte sich die Deflation der dreißiger Jahre auf den Silbermarkt aus. Das Preisverhältnis erreichte fast die Marke von 100. Für 1 Unze Gold gab es 1940 92 Unzen Silber.

Die nebenstehende Tabelle zeigt das Preisverhältnis Gold/Silber seit 1880, und zwar bezogen auf die Preise in London. (Durchschnittliches Preisverhältnis 1980: 29,2. Für 1981: 43,74. Für 1982: 48.) Aus der Tabelle geht ganz klar hervor, daß ein festes Preisverhältnis zwischen beiden Metallen schon lange nicht mehr existiert. Selbstverständlich läßt sich ein durchschnittliches Preisverhältnis für bestimmte Perioden ausrechnen, aber für aktuelle Anlageentscheidungen sind derartige Rechenübungen wertlos. Der Investor kann sich eigentlich nur an die Regel halten, daß Silber von einem inflationären Boom mehr profitiert als Gold – und unter einer Rezession stärker leidet.

Für jedes Investment gilt: je größer die Chance, desto höher das Risiko. Silber ist volatiler als Gold, und zwar in beiden Richtungen. Es ist sogar seit Jahren der volatilste in New York gehandelte Rohstoff überhaupt.

Deswegen gibt es keine sinnvolle Antwort auf die Frage, ob Silber besser als Gold ist. Es ist eine andere Anlage, es ist eher Spekulation als Anlage – so schwer der Trennungsstrich zwischen beiden zu ziehen ist. Am vernünftigsten erscheint es uns, beide Metalle in einem Portfolio zu mischen. Auf diese Weise läßt sich das zeitweise größere Preispotential bei Silber nutzen, wobei der (höhere) Goldanteil des Kontos dessen Volatilität mildert. Als letzte Sicherheit eignet sich Silber nicht, weil es geringen Wert auf großem Raum präsentiert und deswegen umständlich zu lagern und zu transportieren ist. Außerdem kann niemand eine weltwirt-

# World Silver Supplies
(excluding Communist-dominated areas)
(millions of ounces)

|  | 1982 | 1981 | 1980 | 1979 | 1978 |
|---|---|---|---|---|---|
| New production: | | | | | |
| Western Hemisphere: | | | | | |
| United States | 35.9 | 40.7 | 31.3 | 38.1 | 39.4 |
| Canada | 38.7 | 36.2 | 34.4 | 36.9 | 40.2 |
| Mexico | 43.0 | 45.2 | 47.3 | 49.4 | 50.8 |
| Peru | 44.4 | 46.9 | 42.9 | 41.9 | 37.0 |
| Other countries | 24.0 | 22.0 | 23.1 | 21.8 | 23.3 |
| Total | 186.0 | 191.0 | 179.0 | 188.1 | 190.7 |
| Outside the Western Hemisphere: | | | | | |
| Australia | 25.0 | 25.6 | 24.1 | 25.8 | 24.9 |
| Other countries | 54.0 | 55.0 | 51.7 | 52.8 | 52.9 |
| Total | 79.0 | 80.6 | 75.8 | 78.6 | 77.8 |
| Total new production | 265.0 | 271.6 | 254.8 | 266.7 | 268.5 |
| Secondary sources of supply: | | | | | |
| From U.S. Government | 2.1 | 2.1 | .1 | .1 | .1 |
| From stocks of foreign gov'ts | 8.0 | 2.0 | 5.2 | 3.1 | 8.4 |
| From demonetized coin | 13.0 | 12.0 | 55.0 | 25.5 | 14.0 |
| From Indian stocks | 35.0 | 33.5 | 44.7 | 33.5 | 45.5 |
| Old scrap and other misc. sources | 81.0 | 105.0 | 121.5 | 80.5 | 96.5 |
| Liquidation of (additions to) private bullion stocks | (35.1) | (73.1) | (117.7) | 38.2 | 45.9 |
| Total other supplies | 104.0 | 81.5 | 108.8 | 180.9 | 210.4 |
| Available for World Consumption | 369.0 | 353.1 | 363.6 | 447.6 | 478.9 |

NOTE: Figures for 1982 are preliminary. Some of the figures for 1978 through 1981 as published in last year's Review have been revised.

Das Silberangebot aus der Neuproduktion und aus Sekundärquellen.

*Quelle:* Handy & Harman

schaftliche Depression für die Mitte der achtziger Jahre ausschließen, und selbst die sich seit 1983 abzeichnende wirtschaftliche Erholung steht immer noch auf schwachen Füßen.

Schlechtes Timing beim Silberkauf wurde schon immer schwer bestraft. Gold dagegen geht mit denen, die den Markt einmal falsch beurteilen, gnädiger um. Aus diesen Gründen sind Termingeschäfte mit Silber immer ein Spiel mit dem Feuer. Selbst eine Marge von 25–30%, die beim Gold-Termingeschäft normalerweise genügt, wäre bei Silber zu gering. Wer Silber mag, sollte es physisch kaufen und voll bezahlen. Dann kann er zwar auch schiefliegen, riskiert aber nicht den finanziellen Ruin.

Vor allem sollten Sie den unglaublichen Preisprognosen der Silber-Haussiers mit Skepsis begegnen. Sie sind offenbar überzeugt davon, daß sich das Spektakel von 1979, als die Gebrüder Hunt systematisch Silber aufkauften und die Preise in schwindelnde Höhen trieben, bald wiederholen wird. Auf der Edelmetallkonferenz in Nassau im Frühjahr 1983 sprach der amerikanische Silberprophet *Jerome Smith* sogar von Preisen um $ 200 je Unze bis 1986.

Das Hauptargument der Silberhaussiers ist nach wie vor die sogenannte »*Silberlücke*«. Sie behaupten, es werde nicht genug Silber vorhanden sein, um die steigende Nachfrage zu decken – und der Ausgleich könne nur über dramatisch höhere Preise gefunden werden.

Jerome Smith meinte sogar, daß schon 1983 oder 1984 rund 100 Millionen Unzen Silber am Markt fehlen werden. Er fügte hinzu: »1984 wird es keinen Terminmarkt für Silber mehr geben, weil nicht mehr genug Silber für die Lagerhäuser der COMEX da sein wird.«

Tatsache aber ist, daß seit 1980 von einer Silberlücke keine Rede mehr sein kann. Schon Mitte 1979 änderte sich das Verhältnis zwischen Angebot und Nachfrage grundlegend. In den vorhergehenden 25 Jahren verbrauchte die Industrie tatsächlich mehr Silber, als in den Minen der Welt und durch Rückgewinnung gewonnen wurde. Die Lücke wurde permanent durch Abflüsse aus der Silberhortung und durch das Einschmelzen von Silbermünzen geschlossen. Dementsprechend verringerten sich die privaten Silberbestände noch im Jahr 1979 um 38,2 Millionen Unzen.

Seit 1980 aber verbraucht die Industrie weltweit weniger Silber, als aus der Minenproduktion und aus sekundären Quellen wie der Rückgewinnung aus industriellen Abfällen angeboten wird. Die Differenz wird seit 1980 von privater Hand absorbiert, so daß seit 1980 die privaten Bestände steigen. Mit anderen Worten: Silber ist nicht mehr knapp, wie auch immer man Knappheit definieren mag.

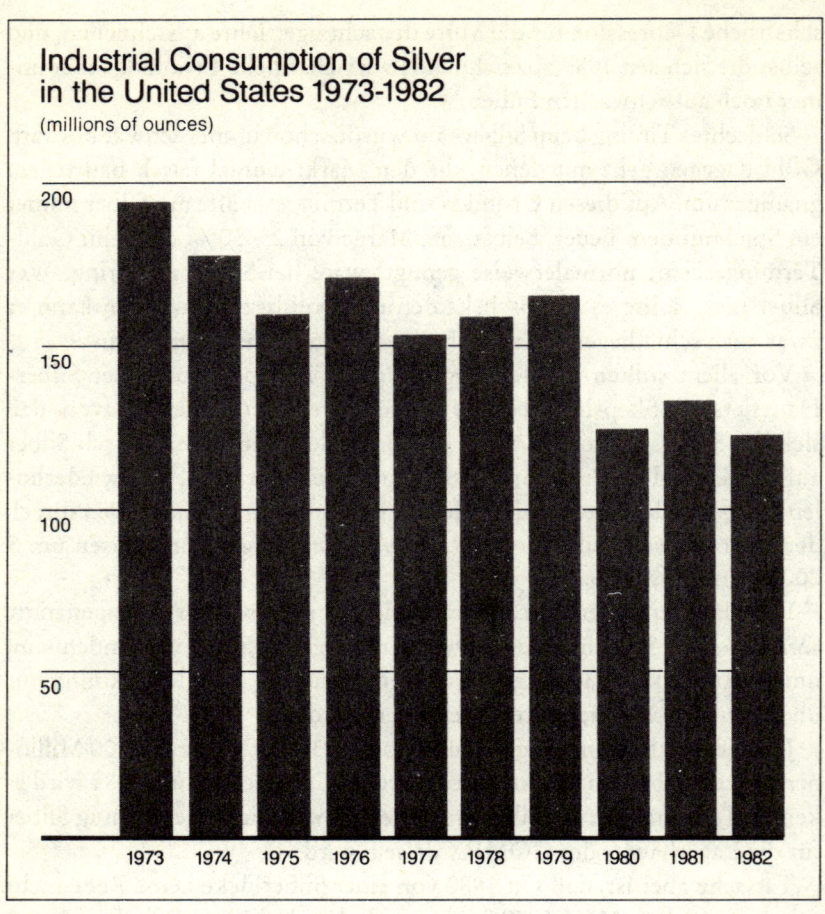

*Quelle:* Handy & Harman

Das amerikanische Handelshaus *Handy & Harman* schätzte die Silbervorräte, die weltweit über der Erde liegen und potentiell verfügbar sind, für 1982 auf 2,134 Milliarden Unzen. Das wäre fast sechsmal so viel wie die Nachfrage 1982 ausmachte.

In der Ziffer sind nicht nur die Lager an den Rohstoffbörsen in den USA und Großbritannien enthalten, sondern auch die Reserven der Regierungen und private Bestände. Allein alte amerikanische Silbermünzen sollen noch in einer Menge von etwa 852 Millionen Unzen existieren.

Das heißt nicht, daß diese Silbermengen den Markt plötzlich überfluten könnten – schon gar nicht zu den Preisen des Sommers 1983. Bei höheren Preisen wird aber ein Teil auf den Markt kommen, wobei vorher niemand sagen kann, wo das Preisniveau liegt, auf dem eine fühlbare Enthortung beginnen würde. Das hängt selbstverständlich von den wirtschaftlichen und politischen Umständen ab, die dann herrschen und die das Verhalten der Silberbesitzer beeinflussen werden.

So, wie es im Sommer 1983 aussah, ist damit zu rechnen, daß jedes Ansteigen der industriellen Silbernachfrage aus den vorhandenen Beständen und aus der Produktion leicht befriedigt werden kann. Künftige Silberpreisüberraschungen – und es wird sie geben –, werden also weniger aus fundamentalen Ursachen von Angebot und Nachfrage resultieren, sondern aus dem Verhalten der Spekulation, die diesen Markt bestimmt nicht in Ruhe lassen wird. In solchen Situationen sollten Sie sich aber immer fragen: Wieviel wird physisch gekauft, wieviel nur auf dem Papier?

Silber wird wohl noch lange Zeit eine bestimmte Kategorie von Spekulanten anziehen, die auf schnellen Profit hoffen und die sich offenbar an den enormen Risiken dieses Marktes nicht stören. Halten Sie sich am besten an die einfache Regel, daß Silber in einer Edelmetallhausse oft, aber nicht immer, schneller steigt als Gold – und daß es in der Baisse tiefer fällt. Silber ist kein geldähnliches Medium wie Gold, sondern in erster Linie Industrierohstoff – wenn auch mit krypto-monetären Eigenschaften. Es bleibt volatiler als Gold.

Daher ist Silber für Termingeschäfte mit geringem Einschuß denkbar ungeeignet. Silber physisch zu kaufen und bar zu bezahlen, wenn der Goldmarkt gut aussieht, ist hingegen vertretbar.

Sie dürfen dabei jedoch nie das Gefühl für den historischen Stellenwert und den spezifischen Charakter einer Anlage wie Silber verlieren. Falsche und irreale Vorstellungen von den Möglichkeiten des Silbermarktes pflegen sich böse zu rächen. Zu viele Anleger, auch in der Schweiz und Deutschland, haben in den letzten Jahren mit Silber viel Geld verloren, weil sie blindlings auf Kredit kauften.

Als *Alexander Hamilton*, der erste Finanzminister der Vereinigten Staaten, 1791 über den geplanten Edelmetallstandard nachdachte, wollte er zunächst dem Gold den Vorzug geben, entschied sich aber dann doch für beide Metalle, weil er die Wirtschaft des Landes mit so viel Liquidität wie möglich versorgen wollte. Über die Vor- und Nachteile der beiden Metalle äußerte sich Hamilton folgendermaßen:

## World Silver Consumption
(excluding Communist-dominated areas)
(millions of ounces)

|  | 1982 | 1981 | 1980 | 1979 | 1978 |
|---|---|---|---|---|---|
| Industrial uses: | | | | | |
| United States | 122.3 | 116.6 | 124.7 | 157.2 | 160.2 |
| Canada | 9.0 | 8.5 | 8.7 | 8.1 | 9.0 |
| Mexico | 3.8 | 3.2 | 3.1 | 5.5 | 5.8 |
| United Kingdom | 20.0 | 18.5 | 20.5 | 26.5 | 29.0 |
| France | 18.6 | 20.6 | 20.2 | 21.5 | 22.2 |
| West Germany | 33.6 | 28.0 | 29.1 | 37.1 | 47.2 |
| Italy | 23.0 | 24.7 | 24.5 | 33.0 | 41.8 |
| Japan | 60.1 | 59.8 | 61.7 | 68.7 | 64.8 |
| India | 22.5 | 19.0 | 19.0 | 19.0 | 20.0 |
| Belgium | 15.1 | 16.2 | 15.7 | 16.8 | 16.8 |
| Other countries | 29.2 | 29.0 | 22.7 | 26.4 | 25.8 |
| Total industrial uses | 357.2 | 344.1 | 349.9 | 419.8 | 442.6 |
| Coinage: | | | | | |
| United States | 1.5 | — | .1 | .1 | .1 |
| Canada | .3 | .2 | .2 | .3 | .3 |
| Austria | 4.0 | 3.0 | 4.3 | 5.0 | 4.5 |
| France | — | — | — | 7.7 | 11.1 |
| West Germany | — | — | — | 3.7 | 3.6 |
| Mexico | — | — | 6.1 | 5.0 | 6.3 |
| Other countries | 6.0 | 5.8 | 3.0 | 6.0 | 10.4 |
| Total coinage | 11.8 | 9.0 | 13.7 | 27.8 | 36.3 |
| Total consumption | 369.0 | 353.1 | 363.6 | 447.6 | 478.9 |

NOTE: Figures for 1982 are preliminary. Some of the figures for 1978 through 1981 as published in last year's Review have been revised.

Der Silberverbrauch für industrielle Zwecke und Münzprägung.

*Quelle:* Handy & Harman

»Gold besitzt vielleicht in gewisser Hinsicht eine größere Stabilität als Silber. Sein Standard blieb immer stabiler und es war, auch in anderer Hinsicht, weniger Änderungen unterworfen. Da Gold nicht so sehr ein Artikel des Handels ist, neigt es weniger dazu, von den Umständen der kommerziellen Nachfrage beeinflußt zu werden.«

Dem ist auch heute, nach fast 200 Jahren, nichts hinzuzufügen.

## VIII. Charts: Manchmal sind sie sogar nützlich

Die Wissenschaft von den Charts treibt oft seltsame Blüten, aber Charts sind fast immer ein amüsantes Thema, nicht zuletzt, weil sie den Spieltrieb im Anleger befriedigen. Lassen Sie mich von zwei oder drei Erlebnissen berichten, die ich mit eingefleischten Chartisten hatte.

Der eine lebte in Johannesburg, wo ich ihn im November 1980 traf, als die große Goldhausse gerade vorüber war und die südafrikanischen Goldminenaktien vor einem tiefen Sturz standen, der bis zum Juni 1982 dauern sollte. Der Goldmarkt schien mir damals ziemlich riskant und verletzlich, und ich fragte den Chartisten, der für einen bekannten Johannesburger Broker arbeitete, wie eigentlich Gold und die Aktien unter den gegebenen Umständen weitersteigen sollten. Er antwortete, daß nicht die politischen und wirtschaftlichen Ereignisse den Goldpreis beeinflußten, sondern daß solche Ereignisse immer dann einträfen, wenn die Charts reif seien für einen Ausbruch noch oben bzw. nach unten. Er bestritt, daß Charts lediglich den Verlauf der Preise anzeigen und damit die dahinterstehenden Ereignisse widerspiegeln, sondern er glaubte fest daran, daß die Welt im Takt der Charts tanzte. Die Firma, die den Empfehlungen des Mannes folgte, ging in der folgenden Goldbaisse bankrott, aber unser Chartist ist auch heute aktiv im Geschäft wie eh und je.

Ich erinnere mich an eine andere Unterhaltung, die ich in den USA mit zwei sehr prominenten Gold-Chartisten hatte, die ebenfalls exakte Preisprognosen zu machen pflegen. Im Verlauf des Gesprächs stellte sich heraus, daß beide noch nie von dem jährlichen Goldmarktbericht gehört hatten, den Consolidated Gold Fieds herausgibt. Dabei gilt dieser Bericht aus London überall auf der Welt in Fachkreisen als die mit Abstand beste Quelle, weil sich nirgendwo sonst eine solche Fülle solider Informationen über den Goldmarkt finden läßt. Aber die beiden amerikanischen Chartisten hielten es für völlig überflüssig, sich über den Markt, über Angebot und Nachfrage, über Käufer und Verkäufer zu informieren – sie folgten ausschließlich ihren Charts.

Das dritte Erlebnis hat mit einem tragischen Fall zu tun. Es war ein Gespräch mit Kurt Oligmüller, den ich in Zürich am Rande eines Investmentkongresses zufällig traf. Sie wissen vielleicht, daß Oligmüller der Mann war, der angeblich die Aktienkurse an Wall Street genau voraussagen konnte, mit dieser Methode seinen zahlreichen Kunden einen Totalverlust bescherte und daraufhin sich und seiner Frau das Leben nahm. Nachdem ich ihn eine Viertelstunde lang ausgefragt hatte, um zu sehen, was hinter seinem System stand, hielt ich es für ausgeschlossen, daß er auf nennenswertes Interesse stoßen und eine größere Anzahl Kunden finden könnte. Jedoch, ganz im Gegenteil, Anleger aus Deutschland vertrauten ihm Gelder an, die zwischen 50 und 100 Millionen Franken betragen haben sollen.

Warum in aller Welt, so muß man sich fragen, glauben Anleger immer wieder an angebliche *sichere Systeme* und an die Vorhersagbarkeit von Börsenkursen, wo sie doch nicht einmal den Verlauf ihres eigenen Lebens auf einen einzigen Tag prognostizieren können! Die Erklärung liegt darin, daß sie psychisch nicht in der Lage sind, mit Ungewißheiten zu leben. Der Anlagemarkt, auf dem sie sich betätigen, bereitet ihnen heimliche Ängste, und sie greifen blind nach allem, was Gewißheit verspricht.

Worin liegt eigentlich der Unterschied zwischen Chartisten und Fundamentalisten? Der *Chartist* glaubt, mit Hilfe der grafischen Darstellung von vergangenen Kursen künftige Kurse vorhersagen zu können und zwar nicht nur deren Trend, sondern sogar exakte Preise. Der *Fundamentalist* hingegen versucht, sich möglichst gründlich über Wirtschaft und Politik im allgemeinen und über eine Aktiengesellschaft oder einen Rohstoffmarkt im besonderen zu informieren. Er untersucht Angebot und Nachfrage, und er beachtet die Faktoren, die Angebot und Nachfrage in Zukunft beeinflussen können. Er geht davon aus, daß die Kurse eine Zeitlang in die falsche Richtung laufen können, daß sich die wirklichen fundamentals letztlich aber doch durchsetzen, weil hinter jeder großen Kursbewegung objektive Ursachen stehen.

Dies ist auch richtig, denn der Goldpreis z. B. kann nicht für lange Zeit fallen, wenn das Angebot knapp ist und die Nachfrage tendenziell zunimmt. Was letzten Endes zählt, sind wirkliche Käufe und Verkäufe. Um diese richtig einzuschätzen, muß man sich aber mit dem Markt selbst befassen, und das setzt ein wenig Arbeit und Recherchen voraus. Ein Schuhgroßhändler wird auf die Dauer auch nicht erfolgreich sein, wenn er immer nur am grünen Tisch sitzt und Charts von Schuhpreisen studiert.

Daß der Glaube der Chartisten, aus bisherigen Kursen ließen sich zukünftige ablesen, schlicht und einfach irrig ist, bestätigen auch umfangreiche Untersuchungen, die in den USA angestellt wurden. Daraus geht eindeutig hervor, daß die meisten der gebräuchlichen Chartsignale in der Praxis keinen besonderen Nutzen bringen.

Mathematiker wissen, daß eine Münze zehnmal hintereinander auf die Zahl gefallen sein kann und daß dennoch die Chance nicht besser oder schlechter als 50 zu 50 ist, daß die Münze beim elften Mal wieder auf der Zahl zu liegen kommt. Ebenso mag der Goldpreis fünfmal oder zehnmal hintereinander gestiegen sein und kann dennoch genausogut einen Tag später zu fallen beginnen.

Wenn dies so ist, warum befassen wir uns dennoch mit dem Thema Charts? Ganz einfach, weil sie nützlich sein können, wenn sie pragmatisch verwendet und nicht zur Doktrin erhoben werden. Nicht die Charts sind falsch, sondern mit den Chartisten stimmt oft etwas nicht.

Ein Anleger hat schon viel erreicht, wenn er weiß, woher der Markt kommt und in welcher Verfassung er sich im Augenblick befindet. Diejenigen, die sich so doktrinär mit seiner Zukunft befassen, wissen meist nicht einmal dies. Mit einem Blick auf einen guten Chart kann man sich schnell und eindrücklich über die vergangene Preisgeschichte eines Investments informieren. Gäbe es keine Charts, müßte man stattdessen Preistabellen lesen – eine zeitraubende Angelegenheit.

Nicht zuletzt würde das Hinzuziehen von Charts manchen Finanzjournalisten davor bewahren, Unsinniges von sich zu geben. Z. B. ist in der Presse der Glaube unausrottbar, daß Gold fallen muß, wenn die Zinsen steigen – und umgekehrt. Ein Blick auf die Charts würde aber im Nu zeigen, daß dies tatsächlich kurzfristig so sein kann, daß Gold aber über längere, oft jahrelange Zeiträume hinweg zusammen mit den Zinsen gestiegen und zusammen mit ihnen gefallen ist.

Oder es wird über ein angeblich festes Preisverhältnis zwischen Gold und Silber orakelt, das bei 35 zu liegen habe. Damit ist gemeint, daß eine Unze Gold normalerweise so viel kosten solle wie 35 Unzen Silber. Auch hier verraten die langfristigen Charts, daß es tatsächlich immer irgendein Preisverhältnis zwischen Gold und Silber gab, daß es aber schwankte – und zwar enorm.

Den Vogel schoß eine deutsche Zeitung Anfang August 1983 ab, als sie die Frage stellte, ob die US-Zinsen nun steigen würden. Dabei waren sie bereits seit einem Vierteljahr, nämlich seit Anfang Mai 1983 gestiegen. Charts können einem schlechten Gedächtnis schnell nachhelfen.

Darüber hinaus helfen Charts, das Trendbewußtsein des Investors zu stärken. Sie helfen, zwischen kurz-, mittel- und langfristigen Trends zu unterscheiden, und sie beantworten bildhaft die Frage, ob wir uns gerade in einem steigenden oder fallenden Preistrend befinden – auch wenn sie uns nicht sagen, wie lange der gerade gültige Trend noch dauern wird. Und sie bieten sogar eine Hilfe, wenn man versucht, herauszufinden, ob sich ein Investment in einem Prozeß der Distribution oder der Akkumulation befindet.

Die vielleicht anschaulichste Definition des Begriffes Trend stammt von *Charles Dow,* dem früheren Verleger des Wall Street Journal und Mitbegründer der nach ihm benannten Firma. Er war kein Dogmatiker und veröffentlichte nie eine zusammmenhängende Theorie, aber vielleicht gerade deswegen sind seine Beobachtungen heute noch sinnvoll und hilfreich.

Dow, der das Meer studierte und liebte, verglich einen *steigenden Preistrend* mit der Flut: die Wellen rollen auf den Strand und ziehen sich zurück, aber solange Flut herrscht, werden sukzessive höhere Wasserstände erreicht. Umgekehrt fällt bei Ebbe das Wasser nicht wie der Wasserspiegel in einem schadhaften Gefäß, sondern die heranrollenden Wellen erreichen immer niedrige Marken des Strandes – wie die Preise eines Investments in einem *fallenden Trend.*

Primitiv, aber nicht falsch ist die Regel, daß ein steigender Preistrend nach dem Muster verläuft: zwei Schritte vor, ein Schritt zurück. Und ein fallender Preistrend nach dem Muster: zwei Schritte zurück, ein Schritt vor.

Außerdem unterschied Dow zwischen *primären Trends,* die ein Jahr oder mehrere Jahre dauern, *mittelfristige Trends,* die zwischen einem Monat und mehreren Monaten dauern, und *kurzfristen Trends,* die ein paar Stunden, Tage oder Wochen anhalten.

Wann immer in einer langfristigen Hausse das erste »Bein« endet – oft besteht sie aus drei Beinen bzw. Aufwärtsbewegungen – muß der Markt erst einmal einen Teil seines Vormarsches opfern, bevor er wieder nach oben kann. Der Preisrückgang (=*Korrektur*) entspricht dann einem bis zwei Drittel des vorherigen Anstiegs.

Dasselbe gilt analog für die Baisse: in einer typischen *Rally* machen die Kurse ein bis zwei Drittel des vorherigen Verlustes wett, bis sie ihren Abstieg fortsetzen.

Die wichtigeren Teile der Dow-Theorie lassen sich auch auf den Goldmarkt anwenden. Die bisherigen Bull-Märkte dauerten etwa vier Jahre: 1970 bis 1974, 1976 bis 1980. Und die Bear-Märkte dauerten eineinhalb Jahre oder etwas länger: von Januar 1975 bis August 1976, von September 1980 bis Juni 1982.

Diese primären Trends lassen sich wiederum in mittelfristige Preisbewegungen einteilen, die ein paar Monate dauern und meist durch die traditionelle Frühjahrbaisse und einen herbstlichen Preiseinbruch unterbrochen werden, der auf den ebenso traditionellen Preisanstieg im Sommer zu folgen pflegt.

Und ein Blick auf die Charts zeigt, daß ein kurzfristiger Preisanstieg nur selten länger als vier oder fünf Wochen dauert, bevor er nicht zumindest durch eine kurze technische Reaktion unterbrochen wird. Sehr scharfe Preiseinbrüche wie der von Ende Februar/Anfang März 1983 gehen meist sogar nach einer Woche bereits zu Ende.

All dies wird der intelligente Investor in sein Kalkül einbeziehen und bei jeder Preisbewegung, sei sie nach oben oder unten, an ihr bevorstehendes Gegenteil denken. Seit der Aufklärung ist der westliche Mensch an lineares Denken gewöhnt, und dies hängt mit dem Fortschrittsglauben zusammen. Kurse verlaufen aber nicht in einer geraden Linie, sondern in kurz-, mittel- und langfristigen Zyklen.

Nur wer in Trends denkt, wird auch die bei Anlegern weit verbreitete Gewohnheit ablegen, tägliche Preisschwankungen überzubewerten. Wenn der Goldpreis am Montag fällt, ist dies uninteressant, solange dies innerhalb eines steigenden Trends geschieht. Wenn er aber am Freitag steigt, besagt dies wenig, solange dadurch der fallende Trend nicht verletzt wird.

Die Frage, wohin der Trend denn nun gerade geht, ist manchmal leicht und manchmal sehr schwer zu beantworten – und hierbei kann ein Point- & Figure-Chart durchaus nützlich sein und Unsicherheiten beseitigen. Wie Sie einen solchen Chart anlegen, erkläre ich später. Aber er wird Ihnen mit Sicherheit nicht sagen, wie hoch die Preise steigen oder wie tief sie fallen. Er wird manchmal brauchbare und manchmal falsche Signale geben, aber es kann nicht schaden, wenn Sie einen solchen Chart einmal eine Zeitlang benutzen.

Es gibt Zeiten, da ist ein fallender oder steigender Preistrend so eindeutig, daß Sie warten sollten, bis er gebrochen ist – bis der Beweis des Gegenteils vorliegt. Dies kann Sie dann davor bewahren, bei steigenden Preisen viel zu früh zu verkaufen. Und es gibt Zeiten, da die Charts streiken und unklare Signale geben, weil die Kurse eine Phase der Akkumulation oder aber der Distribution erreicht haben.

In einem Bear-Markt beginnt die *Akkumulation*, wenn die Preise einen langen Abstieg hinter sich haben und mit der Bildung eines Bodens begin-

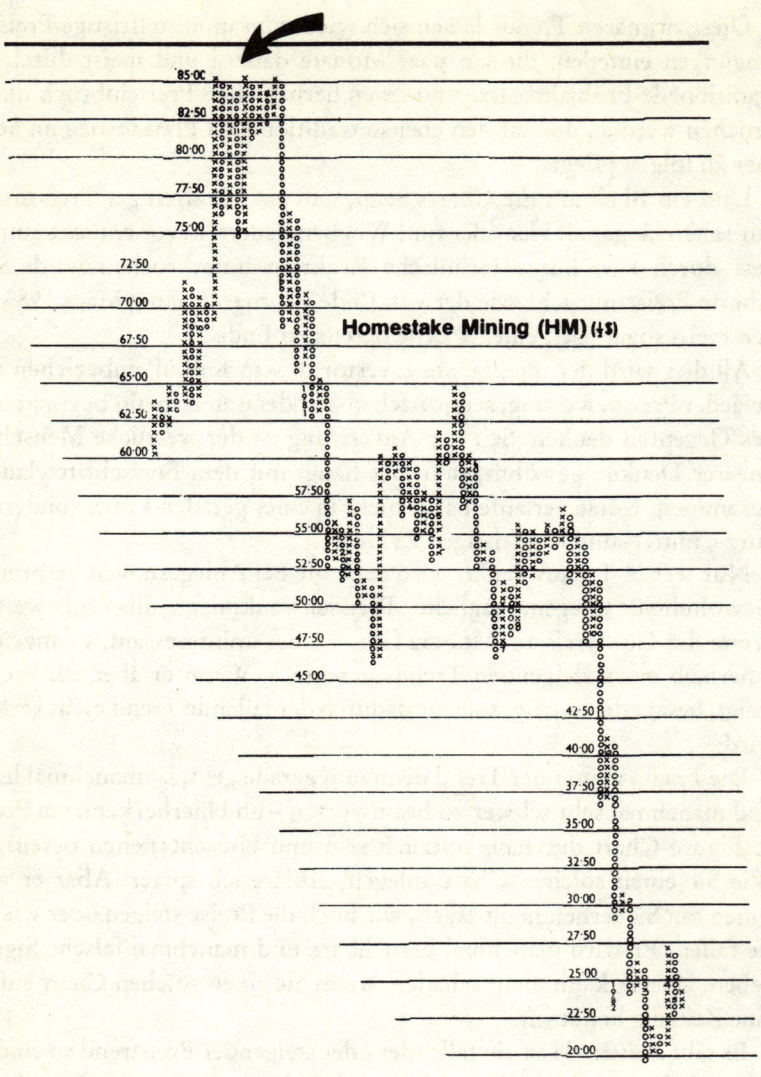

Die Distributionsphase bei Homestake im 4. Quartal 1980: bei $ 85 endete die Hausse.

*Quelle:* Chart Analysis Ltd.

nen. Die breite Öffentlichkeit ist noch extrem pessimistisch, also auf Baisse gestimmt, aber einige Investoren oder Gruppen von Investoren, die die nötige Geduld, Intelligenz und Nervenstärke haben, beginnen bereits, bei den niedrigen Preisen zu kaufen. Nachfrage strömt in den Markt, heimlich und systematisch, und bis die Mehrheit merkt, daß sich das Blatt gewendet hat, sind die Preise schon viel höher. Die Käufer in einer solchen Akkumulationsphase nennen wir die »*starken Hände*«.

Am Ende eines Bull-Marktes dagegen, wenn die allgemeine Stimmung noch überaus euphorisch ist, beginnen die Preise zu lahmen und eine Spitzenformation zu bilden, die sich über viele Wochen erstrecken kann. Der Preisverlauf bei der Goldminenaktie *Homestake* im vierten Quartal 1980 ist ein hervorragendes Beispiel dafür. In dieser *Distributionsphase* wird das Investment von den »starken Händen«, die bei sehr tiefen Preisen gekauft haben, in aller Stille abgegeben – an die »schwachen Hände«, die nicht teuer genug kaufen können.

Auf den Charts sieht dies dann manchmal so aus, daß die Kurse während der Distribution ein M oder ein doppeltes M bilden, bevor sie scharf fallen. In der Akkumulationsphase, die am Boden erfolgt, ähneln die Preiskurven manchmal einem W oder einem doppelten W.

An dieser Stelle soll erklärt werden, was *Stützung (= support)* und *Widerstand (= resistance)* bedeuten, weil auch der an Charts nicht sonderlich interessierte Anleger mit diesen Begriffen vertraut sein sollte und weil sie in den Finanzspalten der Presse so oft durcheinander gebracht werden.

Also: *Widerstand* liegt dort, wo steigende Preise anstoßen und zunächst nicht weiterkommen, weil an dieser Stelle das Angebot stärker ist als die Nachfrage. Bei Gold z. B. lag der Widerstand Ende Februar 1983 knapp über $ 500. Der Preis versuchte mehrmals, höher zu gehen, kam aber nicht über diesen Bereich hinaus, weil die Nachfrage schwächer zu werden begann und bei diesen Preisen Angebot in den Markt strömte.

*Stützung* dagegen liegt dort, wo die Preise auf dem Weg nach unten anstoßen und zunächst nicht weiter fallen können, weil sich neue Nachfrage regt. Z. B. fand der Goldpreis vom März bis Mai 1980 massive Stützung knapp unter $ 500. Immer, wenn der Preis unter diese Marke fiel, wurde zusätzlich gekauft. Es entwickelte sich eine Seitwärtsbewegung, die schließlich damit endete, daß die Preise nach oben ausbrachen und bis September 1980 über $ 700 stiegen und damit wieder die Durchschnittswerte vom Januar 1980 erreichten.

Es gibt Stützungs- und Widerstandszonen, die so schwach sind, daß sie

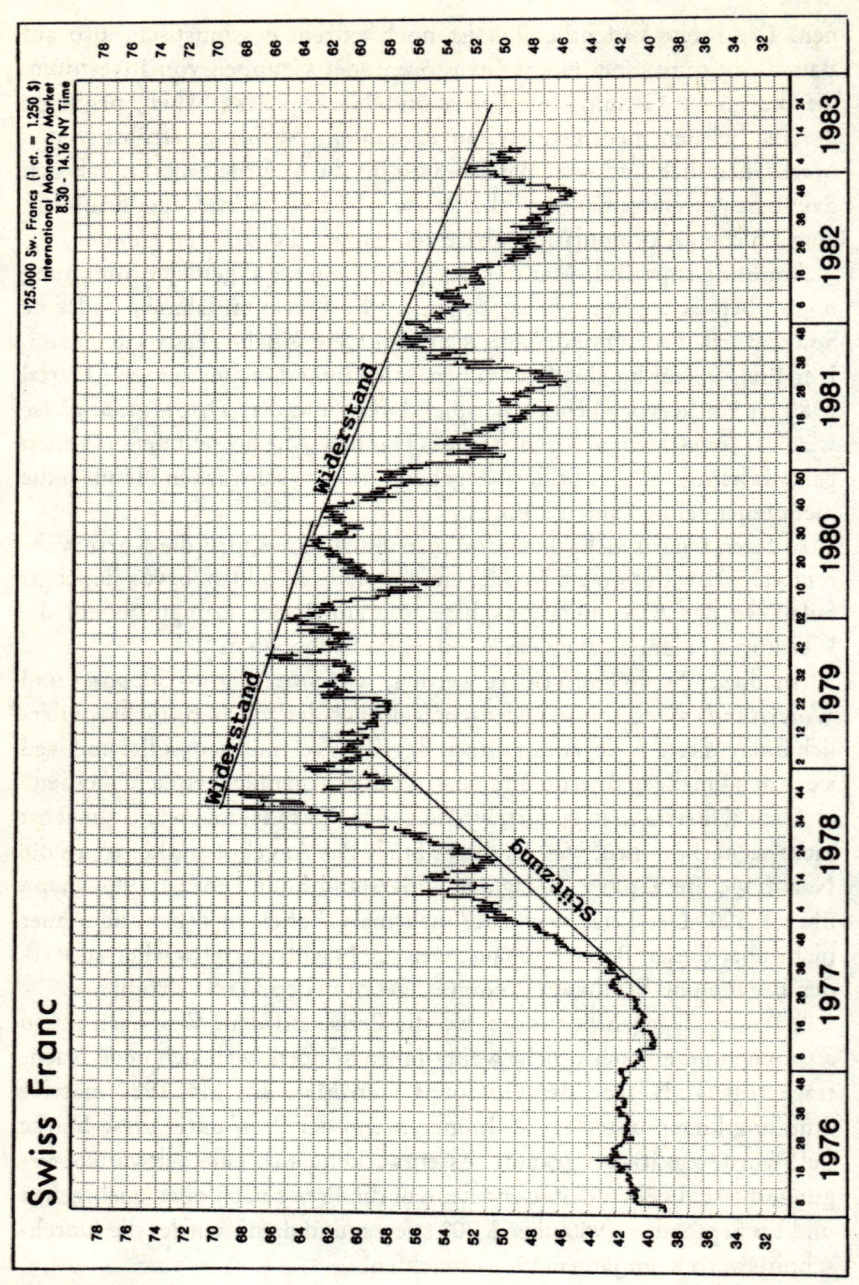

*Quelle:* Ebert-Charts

vom Markt schnell durchstoßen werden und damit für den Spekulanten oder Anleger keine Rolle spielen. Unter Umständen können sie aber auch wochen- oder monatelang halten – und dann sollte man sie sicherlich zur Kenntnis nehmen, ihre Bedeutung bewerten und entsprechend disponieren.

Wie kann man im voraus einzuschätzen versuchen, wo steigende Preise auf Widerstand stoßen und wo fallende Preise Stützung finden werden?

Ein Fundamentalist, der den Markt gut kennt, wird dort Stützung vermuten, wo nach seiner Kenntnis größere Kaufaufträge liegen. Der Chartist, der über die inneren Vorgänge des Marktes nicht informiert ist, wird die Stützung dort vermuten, wo die Preise auf eine Linie fallen, die die zurückliegenden Tiefstpunkte miteinander verbindet.

Umgekehrt kann man im voraus annehmen, daß die Preise auf dem Weg nach oben dort zumindest pausieren werden, wo größere Verkäufe stattfinden oder wo die Preise von unten her an eine Linie stoßen, die die zurückliegenden Preisspitzen miteinander verbindet.

Solche Stützungs- und Widerstandslinien verlaufen horizontal, wenn sich die Preise in einer Seitwärtsbewegung befinden, sie verlaufen schräg nach oben, wenn ein steigender Preistrend vorliegt – und schräg nach unten, wenn es sich um einen fallenden Preistrend handelt.

Da es Trends von verschiedener Dauer gibt, worauf wir bereits zu sprechen kamen, können Sie auch zwischen kurz-, mittel- und langfristigen Stützungslinien unterscheiden. So bewegen sich die Goldpreise seit dem Beginn der siebziger Jahre über einer sehr langfristigen Aufwärtstrendlinie, die z. B. 1982 bei Preisen um $ 300 berührt, aber bisher nie durchbrochen wurde. Diese Linie verbindet die Tiefs bei $ 35, $ 100 und $ 300 miteinander.

In der Praxis wird der Spekulant das Konzept von Widerstand und Stützung so nutzen, daß er möglichst an der unteren Linie kauft und möglichst an der oberen Linie verkauft, beziehungsweise bereit ist, zu verkaufen, falls sie sich als unüberwindlich herausstellt.

Ob diese Linien wirklich halten, wenn sie einmal erreicht sind, kann man selbstverständlich nicht im voraus wissen, aber zumindest weiß man, daß dort besondere Vorsicht und Aufmerksamkeit angeraten sind. Zu wissen, wo auf den Charts Stützung und Widerstand liegen, kann jedenfalls kein Ersatz für eine gründliche Analyse des Marktes selbst sein. Denn alle diese Linien sind dazu da, eines Tages durchbrochen zu werden.

Und die wirklich profitablen Kauf- und Verkaufsgelegenheiten bei

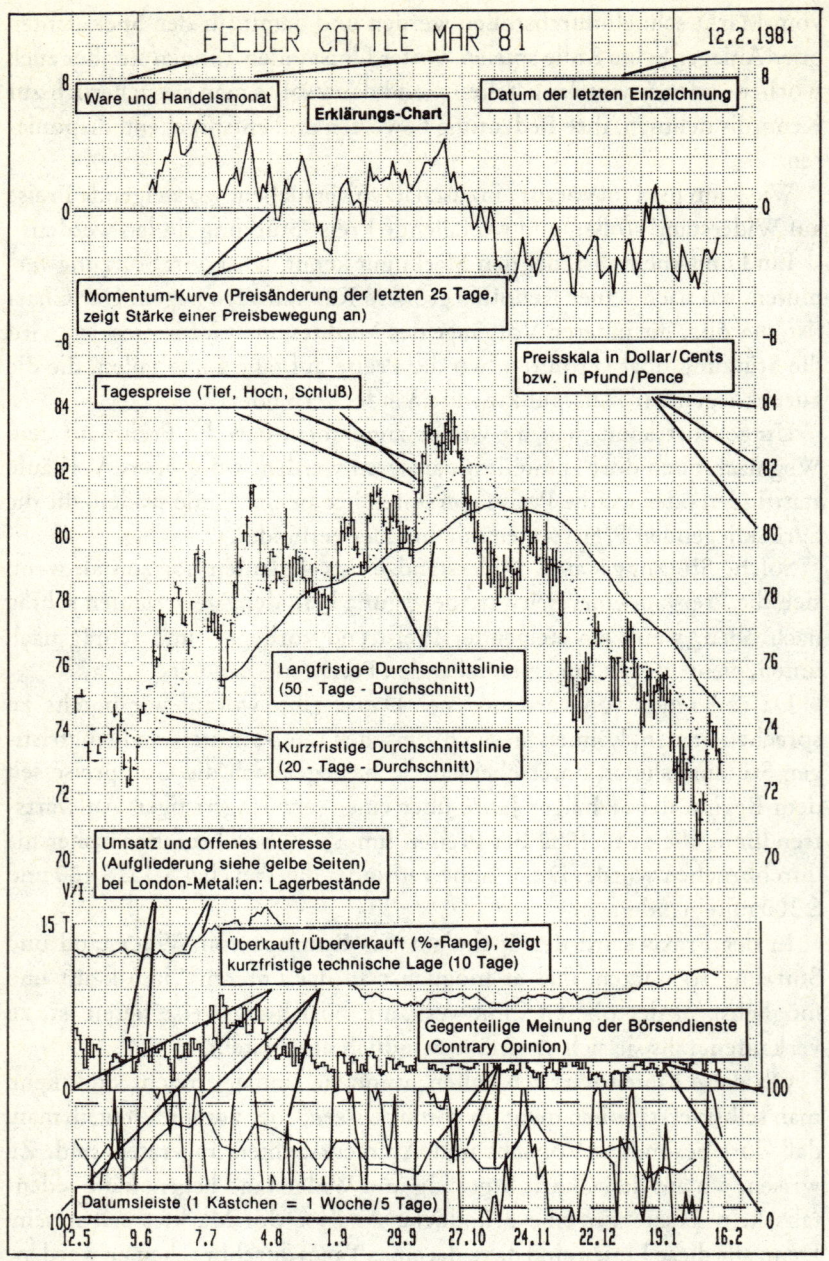

Edelmetallen und Devisen ergeben sich oft gerade dort, wo kein entsprechendes Chartsignal vorliegt. Kein Chart sagte uns, Gold im Januar 1980 über $ 800 zu verkaufen, denn der Aufwärtstrend war damals vollkommen intakt. Und auch im Juni 1982, als Gold knapp unter $ 300 fiel, tappten die meisten Chartisten in die Falle. Sie sahen nur, daß der Tiefstpreis von $ 312 vom März 1982 unterschritten worden war, die Stützung bei 312 also nicht gehalten hatte. In einer Situation, in der kurz- und mittelfristige Charts nach unten offen waren, mußte man eben wissen, daß gerade zu diesem Zeitpunkt die physische Nachfrage nach Gold so gut war, daß tiefere Preise nicht realistisch gewesen wären.

Wir wollen nun einige andere *technische Indikatoren* betrachten, die manchmal brauchbar sind, oft aber von den Chartisten überbewertet oder sogar falsch genutzt werden.

Dazu benutzen wir die recht nützlichen Ebert-Charts, die den Vorteil haben, daß sie in Deutschland erscheinen und den Abonnenten schneller erreichen als ähnliche Produkte, die aus New York versandt werden.

Betrachten Sie dazu zunächst den Erklärungschart – und dann den Chart mit den Goldterminpreisen der New Yorker Commodity Exchange. Wir besprechen die Indikatoren von oben nach unten.

Das *Momentum* halte ich für den vielleicht nützlichsten Indikator. Es zeigt die Stärke einer Preisbewegung an. Das 25-Tage-Momentum wird berechnet, indem man den Preis vor 25 Tagen vom heutigen Preis abzieht und die so ermittelte Differenz auf der Skala einträgt. Liegt der aktuelle Preis über dem alten Preis, dann ist das Momentum über der Null-Linie, also im Plus. Liegt er darunter, ist es im Minus. Die Verbindung dieser täglich neu errechneten Werte ergibt eine Kurve.

Das Momentum ist dann besonders aufschlußreich, wenn es den Trend der täglichen Marktpreise nicht mehr nachvollzieht. Auf dem Chart mit den Kursen für den Oktobertermin Gold sehen Sie z. B., daß die Preise bis Ende Februar 1983 noch kräftig stiegen, daß das Momentum aber schon vorher zu ermüden begann. Als die Goldpreise Anfang Februar ein neues und letztes Hoch erreichten, lag die Momentum-Kurve bereits unter ihrem zurückliegenden Hoch von Ende Januar – kein gutes Zeichen für die innere Stärke des Marktes.

Nehmen Sie das Momentum also immer dann ernst, wenn es eine gewisse Zeitlang eine andere Richtung einschlägt als die Marktpreise oder wenn es den Trend der Preise nicht nachvollzieht. Wenn Sie die Mühe nicht scheuen, können Sie das Momentum selbst berechnen – und zwar

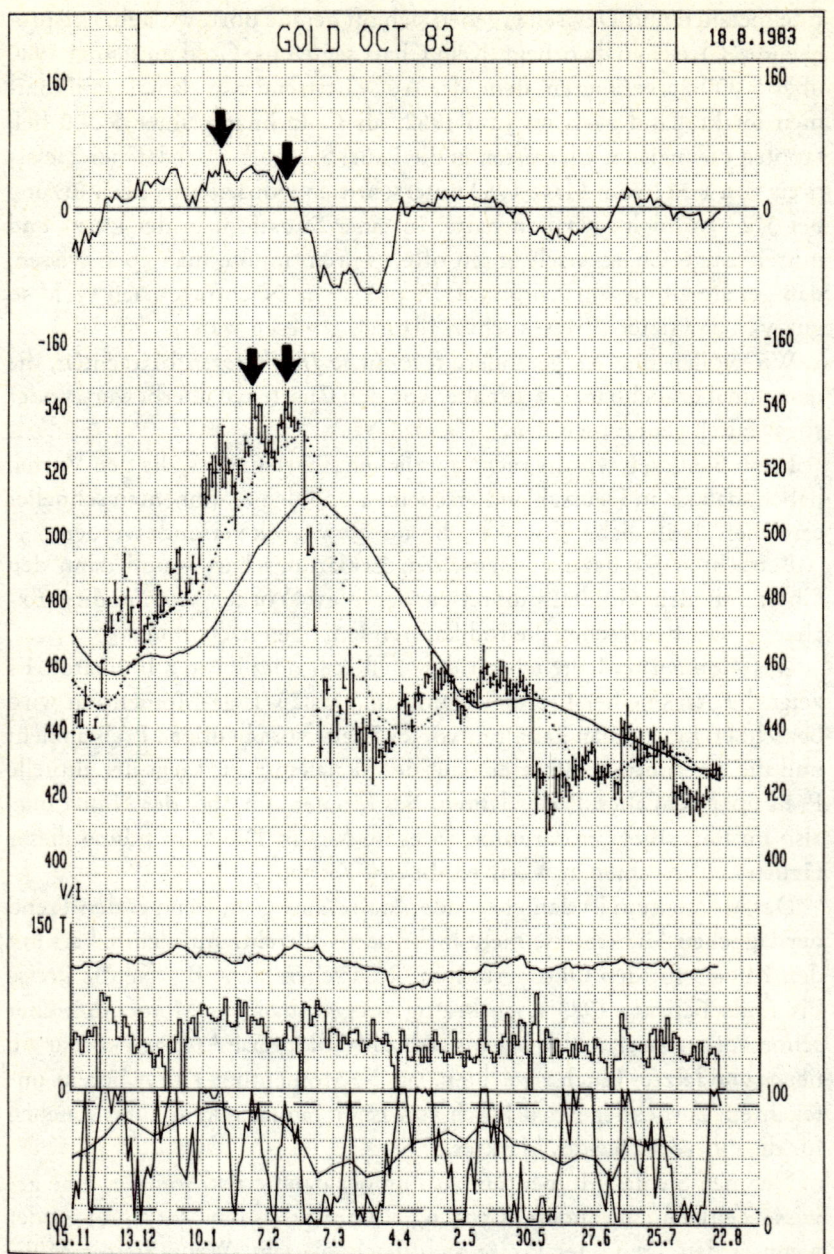

auf der Basis des Londoner Nachmittagsfixings. Sie berechnen also täglich die Differenz zwischen dem aktuellen Fixing und dem vor 25 Arbeitstagen.

Der *gleitende Durchschnitt* (= *moving average*) wird konstruiert, indem man alle Preise des betreffenden Intervalls addiert und die Summe durch die Zahl der Tage dividiert, z. B. durch 20 oder 50. Am nächsten Tag wird dann von dieser Summe der älteste Preis abgezogen und der letzte, neueste Kurs hinzugefügt – und die Summe wird wieder durch dieselbe Zahl dividiert. Der Ebert-Chart zeigt eine 20-Tage- und eine 50-Tage-Durchschnittslinie. Es werden aber auch längerfristige Durchschnitte verwendet – z. B. 100 Tage und 200 Tage bei den Hoppenstedt-Charts. Viele computergesteuerte Commodity Funds sind darauf programmiert, zu kaufen, wenn der Preis über den gleitenden Durchschnitt steigt – und zu verkaufen, wenn er darunter fällt. Wie primitiv diese Methode ist, sehen Sie sogleich, wenn Sie einen Blick auf den Goldchart werfen.

Sie sehen, daß die besten Verkäufe ausgerechnet dort möglich waren, wo die Preise über der Durchschnittslinie waren – und die lukrativsten Käufe sich dann anboten, wenn die Durchschnittslinie längst nach unten durchbrochen war.

Daraus läßt sich nur eine Schlußfolgerung ziehen: die gleitenden Durchschnitte sind keine sehr brauchbare Hilfe beim Trading.

Der Anleger kann sie aber auch ganz anders nutzen, und dazu wollen wir die Hoppenstedt-Charts heranziehen. Vergleichen Sie einmal den hektischen Anstieg des Goldpreises seit dem Juni 1982 mit dem ruhigen Anstieg der gleitenden Durchschnitte. Für einen Anleger war es keine schlechte Übung, davon auszugehen, daß die gleitenden Durchschnitte den Wert seines im Juni 1982 gekauften Goldes realistischer widergaben als dies die volatilen Tagespreise taten. Mit Hilfe des gleitenden Durchschnittes konnte er die wenig aussagekräftigen Übertreibungen und Untertreibungen der Preise sozusagen wegdenken. Dann war Gold, wenn wir den 100-Tage-Durchschnitt nehmen, nicht tiefer gefallen als auf $ 330 und bis Februar 1983 nie höher gestiegen als auf etwa $ 450.

Außerdem kann sich der Anleger an die Faustregel halten, daß ein steigender Preistrend intakt ist, solange die Preise über einem langfristigen gleitenden Durchschnitt bleiben – und er kann einen Fall der Preise unter den langfristigen Durchschnitt als Warnsignal betrachten. Z. B. fiel der Goldpreis im Bull-Markt 1976 bis 1980 nie unter den 65-Wochen-Durch-

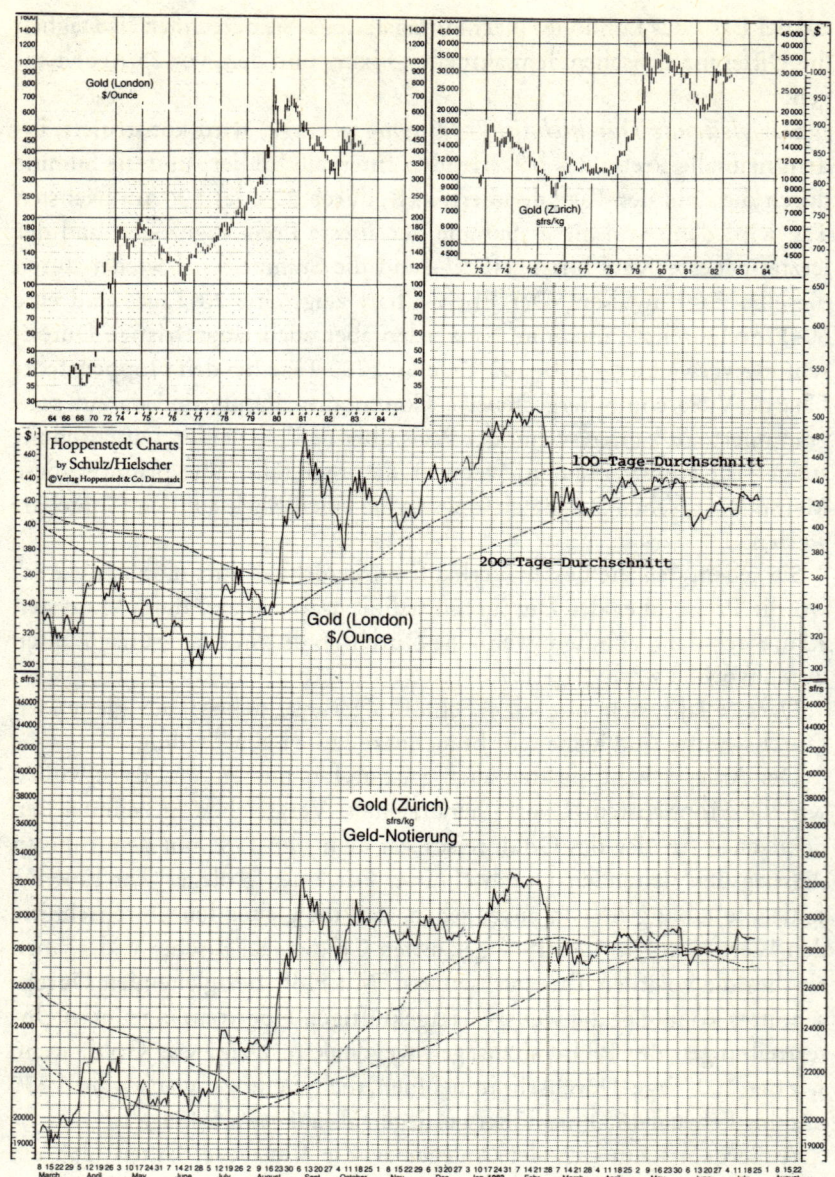

schnitt – eine gute Bestätigung dafür, daß die Hausse trotz aller Preisschwankungen in dieser Periode stets intakt blieb.

Dem täglichen *Umsatz* und dem *offenen Interesse* (= Gesamtzahl der ausstehenden Short- oder Long-Kontrakte) möchte ich keine zu große Bedeutung beimessen. Übrigens wird die Aussagekraft des täglichen Volumens auch an der Aktienbörse meist überschätzt. Es stimmt zwar, daß starke Kursavancen an Wall Street gewöhnlich von steigendem Umsatz begleitet sind – aber wenn der Umsatz am höchsten ist, steht gewöhnlich auch der Preissturz vor der Tür.

Zur Berechnung des *Überkauft/Überverkauft*-Index ermittelt man die Differenz zwischen dem Höchstpreis und Niedrigstpreis der letzten zehn Tage und setzt diese in Beziehung zum heutigen Schlußpreis. Diese Differenz bezeichnet man als »range«. Wenn man deren Größe festgestellt hat, ermittelt man den Unterschied zwischen dem zurückliegenden Höchstpreis und dem letzten Schlußpreis. Man dividiert nun die range durch den Preisunterschied und erhält dadurch einen Prozentsatz. Die grafische Darstellung dieser Berechnung ergibt Werte zwischen 0 und 100.

Der Überkauft-/Überverkauft-Index ist nur für kurzfristige Spekulanten interessant. Bekanntlich sollte man auch in einem steigenden Preistrend nur bei einer technischen Reaktion, d. h. bei kurzfristigen Preisrückschlägen hinzukaufen – also dann, wenn der Markt überverkauft ist. Dann liegen die Werte des Index zwischen 95 und 100%, also am unteren Rand der Skala.

In einem Baisse-Trend kann bei Rallys, das heißt bei kurzfristigen Preisanstiegen verkauft werden. Dann liegen die Werte zwischen 0 und 10%.

Mit der »contrary opinion«, die als Linie in den nervösen Überkauft-/Überverkauft-Index eingezeichnet ist, werden wir uns in einem späteren Kapitel befassen. Wenn sie richtig benutzt wird, kann sie ein hervorragendes Hilfsmittel sein und vor kostspieligen Fehlentscheidungen schützen.

Sie haben jetzt zwei verschiedene Arten von Charts kennengelernt: Charts, bei denen tägliche Preise (das Gold-Nachmittagsfixing auf den Hoppenstedt-Charts) miteinander verbunden werden und *Bar-Charts*, auf denen die tägliche Preisspanne als senkrechter Balken erscheint und der Schlußkurs als horizontaler.

*Point & Figure-Charts* sehen ganz anders aus. Sie haben keine Zeitachse, es werden nur Preisänderungen eingetragen, die eine bestimmte Spanne überschreiten. Kleinere Kursbewegungen werden nicht regi-

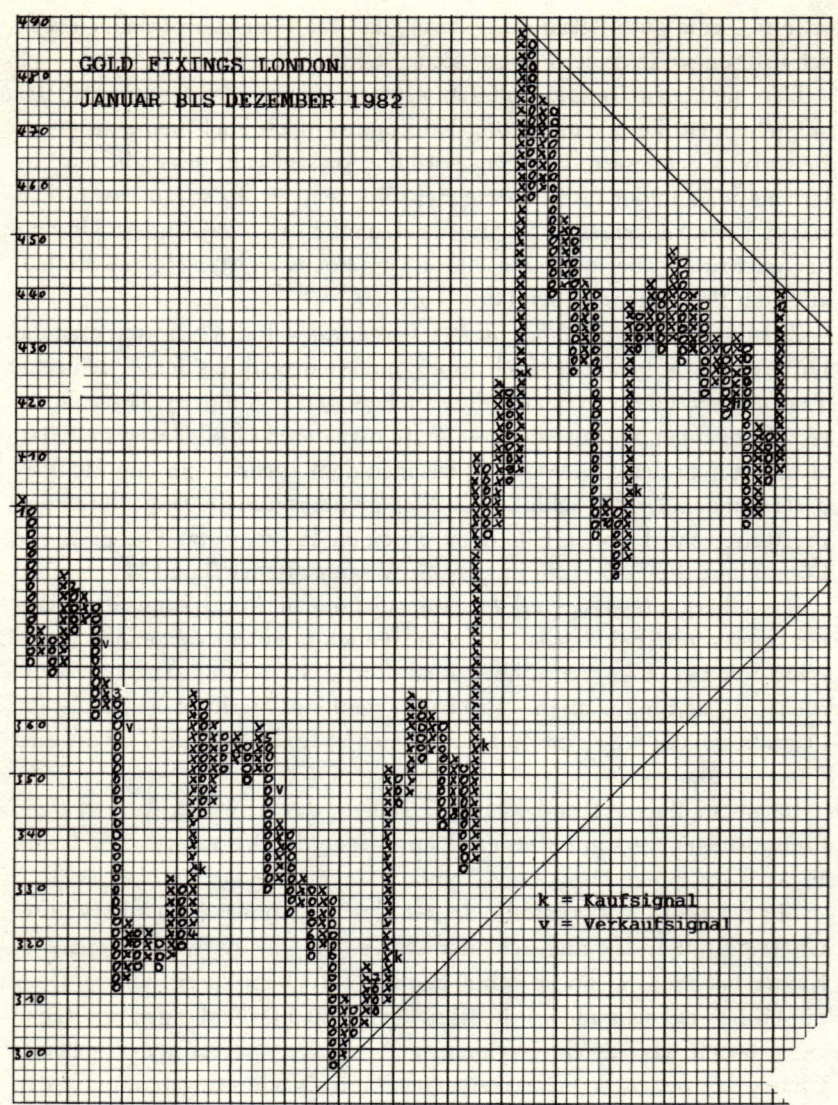

striert. Deswegen erziehen Point & Figure-Charts nicht nur dazu, in Trends zu denken, sondern sie fördern auch eine wichtige Anleger-Tugend, nämlich die Geduld. Schließlich muß man warten können und darf eine Position nie nur deswegen aufgeben, weil sich am Markt nichts bewegt.

Einen Point & Figure-Chart legen Sie folgendermaßen an:

- Steigende Preise werden mit × eingetragen, fallende Preise mit O.
- Auf eine ×-Säule folgt immer eine O-Säule.
- Die Charts haben keine Zeitachse, eingetragen werden nur Preisänderungen.
- Eine neue Säule wird nur angelegt, wenn drei Kästchen auf einmal ausgefüllt werden können. *(Three-Point-Reversal-*Methode).
- Falls eine Preisänderung unter dem Minimum bleibt, wird manchmal tagelang nichts eingetragen.
- Zu Ihrer eigenen Orientierung können Sie jeweils in das erste Kästchen eines Monats die Nummer des Monats eintragen. Beginnt der Monat mit drei Kästchen in einer neuen Säule, dann kommt die Nummer in das dritte Kästchen.
- Welche Preiseinheit ein Kästchen repräsentiert, ist für die Methode nicht entscheidend. Bei Kursen unter $ 20 nimmt man meist $ 1/2, bis $ 100 die Einheit $ 1, über $ 100 die Einheit $ 2. Bei Gold sollte also für jeweils $ 2 Preisunterschied ein Kästchen genommen werden.
- Die Charts spiegeln den Kampf zwischen Haussiers und Baissiers wider. Eine ×-Säule zeigt, daß die Nachfrage stärker als das Angebot ist, eine O-Säule zeigt das Übergewicht der Baissiers.
- Besonders wichtig sind die Seitwärtsbewegungen am Anfang oder Ende eines längeren Trends. Aus solchen Chart-Formationen versucht man, die künftige Richtung herauszulesen. Hier werden die wichtigsten Kauf- und Verkaufsentscheidungen getroffen.
- Die verschiedenen Chart-Formationen, aus denen sich Signale ergeben, beruhen alle auf dem einfachen Prinzip, daß in einem Bull-Markt Höchst- und Tiefstpreise sukzessive höher liegen und daß es in einem Bear-Markt umgekehrt ist.
- Im Bull-Markt ist die Stützungslinie besonders wichtig. Sie verbindet keine Punkte wie auf den normalen Liniencharts, sondern beginnt im Kästchen unter dem tiefsten Punkt des Bear-Marktes. Von dort wird

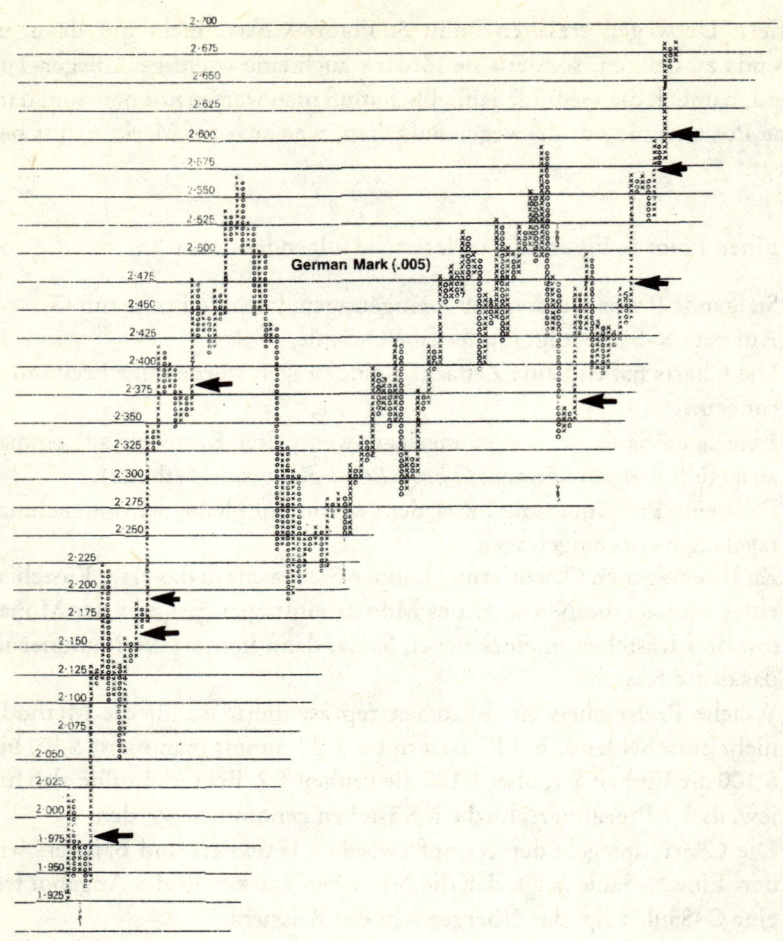

Typische Kaufsignale auf einem Point & Figure-Chart – hier DM gegen Dollar.

*Quelle:* Chart-Analysis

sie diagonal nach rechts oben gezogen. Solange die Preise über dieser Linie bleiben, kann der Bull-Markt als intakt gelten.
- Für die Widerstandslinie eines Bear-Marktes gilt dasselbe analog.

Manche Chartisten glauben, sie können mit Hilfe von Point & Figure Charts künftige Höchst- und Tiefstpreise ausrechnen. Nach meiner Beobachtung funktioniert das nicht. Auch das Spiel mit immer anderen und komplizierteren Chart-Formationen hat wenig praktischen Nutzwert.

Am einfachsten ist es, Sie halten sich an die Grundregel, daß ein steigender Preistrend solange intakt ist, wie die Preistiefs sukzessive höher liegen und daß ein fallender Preistrend an jeweils niedrigeren Preishochs zu erkennen ist.

Der Point & Figure-Chart gibt ein Kaufsignal, wenn der vorherige Höchstpreis erstmals überschritten wird und ein Verkaufsignal, wenn das letzte Preistief unterschritten wird.

Dazu einige Beispiele: Der Preis steigt auf 410, fällt auf 402 und steigt wieder auf 410 – dies ist noch kein Kaufsignal. Wenn er aber auf mindestens 412 steigt und damit ein neues Kästchen mit einem × ausgefüllt werden kann, liegt ein neues Kaufsignal vor. Umgekehrt: Der Preis fällt auf 400, steigt dann auf 408 und fällt anschließend auf 399 – dies ist noch kein Verkaufssignal. Dazu müßte er auf mindestens 398 fallen.

In der Praxis werden Sie sehen, daß es Zeiten gibt, in denen es angebracht ist, diesen Signalen zu folgen – und Zeiten, in denen der Chart immer wieder falsche Signale gibt. Dann folgt kurz auf ein Verkaufssignal ein neuerlicher Preisanstieg oder kurz auf ein Kaufsignal ein Preisrückgang. Charts welcher Art auch immer können Ihnen nicht dabei helfen, in der Nähe der Höchstpreise zu verkaufen und bei Tiefstpreisen zu kaufen, weil die entsprechenden Signale erst gegeben werden, nachdem der Preis bereits gefallen beziehungsweise gestiegen ist.

Point & Figure-Charts sind nur ein Hilfsmittel unter anderen. Manchmal sind sie nützlich, manchmal sogar irreführend. Um ein Gefühl für dieses Instrument zu bekommen, müßten Sie einen solchen Chart selbst über längere Zeit führen. Sie werden dann selbst sehen, daß Charts nie ein Ersatz für ein gutes Marktgefühl und für solide Information sein können, daß Point & Figure-Charts zumindest aber davor bewahren, lange Zeit und mit großen Verlusten schief zu liegen. Denn wenn eine Seitwärtsbewegung, eine Distributions- oder Akkumulationsphase einmal abgeschlossen ist, zeigen Point & Figure-Charts den Trend oft recht zuverlässig an.

Charts, dies ist unser Fazit, sind schädlich, wenn sie zur Doktrin erhoben werden – und sie können dem helfen, der sie pragmatisch benutzt, als ein Hilfsmittel neben anderen. Ganz an ihnen vorbeigehen kann man schon deswegen nicht, weil andere sie benutzen. Aber sie ändern nichts daran, daß erfolgreiche Anlage eine Kunst ist, keine Wissenschaft.

## IX. Meinung: Die eigene, die fremde

In den Tagen des Januar 1980, als Gold sich dem Spitzenpreis von $ 850 näherte, standen die Menschen Schlange vor einer der größten kanadischen Banken, der Guardian Trust in Montreal. Sie wollten nicht etwa Gold verkaufen, sie wollten kaufen. Einige von ihnen waren so gierig, daß sie sich schon nachts anstellten, um bei Öffnung der Bank sofort bedient zu werden. Je schneller die Goldpreise in diesen Januartagen stiegen, desto chaotischer wurden die Verhältnisse auf den Gehsteigen vor dem Geldinstitut. Schließlich mußten die Manager der Bank numerierte Karten für die Wartenden ausgeben. Diese Karten, die einen bestimmten Platz in der Schlange garantierten, wurden bald gegen Geld gehandelt. Und mit dem Goldpreis stieg auch der Preis der Karten.

Mehr als zwei Jahre später, am 15. März 1982, als Gold auf $ 312 fiel, standen die Menschen wieder Schlange vor der Bank. Diesmal, Sie werden es erraten, um Gold zu verkaufen. Vielleicht war es sogar dasselbe Gold, das sie im Januar 1980 gekauft hatten.

In Zürich ging es in jenem März 1982 ruhiger zu. Aber auch dort glaubten die meisten Investoren, nichts könne den Preissturz des Goldes bremsen, und sie vergaßen dabei, daß es für jeden Verkäufer einen Käufer geben muß und daß das Spiel stets auf die Frage hinausläuft, welche Seite intelligenter ist. In jenem März verkauften auch in Zürich nicht wenige deutsche und Schweizer Kunden panikartig ihr Gold, das sie jahrelang bei fallenden Preisen unbeirrt gehalten hatten.

Ein Broker erzählte mir von einem großen Kunden, der am New Yorker Terminmarkt seit 1980 long in Silber gewesen war und der seine Positionen verzweifelt gehalten hatte, als der Silberpreis auf 40, 30, 20 und 10 Dollar fiel. Im Juni 1982, als Silber für kurze Zeit unter $ 5 notierte, mochte er nicht länger warten. Er verkaufte alles. Den restlichen Weg von fünf auf Null wollte er offenbar nicht mehr mitmachen.

Die eben geschilderten Szenen sind gar nicht untypisch für das Verhalten der großen Anleger. Der „Kleine Mann" hatte oft das bessere Timing, was sich an den Verkaufszahlen für Krügerrand immer wieder gut ablesen ließ. Auch die Statistiken zeigen, daß die Investoren immer dann besonders viel Barrengold kauften, wenn die Preise sehr hoch waren und vor einer längeren Talfahrt standen. Sie kauften 500 Tonnen Gold im Jahr 1974 und 374 Tonnen im Jahr 1979, als sich die Preise ihren Höhepunkten von $ 200 bzw. $ 850 näherten. Die niedrigen Goldpreise von 1976 und 1982 vermochten die Investoren hingegen nicht zu reizen. 1976 wurden nur 47 Tonnen gekauft, und 1982 nur 53 Tonnen. 1981 wurde netto von westlichen Anlegern sogar verkauft: die privaten Bestände verminderten sich absolut.

Wir haben es hier mit einem massenpsychologischen Phänomen zu tun, das sich selbstverständlich nicht auf den Goldmarkt beschränkt. Die Käufe amerikanischer Aktien, die über Schweizer Banken getätigt wurden, zeigen das gleiche Bild. 1982, als die Papiere an Wall Street außerordentlich billig waren, zeigte sich keinerlei Kaufinteresse. Im Frühjahr 1983 hingegen, als sich der Dow Jones seinem vorläufigen Höhepunkt von 1248 näherte, wurden amerikanische Aktien begeistert gekauft – dieselben Aktien, die man vorher oder nachher billiger hätte haben können, was besonders für Publikumslieblinge wie Technologieaktien galt. Über 90% der Menschen sind eben nicht als Einzelgänger geboren. Was sie tun, tun sie am liebsten, wenn es auch andere tun. In Gesellschaft fühlt sich nicht nur der politische Mensch, sondern auch der Anleger am wohlsten. Er hat Angst davor, mit einer Meinung oder einer Entscheidung allein zu stehen. Er zieht es vor, mit der Masse zu gehen und mit ihr zu irren.

Die Erklärung dafür ist vielschichtig. Bei professionellen Anlageberatern, die übrigens genauso massenpsychologischen Einflüssen unterliegen wie jeder private Anleger, mag es daran liegen, daß sie eine Art von Rückversicherung suchen. Eine Fehlentscheidung, die auf dem allgemeinen Konsensus beruhte, kann man ihnen schwer vorwerfen. Tun sie aber etwas, was fast alle Kollegen für falsch halten, und stellt es sich hinterher tatsächlich als falsch heraus, wird man sie fragen, warum sie nicht sehen konnten, wie die Zeichen der Zeit standen.

Abgesehen davon ist die Vorstellung, daß die Mehrheit meist unrecht hat, in einem demokratischen Zeitalter schwer erträglich. Und doch handelt es sich hier um eine empirische Tatsache. Mit der Zahl der Köpfe pflegt die Qualität der Gedanken abzunehmen. Bei einem Besuch New Yorker Brokerhäuser habe ich mit Erstaunen festgestellt, daß dort jeweils mehr als ein halbes Hundert Analytiker damit beschäftigt ist, über die künftigen Kurse von Aktien, Anleihen und Rohstoffen nachzudenken. Wenn die Prognosen eines solchen Hauses aber überdurchschnittlich gut waren, lag es fast ausschließlich an einem einzigen Mann. Die anderen dienten zum Vorzeigen. Kein Broker, keine Bank, die etwas auf sich hält, könnte sich auf ein Team von einem Chefanalytiker mit Assistenten und Sekretärin beschränken.

Tatsächlich ist ein instinktives Mißtrauen gegen die *Mehrheitsmeinung* eine Grundvoraussetzung erfolgreicher Anlagepolitik. Das heißt nicht, daß Sie zu jedem Zeitpunkt das Gegenteil dessen tun sollten, was die anderen tun. Dies kann für gewisse Perioden gefährlich und kostspielig sein. Massenpsychosen können extreme Werte erreichen – der schier unaufhaltsame Vormarsch des Silbers 1979 und Anfang 1980 ist das vielleicht beste Beispiel dafür.

Wie aber mißt man den Grad der allgemeinen Übereinstimmung? Sie können bestimmte Kommentatoren und Publikationsorgane verfolgen, die immer nur mit dem Strom schimmen und an den großen Wendepunkten der Märkte mit der Präzision einer Schweizer Uhr falsch liegen. Und Sie können davon ausgehen, daß ein Investment dann fast immer fragwürdig ist, wenn es die Massenmedien erst einmal entdeckt haben. Ich erinnere mich an eine Siegesmeldung in der Tagesschau des Deutschen Fernsehens zum Thema Gold – unmittelbar, bevor die Preise im Januar 1980 fielen. So etwas muß immer Verdacht erregen.

Ein recht präzises Instrument, um die Mehrheitsmeinung zu messen, kommt aus Amerika – von der Firma Market Vane in Kalifornien. An jedem Wochenende ermittelt die Firma, wieviel Prozent der Newsletters und Broker-Kommentare für die Edelmetalle, für andere Rohstoffe, Devisen und Aktien bullish sind, das heißt, Käufe empfehlen. Die Methode, dann das Gegenteil der Mehrheit zu tun, nennt man »contrary opinion« – gegenteilige Meinung.

Die meiste Zeit über bewegen sich diese Indizes auf neutralem Territorium und erreichen keine Extremwerte. Dann sind sie mehr oder weniger nutzlos. Fast immer aber lohnt sich ein Kauf, wenn der Prozentsatz der bullishen Kommentare unter 20 rutscht. Und fast immer ist ein Verkauf angebracht, wenn über 80% der professionellen Berater zum Kauf raten. Ist ein langfristiger Bull-Markt erst einmal in Gang gekommen, signalisiert bereits ein Index von 35 in der Regel gute Kaufgelegenheiten.

Wenn ich mich richtig erinnere, notierte der Index für Gold in den letzten zwei Jahren nur einmal unter 20%. Das war im März 1982, als der Unzenpreis auf $ 312 fiel. Die contrary opinion sagte uns damals, daß dies keine Zeit zum Verkaufen war, sondern eine klassische Kaufgelegenheit. Daß Käufe in einem derart pessimistischen Stimmungsumfeld außerordentlich schwer fallen, bedarf keines weiteren Kommentars.

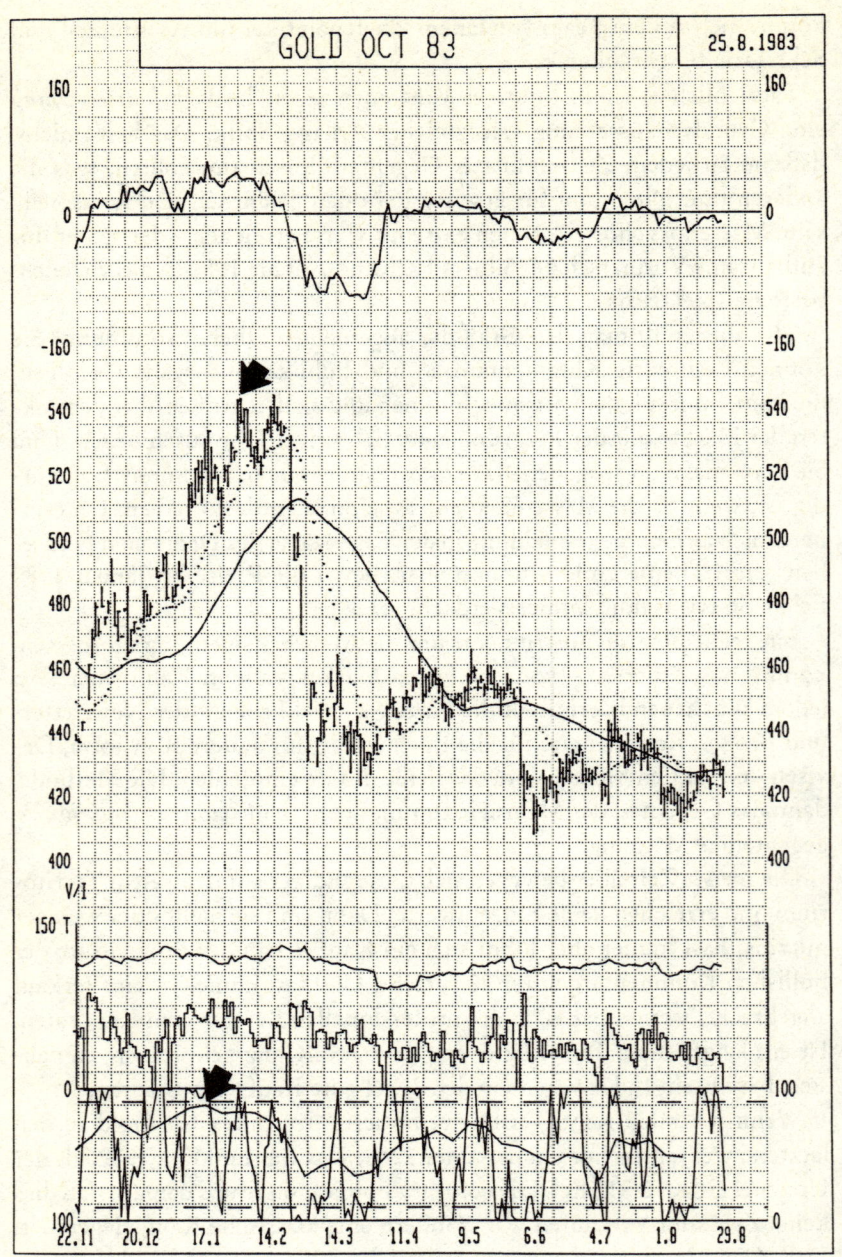

Umgekehrt lag der bullishe Konsens am 14. Januar 1983, als sich Gold der Marke von $ 500 näherte, bei 88%. Bis die Preise dann aber wirklich fielen – und zwar um $ 100 – dauerte es noch gut fünf Wochen. Daraus sehen Sie, daß die Mehrheit durchaus länger recht behalten kann, als man es vermutet – daß sie schließlich aber doch widerlegt wird. Und Gold hätte im Februar 1983 durchaus noch auf 520, 530 oder 550 Dollar steigen können, bevor die Korrektur einsetzte. Gekommen aber wäre sie in jedem Fall. (Januar 1983: Siehe Pfeile.)

Solange Sie sich an den einfachen Grundsatz halten, bei einem Index von über 80% nichts hinzuzukaufen, sondern zumindest einen Teil zu verkaufen und bei Indexzahlen von unter 20% nichts zu verkaufen, sondern mit dem Kaufen anzufangen – solange Sie dies tun, können Sie nicht sehr viel falsch machen.

Dasselbe gilt übrigens auch für den Aktienmarkt. Wie Sie aus dem abgedruckten Ebert-Chart des amerikanischen Aktienindex' Standard & Poors sehen, lag der bullishe Index im Frühjahr 1983 lange Zeit sehr hoch und erreichte Mitte Juni eine Spitze von 88% – unmittelbar, bevor die Aktien zu fallen begannen. (Siehe Pfeil.)

Auch bei den US-Bonds hat sich die Methode der contrary opinion in den letzten Jahren immer wieder bewährt. Jedes Tief der Bond-Kurse war begleitet von einer extrem bearishen Stimmung, jedes Hoch – zuletzt das von Anfang Mai 1983 – von der allgemeinen Überzeugung, daß die Kurse weiter steigen und die Zinsen weiter fallen müßten. Auch der amerikanische Zinspapst *Henry Kaufman* spielt in dieser Hinsicht eine brauchbare Rolle. An den großen Wendepunkten des amerikanischen Zinses lag er fast immer falsch.

Machen Sie es sich zur Gewohnheit, die contrary opinion bei Ihrem Bankberater oder Broker regelmäßig abzufragen. Sie ist in Europa jeden Mittwoch erhältlich und gibt den Stand vom vergangenen Wochenende wieder.

Um an der Börse erfolgreich zu sein, so heißt es, braucht man die vier G's: Geld, Geduld, Glück und Gedanken. Die vierte Zutat macht dabei meist die größten Schwierigkeiten, denn der Anleger wird, wenn er sich schon eigene Gedanken macht, gleichzeitig mit denen anderer konfrontiert sein und wird immer wieder zwischen eigenen und fremden Gedanken zu wählen haben.

Hier sind wir an einem Punkt angelangt, der eine nicht einfache Entscheidung verlangt: Soll ich mein Geld selbst verwalten oder soll ich es

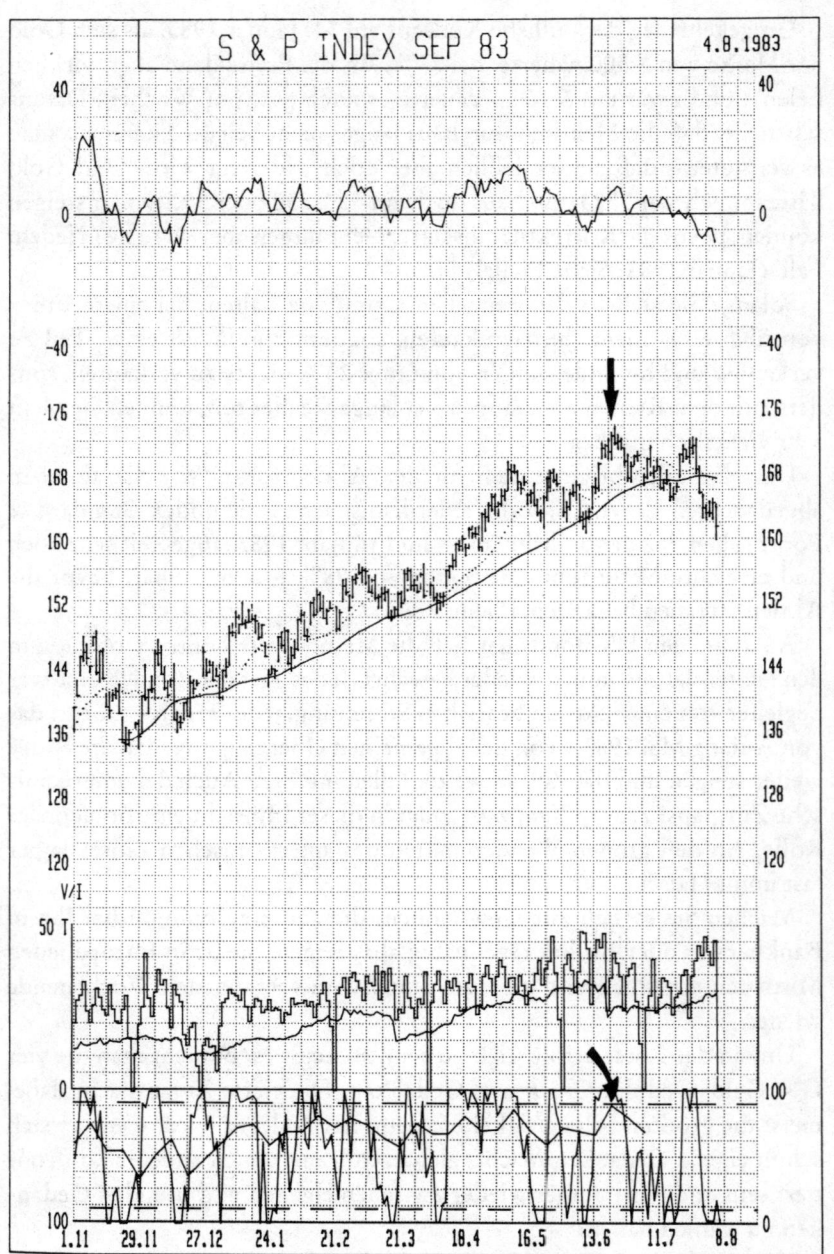

von einer Bank, einem Fonds oder einer Vermögensverwaltung managen lassen? Dazu muß ich mich selbst genau kennen. Ein Anleger, der gut informiert ist, eine selbständige Meinung hat, die notwendigen psychischen Voraussetzungen mitbringt und konsequent an der Ausmerzung der schlimmsten Fehler arbeitet, wird Spaß daran haben, sein Geld selbst zu verwalten, und er sollte dies auch tun.

Es gibt aber auch Anleger, denen die notwendige Zeit fehlt, die mit den Märkten nicht vertraut sind und die den Tücken des Investmentprozesses nicht gewachsen sind. Solche Anleger sind dazu verdammt, einen Fehler nach dem anderen zu machen, ihr Kapital wird immer weniger – und sie sollten wirklich professionellen Rat suchen bzw. ihr Geld von jemandem verwalten lassen, der dafür bessere Voraussetzungen mitbringt.

An dieser Stelle können wir an dem Thema *Börsendienste* nicht vorübergehen. In den USA läßt es sich kein ehrgeiziger Investor nehmen, mehrere Dienste gleichzeitig zu lesen, während in Europa immer noch die Einstellung überwiegt, man müsse an den Kosten für Information sparen, auch wenn diese nur einen Bruchteil der Kommissionen und Spesen ausmachen, die jährlich ohnehin auf einem Konto anfallen.

Das erinnert mich an ein Gespräch mit einem Zürcher Farm-Verwalter, der einem deutschen Kunden eine US-Farm im Wert von mehreren Millionen Dollar verkaufte, den Kunden aber nicht dazu bewegen konnte, in die Vereinigten Staaten zu fliegen und die Farm vorher anzusehen. Der Kunde wollte, wo er schon so viel Geld ausgab, wenigstens die Kosten für den Flug einsparen. Als der Farm-Verkäufer ihm nach Vertragsunterzeichnung ein Flugticket schenkte, kannte die Freude und Dankbarkeit des Kunden keine Grenzen.

Da ein gewisses Maß an Information wirklich nicht schaden kann, werde ich Ihnen nun einige Zeitungen und Börsendienste nennen, die für Sie vielleicht in Frage kommen:

Den besten Wirtschaftsteil aller deutschsprachigen Zeitungen hat die »Neue Zürcher Zeitung« – er ist gründlich, zuverlässig und durchaus mit analytischem Anspruch. Die Berichterstattung über die amerikanische Geldpolitik, die internationale Schuldenkrise und den Ölmarkt ist überdurchschnittlich gut. Die NZZ gibt keine Anlageberatung, aber das ist auch gar nicht die Aufgabe einer Zeitung.

Anregungen für Anlageentscheidungen finden Sie im »*Blick durch die Wirtschaft*«, der von der FAZ herausgegeben wird. Die Qualität der Artikel ist uneinheitlich, woran das Fehlen eines Chefredakteurs schuld sein

## Gold – bevor die Hausse begann

»Die westlichen Investoren aber, verunsichert durch die Presse, bestehen auf einem alten Grundrecht der Anleger, nämlich dem des falschen Timings. Dies trifft selbst auf das Management feiner Genfer Privatbanken zu, die noch 1982 in panischer Angst Gold verkauften, obwohl sie doch schon 1980 reichlich Gelegenheit dazu gehabt hätten. Profis und Amateure werden am Goldmarkt offenbar von den gleichen Emotionen geleitet: von der Gier, wenn die Preise hoch sind und von Furcht, wenn sie fallen.«

»Es gibt nichts Neues unter der Sonne, auch am Goldmarkt nicht. 1969 begann die erste Baisse – prompt verkauften die Investoren netto 53 Tonnen. 1970 begann zögernd ein neuer Bull-Markt – die Investoren verkauften erst recht, nämlich 341 Tonnen. 1973 und 1974, als Gold richtig schön teuer wurde, waren die Investoren natürlich zur Stelle: gierig kauften sie mehr als 1000 Tonnen in zwei Jahren. 1976 fiel Gold fast auf 100 Dollar im August, als dann ein neuer Bull-Markt begann – die Investoren fanden an den niedrigen Preisen keinen Gefallen. 1979 aber, als Gold ein Vielfaches des Preises von 1976 kostete, kauften sie siebenmal so viel wie 1976.«

»Die Erfahrung zeigt: Die Investoren sind zittrige Hände, sie kaufen und verkaufen stets zu spät. Ein Bull-Markt, der von Anfang an auf einer regen Investorennachfrage aufgebaut wäre, hätte keine lange Lebenserwartung.«

»Ganz anders die Schmuckindustrie, die ohnehin erheblich mehr Gold abnimmt als die Gemeinde der Anleger. Jeder Bull-Markt, wirklich jeder, begann auf dem Fundament einer kräftigen Nachfragesteigerung der Schmuck-Industrie. 1970 war dies nicht anders als 1976 und 1982. Ein besonders guter Indikator ist der Schmuckabsatz in den Entwicklungsländern. Hier hatten wir bisher zweimal einen Netto-Rückfluß von Schmuck, der von den Kunden enthortet und anschließend eingeschmolzen wurde. In welchen Jahren wohl? 1974 und 1980, zu Höchstpreisen.«

»Die gewohnten Bedingungen für eine neue Hausse – dies ist unser Fazit – sind wieder einmal gegeben: Von 1980 bis 1981 stieg die weltweite Schmucknachfrage um 400%, und gleichzeitig fiel die weltweite Investmentnachfrage auf unter Null.«

»Ein Fazit unserer Überlegungen ist es, daß langfristige Preisprognosen – so interessant sie sein mögen – kein Ersatz für eine ständige Beobachtung des Goldmarktes und seiner wechselnden Bedingungen sein können. Möglich sind extreme Preissteigerungen in den kommenden Jahren durchaus – allein deswegen, weil es auf der Welt so viel Papiergeld und so wenig Gold gibt. Im Vergleich zu den internationalen Anleihe- und Aktienmärkten ist der Goldmarkt geradezu winzig. Gold ist immer noch die Anlage einer sehr kleinen Minderheit. Man kann nur hoffen, daß es dabei bleibt. Denn ein wirklicher Run auf das Gold, den wir selbst 1974 und 1980 nicht erlebt haben, würde den Markt funktionsunfähig machen. Nehmen wir nur die Japaner: selbst wenn sie nur 0,25% ihrer privaten Ersparnisse in Gold anlegen würden, ergäbe dies eine Menge von 300 Tonnen – fast ein Drittel der gesamten Minenproduktion der freien Welt.«

Quelle: G & M, 29. Juli 1982

mag. Kenner lesen die Zeitung von hinten nach vorne, nicht zuletzt wegen der Berichte von Arnd Hildebrandt, die gewöhnlich unter dem Kürzel (hi.) auf der letzten und vorletzten Seite erscheinen. Über den Goldmarkt schreibt Hildebrandt mit großer Sachkenntnis und ist damit eine Ausnahmeerscheinung im deutschsprachigen Finanzjournalismus.

Die beste Zeitung, die man für Geld kaufen kann, ist wohl nach wie vor die Londoner *»Financial Times«* – und dies gilt nicht nur für den wirtschaftlichen, sondern auch für den politischen Teil. Die Financial Times versucht nicht, ihre Meinung zu oktroyieren, was deutsche Blätter leider allzu oft tun, sie informiert und analysiert mit einem Höchstmaß an Sachkenntnis und Objektivität.

Vom *»Wall Street Journal«*, das seit 1983 in einer europäischen Ausgabe erscheint, kann man das nicht behaupten. Gewiß eine amüsante, aber oft oberflächliche Zeitung, mit umfassendem Kursteil. Und kein Blatt gibt die in den USA gerade in Mode befindliche Meinung so schön undifferenziert wieder.

Ein hervorragendes Wochenmagazin ist der britische *»Economist«* – auch er hat kein Pendant im deutschsprachigen Raum.

Eine umfassende Analyse der monetären Entwicklungen, besonders in den USA, bietet der monatliche *»Bank Credit Analyst«*, der sich rühmen darf, der teuerste Finanzdienst der westlichen Welt zu sein. (BCA Publications Ltd., 3463 Peel Street, Montreal, Quebec, Canada H3A 1W7; Jahresabonnement: $ 445.) Die Beurteilung der Goldmärkte ist manchmal ein wenig sachfremd, und die Goldpreisprognosen sind nicht übermäßig treffsicher. Trotzdem eine ebenso anspruchsvolle wie anregende Lektüre.

Wer an langfristigen Edelmetall- und Devisencharts interessiert ist, wird die *»Aden Analysis«* nützlich finden, hinter der sehr viel Arbeit steckt. Zusätzlich bieten die Aden-Sisters den Nervenkitzel extrem hoher Goldpreisprognosen für 1985/86. Der Dienst leistet aber kaum praktische Trading-Hilfe. Preisentwicklungen auf Sicht von ein paar Monaten sind nicht die Stärke der Aden-Sisters. Der Dienst erscheint monatlich. (Adam Smith Publishing, 4425 W. Napoleon Ave., Metairie, LA 70001, USA; Jahresabonnement: $ 250.)

Einer der intelligentesten nordamerikanischen Chartisten – und dabei kein verbohrter – ist wohl der Kanadier Ian McAvity. In puncto Gold, Währungen und besonders US-Aktien hat er öfter recht als unrecht. An seinem Dienst, der zweimal im Monat erscheint, ist nichts auszusetzen. (Deliberations, The Ian McAvity Market Letter, P. O. Box 182, Adelaide

Street Station, Toronto, Ontario, Canada, M5C 2J1, Jahresabonnement: $ 185.)

Kaum Text, dafür aber viele Goldminen-Charts – darunter alle wichtigen südafrikanischen Titel – bringt der *»International Gold Digest«*. (Indicator Research Group, Palisades, Park, New Jersey 07650, USA; Jahresabonnement: $ 190.)

Mehr Hintergrund als irgendwo sonst zur internationalen Währungssituation und zur Schuldenkrise finden Sie in der alle zwei Monate erscheinenden *»International Currency Review«*. Sie kommt aus London. Jedes Heft ist weit über 100 Seiten stark, die sich stets spannend lesen, aber gute Englischkenntnisse voraussetzen. Eine sehr nonkonformistische Publikation. (World Reports (UK) Ltd., 108 Horseferry Road, London SW1P 2EF, England; Jahresabonnement $ 200.)

Eine Stimme der Vernunft aus Amerika ist das *»Economic Education Bulletin«*. Die Beobachtung der US-Konjunkturzyklen ist ausgezeichnet. Das Blatt ist mehr wert, als es kostet. (American Institute for Economic Research, Great Barrington, Massachusetts 01230, USA; Jahresabonnement $ 17.)

In Deutschland und der Schweiz erscheint nur ein Fachdienst für Edelmetalle, der aber auch Währungen und Zinstrends kommentiert: *GOLD & MONEY INTELLIGENCE*. Da der G&M-Herausgeber mit dem Autor dieses Buches identisch ist, müssen Sie sich schon selbst ein Urteil über G&M bilden. (BANDULET PUBLISHING AG, Artherstraße 5, CH-6301 Zug/Schweiz; Jahresabonnement SFr. 300, Probeexemplar SFr./DM 20.)

Drei Chart-Dienste, aus denen wir in diesem Buch mit freundlicher Genehmigung der Verlage abdrucken durften, könnten für Sie interessant sein:

Die *Hoppenstedt-Charts* sind besonders leicht zu lesen, da es sich um normale Linien-Charts handelt. Das Heft »Devisen« enthält Währungen, Edelmetalle, Rohstoffindizes und Zinssätze. Es erscheint alle zwei Wochen und ist 64 Seiten stark. (Hoppenstedt & Co., Havelstraße 9, D-6100 Darmstadt 1, monatlich DM 47.)

Die Firma *Richard Ebert GmbH* veröffentlicht wöchentlich Bar-Charts von Rohstoffen, Währungen und Aktien-Indizes, die an den amerikanischen Terminbörsen gehandelt werden – außerdem Terminpreise von in London gehandelten Rohstoffen. Abonnenten in der Bundesrepublik haben das Heft gewöhnlich samstags oder montags auf dem Tisch.

(Richard Ebert GmbH, 6419 Burghaun 1, Schloßstraße 40. Korrespondenzadresse Schweiz: Fortuna Finanz-Verlag, W. Heidelberger AG, CH-8172 Niederglatt; Bezugspreis für ein Jahr: DM 1 404.)

Point & Figure-Charts von allen Weltbörsen, Devisen- und Edelmetallmärkten publiziert die englische Firma *Chart Analysis*. Der »Commodities Weekly Technical Report« kostet £ 350 im Jahr für kontinentaleuropäische Bezieher. Die 130-seitige »International Point and Figure Library«, die wöchentlich erscheint, kostet £ 950. (Chart Analysis Ltd., 37–29 St. Andrew's Hill, London EC4V 5DD.)

Was kann der Investor eigentlich von einem guten Börsendienst verlangen und was nicht? Zum einen, daß der Dienst öfter recht hat als er sich irrt. Das klingt vielleicht bescheiden, ist aber schon sehr viel. In den USA haben Untersuchungen ergeben, daß die Mehrheit der Börsendienste öfter falsch als richtig liegt. Wenn der Anleger vor einer Entscheidung gewürfelt hätte oder Pfeile auf eine Liste von Investments geworfen hätte, wären seine Chancen besser gewesen.

Das wichtigste an einem Finanzberater ist, daß er weiß, wovon er spricht, daß er sein Gebiet gründlich kennt, daß er die Gabe der Intuition besitzt und daß er sowohl finanziell als auch intellektuell unabhängig ist. Ob diese Voraussetzungen im einzelnen Fall gegeben sind, werden Sie als aufmerksamer Beobachter schnell herausfinden.

Heiße Tips und vertrauliche Insider-Informationen helfen da wenig. Richtiges Investieren ist ein kontinuierlicher Vorgang, und keine Angelegenheit von Tips hinter vorgehaltener Hand. Und zum Thema »Vertrauliches« ist zu sagen, daß ein guter Marktkenner selbstverständlich vertrauliche Dinge erfährt – oft aber mit der Auflage, sie nicht zu veröffentlichen.

Der mit Abstand auflagenstärkste deutsche Informationsdienst nennt sich übrigens *»Vertrauliche Mitteilungen«*. Die Redakteure haben es offenbar verstanden, eine Lücke zu füllen, die die Zeitungen offen ließen. (Verlag Arbeit und Wirtschaft GmbH, Junkerstraße 46, D-7701 Büsingen. DM 14 monatlich).

Es gehört wohl eine gewisse intellektuelle Reife dazu, zu erkennen, daß exakte Preisprognosen, womöglich über Jahre hinweg, zwar unterhaltsam sein mögen, aber nichts anderes als Spielerei sind oder – schlimmer noch – ein Werbegag, mit dem diese Prognostiker auf sich aufmerksam machen wollen. Jeder Profi weiß, daß derartige Preisprognosen seinem Ruf schaden würden – aber das ändert nichts daran, daß das Publikum sie immer wieder gierig aufnimmt.

Hüten Sie sich vor einfachen Rezepten. Sie dürfen nicht vergessen, daß Anlage und Spekulation ein Null-Summen-Spiel und eine Art von Kriegsführung sind. Es gibt immer eine Gegenpartei, die verdienen will und verdienen wird, was Sie verlieren. Und den Profit, den Sie selbst machen, nehmen Sie gewöhnlich einem anderen weg. In jeder aktuellen Marktsituation kann nur eine Seite – die der Käufer oder die der Verkäufer – recht haben und recht behalten.

In diesem Krieg müssen Sie sich in den Gegner, sei er Haussier oder Baissier, hineinzusetzen versuchen. Sie müssen sich fragen, ob die Gegenseite aus starken oder schwachen Händen besteht. Sie müssen das Gelände, auf dem Sie operieren, genau kennen. Das Gelände, das ist der Markt. Sie brauchen eine klare Strategie und eine intelligente Taktik – und Reserven, falls es kritisch wird. Sie müssen bereit sein, auch einmal Terrain aufzugeben, Rückzüge anzutreten und Verluste zu realisieren. Sie werden immer wieder einmal ein Gefecht verlieren – es kommt lediglich darauf an, den Feldzug am Ende gewonnen zu haben.

In diesem Feldzug, den man ohne Verbissenheit und möglichst lässig führen sollte, gibt es keinen Fehler, der nicht irgendwann schon einmal gemacht worden wäre. Tatsächlich sind die häufigsten Fehler so banal, daß es überflüssig zu sein scheint, darüber zu sprechen. Dennoch stellen Sie eine Versuchung dar, gegen die immer wieder aufs Neue angekämpft werden muß. Lassen Sie uns diese Fehler der Reihe nach durchgehen.

Fehler 1: Sie setzen alles auf eine Karte... Das tun Sie natürlich nur, wenn Sie ganz sicher sind, daß eine wirklich profitable Preisbewegung bevorsteht. Aber das ist ja gerade der Fehler: Sie sind sich ganz sicher. Und dabei vergessen Sie die eiserne Regel, daß Kapitalerhaltung immer vor Kapitalvermehrung geht. Solange Sie genug Geld auf dem Konto haben, bleiben sie operationsfähig – und es ist nebensächlich, ob Sie einmal eine Gelegenheit verpassen. Die nächste kommt bestimmt. Die können Sie aber nur wahrnehmen, wenn Sie über genügend Mittel verfügen. Bringen Sie sich nie in eine Situation, in der Ihr finanzielles Überleben von den Launen des Marktes abhängt. Geschäfte mit überdurchschnittlichen Gewinnchancen gibt es durchaus, aber dann sind auch die Risiken überdurchschnittlich groß. Es kann gar nicht anders sein.

Fehler 2: Sie rechnen nicht mit dem Unerwarteten... Kalkulieren Sie immer von Anfang an die Möglichkeit mit ein, daß der Markt gegen Sie laufen könnte. Sie brauchen gar nicht viel Phantasie, um sich vorzustellen, was passieren könnte, damit die Preise steigen anstatt zu fallen, fallen anstatt zu steigen. Überlegen Sie sich vorher, welchen Verlust Sie bereit sind einzustecken, beziehungsweise, wann Sie liquidieren würden.

Fehler 3: Sie sind sich zu sicher... Erlauben Sie sich lieber bei jedem Engagement die leise Befürchtung, daß es falsch sein könnte. Das ist etwas ganz anderes als lähmende Angst, ständige Zweifel und Mutlosigkeit, die allesamt keine guten Ratgeber bei Börsengeschäften sind. Sanfter Zweifel, ob Sie recht haben, erhöht die Wachsamkeit und ist der beste Schutz gegen Sorglosigkeit. Ein wirklich profitabler Kauf oder Verkauf muß schwer fallen, weil er immer gegen die vorherrschende Meinung geschieht. Wenn eine Entscheidung leicht aussieht, entspricht sie meist dem breiten Konsensus – und ist schon dadurch riskant.

Fehler 4: Sie haben keine Geduld... An jedem beliebigen Markt ergeben sich pro Jahr vielleicht nur zwei, drei oder vier wirklich gute Gelegenheiten. Darauf müssen Sie warten können, notfalls monatelang. Wer Gold in den sechziger Jahren zu $ 35 kaufte, mußte sogar jahrelang warten, bis die Preise explodierten. Versuchen Sie nicht, im Handumdrehen reich zu werden. Lösen Sie nie eine Position nur deswegen auf, weil sich die Preise lange Zeit nicht bewegen.

Fehler 5: Sie setzen sich starre Preisziele... Dann kann es leicht passieren, daß Sie entweder zu früh oder viel zu spät verkaufen. Sie sollten immer erst dann liquidieren, wenn Sie das Gefühl haben, ein bestimmter Preistrend sei ausgereizt. Ob die Differenz dann 10% oder 100% zu ihrem Einstandspreis ausmacht, darf keine Rolle spielen. Nur flexible Spekulanten sind gute Spekulanten. Man darf nicht recht behalten wollen. Man muß jederzeit bereit sein, seine Meinung zu ändern.

Fehler 6: Sie versuchen, zum Höchstpreis zu verkaufen und zum Tiefstpreis zu kaufen... Das ist aber pure Glückssache. Meist führt schon der Versuch dazu, daß Sie viel zu spät verkaufen oder kaufen. Die letzten paar Prozente einer Preisbewegung sind immer unberechenbar. »Ich wurde reich, weil ich zu früh verkaufte«, sagte einmal ein amerikanisches Finanzgenie.

Fehler 7: Verkaufen fällt ihnen schwerer als kaufen... Bei einer langfristigen Anlage, die auf einer richtigen Grundentscheidung beruht, brauchen Sie nicht ständig ans Verkaufen zu denken. Bei Differenzgeschäften jedoch muß nach einer überschaubaren Zeit verkauft werden, sonst werden aus Buchgewinnen nie realisierte Gewinne. Aber nur eine Minderheit von Spekulanten realisiert gerne Gewinne. Die meisten haben unerfindliche innere Hemmungen, zu verkaufen.

Fehler 8: Sie können keine Verluste realisieren... Begrenzen lassen sich Verluste aber nur, wenn sie realisiert werden. Stecken Sie sie mit einem Lächeln ein, denn nur so sichern Sie Ihre Kapitalbasis für spätere neue Engagements. Bei der Frage, ob verkauft werden soll oder nicht, muß allein die Verfassung des Marktes den Ausschlag geben. Ob Sie gerade im Minus oder Plus sind, darf dabei keine Rolle spielen. Fragen Sie sich auch: Würde ich jetzt kaufen, wenn ich nichts hätte? Würde ich jetzt verkaufen, wenn ich long wäre? Dabei kann es nicht schaden, wenn Sie einen Chart auf den Kopf stellen, um eine neue Perspektive zu gewinnen. Probieren Sie es einmal aus. Im übrigen gibt es kein gut geführtes Konto ohne gelegentliche Verluste. Nur die Größe der Verluste – und der Saldo zwischen Gewinn und Verlusten – unterscheidet den guten vom schlechten Spekulanten.

Fehler 9: Sie sind in zu vielen Investments engagiert... Beschränken Sie sich lieber auf wenige, die Sie überschauen können und von denen Sie etwas verstehen. Je mehr Sie sich verzetteln, desto größer die Wahrscheinlichkeit, unter dem Strich schlecht abzuschneiden. Niemand kann Spezialist für alles sein.

Fehler 10: Sie sind zu oft engagiert... Es muß aber immer wieder Perioden geben, in denen Sie gar nichts tun. Weil nur so die Nerven intakt bleiben und weil sich gute Gelegenheiten ohnehin nur ein paar Mal im Jahr ergeben. Glauben Sie nicht, daß Sie ständig etwas tun müßten. Sie müssen gar nichts tun. In Zugzwang sind Sie erst, wenn Sie long oder short gegangen sind.

Fehler 11: Sie haben immer ein Urteil über den Markt... Den Profi aber erkennen Sie daran, daß er weiß, wann er kein Urteil zu haben hat. Leisten Sie sich immer wieder längere Perioden der Unentschiedenheit, treffen Sie einen Entschluß erst dann, wenn Sie glauben, die Chance sei nun erheblich größer als das Risiko. Ein Markt, der Ihrer Meinung nach genauso gut $ 10 fallen wie steigen könnte, ist uninteressant.

Fehler 12: Sie sehen den Trend vor den Preisen nicht... Ein Tagespreis besagt aber wenig. Nur am Trend können Sie verdienen, nicht an täglichen Schwankungen. 99% der privaten Spekulanten haben weder die Zeit noch die Routine für erfolgreiches day-trading. Wenn Sie das nicht glauben, probieren Sie es einmal aus. Sie werden sehen, es lohnt sich nicht.

Fehler 13: Sie versuchen, dem Markt vorzuschreiben, was er tun soll... Wichtiger, als zukünftige Preistrends vorhersehen zu wollen, ist es, gegenwärtige zu erkennen und zu akzeptieren, solange sie in Kraft sind.

Stellen Sie sich das Bild eines Baumes vor, der sich im Sturm biegt, um nicht zu brechen. Ein Preis muß nicht deswegen steigen, weil Sie gekauft haben oder fallen, weil Sie short sind. Rechthaberei und Unbescheidenheit rächen sich immer.

Fehler 14: Sie laufen ständig der Masse nach... Die Mehrheitsmeinung müssen Sie registrieren, aber Sie müssen dazu auf Distanz bleiben. Die Mehrheit kann lange recht behalten, aber zum Schluß bekommt sie immer unrecht.

Fehler 15: Sie neigen zu Gier und Panik... Hier liegt die Wurzel der wirklich großen Fehler, die Anleger und Spekulanten machen. Instinkt brauchen Sie an der Börse, Emotionen sind Gift.

Fehler 16: Sie versuchen krampfhaft, Verluste schnell wieder hereinzuholen... Das ist der ungeeignetste Gesichtspunkt für neue Engagements. Jede Position muß aus sich selbst heraus beurteilt werden. Analysieren Sie genau, warum Sie Verluste gemacht haben – und vergessen Sie sie anschließend.

Fehler 17: Sie lesen zu viel oder zu wenig... Überinformation aus nicht kompetenten Quellen verwirrt oder schadet. Aber ohne solide Information sind Ihre Chancen an den Finanzmärkten minimal.

Fehler 18: Sie ärgern sich über verpaßte Gelegenheiten... Eine höchst destruktive Charaktereigenschaft. Sie lenkt nur von kommenden Gelegenheiten ab.

Fehler 19: Sie limitieren ständig... Ein paar Punkte sparen oder hinzugewinnen zu wollen, zahlt sich selten aus. Wenn der Markt gut aussieht, sollten Sie bestens kaufen. Wenn er zu riskant wird, ziehen Sie sich zurück. Limitierte Aufträge sind Glückssache und eignen sich eigentlich nur für Positionen, die Sie nicht wirklich verkaufen müssen oder nicht unbedingt kaufen wollen. Wenn schon, dann limitieren Sie nur einen Teil Ihrer Aufträge.

Fehler 20: Sie halten Geld für die wichtigste Sache der Welt... Das ist es aber nicht. Anlage und Spekulation müssen Spaß machen, sonst gelingen sie nicht. Das Geld kommt mit Vorliebe zu dem, der es nicht nötig hat.

Mit diesen 20 Punkten wollte ich keine Regel aufstellen, sondern lediglich zum Nachdenken anregen. Lesen Sie diese Bemerkungen vielleicht noch einmal durch, wenn Sie in einer schwierigen Situation eine Entscheidung treffen müssen. Vielleicht trifft dann der eine oder andere Punkt auf Ihre Situation zu.

Eine Theorie der erfolgreichen Anlage und Spekulation gibt es jedenfalls nicht. Denn das Investieren ist, wie bereits gesagt wurde, eine Kunst und keine Wissenschaft. Und Kunst lebt von Erfahrung und Intuition.

»Es gibt keine Grundsätze«, sagte Balzacs Vater Goriot, »es gibt nur Ereignisse; es gibt keine Gesetze, es gibt nur Gelegenheiten: der überlegene Mann ergreift die Ereignisse und Gelegenheiten, um sie zu beherrschen, auszunutzen.«

## X. Bankgeheimnis: Wenn Gold privat bleiben soll

Goldbesitzer zählen in der Regel zu jenem Kreis altmodischer Anleger, die der Meinung sind, daß finanzielle Angelegenheiten vor dem Einblick Dritter geschützt werden sollten. Sie halten ein funktionierendes Bankgeheimnis für ein wichtiges Attribut eines liberalen Rechtsstaates – und mit Mißtrauen beobachten sie, wie die private Sphäre in den meisten Massendemokratien immer mehr eingeengt wird.

Der Erfolg des Finanzplatzes Schweiz beruht, warum sollte man es verschweigen, zu einem nicht geringen Teil auf dem dortigen Bankgeheimnis, das zwar nicht absolut ist, aber doch strikter gehandhabt wird als in allen anderen europäischen Staaten – Liechtenstein ausgenommen.

In der jüngsten Vergangenheit ist aber selbst die Schweiz ins Gerede gekommen – Grund genug, auf dieses Thema ausführlicher einzugehen und einige falsche Vorstellungen auszuräumen.

Total ist auch das Schweizer Bankgeheimnis nicht, denn dies würde anonyme Konten voraussetzen, die auch in der Schweiz nicht eröffnet werden dürfen. Auch *Nummernkonten* sind nicht anonym. Sie bewirken nicht einmal eine Verschärfung des Bankgeheimnisses, sondern sind rechtlich anderen Konten gleichgestellt. Der Vorteil der sogenannten »Nummernkonten« liegt lediglich darin, daß der Inhaber nur einer begrenzten Zahl von Bankangestellten bekannt ist.

Wer mit seinen Anlagen in der Schweiz der Bank gegenüber anonym bleiben möchte, hat folgende Möglichkeiten:

- Er kann Bargeschäfte am Schalter tätigen. Bis zu einem Gegenwert von 500 000 Franken kann er beispielsweise Gold ohne Angabe seines Namens kaufen und es in einem Safe verwahren – bei der Vermietung des Schrankfachs muß die Bank allerdings seine Identität feststellen.
- Er kann das Konto durch einen Anwalt oder Treuhänder seines Vertrauens eröffnen lassen – womit sich freilich die Pflicht zur Verschwiegenheit lediglich auf einen anderen Personenkreis verlagert.
- Er kann ein *Inhabersparheft,* das bereits früher eröffnet wurde, von einem Dritten kaufen – hier bleibt er anonym, kassiert aber nur sehr niedrige Zinsen.

## Was ist das schweizerische Bankgeheimnis?

Das schweizerische Bankgeheimnis findet seine rechtliche Grundlage auf zwei Ebenen: der privatrechtlichen und der strafrechtlichen.

Aufgrund des Vertrauensverhältnisses zwischen Bank und Kunde und der *Vertragsabrede* der Partner ist der Geheimnisanspruch des Kunden einerseits stillschweigend vereinbarte Nebenverpflichtung der Bank. Andererseits ist der Geheimnisschutz durch die Persönlichkeitsrechte gegeben. Das Bankgeheimnis ist keineswegs ein Recht, sondern eine *Pflicht* der Bank. Eine Verletzung der Geheimhaltungspflicht gibt dem Kunden einen privatrechtlichen *Schadenersatzanspruch,* bei besonderer Schwere des Delikts sogar einen solchen auf Genugtuung.

Die intensiven Nachforschungen der nationalsozialistischen Machthaber in Deutschland nach jüdischen Fluchtgeldern in der Schweiz veranlaßten den Gesetzgeber, neben den privatrechtlichen Schutz des Bankgeheimnisses dessen strafrechtliche Absicherung zu stellen. Durch *Artikel 47* des schweizerischen Bankgesetzes wird die Schweigepflicht insofern verstärkt, als dadurch auch strafrechtliche Sanktionen bei Verletzung der Geheimhaltungspflicht angedroht werden. Wer folglich als Organ, Angestellter, Beauftragter, Liquidator oder Kommissär einer Bank, als Beobachter der Bankenkommission (Aufsichtsbehörde), als Organ oder Angestellter einer anerkannten Revisionsstelle Geheimnisse offenbart, die ihm durch seine Tätigkeit bekannt geworden sind, wird mit Gefängnis oder Busse bestraft. Dies nicht nur wenn er vorsätzlich, sondern auch wenn er *fahrlässig* gehandelt hat. Auch Anstiftung und Anstiftungsversuch sind nach Art. 47 wie eine vorsätzliche Geheimnisverletzung zu bestrafen.

Das Bankgeheimnis ist generell sehr *weitreichend,* schützt es doch auch alle nicht allgemein bekannten Tatsachen. Es überdauert selbst das konkrete Vertragsverhältnis, d. h. der Kunde ist nach Aufgabe der Bankverbindung immer noch geschützt.

Das Bankgeheimnis in der Schweiz ist aber – im Gegensatz zur weitverbreiteten Meinung im Ausland – durchaus kein *absolutes Recht.* Es hat seine Grenzen, die vor allem durch die Zeugnis- und Auskunftspflicht sowie die Akteneditionspflicht gesetzt werden.

Quelle: Das schweizerische Bankgeheimnis – Dichtung und Wahrheit, Handelsbank N. W., Zürich

Interessant an einem Bankgeheimnis sind immer die Ausnahmen von der Regel, und die wollen wir im folgenden aufzählen:

- Im innerschweizerischen Rechtsverkehr (dies gilt also für unsere Schweizer Leser) hat die Bank in folgenden Fällen eine Auskunftspflicht gegenüber den Behörden: bei Pfändung, bei einer Konkurseröffnung, im Zivilprozeß (aber nicht in allen Kantonen), bei Steuerbetrug (aber nicht in denjenigen Kantonen, wo er lediglich als Verwaltungsverfahren verfolgt wird), bei Steuerwiderhandlung und Steuerhinterziehung (wobei das Bankgeheimnis zwar im Fall der Wehrsteuer und der kantonalen Steuern gewahrt bleibt, nicht aber bei anderen Bundessteuern wie der Verrechnungssteuer) und vor allem im Strafprozeß.
- Ausländer müssen mit der Möglichkeit rechnen, daß die Schweiz im Fall von *Abgabenbetrug* einem ausländischen Staat Rechtshilfe leistet. Darunter ist ein arglistiges Verhalten des Täters zu verstehen, mit dem er bezweckt, dem Gemeinwesen unrechtmäßig und in erheblichem Umfang Abgaben, Beiträge oder andere Leistungen vorzuenthalten (also nicht nur Steuern im engeren Sinn). Es stimmt also nicht, daß ein deutscher Steuersünder uneingeschränkten Schutz durch das schweizerische Bankgeheimnis genießt.
- Aufgrund internationaler Verträge wie dem europäischen Übereinkommen über die Rechtshilfe in Strafsachen von 1959 haben die Schweizer Banken Auskunftspflicht bei einem ausländischen Strafverfahren – aber grundsätzlich nur dann, wenn der Tatbestand auch nach schweizerischem Recht mit Strafe bedroht ist. Das bedeutet, daß keine Rechtshilfe bei Verstößen gegen Devisenbestimmungen und bei vielen, aber nicht allen fiskalischen Delikten geleistet wird. In der Praxis funktioniert die Auskunftspflicht so, daß die ausländische Behörde ein Rechtshilfebegehren an die zuständige kantonale Justizbehörde oder an das Bundesamt für Polizeiwesen richtet und der Bankier dann als Zeuge zur Sache auszusagen hat, sobald das Ersuchen positiv beschieden worden ist. Allerdings stehen dem Bankier und seinem Kunden zahlreiche Rechtsmittel zur Verfügung, wodurch das Verfahren beträchtlich verzögert werden kann.

Für unsere amerikanischen Leser gilt, daß US-Bürger nicht ganz so gut geschützt sind wie andere Ausländer. Da die US-Behörden des öfteren brutalen Druck auf die Schweiz ausgeübt haben, neigt man dazu, ihnen eher nachzugeben. So hat z. B. das Schweizerische Bundesgericht im Frühjahr 1982 einem Antrag des US-Justizministeriums stattgegeben und die Banken des amerikanischen Geschäftsmannes John Seabrook gezwungen, seine Nummernkonten offenzulegen. Es wurde ihm vorgeworfen, Firmengelder auf private Konten überwiesen zu haben, was er aber selbst energisch bestritt. Grundlage für diese Entscheidung des Bundesgerichtes war das Rechtshilfeabkommen Schweiz–USA.

Soweit diese Übersicht. Es ist nur zu begrüßen, daß die Schweiz alles erdenklich Mögliche tut, um dem Mißbrauch des Bankgeheimnisses durch internationale Kriminelle zu wehren. Und es ist verständlich, daß sie diese Bemühungen jetzt auch optisch deutlicher werden läßt, um böswilliger Kritik aus dem Ausland vorzubeugen. Gleichzeitig nähert man sich jetzt aber auch der Grenze des Vertretbaren. Im Fall Seabrook genügte bereits der Verdacht einer Straftat, um dessen Banken in der Schweiz zur Auskunft zu zwingen. Die »Neue Zürcher Zeitung« berichtete dazu, daß bisher schon über hundert Rechtshilfeersuche positiv erledigt worden sind.

Vor diesem Hintergrund ausländischer, vor allem amerikanischer Kritik trat am 1. Oktober 1982 eine neue Regelung in Kraft, die zunächst für fünf Jahre gilt.

Sie trägt den Titel: »*Vereinbarung über die Sorgfaltspflicht der Banken bei der Entgegennahme von Geldern und die Handhabung des Bankgeheimnisses.*« Dazu gibt es Ausführungsbestimmungen der Schweizerischen Nationalbank und der Schweizerischen Bankiervereinigung. Im folgenden geben wir Artikel 1 bis 11 der »Vereinbarung« ungekürzt wieder. Weggelassen sind lediglich Artikel 12 bis 14, die sich mit der Kontrolle der Vereinbarungen, den Sanktionen und dem Inkrafttreten befassen, also nur für die Banken selbst wichtig sind, den Kunden aber nicht berühren. Außerdem lesen Sie *kleingedruckt* diejenigen *Ausführungsbestimmungen* (mit der dazugehörigen Ziffer), die uns interessant und wichtig erscheinen.

### Art. 1 Ingress

Die unterzeichneten Banken und die Schweizerische Bankiervereinigung
– im Bestreben, die anonyme Anlage von Vermögenswerten im schwei-

zerischen Bankensystem durch sorgfältige Prüfung der Identität des Bankkunden zu verhindern,
– im Bemühen, den guten Ruf des Finanzplatzes Schweiz zu wahren und die Wirtschaftskriminalität zu bekämpfen,
– im Willen, die geltenden Regeln einer den guten Sitten entsprechenden Bankführung zu bestätigen, verbindlich festzulegen und zu präzisieren, schließen mit der Schweizerischen Nationalbank folgende Vereinbarung ab.

1) Der Vereinbarung unterstehen die beigetretenen Banken mit sämtlichen in der Schweiz domizilierten Geschäftsstellen, nicht aber ihre ausländischen Niederlassungen, Vertretungen und Tochtergesellschaften.
2) Die Vereinbarung ändert an der Pflicht zur Wahrung des Bankgeheimnisses nichts.

### Art. 2 Unzulässige Handlungen

Vereinbarungswidrig sind:
a) die Eröffnung und Führung von Konten und Depots ohne Feststellung des Berechtigten (Art. 3–6);
b) die Vermietung von Schrankfächern ohne Anwendung der zumutbaren Sorgfalt (Art. 7);
c) die aktive Beihilfe zu Kapitalflucht, Steuerhinterziehung u. dgl. (Art. 8 und 9).

### Sorgfaltspflicht bei der Entgegennahme von Geldern

### Art. 3 Feststellung des Berechtigten

1) Die Banken verpflichten sich, Bankkonten und Wertschriftendepots nur zu eröffnen sowie Treuhandanlagen nur vorzunehmen, wenn sie sich mit der nach den Umständen zumutbaren Sorgfalt vergewissert haben, wer an den gutzuschreibenden oder anzulegenden Geldern berechtigt ist.
2) Im Zeitpunkt der Konto- oder Depoteröffnung bzw. der Vornahme des Treuhandgeschäftes ist die Identität des Vertragspartners einerseits und des wirtschaftlich Berechtigten andererseits nach Maßgabe der Erläuterungen (Ziff. 10–27) festzustellen.
3) Bei Kassageschäften über hohe Beträge ist die Identität des Vertragspartners zu prüfen.

I. Geltungsbereich

7) Die Pflicht zur Prüfung der Identität gilt unter Vorbehalt von Ziff. 18 für die Eröffnung von Konti, Heften und Depots jeglicher Art und unabhängig davon, ob sie unter dem Namen des Bankkunden oder unter einer Nummer geführt werden.
8) Auch *Inhabersparhefte* dürfen nicht ohne Identitätsprüfung eröffnet werden. Die Bank ist aber, falls ihr das Heft nicht zur Verwahrung übergeben wird, nicht in der Lage und damit auch nicht verpflichtet, die Kette der Heftinhaber zu verfolgen und den jeweiligen Berechtigten zu kennen.
9) Hinsichtlich der *Bargeschäfte am Schalter* (Geldwechsel, Kauf und Verkauf von Edelmetall, Barzeichnung von Kassa- und Anleihenobligationen, Einlösen von Checks usw.) besteht eine Pflicht zur Prüfung der Identität des Vertragspartners, wenn die Transaktion Fr. 500 000,– übersteigt.


II. Feststellung des Vertragspartners

A. Natürliche Personen

a) mit Wohnsitz in der Schweiz

10) Bei persönlicher Vorsprache des Kunden prüft die Bank die Identität eines Vertragspartners mit Wohnsitz in der Schweiz, indem sie einen amtlichen Ausweis (Pass, Identitätskarte, Führerausweis o. ä.) einsieht. Inländer, die der Bank persönlich bekannt sind, haben keinen Ausweis vorzulegen.
11) Wird die Kundenbeziehung auf dem Korrespondenzweg aufgenommen, so prüft die Bank die Identität des inländischen Vertragspartners, indem sie seine Wohnsitzadresse durch Postzustellung oder auf andere, gleichwertige Weise bestätigen läßt.

b) ohne Wohnsitz in der Schweiz

12) Bei persönlicher Vorsprache des Kunden prüft die Bank die Identität des Vertragspartners ohne festen Wohnsitz oder mit Wohnsitz im Ausland, indem sie einen amtlichen Ausweis einsieht. Die Identität kann auch dadurch festgestellt werden, daß dieser Kunde eine schriftliche Empfehlung vorweist:
– einer ausländischen Niederlassung, Vertretung oder Tochtergesellschaft der eigenen Bank,
– eines der Bank persönlich bekannten, vertrauenswürdigen Kunden,
– einer Bank, die in einem anerkannten Bankenverzeichnis (Banker's Almanac and Year Book, The Banker's World Directory, Polk's World Bank Directory) aufgeführt ist.
13) Die Bank darf Empfehlungen ihrer ausländischen Niederlassungen, Vertretungen und Tochtergesellschaften entgegennehmen, sofern sie diese Stellen angewiesen hat, die Identität der zu empfehlenden Personen im Sinne der Vereinbarung zu prüfen.

14) Wird die Kundenbeziehung auf dem Korrespondenzweg aufgenommen, so verlangt die Bank eine Beglaubigung der Unterschrift des ausländischen Vertragspartners durch eine Bank im Sinne von Ziff. 12 oder einen ihr persönlich bekannten, vertrauenswürdigen Kunden. Die angegebene Wohnsitzadresse ist durch Postzustellung oder auf andere, gleichwertige Weise bestätigen zu lassen.

### III. Feststellung des wirtschaftlich Berechtigten

19) Im Zeitpunkt der Eröffnung des Kontos oder Depots ist die Identität derjenigen Person festzustellen, die an den einzubringenden Werten wirtschaftlich berechtigt ist.

20) Bei der Feststellung des wirtschaftlich Berechtigten ist die nach den Umständen zumutbare Sorgfalt anzuwenden. Die Bank darf von der Vermutung ausgehen, daß der Vertragspartner mit dem wirtschaftlich Berechtigten identisch ist. Die Vermutung wird jedoch zerstört, wenn ungewöhnliche Feststellungen gemacht werden.

#### A. Natürliche Personen

21) Erklärt der Vertragspartner, er handle für Rechnung eines Dritten, so hat die Bank dessen Namen, Vornamen, Wohnort und Wohnsitz-Staat festzuhalten.

#### B. Juristische Personen und Gesellschaften

22) Wenn der Vertragspartner für Rechnung einer juristischen Person oder Gesellschaft handelt, hält die Bank deren Firma, Domizil und Domizil-Staat fest.

## Art. 4 Verfahren im allgemeinen

1) Die Banken verlangen im Zweifelsfalle bei der Eröffnung eines Kontos oder Depots eine schriftliche Erklärung des Kunden, ob er für eigene Rechnung oder für Rechnung eines anderen und gegebenenfalls für wessen Rechnung er handelt.

2) Die Banken verwenden hierfür das Formular A, das einen integrierenden Bestandteil dieser Vereinbarung bildet.

28) Bestehen Zweifel daran, ob der Vertragspartner mit dem wirtschaftlich Berechtigten identisch ist, so ist ihm das Formular A »Erklärung bei der Eröffnung eines Kontos oder Depots« zur Unterzeichnung vorzulegen.

29) Zweifel sind beispielsweise in folgenden Fällen angebracht:

a) Die Eröffnung eines Kontos oder Depots wird durch eine Person mit Wohnsitz in der Schweiz beantragt. Gleichzeitig wird Vollmacht an eine Person erteilt, welche erkennbar nicht in einer genügend engen Beziehung zum Kontoinhaber steht (z. B. an einen Ausländer), oder es ergeben sich andere ungewöhnliche Feststellungen.

b) Die Eröffnung eines Kontos oder Depots wird durch eine Person mit Wohnsitz in der Schweiz beantragt, deren finanzielle Verhältnisse der Bank bekannt sind. Die mitgebrachten oder anzuweisenden Werte liegen jedoch außerhalb dieses finanziellen Rahmens.
c) Die Eröffnung eines Kontos oder Depots wird durch eine Person mit Wohnsitz im Ausland beantragt, die bei der Bank eingeführt ist (vgl. dazu Ziff. 12 und 13). Gleichzeitig wird Vollmacht an eine Person erteilt, welche erkennbar nicht in einer genügend engen Beziehung zum Kontoinhaber steht.
d) Die Eröffnung eines Kontos oder Depots wird durch eine Person mit Wohnsitz im Ausland beantragt, die bei der Bank eingeführt ist (vgl. dazu Ziff. 12 und 13) und deren finanzielle Verhältnisse der Bank bekannt sind. Die mitgebrachten oder anzuweisenden Werte liegen jedoch außerhalb dieses finanziellen Rahmens.
e) Die Eröffnung eines Kontos oder Depots wird durch eine Person mit Wohnsitz im Ausland beantragt, welche bei der Bank nicht eingeführt ist. Das bei der Konto- oder Depoteröffnung zu führende Gespräch mit dem Kunden ergibt ungewöhnliche Feststellungen.
30) Bleiben ernsthafte Zweifel an der Richtigkeit der schriftlichen Erklärung des Kunden und können diese nicht durch weitere Abklärung ausgeräumt werden, so lehnt die Bank die Eröffnung des Kontos oder Depots ab.

## Art. 5 Verfahren bei Sitzgesellschaften

1) Von in- und ausländischen Sitzgesellschaften sind zu verlangen:
a) ein Handelsregisterauszug oder ein gleichwertiger Ausweis,
b) die Erklärung der zuständigen Organe über die Beherrschungsverhältnisse auf dem Formular A.
2) Als Sitzgesellschaften im Sinne dieser Vereinbarung gelten alle Gesellschaften, Anstalten, Stiftungen, Treuunternehmungen usw., die in der Schweiz nicht einen Betrieb des Handels, der Fabrikation oder eines anderen nach kaufmännischer Art geführten Gewerbes führen.
3) Wo der Bank die Zugehörigkeit einer Sitzgesellschaft zu einer Konzerngruppe oder die Beherrschungsverhältnisse und die Identität der beherrschenden Personen bekannt sind, kann sie auf die Verwendung des Formulars A verzichten.

## Art. 6 Berufsgeheimnisse

1) Handelt der Kunde durch eine Person mit Wohnsitz oder Sitz in der Schweiz, die einem gesetzlich geschützten *Berufsgeheimnis* untersteht oder die Mitglied eines der Schweizerischen Treuhand- und Revisionskammer angeschlossenen Verbandes ist, so hat die Bank mittels Formular B von dieser Person eine schriftliche Erklärung zu verlangen, daß ihr der

wirtschaftlich Berechtigte bekannt sei und daß keine unzulässigen Geschäfte im Sinne dieser Vereinbarung vorliegen.

2) Für Konten und Depots von in- und ausländischen Banken entfällt die schriftliche Erklärung.

I. Privilegierte Berufe

40) Ein gesetzlich geschütztes Berufsgeheimnis (Art. 321 Ziff. 1 StGB) haben in der Schweiz namentlich Rechtsanwälte und Notare zu wahren.

41) Ihnen sind gleichgestellt Treuhänder und Vermögensverwalter, die Mitglied eines der Schweizerischen Treuhand- und Revisionskammer angeschlossenen Verbandes sind.

## Sorgfaltspflicht bei der Vermietung von Schrankfächern

### Art. 7 Identitätsprüfung und Vertrauenswürdigkeit

1) Bei der Vermietung eines *Schrankfachs* ist die Identität des Mieters festzustellen. Das Vorgehen richtet sich nach Ziff. 10–18.

2) Die Banken verpflichten sich, Schrankfächer nur an Personen zu vermieten, deren Vertrauenswürdigkeit bei der Anwendung zumutbarer Sorgfalt nicht in Zweifel gezogen werden muß.

## Verbot der aktiven Beihilfe zu Kapitalflucht, Steuerhinterziehung u. dgl.

### Art. 8 Kapitalflucht

1) Die Banken verpflichten sich, keine aktive Beihilfe zum Kapitaltransfer aus Ländern zu leisten, deren Gesetzgebung die Anlage von Geldern im Ausland einschränkt.

2) Als Formen der aktiven Beihilfe gelten:

a) der organisierte Empfang von Kunden im Ausland außerhalb der Räumlichkeiten der Bank zwecks Entgegennahme von Geldern;

b) die Mitwirkung bei der Organisation von Kompensationsgeschäften im Ausland, wenn die Bank weiß oder nach den gesamten Umständen wissen muß, daß die Kompensation der Kapitalflucht dient;

c) die aktive Zusammenarbeit mit Personen und Gesellschaften, welche die Kapitalflucht organisieren oder dazu Hilfsdienste leisten, durch

– Auftragserteilung,

– Versprechen von Provisionen,

– Führung ihrer Konten, wenn diese Personen und Gesellschaften ihren Wohnsitz oder Sitz in der Schweiz haben und der Bank bekannt ist, daß

sie ihre Konten gewerbsmäßig für Zwecke der Kapitalfluchthilfe benützen;
d) das Hinweisen des Kunden auf unter lit. c genannte Personen und Gesellschaften.

51) Kapitalflucht ist ein nicht autorisierter Kapitaltransfer in Devisen, Wertschriften oder Noten aus einem Land, das diesen Transfer durch Deviseninländer ins Ausland verbietet oder beschränkt.

### Art. 9 Steuerhinterziehung u. dgl.

Die Banken leisten Täuschungsmanövern ihrer Kunden gegenüber Behörden des In- und Auslandes, insbesondere gegenüber Steuerbehörden, weder durch unvollständige noch auf andere Weise irreführende Bescheinigungen Vorschub.

55) Verboten ist die Abgabe unvollständiger oder in anderer Weise irreführender Bescheinigungen an den Kunden selbst oder auf dessen Wunsch direkt an Behörden des In- und Auslandes.
Unter Behörden sind namentlich Steuerbehörden, Zollämter, Währungs- und Bankenaufsichtsbehörden zu verstehen.
56) Unter das Verbot fallen in erster Linie besondere, vom Kunden zuhanden von Behörden angeforderte Bescheinigungen.
Routinemäßig erstellte Belege, wie Konto- und Depotauszüge, Gutschrifts- und Belastungsanzeigen, Abrechnungen über Devisengeschäfte, Coupons- und Börsenabrechnungen, dürfen von der Bank nicht zu Täuschungszwecken abgeändert werden.
57) Bescheinigungen sind unvollständig, wenn zur Täuschung von Behörden relevante Tatbestände unterdrückt werden, indem z. B. die Bank auf Wunsch des Kunden in einer besonderen Bestätigung oder in einem Konto- oder Depotauszug einzelne Positionen wegläßt.
In Konto- und Depotauszügen braucht nicht erwähnt zu werden, daß für den gleichen Kunden noch andere Konten oder Depots geführt werden.
58) Bescheinigungen sind irreführend, wenn Tatbestände mit der Absicht, die Behörden zu täuschen, wahrheitswidrig dargestellt werden, z. B. durch
a) falsche Datierungen, falsche Beträge, fiktive Kurse oder die Angabe falscher Gutschriftsempfänger bzw. Belasteter;
b) Bescheinigung fiktiver Forderungen oder Schulden (gleichgültig, ob die Bescheinigung den Büchern der Bank entspricht oder nicht).

### Art. 10 Nummernkonten und -depots

Auf unter Nummern und Kennworten geführten Konten und Depots sind die Vorschriften der vorliegenden Vereinbarung uneingeschränkt anwendbar.

59) In Bestätigungen über die gesamten Geschäftsbeziehungen zu einem Kunden sind auch die unter Nummern und Kennworten geführten Konten und Depots, einschließlich der Treuhandkonten und -depots, einzubeziehen.

Art. 11 Auflösung von Beziehungen

Die Banken verpflichten sich, die Beziehungen zu Kunden abzubrechen, sofern sich aus dem Geschäftsverkehr der Verdacht aufdrängt, daß die Angaben über den wirtschaftlich Berechtigten an den gutgeschriebenen oder angelegten Geldern oder über den Mieter des Schrankfaches nicht zutreffen.

60) Die laufenden Beziehungen sind so rasch, als es ohne Verletzung des Vertrages mit dem Kunden möglich ist, abzubrechen, wenn die Bank feststellt, daß ihr der Kunde bei der Konto- oder Depoteröffnung wissentlich falsche Angaben über den wirtschaftlich Berechtigten gemacht hat.

Soweit die Auszüge aus der »Vereinbarung« vom Oktober 1982 und den dazugehörenden Ausführungsbestimmungen. Ich möchte diesen Themenbereich aber nicht verlassen, ohne auf einen Finanzplatz hinzuweisen, der sich seit geraumer Zeit steigender Beliebtheit erfreut: *Grand Cayman.*

Alle Einzelheiten dazu finden Sie im GRAND CAYMAN GUIDE, der im Literaturverzeichnis am Ende des Buches aufgeführt ist. Die wichtigsten Attraktionen, mit denen Grand Cayman lockt, sind folgende:

- Der ausländische Anleger braucht Behördenwillkür und nachträgliche Gesetzesänderungen nicht zu befürchten.
- Da es keine politischen Parteien gibt, ist ein Linksrutsch bei den nächsten Wahlen undenkbar.
- Grand Cayman liegt fern von regionalen Konflikten und Kriegsgefahren.

Auf den Caymans können Sie sogar Wohnsitz nehmen und sich den Status als Aufenthaltsberechtigter in den Paß stempeln lassen. Viele andere Steueroasen erlauben keinen Zuzug oder haben nur sehr geringe Kontingente.

- Dank der Direktflüge von Europa nach Miami ist Cayman leicht erreichbar.
- Die Zwischenschaltung von Grand Cayman ist beinahe ein Muß für Europäer, die in den USA investieren – sei es in Grundstücken, Firmen, Aktien oder festverzinslichen Wertpapieren. In den USA existiert eine

komplizierte Gesetzgebung, die ausländische Investoren in Krieg und Frieden mit der Blockierung oder der Konfiskation ihrer Vermögen bedroht. Warum wollen Sie sich dieser Gefahr aussetzen? Deutsche US-Vermögen aus der Zeit vor dem Zweiten Weltkrieg wurden bis heute nicht vollständig zurückerstattet. Tätigen Sie also US-Investitionen möglichst über ein Konto oder über eine Gesellschaft auf Grand Cayman. Es kostet nicht viel, bringt aber unvergleichlich mehr Sicherheit.

- Auf die Bequemlichkeit eines Kontos in Europa, zum Beispiel in der Schweiz, brauchen Sie dennoch nicht zu verzichten. Sie können Ihr Konto auf den Namen einer Bank in George Town überschreiben und sich dann eine Vollmacht ausstellen lassen – dies bedeutet den Schutz eines doppelten Bankgeheimnisses, wenn es sich um ein Konto bei einer Schweizer Bank handelt.
- Zu einem zuverlässigen Bankgeheimnis gehören: die Androhung empfindlicher Strafen bei seiner Verletzung; der Wille der zuständigen Behörden, es zu wahren; das finanzielle Eigeninteresse des Landes – vielleicht aber auch, daß das Land nicht so groß ist, daß es Pressionen ausländischer Mächte auf sich zieht. All dies trifft auf Grand Cayman zu.
- Auf den Caymans gibt es keine Steuer, weder auf Einkommen, noch auf Körperschaften, noch auf Kapitalgewinne, noch auf Geschenke, noch auf Vermögen, noch auf Erbschaft und auch nicht auf Grundbesitz. Das Steuersystem ist dort ganz einfach: Steuern fehlen gänzlich. Der Staat finanziert sich aus einem Zuschlag auf jede Hotelübernachtung, aus den jährlichen Gebühren, die die Banken und Gesellschaften entrichten, aus Abgaben aus Grundstücksübertragungen und aus Einfuhrzöllen.
- Mit Hilfe eines Treuhandkontos auf Grand Cayman läßt sich die Versorgung der Kinder nach dem Tod der Eltern in der gewünschten Weise sicherstellen und die Erbschaft exakt so regeln, wie es der Erblasser haben möchte.
- Für Firmen und größere Vermögen kann es nützlich sein, eine eigene Bank zu gründen – problemlos auf Grand Cayman, unmöglich zum Beispiel in Liechtenstein.

Cayman Gesellschaften eignen sich besonders gut für Handelsgeschäfte, Investments aller Art und für das Versicherungsgeschäft. Der

Papierkrieg ist auf ein kaum vorstellbares Minimum beschränkt, die Gründung leichter als in den meisten anderen Steueroasen.

- Sie brauchen die Insel nur einmal zu besuchen – zumindest empfiehlt sich dies bei der Errichtung eines Kontos –, dann aber nie wieder. In George Town gibt es genügend Banken und Anwälte, die alle laufenden Arbeiten erledigen.
- Auf den Caymans herrscht die Sicherheit englischen Rechts – eine der größten Errungenschaften der westlichen Zivilisation. Sie können sich die Steuerfreiheit ihrer Gesellschaft von der Regierung auf 20 oder 50 Jahre garantieren lassen. Und die Vertraulichkeit ist so strikt, daß nicht einmal der Urkundsbeamte die Identität der Aktionäre einer Gesellschaft kennt.

Ein außergewöhnlicher Finanzplatz, finden Sie nicht auch? Gewiß weiß niemand, was die Zukunft bringt – auch nicht, wie es in 50 Jahren auf den Caymans aussehen wird. Aber eine Politik der Risikoverteilung kann sich schließlich nur auf die heutigen Realitäten und auf wahrscheinliche Entwicklungen stützen. Und da ist Grand Cayman sicherlich eine Überlegung wert.

**Dank zeitgemässen
Sachwertanlagen
wirksamer Schutz vor
Kaufkraftentwertung**

## SCHWANEN EFFEKTEN AG

Schwanenplatz 4  Tel. 041-51 46 43
6004 Luzern  Telex 72626 dhb

**Persönliche
Vermögens- und
Anlageberatung**

## GUTZWILLER & PARTNER AG

Stampfenbachstrasse 138  Tel. 01-362 83 00
8035 Zürich  Telex 815766 gupa ch

## XI. Finanzgeschichte: Die goldene Konstante

Aus der politischen und historischen Diskussion kennen wir das Phänomen, daß manche Meinungen nicht totzukriegen sind, obwohl sie nachweisbar falsch sind. So behaupten die Wirtschaftsjournalisten seit langem, Gold sei nichts als ein Inflationsschutz, und die Deflation sei der Todfeind des Edelmetalls. Die Theorie klingt einleuchtend, jeder kolportiert sie, aber davon wird sie auch nicht richtiger.

Seit Jahrhunderten hat Gold in Deflationen, also bei einem allgemein sinkenden Preisniveau, seine Kaufkraft besser erhalten als in Inflationen. Bis 1970 gibt es von dieser Regel keine Ausnahme, keine einzige. Der Beweis ist mühelos zu führen, und dies wollen wir im folgenden tun.

Das Material, das wir dabei zugrunde legen, stammt aus der Untersuchung »The Golden Constant« des kalifornischen Wirtschaftswissenschaftlers *Dr. Roy W. Jastram*. Als erster hat er Gold- und Großhandelspreise über mehrere hundert Jahre zurück zusammengestellt und indiziert, um wissenschaftlich korrekte Vergleiche zu ermöglichen. Seine Arbeit konzentriert sich auf England, weil dies das einzige Land ist, in dem Preisstatistiken fast lückenlos seit über 400 Jahren vorliegen. Außerdem bietet sich England als besonders repräsentatives Beispiel an, weil dort die industrielle Revolution ihren Anfang nahm und weil es bis zum 19. Jahrhundert über die fortschrittlichste Volkswirtschaft der Welt verfügte. Im Falle der USA konnten Gold- und Großhandelspreise nur bis 1800 zurückverfolgt werden, aber Jastram kam auch hier zu denselben Ergebnissen.

Wichtig ist dabei der Begriff der Kaufkraft des Goldes, denn der nominale Goldpreis sagt oft wenig aus. Er stieg zwar in allen zurückliegenden Inflationen, aber da er weniger stieg als die allgemeinen Preise, verlor Gold an Kaufkraft. Umgekehrt nimmt die Kaufkraft des Goldes in einer Deflation, in der die Mehrheit der Preise sinkt, bereits dann zu, wenn der nominale Goldpreis lediglich stabil bleibt.

Aus den im folgenden abgedruckten Charts lassen sich folgende eindeutige Schlußfolgerungen ziehen:

- Die Kaufkraft des Goldes blieb langfristig konstant. 1658 konnte man in England mit derselben Menge Gold dieselbe Menge Waren kaufen

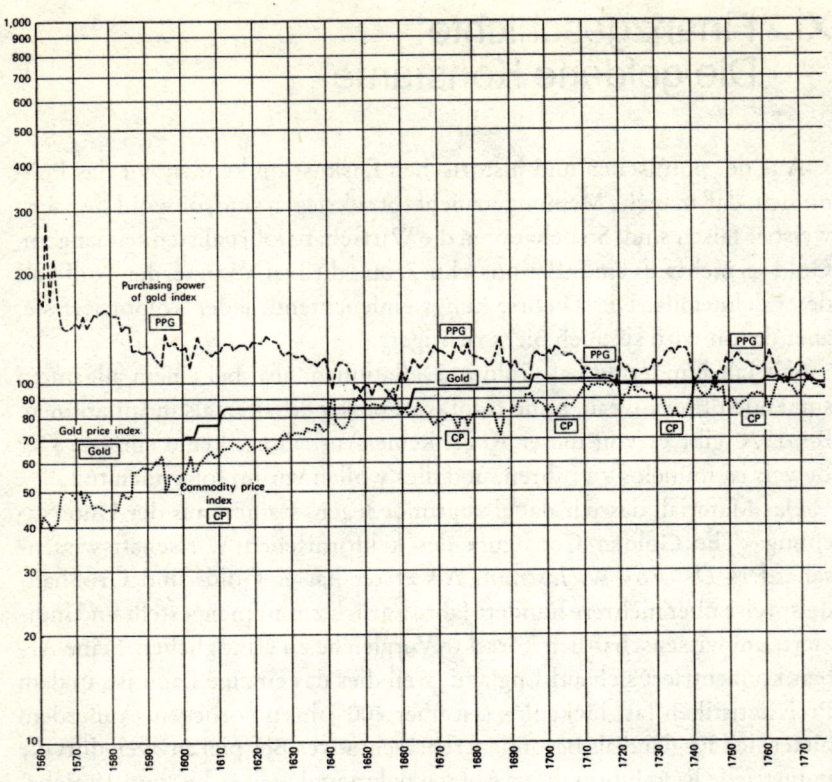

### Die englische Erfahrung von 1560 bis 1776

*PPG:* Purchasing power of gold index (Kaufkraftindex des Goldes). 1930 = 100. PPG = Goldpreisindex dividiert durch Index der Großhandelspreise.

*Gold:* Preisindex. 1930 = 100.

*CP:* Commodity price index (Index der englischen Großhandelspreise). 1930 = 100. Während des Zweiten Weltkrieges wurde der Index nicht veröffentlicht.

*Inflationen* ereigneten sich während folgender Perioden: 1560–1658, 1675–1695, 1702–1723, 1752–1776. In allen diesen Inflationen, in denen die Großhandelspreise stiegen, sank die Kaufkraft des Goldes, wobei der Goldpreis entweder stabil blieb oder aber weniger stieg als die allgemeinen Preise.

*Deflationen* ereigneten sich von 1658–1669 und von 1723–1738. In diesen Perioden fielen die allgemeinen Preise, der Goldpreis blieb aber stabil oder stieg, weswegen sich die Kaufkraft des Goldes erhöhte.

*Fazit:* Gold war ein hervorragender Deflationsschutz, aber ein weniger guter Inflationsschutz.

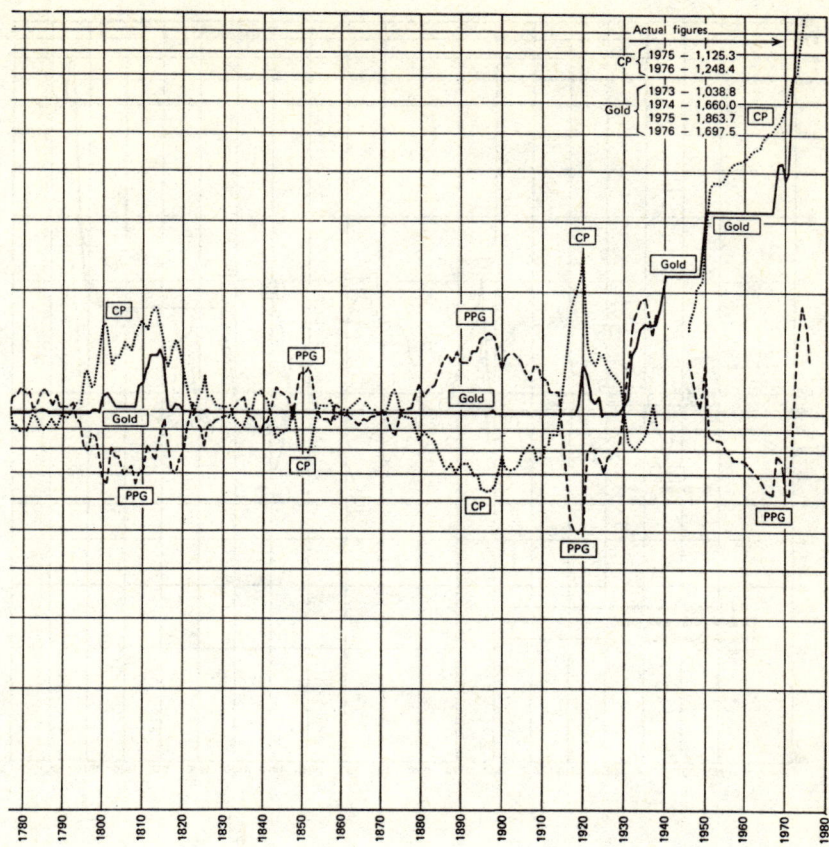

**Die englische Erfahrung von 1777 bis 1976**

In dieser Zeit kam es zu folgenden *Inflationen:* 1792–1813 (Napoleonische Kriege), 1897–1920 (mit einer rapiden Beschleunigung nach Kriegsausbruch), 1934–1976 (die demokratisch-soziale Inflation, die bis heute ungebrochen ist). Wichtig: Während der napoleonischen Kriege wurde der Goldstandard ausgesetzt, der Marktpreis stieg, aber weniger als die allgemeinen Preise. Erst 1822 hatte Gold die Kaufkraft wieder erreicht, die es vor den Kriegen besessen hatte. 1931 ging London endgültig vom Goldstandard ab – der Marktpreis brach nach oben aus.

Zu *Deflationen* kam es von 1813–1851, von 1873–1896 und von 1920 bis 1933.

*Fazit:* In allen Inflationen sank die Kaufkraft des Goldes, in allen Deflationen stieg sie. Erst nach 1970 stiegen die Goldpreise schneller als die allgemeinen Preise – die erste Ausnahme von einer jahrhundertealten Regel.

*Quelle* für die Charts England und USA: Roy W. Jastram, The Golden Constant, The English and American Experience, 1560–1976, John Wiley & Sons, New York 1977.

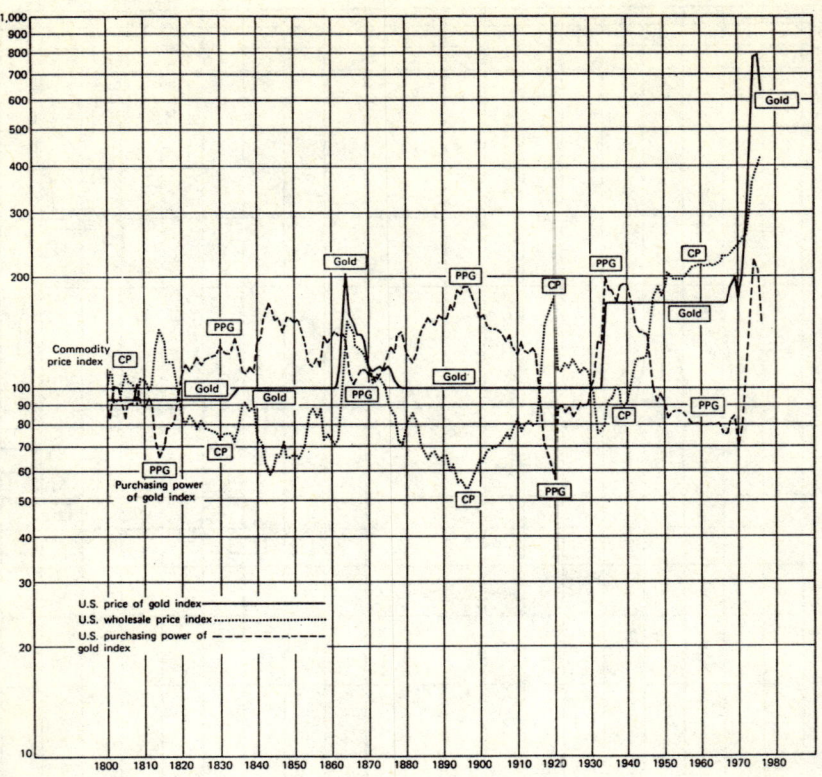

**Die amerikanische Erfahrung von 1800 bis 1976**

Auch hier gilt für alle drei Indices: 1930 = 100.

Die USA hatten einen Edelmetallstandard (erst Silber und Gold, später nur Gold) von 1792–1933. Von 1933–1972 gab es lediglich einen offiziell fixierten Preis von $ 35, und die Umtauschpflicht von Dollars in Gold galt nur gegenüber ausländischen Zentralbanken (bis 1971).

In dieser Zeit erlebten die USA folgende *Inflationen:* 1808–1814, 1843–1857, 1861–1864 (Bürgerkrieg), 1897–1920 und die Inflation ab 1933, die bis heute anhält. Immer sank die Kaufkraft des Goldes, auch nach 1861, als der Goldstandard ausgesetzt wurde und die Marktpreise scharf stiegen. Erst in den siebziger Jahren des 20. Jahrhunderts wurde Gold schneller teurer als die allgemeinen Waren.

Zu *Deflationen* kam es in den USA 1814–1830, 1864–1897, 1929–1933. Jedesmal stieg die Kaufkraft des Goldes.

wie 1930, in den USA dieselbe Menge 1802, 1930 und 1972 – um nur einige Jahre herauszugreifen, in denen der Kaufkraftindex des Goldes bei 100 lag. (1930 = 100).

- Auf Sicht von etwa zwei Jahrzehnten veränderte sich die Kaufkraft des Goldes manchmal erheblich. Wer zum falschen Zeitpunkt Gold zurücklegte, mußte also unter Umständen recht lange warten, bis die Kaufkraft den angenommenen Normalwert von 100 wieder erreicht hatte. Vergleicht man die Kaufkraft des Goldes aber alle 50 Jahre, dann hat sich zwischen 1600 und 1950 praktisch nichts geändert. Zum Vererben gibt es kein besseres Wertaufbewahrungsmittel.
- In allen *Inflationen* bis 1970 verlor Gold vorübergehend an Kaufkraft. Man wäre also besser daran gewesen, hätte man Waren gehortet – allerdings eine kaum praktikable Methode, weil die meisten Waren entweder verderben oder zu viel Lagerraum beanspruchen. Im Vergleich zum Papiergeld schnitt Gold in der Inflation selbstverständlich besser ab. Beispiele: Die Assignaten der Französischen Revolution und die Greenbacks (die grünen Dollar-Noten) des amerikanischen Bürgerkrieges.
- In allen *Deflationen* der westlichen Wirtschaftsgeschichte gewann Gold an Kaufkraft, am dramatischsten während der letzten Deflation, die in Großbritannien 1920 und in den USA 1929 begann. (Deflationen, in denen die Preise sanken, gingen stets einher mit Depressionen, in denen die Wirtschaft schrumpfte, und waren begleitet von Pleiten, in denen Banken und Unternehmen die Zahlungen einstellten.)
- Die Goldene Konstante läßt sich so definieren: Nicht der Goldpreis paßte sich dem allgemeinen Preisniveau an, sondern die anderen Preise kehrten früher oder später immer wieder zum Goldpreis zurück. Gold war der Fixstern in der Geschichte der Währungen.

Jastrams Arbeit ist rein deskriptiv, er gibt also keine Begründung für dieses einzigartige Phänomen, und er zieht auch keine Schlüsse für die heutige Situation. Und selbst einen wichtigen Einwand, der gegen die Theorie von der »Goldenen Konstante« erhoben werden könnte, berücksichtigt er nicht, nämlich den Einwand, daß während der untersuchten Zeiträume der Goldpreis meist offiziell fixiert war, und deswegen, wie es der Goldstandard verlangte, von den Notenbanken verteidigt wurde.

In England galt der *Goldstandard* offiziell seit 1816, faktisch seit 1717, und der Edelmetallstandard geht auf Maßnahmen des Königs Charles II

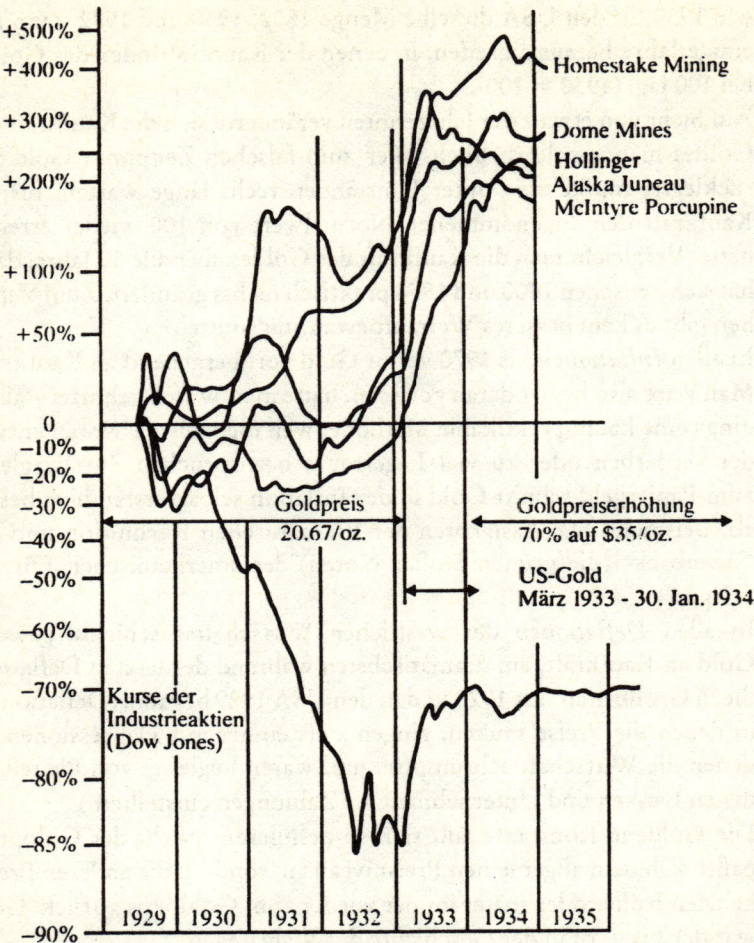

Quelle: Encyclopedia of Stock Market Techniques.

im Jahr 1663 zurück, wobei Silber zunächst eine größere Rolle als Währungsmetall spielte als Gold. Auch der amerikanische Edelmetallstandard (1792–1933) kann erst ab 1879 als reiner Goldstandard bezeichnet werden.

Macht also die Tatsache, daß der Goldpreis so lange offiziell fixiert war, die Beobachtungen Jastrams weniger aussagekräftig? Nein, und dafür sprechen folgende Erfahrungen:

- Schon vor 1663, also vor Einführung eines noch rudimentären Edelmetallstandards in England sank dort die Kaufkraft des Goldes, während die Preise über hundert Jahre hinweg stiegen.
- Als England während der napoleonischen Kriege vorübergehend den Goldstandard verließ, stiegen zwar die Goldpreise am freien Markt – aber nicht schnell genug, um mit der Inflation Schritt zu halten.
- Auch während des amerikanischen Bürgerkrieges, als der Edelmetallstandard dem Papiergeld weichen mußte, stiegen die allgemeinen Preise schneller als der Goldpreis – das Metall verlor an Kaufkraft.
- Auch die Tatsache, daß Gold in der englischen Inflation ab 1934 an Kaufkraft einbüßte, läßt sich nicht mit dem Goldstandard erklären, denn diesen hatte das Land schon 1931 endgültig verlassen.
- Und die wichtigste Feststellung: Die Bank of England hätte den offiziellen Goldpreis von 3 Pfund, 17 Shilling und 10,5 Pence, wie er seit 1717 galt, nicht so lange verteidigen können, wenn er irreal gewesen wäre. Auch ein offizieller Goldpreis muß den tatsächlichen Gegebenheiten entsprechen, sonst läßt er sich nur eine Zeitlang halten – wie der von Roosevelt verfügte 35-Dollar-Preis.

Und wie verhält es sich mit den *Deflationen*? Betrachten wir dazu die amerikanische Geschichte: Daß Gold in der amerikanischen Deflation der dreißiger Jahre so stark an Kaufkraft gewann, ist gewiß unmittelbar darauf zurückzuführen, daß Roosevelt den Goldpreis Ende August 1933 von $ 20,67 auf $ 29,62, im Oktober 1933 auf $ 31,36 und Ende Januar 1934 auf $ 35 heraufsetzte – und dies alles in einer Zeit, da die meisten übrigen Preise erheblich fielen. Aber letzten Endes ausschlaggebend ist allein die Tatsache, daß er dies tat – mitten in einer Deflation.

Noch bemerkenswerter ist die Beobachtung, daß die damals gehandelten *Goldminenaktien* sich als exzellente Anlage erwiesen, und zwar schon bevor *Roosevelt* die Goldpreise stufenweise heraufsetzte. Während der Dow Jones um mehr als 85% fiel, entwickelten die Goldminentitel eine enorme relative Stärke (verglichen mit den Industrieaktien), von den späteren Kurssteigerungen gar nicht zu reden.

In einer Deflation ist bekanntlich Cash König – also Bargeld, das von den Banken abgehoben wird, bevor sie die Tore schließen. Aber immerhin wurde allein in den vier Wochen vor dem Amtsantritt Roosevelts am 4. 3. 1933 Gold im Wert von 624 Millionen Dollar vom US-Schatzamt und den Banken des Federal Reserve-Systems abgezogen – von Amerikanern, aber auch von ausländischen Gläubigern. Kein Zweifel: in einem Umfeld fallender Preise suchte ein Teil des Publikums Schutz in Gold und Goldaktien, bevor Roosevelt den Goldpreis erhöhte.

Im Lichte dieser historischen Erfahrungen muß es überraschen, daß der Goldpreis in der Inflation der siebziger Jahre erstmals schneller stieg als die allgemeinen Preise. Auch heute liegt er deutlich höher, als es der historischen Kaufkraft des Goldes entsprechen würde. Falls also die alte Regel in Bezug auf die Inflation jetzt nicht mehr gilt, könnte man schlußfolgern, daß sie auch in einer zukünftigen Deflation bzw. Depression nicht mehr gelten würde – daß Gold also in einer solchen theoretisch denkbaren Deflation an realem Wert verlieren würde.

Wie es letzten Endes kommt, weiß niemand. Vorhersehbar ist nur, daß Gold in einer Deflation besser abschneiden würde als alle anderen Sachwerte einschließlich Immobilien und Silber, viel besser als Aktien, und besser auch als die Anleihen derjenigen Schuldner, die dann bankrott machen würden.

Außerdem ist es gar nicht so sicher, daß die Goldhausse seit der Mitte der siebziger Jahre rein inflationär bedingt ist. Für den Bull-Markt bis 1974 würden wir das noch bejahen. Aber die Preisexplosion von $ 400 im November 1979 auf $ 850 im Januar 1980 wurde durch die Blockierung der iranischen Dollar-Konten ausgelöst und durch den Einmarsch der Russen in Afghanistan verstärkt.

Angst um die Sicherheit von Bankkonten und Angst vor dem Krieg, nicht aber Angst vor der Inflation gaben den Ausschlag.

Ebenso wenig standen besondere Inflationsbefürchtungen am Beginn des neuen Bull-Marktes im Sommer 1982. Auch diesmal waren es wieder einmal Zweifel an der Sicherheit von Zahlungsversprechungen, die Gold interessant machten.

Ein letzter Gedanke, der diskutiert werden müßte: Möglicherweise wird der Wert des »ewigen Metalls« gar nicht so sehr von Änderungen des Preisniveaus als solchen beeinflußt, sondern vielmehr von den dadurch ausgelösten Konsequenzen. Auch heute scheint uns die oft zitierte Alternative »Inflation oder Deflation« am Kern der Dinge vorbeizugehen.

Wohl alle Deflationen der westlichen Geschichte waren von Banken- und Firmenzusammenbrüchen begleitet. Der *Crash* war immer gut für Gold, der inflationäre Boom dagegen wurde oft als wohltuend empfunden und geriet damit nicht zur Glanzzeit für das Gold, auch wenn es selbstverständlich in solchen Zeiten im Preis stieg.

Von einem inflationären Boom kann aber seit der zweiten Hälfte der siebziger Jahre keine Rede mehr sein, eher von einer inflationären Depression, die unter früheren Umständen mit Sicherheit die Form einer Deflation angenommen hätte.

Seit Jahren sind deflationäre Grundströmungen erkennbar, auch wenn sie von der tatsächlich existierenden, diesmal demokratisch bedingten Inflation überdeckt werden: hohe Arbeitslosigkeit, stagnierende oder fallende Industrieproduktion, extrem niedrige Agrarpreise, Rohstoffpreise oft unter Produktionskosten und übrigens auch eine Inflation, deren Spitze 1980 in den meisten Ländern tiefer lag als 1974, dem vorherigen Höhepunkt.

1926 erschien die Forschungsarbeit des Russen *Kondratieff*, die noch heute nichts von ihrer Faszination verloren hat. Er hatte herausgefunden, daß die Weltwirtschaft regelmäßige Zyklen durchläuft, die etwa 50 Jahre dauern.

Wichtig ist dabei, daß es sich nicht um einfache Preiszyklen handelt, sondern daß Kondratieff auch Zinsen, Löhne, das Volumen des Außenhandels sowie die Produktion und den Verbrauch von Kohle und Eisen als Indikatoren in sein Modell aufnahm. Die Tiefs des Zyklus fallen immer mit Depressionen zusammen, die Hochs bezeichnen das Ende eines wirtschaftlichen Booms. Das letzte Tief lag in den dreißiger Jahren, das nächste müßte in die achtziger Jahre fallen.

Was weder Kondratieff noch Jastram herausfanden: Jedes Tief des Kondratieff-Zyklus fiel zusammen mit einer überdurchschnittlich hohen Kaufkraft des Goldes, jedes Hoch mit einer schwachen Kaufkraft. Eine merkwürdige Koinzidenz.

Jedenfalls war Gold in all diesen Jahrhunderten für vorsichtige Bürger, die den Papierwährungen und der Politik ihrer Regierung mißtrauten, ein Wertaufbewahrungsmittel, ein Synonym für Sicherheit. Je schlechter die Zeiten waren, desto schärfer konkurrierte Gold mit Geld. Dafür gibt es eine einfache Erklärung: Geld ist das Zahlungsversprechen einer Noten-

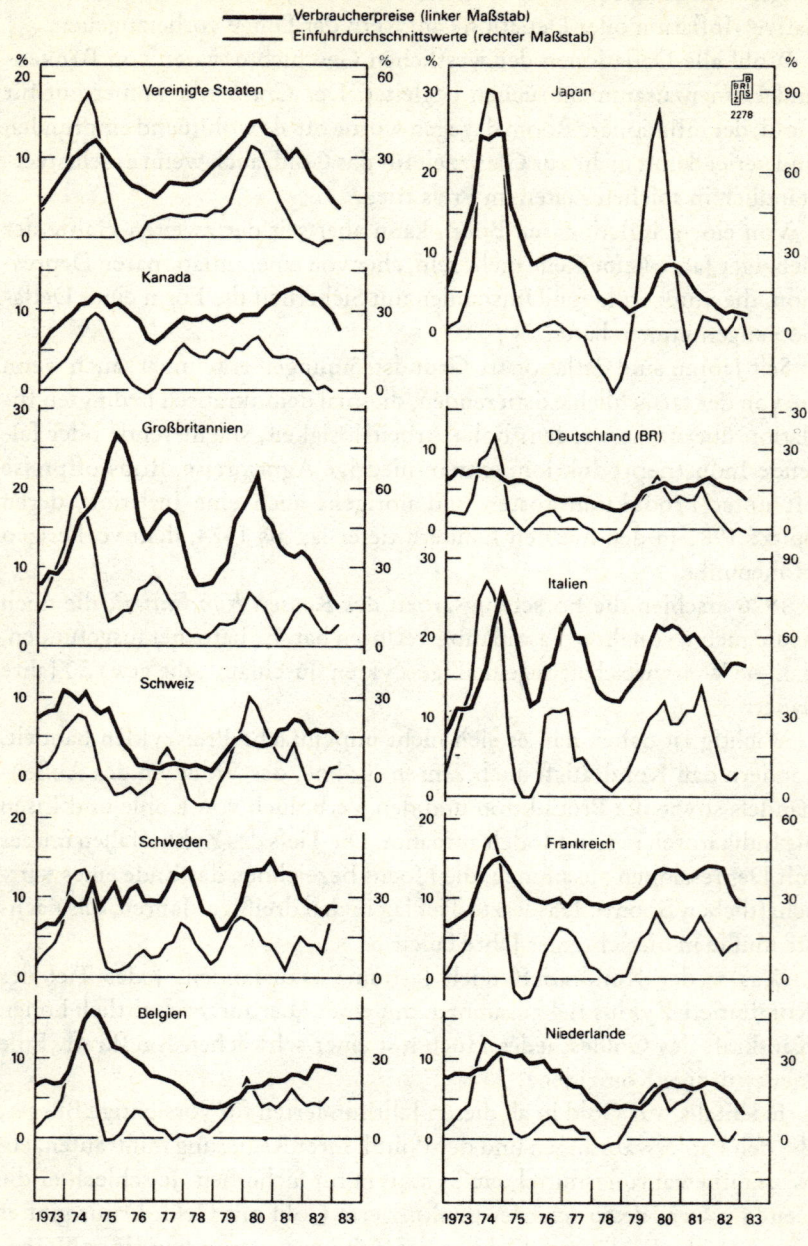

bank an die Bürger, das eingelöst werden kann oder auch nicht. Der Wert des Goldes dagegen, mag er auch schwanken, hängt nie von der Zahlungsmoral eines anderen ab. Gold ist abstrakt, unpersönlich, übernational, es hat jahrtausendealte Tradition, sein Wert steht nicht zur Disposition der Herrschenden.

Solange die umlaufenden Banknoten durch Gold gedeckt waren, solange also der Goldstandard existierte, war es sinnlos, Gold in größeren Mengen zu horten. Denn sein Preis änderte sich nicht. Und vor allem: das Versprechen der Notenbanken, Banknoten jederzeit in Gold einzuwechseln, war unbezweifelbar – bis es schließlich doch gebrochen wurde.

Das klassische Beispiel eines modernen *Goldstandards* ist Großbritannien. Ein Vierteljahrtausend lang, von 1661 bis zum Ersten Weltkrieg, nur unterbrochen von den Jahren der napoleonischen Kriege, bestand die Goldeinlösungspflicht gegenüber den britischen Untertanen und den ausländischen Partnern. Erst 1914, als die Bank von England bei Kriegsausbruch innerhalb einer Woche fast ein Drittel ihrer Goldbestände verlor, wurde die Einlösung von Banknoten eingestellt.

In dieser unglaublich langen Zeit änderte sich der Preis, zu dem die staatliche Münze Gold ankaufte, nie auch nur um einen Penny. Er war gesetzlich fixiert. Für eine Unze Gold (31,1035 Gramm) wurden stets exakt 3,894 Pfund gezahlt. Nur der Marktpreis schwankte minimal. Er zog lediglich während der napoleonischen Kriege nennenswert an – bis auf 5,70 Pfund im März 1815, als die Nachricht von der Flucht Napoleons von Elba London erreichte. Eine beträchtliche Menge Gold wurde umgehend benötigt, um die Armeen zu bezahlen, die noch einmal gegen den Kaiser ins Feld geschickt werden mußten. Nach der Schlacht von Waterloo fiel der Marktpreis wieder auf die Höhe des offiziellen Goldpreises.

Da es in diesen Zeiten sinnlos war, Gold zu horten, legte man sein Vermögen besser in Pfund an, kassierte Zinsen – und konnte trotzdem das Geld jederzeit in Gold einlösen. Und vor allem: Geld verlor nichts von seinem Wert, die Preise sanken oft sogar.

Ein Preisindex, den das britische Wirtschaftsmagazin »Economist« veröffentlicht hat, gibt einen faszinierenden Einblick in das langfristige Funktionieren einer Goldwährung. Für ihren Beginn im Jahre 1661 wurde ein Preisindex von 100 genommen. Es stellte sich heraus, daß das Preisniveau von 1664 bis 1794 nur in einem einzigen Jahr, nämlich 1711, die 100 wieder erreichte, sonst aber immer deutlich darunter lag. Erst die Revolutionskriege brachten empfindliche Preissteigerungen, bis auf 180 im Jahr 1813.

Dem heutigen Zeitgenossen ist das unbegreiflich, aber warum soll sich steigende Produktivität der Wirtschaft eigentlich nicht in sinkenden Preisen niederschlagen?

Nachdem der französische Diktator endgültig geschlagen war und die Bank von England zur Goldeinlösung zurückkehrte, blieben die Preise wieder ein ganzes Jahrhundert lang in der Tendenz stabil – mit Schwankungen meist nach unten. 1914 lag der Preisindex bei 91 – niedriger als hundert Jahre zuvor.

In diesem Vierteljahrtausend führte England zahllose Kriege, wuchs es zum größten Imperium der Geschichte, erlebte es die erste industrielle Revolution und ein ungeahntes Wirtschaftswachstum, wurden sogar Gewerkschaften gegründet und ein Massenstimmrecht eingeführt – und während dieser überaus langen Periode, in der sich fast alle Lebensumstände drastisch änderten, blieb das Geldwesen intakt, erlebten die Engländer nur eine einzige, vorübergehende Kriegsinflation.

Und das Merkwürdige dabei war, daß am Beginn dieses Zeitraums ein korrupter, unfähiger König stand, der selbst mehr als einmal pleite war und von Nationalökonomie überhaupt nichts verstand, Charles II. Vielleicht sein einziges Verdienst war es, daß die Einführung des Goldstandards unter seine Herrschaft fiel. Aber das ist ja gerade der Unterschied zwischen Gold- und Papierwährungen: Jene funktionieren, solange ihre stets einfachen Regeln beachtet werden, völlig unabhängig von der Qualität der Regierungen, diese sind immer nur so gut wie die Regierungen, also nie sehr gut.

Wahrscheinlich ist der Aufbau großer Zivilisationen nur auf dem Fundament eines stabilen Geldwesens möglich. Wer nach den Gründen für den Aufstieg der englischen Weltzivilisation fragt, findet hier eine Antwort. Es existierte eine nahezu unerschütterliche monetäre Sicherheit, die einen festen Bezugsrahmen für Politik, Wirtschaft und Außenhandel, für die unternehmerischen Aktivitäten des Einzelnen setzte. Und hinter dieser Sicherheit stand nicht viel mehr als das Versprechen der Bank von England an jedermann, Pfundnoten in Gold einzutauschen.

Dieses Einlösungsversprechen, das im Laufe des 19. Jahrhunderts nahezu alle Staaten der westlichen Welt, aber auch Rußland, Indien und Japan nach englischem Vorbild einführten, durchlief später – mit dem Übergang zu den Papiergeldwährungen – eine seltsame Wandlung. Nachlesen läßt sie sich beispielsweise auf den grünen Scheinen der heutigen Weltreservewährung, des Dollar.

1928 noch stand auf den Banknoten, die die amerikanische Federal Reserve, das amerikanische Zentralbankensystem, ausgab: »Die Vereinigten Staaten von Amerika werden dem Besitzer auf Verlangen zehn Dollar zahlen. Einlösbar auf Verlangen in Gold beim Schatzamt der Vereinigten Staaten.« Das hörte sich gut an, darauf war Verlaß.

In der Serie von 1934, unter Roosevelts Regierung, hatte sich die Aufschrift auf den Zehn-Dollar-Noten geändert. Es hieß jetzt: »Die Vereinigten Staaten von Amerika werden dem Besitzer auf Verlangen zehn Dollar zahlen. Einlösbar in legalem Geld beim Schatzamt der Vereinigten Staaten.«

Die Bürger waren erstaunt, sie fragten sich, was das bedeuten solle. Einige von ihnen schickten die neuen Zehn-Dollar-Noten an das Schatzamt in Washington und baten um Einlösung in »legales Geld«. Was mit der Post zurückkam, waren wieder Zehn-Dollar-Noten mit derselben Aufschrift. Für Dollar gab es nichts als Dollar.

Schließlich beschloß das Schatzamt, den Unsinn zu beenden und druckte ab 1963 auf die Geldscheine: »Diese Banknote ist legales Zahlungsversprechen für alle öffentlichen oder privaten Schulden.«

Dies ist, kurz gesagt, der Schicksalsweg, den alle Währungen in den letzten Jahrzehnten vom Gold- zum Papiergeldstandard zurückgelegt haben. Die Regierungen versprachen nicht mehr Gold für Papier, sondern Papier für Papier. Und keine Instanz der Welt konnte eine Garantie dafür geben, daß dieses Papier seinen Wert behalten würde. Es konnte ihn sogar vollständig verlieren, denn der Staat konnte sich, wie es zweimal in Deutschland geschah, mit einer einzigen obrigkeitlichen Verfügung seiner Zahlungsversprechen im Zuge einer Währungsreform entledigen.

Über den Unterschied zwischen dem Besitz von Zahlungsversprechen und dem von Gold schrieb der Chefredakteur der englischen »Times«, *William Rees-Mogg:* »Es gibt heute keine Behörde, die für die Zahlungsversprechen Alexanders, Julius Cäsars, Ludwig XIV., Peter des Großen, Napoleons oder Hitlers aufkommt. Sie waren zu ihrer Zeit mächtige Männer, aber keine Bank wird heute ihre Schecks einlösen. Wenn man jedoch einen Goldbarren nimmt, der einst in ihren Schatztruhen lag, erhält man den Gegenwert dafür überall in der Welt. Die Dauerhaftigkeit und Universalität des Goldes verleiht ihm eine geldgleiche Autorität, die kein anderes Geld besitzt.«

Dieser Gang durch die Geschichte des Goldes sollte Ihnen zum einen die langfristige Wertstabilität dieses Metalls unter den verschiedensten

### Bewertungsvorschriften von Goldbeständen in verschiedenen Ländern

| Bewertung: | Goldpreis Mitte 1982 in US-$ per Unze |
|---|---|
| **a) zu US-$ 42.22 je Unze** | |
| Belgien | 42,22 |
| Grossbritannien | 42,22 |
| USA | 42,22 |
| **b) zu Sonderziehungsrechten (SDR 35 je Unze)** | |
| Griechenland | 38,23 |
| Irland | 38,23 |
| Japan | 38,23 |
| Kanada | 38,23 |
| **c) zu Preisen fixiert in nationaler Währung** | |
| BR Deutschland  DM  4 624 je kg | 58,47 |
| Österreich  öS  60 000 je kg | 108,05 |
| Schweiz  Sfr  4 596 je kg | 67,95 |
| **d) zu marktnahen Preisen** | |
| Europäisches Währungssystem (EWS): *Durchschnittlicher Londoner Goldpreis der vorhergehenden 6 Monate, evtl., falls niedriger, Durchschnitt aus Vormittags- und Nachmittagsfixing des letzten Geschäftstages der Halbjahresperiode* | 317,50 |
| Dänemark und Italien: *wie EWS, umgerechnet in Landeswährung* | |
| Frankreich: *halbjährliche Anpassung an durchschnittlichen Londoner Goldpreis der vorangegangenen 3 Monate auf Franc-Basis* | 301,30 |
| Niederlande: *alle 3 Jahre – beginnend August 1978 – Anpassung an 70% des niedrigsten Jahresdurchschnitts des täglichen Nachmittagspreises der Amsterdamer Goldbörse der vorangegangenen Jahre* | 107,50 |
| Südafrika: *monatliche Anpassung an den Durchschnitt der letzten 10 Londoner Goldfixings* | 326,40 |

*Quelle: Gold Handbuch, SKA*

wirtschaftlichen Umweltbedingungen zeigen und zum anderen eine Erklärung dafür liefern, warum Gold als Grundlage einer Währung stets besser funktionierte und besser funktionieren mußte, als dies je von Papiergeld erwartet werden darf.

Tatsächlich wurde noch 1982 in den USA leidenschaftlich über einen neuen Goldstandard diskutiert. Berater Präsident Reagans wie Professor *Arthur Laffer,* erweckten sogar öffentlich den Eindruck, ein solcher Schritt sei nur noch eine Frage der Zeit.

Inzwischen wurden die Pläne, wie nicht anders zu erwarten war, ad acta gelegt. Das Thema wird aber wohl im Laufe der nächsten Jahre noch einmal in die öffentliche Diskussion zurückkehren – und zwar dann, wenn die Erkenntnis weitere Verbreitung gefunden hat, daß Papiergeldwährungen systemimmanent instabil sind, daß die Zentralbanken überfordert sind, wenn sie Papiergeldmengen und Zinsen zugleich steuern sollen, und daß hektisch schwankende Wechselkurse sowohl der inneren Geldwertstabilität als auch einem prosperierenden Welthandel im Wege stehen.

Vielleicht sieht dann eine wachsende Zahl von Währungspolitikern im Gold den letzten Rettungsanker des kapitalistischen Systems, womit bereits gesagt ist, daß man ihn nur in höchster Not auswerfen würde.

Für den Goldanleger wäre die Rückkehr zu einem fixierten, offiziellen Goldpreis ein Einschnitt, der ihn zwingen würde, sein gesamtes Investmentkonzept zu überdenken.

Erstens käme es selbstverständlich darauf an, ob ein neuer offizieller Preis über oder unter dem Preis läge, zu dem er sein Gold gekauft hat. Aus heutiger Sicht läßt sich dazu nur sagen, daß ein offizieller Goldpreis von deutlich unter $ 400 unrealistisch und kaum durchsetzbar wäre – ganz abgesehen davon, daß alle jene Zentralbanken, die ihr Gold in der Nähe der Marktpreise bilanzieren, damit nicht einverstanden wären.

Zweitens wären neue Goldanlagen nicht mehr interessant, sobald ein stabiler Preis eingeführt und für längere Zeit von den Zentralbanken garantiert wird. Goldminen, die deutlich unter dem offiziellen Preis produzieren, würden hingegen eine feste Kalkulationsbasis erhalten, und die Aktien würden wohl davon profitieren.

Man sollte sich keine Illusionen darüber machen, daß fixierte Goldpreise oder gar die Rückkehr zu einem modifizierten Goldstandard unter den gegenwärtigen Umständen nicht durchsetzbar sind. Eine Finanzkatastrophe in den nächsten Jahren könnte jedoch zum Umdenken zwingen.

## GOLD HELD BY CENTRAL BANKS
(metric tonnes)

| Year End | 1977 | 1978 | 1979 | 1980 | 1981 | 1982 |
|---|---|---|---|---|---|---|
| United States of America | 8,633 | 8,597 | 8,230 | 8,221 | 8,215 | 8,212 |
| West Germany | 3,679 | 3,690 | 2,962* | 2,960* | 2,960* | 2,960* |
| France | 3,162 | 3,172 | 2,548* | 2,546* | 2,546* | 2,546* |
| Switzerland | 2,591 | 2,590 | 2,590 | 2,590 | 2,590 | 2,590 |
| Italy | 2,579 | 2,585 | 2,075* | 2,074* | 2,074* | 2,074* |
| Netherlands | 1,700 | 1,704 | 1,367 | 1,367* | 1,367* | 1,367* |
| Belgium | 1,321 | 1,325 | 1,064* | 1,063* | 1,063* | 1,063* |
| Japan | 673 | 770 | 754 | 754 | 754 | 754 |
| Canada | 685 | 688 | 690 | 652 | 636 | 630 |
| Austria | 653 | 654 | 656 | 656 | 656 | 657 |
| Portugal | 750 | 688 | 688 | 689 | 689 | 687 |
| United Kingdom | 691 | 709 | 568* | 586* | 590* | 591* |
| Spain | 449 | 452 | 454 | 454 | 454 | 454 |
| Venezuela | 350 | 354 | 356 | 356 | 356 | 356 |
| South Africa | 301 | 305 | 312 | 378 | 289 | 235 |
| Lebanon | 287 | 287 | 287 | 287 | 287 | 287 |
| India | 229 | 260 | 266 | 267 | 267 | 267 |
| Australia | 238 | 242 | 247 | 247 | 247 | 247 |
| Algeria | 171 | 172 | 173 | 173 | 173 | 174 |
| Saudi Arabia | 96 | 141 | 142 | 142 | 142 | 142 |
| Argentina | 130 | 133 | 136 | 136 | 136 | 136 |
| Iran | 117 | 119 | 121 | 135** | 135** | 135** |
| Turkey | 113 | 114 | 117 | 117 | 117 | 117 |
| Kuwait | 78 | 78 | 78 | 79 | 79 | 79 |
| Mexico | 55 | 59 | 62 | 64 | 67 | 55 |
| Brazil | 47 | 50 | 53 | 58 | 68 | 68 |
| Rest of World*** | 2,545 | 2,556 | 2,588 | 2,741 | 2,807 | 2,866 |
| I.M.F. | 4,092 | 3,676 | 3,323 | 3,217 | 3,217 | 3,217 |
| EMCF | — | — | 2,653 | 2,663 | 2,665 | 2,665 |
| TOTAL | 36,415 | 36,170 | 35,560 | 35,672 | 35,646 | 35,631 |

\* Net of contribution to EMCF (European Monetary Cooperation Fund).
\*\* Last reported figure second half 1980.
\*\*\* Including gold held by B.I.S.

*Source:* International Financial Statistics

Daher mag die Frage schon jetzt interessant sein, wie ein Goldstandard eigentlich funktioniert.

*Goldstandard*, das würde bedeuten, daß die umlaufende Geldmenge zu einem gewissen Prozentsatz durch Gold gedeckt ist; daß alle großen internationalen Währungen in Gold definiert sind und in einem festen Verhältnis zueinander stehen; daß Schulden von Land zu Land in Gold beglichen werden; daß Nationen, die über ihre Verhältnisse leben, ihre Zahlungsbilanzdefizite mit einem Abfluß von Gold und daher einer Schrumpfung ihrer umlaufenden Geldmenge bezahlen müßten; daß dann auf dem Binnenmarkt die Preise fallen würden, was die Konkurrenzfähigkeit dieser Nationen auf dem Weltmarkt und damit ihre Zahlungsbilanz automatisch wieder verbessern würde.

Umgekehrt würden die Überschußländer einen Zustrom von Gold erfahren, der die innere Geldmenge ausweiten, die Preise vorübergehend in die Höhe treiben und damit den Ausfuhrüberschuß abbauen würde.

Unter einem Goldstandard würden wirtschaftliche Verzerrungen beseitigt, die Kalkulationsbasis der Unternehmen wäre wieder solide, die Zinsen würden auf vielleicht drei Prozent sinken, ein stabiler Geldwert würde langfristige Planungen und Investitionen in allen öffentlichen und privaten Bereichen ermöglichen. Eine durch die Inflation aus den Fugen geratene Welt würde zu innerem Gleichgewicht, zu gesünderem Wachstum zurückfinden. Sparer und Produzenten wären die Gewinner, Spekulanten die Verlierer.

Freilich würde der Goldstandard genauso wenig Vollbeschäftigung garantieren wie die Inflation. Er würde zudem die staatliche Verteilung arbeitsloser Einkommen und die unaufhörliche Expansion der Sozialpolitik hemmen. Er wäre nicht anspruchs-, sondern leistungsorientiert. Er würde allen unbarmherzig klar machen, daß dem Sozialprodukt nicht mehr entnommen werden kann, als zuvor erarbeitet wurde. Und er würde wirtschaftspolitische Sünden, die heute als läßlich gelten, augenblicklich mit höherer Arbeitslosigkeit bestrafen.

In einer Zeit, die dem Dogma der Vollbeschäftigung huldigt, ohne es allerdings auf Dauer verwirklichen zu können, ist dies alles nahezu undenkbar.

Dabei wäre es durchaus möglich, die alten Regeln des Goldstandards zu modernisieren. Neue Methoden könnten entwickelt werden, um die Kreditexpansion vernünftig zu steuern. Falls die Goldproduktion zurückgehen oder die internationale Liquidität aus anderen Gründen knapp werden sollte, könnte eine internationale Währungsbehörde alle Währungen gleichmäßig abwerten, um die Gefahr einer Depression zu bannen. Solange nur die Goldeinlösungspflicht und die festen Wechselkurse unangetastet bleiben, könnte ein neuer Goldstandard durchaus den sozialen Erfordernissen und dem Volumen eines Welthandels angepaßt werden, der sich seit dem 19. Jahrhundert gewaltig ausgedehnt hat.

Das Argument, für eine Rückkehr zum Goldstandard sei zu wenig Gold vorhanden, ist völlig undurchdacht. Der Goldpreis müßte eben nur hoch genug angesetzt werden, um die notwendige Deckung der Währungen zu ermöglichen.

Wahrscheinlich sind die Politiker nicht deswegen gegen einen Goldstandard, weil er unpraktikabel wäre, sondern weil sie einen Machtverlust fürchten, weil sie darauf bestehen, daß alles manipulierbar sein müsse, selbst der Geldwert.

»Es besteht ein psychologischer Widerwille, die Idee des Goldes zu akzeptieren«, schrieb der Chefredakteur der englischen »Times«, *William Rees-Mogg*. »Der eisige Schock, dem Absoluten gegenüber zu stehen, alarmiert die menschliche Natur.«

Er meinte damit, daß der Automatismus des Goldstandards kaum noch Spielraum für politische Manöver zuläßt, daß er die Bataillone der Währungs- und Konjunkturpolitiker, der Devisenhändler und Spekulanten zur Einstellung der Kriegshandlungen zwingt, sie so gut wie arbeitslos macht. Goldwährungen arbeiten eben von ganz alleine. Jeder Dummkopf versteht, wie ein Goldstandard funktioniert. Um zu erkennen, daß Papierwährungen nicht funktionieren, muß man hingegen schon überdurchschnittlich intelligent sein.

Rees-Mogg glaubt, der Goldstandard sei notwendigerweise jeder Papierwährung überlegen: »Wenn man die Systeme vergleicht, sieht man, daß das objektive Goldsystem wirkliche Vorteile vor dem subjektiven Papiersystem aufweist. Gold sorgt für eine konstant oder langsam wachsende Weltgeldmenge, Papier nicht. Gold macht Weltinflation unmöglich, Papier macht sie unvermeidlich. Gold zwingt die Länder dazu, die Realitäten ihrer wirtschaftlichen Lage zu erkennen und zwar in einem frühen Stadium – Papier erlaubt es den Ländern, sich so lange selbst zu täuschen, bis sich die Schwierigkeiten angehäuft haben. Gold läßt wenig Spielraum für wirtschaftliche Manipulation zu Wahlzwecken, Papier verführt die Regierungen dazu, Wählerstimmen durch Inflation zu kaufen.

Gold setzt der Wirtschaft stabile und kontinuierliche Ziele, Papier erzeugt wilde Schwankungen in den wirtschaftlichen Bedingungen.«

Jeder Satz stimmt, nur: Wenn die Regierungen willens wären, zum Goldstandard zurückzukehren, dann könnten sie genausogut die Papierwährungen so solide handhaben, als seien es Goldwährungen. Dann wäre der Goldstandard gar nicht nötig.

Wenn die Regierungen aber eine Rückkehr zum Gold völlig ausschlössen, wenn es wirklich keine monetäre Zukunft mehr hätte, wie vor allem die Amerikaner behaupten – dann stellt sich die Frage, warum die Zentralbanken eigentlich an ihrem Gold festhalten und warum Gold immer noch den größten Teil der westlichen Währungsreserven ausmacht.

Die Antwort liegt auf der Hand: die Regierungen sehen im Gold eine Währungsreserve, die eine nützliche Rolle spielen könnte, wenn die permanente Krise des internationalen Finanzsystems der Kontrolle der Verantwortlichen entgleiten sollte. Wenn es so etwas wie eine goldene Konstante nicht gäbe, wenn Gold nicht das älteste Wertaufbewahrungsmittel in der Geschichte der Menschheit wäre, dann wäre die heutige offizielle Haltung zum Gold gar nicht verständlich.

Private Anleger, die Gold besitzen und halten, tun im Grunde nichts anderes als ihre nationalen Zentralbanken. Sie mögen es teurer eingekauft haben als die Notenbanken, aber das ändert nichts daran, daß sich die Portfolios von Herrn Leutwiler, Herrn Pöhl, Herrn Volcker und dem unbekannten Goldbesitzer in Zürich oder Frankfurt erstaunlich ähnlich sind.

# GEOGRAFISCHE STREUUNG

- wichtig bei Gold
- noch wichtiger bei Immobilien...

Voll erschlossene Grundstücke mit unverbaubarer Aussicht auf die Stadt und das Meer in Victoria, British Columbia, Kanada

Beteiligung an Farmland, Bodenklasse I in British Columbia, Kanada

Fordern Sie Unterlagen an bei:

**NATURFILM**
Stadtstraße 28
D-7800 Freiburg i. Br.
Bundesrepublik Deutschland
Telefon: 07 61 / 2 63 26

# XII. Wohin der Preis geht

Nichts interessiert Goldanleger mehr als langfristige Preisprognosen, denn wer würde nicht gerne einen Blick in die Zukunft werfen, auch auf die Gefahr hin, daß das Orakel falsch spricht.

Zwei Goldpreisprognosen haben in der jüngsten Vergangenheit besonders viel Aufmerksamkeit erregt: die der Aden Sisters und die des amerikanischen Wahrscheinlichkeitstheoretikers. *Dr. Horace W. Brock.* Wir wollen aus beiden zitieren – schon deswegen, weil es amüsant sein wird, in ein paar Jahren zu sehen, wie weit sich die Wahrscheinlichkeit der Theorie angenähert hat.

Dr. Brock reiste 1981 durch die halbe Welt, führte mit 80 Insidern des Goldmarktes vertrauliche Gespräche, fütterte sämtliche Informationen in seinen Computer und ermittelte dann nach der Methode der Wahrscheinlichkeitsrechnung, was Gold bis 1987 kosten müßte, wenn bestimmte Bedingungen in den kommenden Jahren eintreffen. Er spielte Millionen von Varianten durch, und das Ergebnis waren in Prozenten ausgedrückte Wahrscheinlichkeiten für zukünftige Goldpreise, unter denen dann jeder selbst die letzte Auswahl treffen darf.

Die aufwendige Arbeit von Dr. Brock wurde, das muß erwähnt werden, von dem Minenkonzern Anglo American finanziert, der selbstverständlich kein Interesse an allzu niedrigen Goldpreisen haben kann. Als ich Dr. Brock in London traf, machte er mir jedoch nicht den Eindruck eines käuflichen Wissenschaftlers, sondern eher den eines fanatischen Intellektuellen, der es durchaus auch fertiggebracht hätte, eine Studie mit negativen Resultaten bei seinem Auftraggeber abzuliefern.

Der Wissenschaftler ging an seine Arbeit als Fundamentalist heran, er versuchte also, die möglichen Trends des physischen Angebots und der physischen Nachfrage einzuschätzen. Die heute weithin übliche Analyse von Preischarts spielte bei seiner Methode keine Rolle.

Zum Beispiel sprach Brock mit den Währungsbehörden und gewann den Eindruck, daß die großen westlichen *Zentralbanken* in den achtziger Jahren weder Nettokäufer noch Nettoverkäufer sein werden, daß sie aber unter Umständen einen angemessen hohen Goldpreis stützen und einen Preiszusammenbruch verhindern würden. Goldverkäufe der USA seien »sehr unwahrscheinlich«. Einige kleinere Zentralbanken würden hingegen Gold kaufen, und es bestehe eine »vernünftige Chance«, daß die

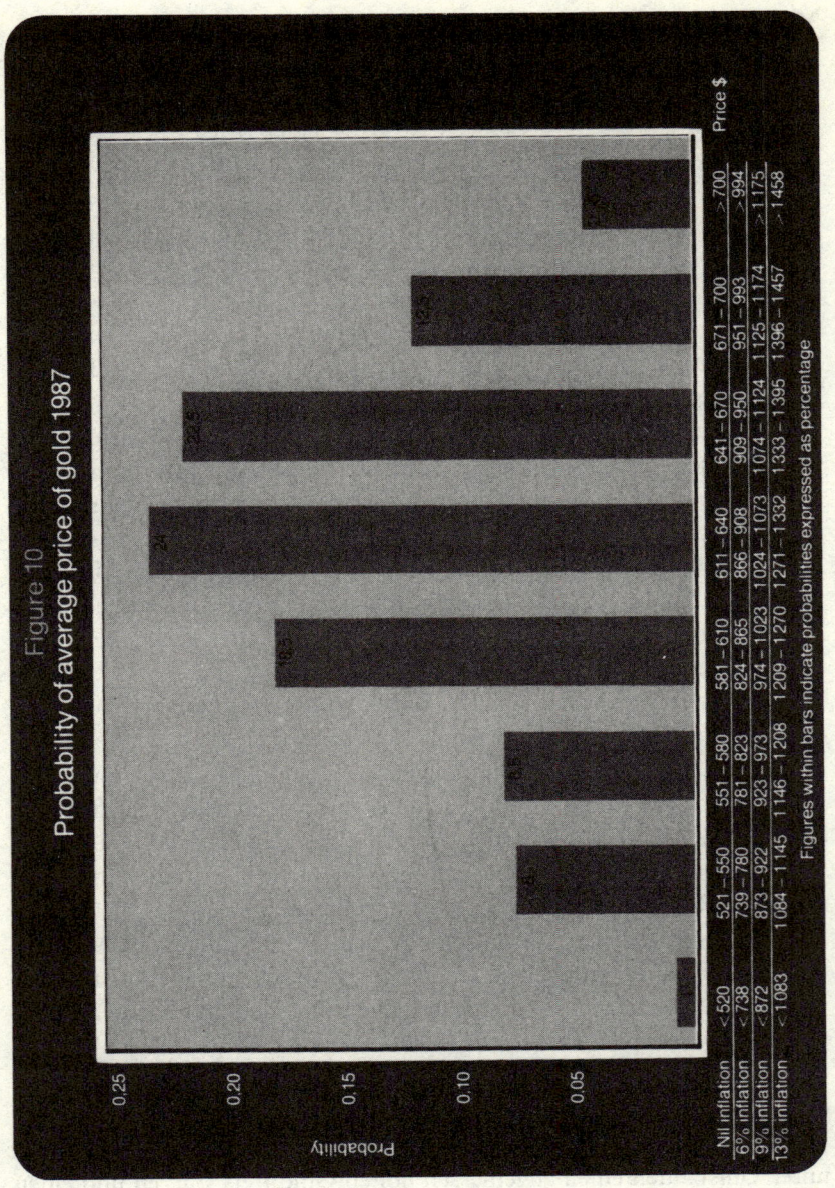

saudische Währungsbehörde SAMA in den achtziger Jahren beginnen werde, offiziell Gold zu kaufen – was sie bisher nicht getan hat.

Am Goldbedarf der elektronischen Industrie dürfte sich laut Brock wenig ändern. Beim Schmuckabsatz in den USA und Japan seien ansehnliche Zuwachsraten zu erwarten, weil dort die Wirtschaft schneller wachsen werde als in Europa. Allerdings hält Barock nach seinen Gesprächen mit der europäischen *Schmuckindustrie* weitreichende Änderungen für möglich: kleinere Einzelhandelsmargen und einen geringeren Aufpreis auf den Feingehalt, modernere Absatzwege und einen massiven Werbefeldzug. Wenn es dazu wirklich kommt, müßte auch der Absatz in Europa besser laufen – und schließlich geht der allergrößte Teil des jährlich neu gewonnenen Goldes immer noch in den Schmuck. So produzierten die Minen der nichtkommunistischen Welt 1982 1013 Tonnen Gold, wovon die Schmuckindustrie 716 Tonnen abnahm.

Offenbar ist es aber ein sehr kleiner Sektor der Nachfrage, der den Preistrend maßgeblich beeinflußt: die Käufe und Verkäufe westlicher Investoren. 1982 kauften sie netto nur 53 Tonnen, 1981 wurden von dieser Seite sogar 56 Tonnen mehr verkauft als gekauft. Die Zahlen beziehen sich auf den Absatz von Barren.

Seit Beginn der siebziger Jahre handeln die Anleger immer wieder prozyklisch: sie kaufen massiv, wenn die Preise ganz oben sind wie 1973/74 und 1979/80, und sie kaufen kaum, beziehungsweise verkaufen, wenn die Preise ihre zyklischen Tiefstpunkte erreicht haben wie 1976 und 1982. Für die Intelligenz der Anleger spricht dies natürlich nicht. Aber uns kommt es in diesem Zusammenhang allein darauf an, daß die Anleger bisher immer in der zweiten Phase eines Bull-Marktes aktiv wurden, nachdem sie die erste verpaßt hatten.

Brock meint, daß das Verhalten der Investoren von sechs Faktoren bestimmt wird: vom Goldpreis, von den realen Zinssätzen, dem realen Wirtschaftswachstum, politischen Spannungen, der Inflationsrate und dem Dollar-Kurs.

Reale Zinssätze errechnen sich aus den nominalen Sätzen abzüglich der Inflationsrate. Hohe *Realzinsen* dämpfen oft, aber nicht immer die Goldnachfrage, weil dann Geldanlagen eine attraktive Alternative bieten. Dr. Brock rechnet damit, daß die Realzinsen in den achtziger Jahren im internationalen Durchschnitt positiv bleiben und bis 1987 mit einer 55%igen Wahrscheinlichkeit bei 1,5% liegen werden, womit sie übrigens nach Steuern in der Regel doch wieder negativ wären, was Brock übersieht.

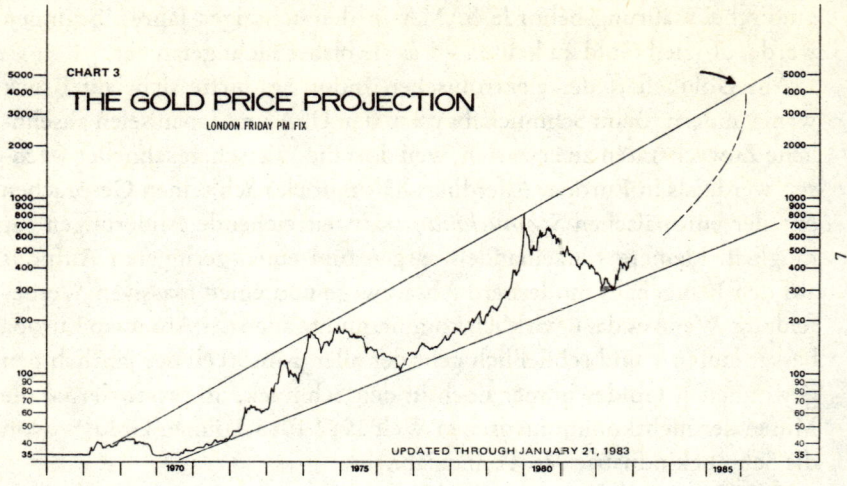

Realzinsen von 3,5% gibt er eine Wahrscheinlichkeit von 30%. Letztere Variante wäre offenkundig schlechter für Gold.

In den USA rechnet der Wissenschaftler mit einem realen Wirtschaftswachstum von 4% und in Japan von 6,5% – in beiden Fällen mit einer Wahrscheinlichkeit von 50%. Für Europa ist er pessimistischer, und dies müßte sich normalerweise auf den Schmuckabsatz auswirken, worauf wir bereits eingegangen sind.

Mit einer Wahrscheinlichkeit von 50% wird die *Inflationsrate* im internationalen Durchschnitt der nächsten Jahre bei 9% liegen – und mit einer Wahrscheinlichkeit von je 25% entweder bei 6 oder 13%. Dabei wird vorausgesetzt, daß neue Ölpreisexplosionen ausbleiben, daß aber die nationale und internationale Verschuldung weiter wächst.

Zum Dollar meint Brock, daß er in den achtziger Jahren im Vergleich zu den europäischen Währungen fest tendieren wird, fügt aber hinzu, daß sich die langfristige private Investmentnachfrage nicht wesentlich am Dollar-Kurs ausrichtet.

Diese Beispiele sollten demonstrieren, wie Dr. Brock alle nur denkbaren Faktoren auf der Angebots- und Nachfrageseite berücksichtigte, und daraus Preiswahrscheinlichkeiten ableitete. Da der aktuelle Marktpreis immer im Schnittpunkt der Kurven von Angebot und Nachfrage liegt, konnte er auf diese Weise Preise für 1987 kalkulieren. Auch dafür ein Beispiel aus dem Mittelfeld seiner Wahrscheinlichkeiten: falls die Inflation bis 1987 im Durchschnitt 9% beträgt, wird Gold mit 24%iger Wahrscheinlichkeit 1024 bis 1073 Dollar kosten.

Etwas verwirrend, finden Sie nicht auch? Wenn Sie allerdings Spaß an solchen Computerrechnungen haben, lassen Sie sich die komplette Studie schicken. Die Adresse: Horace W. Brock, Ph. D. President, Strategic Economic Decisions, Inc., 905 Sherman Avenue, Menlo Park, California 94025, USA.

Die *Aden Sisters* machen es ihrem Publikum da schon leichter, und dafür ist ihre Gefolgschaft auch größer. Die Schwestern betreuten früher das Vermögen eines reichen Kaliforniers und folgten ihm, als er nach Costa Rica übersiedelte. Sie fanden 1981 erstmals größere Beachtung, als sie vorhersagten, Gold werde bis März oder Juli 1982 auf 300 bis 325 Dollar fallen – was es erstaunlicherweise auch tat.

Von Londoner Goldhändlern werden die Schwestern gelegentlich als »Gibraltar Brothers« verspottet, aber man muß ihnen attestieren, daß sie ihre rein technische Analyse – mehr ist es nicht – mit Fleiß und Sorgfalt betreiben. In Gespräch unter sechs Augen hatte ich den Eindruck, daß die Schwestern in das Innenleben des Goldmarktes bisher nicht sehr tief eingedrungen sind, aber schließlich haben sie dies auch nie von sich behauptet.

Unter den zahlreichen technischen Indikatoren, die die Aden Sisters benutzen, ist die *Velocity* der wohl hilfreichste. Hierbei werden die prozentualen Änderungen der gleitenden Preisdurchschnitte berechnet. Letztere werden ermittelt, indem man die Preise einer zurückliegenden Periode addiert und durch die Zahl der Tage dividiert, wobei täglich der entfernteste Tag weggelassen und der letzte Preis hinzugerechnet wird.

Die langfristige Velocity hat schon oft einen neuen Trend begonnen, bevor sich der Preistrend selbst änderte. Nach Meinung der Aden Sisters ist sie das beste Hilfsmittel, große Wenden am Goldmarkt rechtzeitig zu identifizieren. Die Schwestern unterteilen die Velocity-Zyklen in vier Stufen, wie sie auf der abgebildeten Grafik wiedergegeben sind. Stufe eins beginnt, wenn die Velocity über die 0-Linie steigt und sie endet erst, wenn die Aufwärtstrendlinie A-A nach unten durchbrochen wird. Solange diese Linie hält, ist der Bull-Markt intakt. Sobald sie verletzt wird, beginnt mit Stufe 2 der Bear-Markt. Dies war der Fall 1969, Ende 1974 und im Herbst 1980.

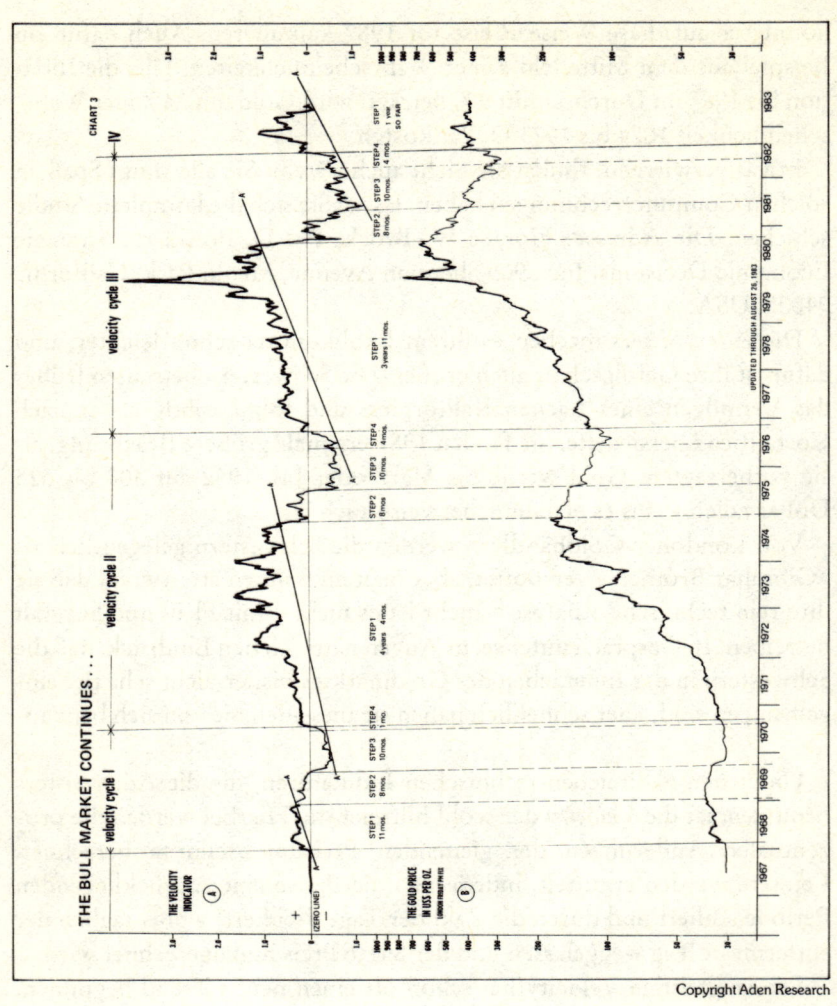

Copyright Aden Research

Stufe 3 ist erreicht, wenn die Velocity wieder zu steigen beginnt. Jetzt kündigt sich ein neuer Bull-Markt an. Im letzten Zyklus stieg die Velocity bereits ab Mitte 1981, obwohl die Goldpreise noch bis 1982 fielen – in Schweizer Franken ausgedrückt bis zum März, in Dollar-Preisen bis zum Juni. Die Velocity nahm sehr frühzeitig die Hausse von 300 auf 500 Dollar vorweg. Stufe 4 ist beendet, sobald die Null-Linie erreicht ist: ein neuer Zyklus beginnt.

Wie Sie selbst sehen, gibt dieser Indikator keine Anhaltspunkte zur Preisentwicklung auf Sicht von ein paar Monaten. Er war aber in der Vergangenheit durchaus nützlich, wenn es darum ging, den großen Preistrend richtig einzuschätzen.

Im übrigen orientieren sich die Aden Sisters daran, daß die bisherigen *Goldpreiszyklen* erstaunlich regelmäßig abliefen. Abgesehen vom ersten, verkümmerten Zyklus am Ende der sechziger Jahre dauerte jeder Bull-Markt etwa vier Jahre und jeder Bear-Markt nicht ganz zwei Jahre. Wenn es nach diesem Muster weitergeht, müßte die nächste Preisspitze im Jahr 1986 liegen, und zwar bei 3000 bis 4000 Dollar je Feinunze. So jedenfalls lautet die Aden-Prognose.

Derart hohe Preise sind, auch ohne Hyperinflation, nicht ganz auszuschließen, weil Gold ein sehr enger Markt ist. Das Volumen ist im Vergleich zu dem der Aktien-, Anleihen- und Geldmärkte außerordentlich gering. Dem stehen aber enorme internationale Gelder gegenüber, die auf der Suche nach Profit ruhelos von einem Markt zum anderen wandern. Eine Faustregel besagt, daß diese Gelder sich zuerst auf den Bond-Markt konzentrieren, dann in Aktien fließen und schließlich – zu einem Teil jedenfalls – in Gold angelegt werden.

Die Abfolge dieser Phasen, die sich selbstverständlich zeitlich überlappen, erklärt sich daraus, daß in einer Rezession die Zinsen sinken und die Kurse der Anleihen spiegelbildlich steigen, daß dann – sobald die Rezession den Preisauftrieb genügend gedämpft hat – die Zentralbanken den Geldhahn wieder aufdrehen, wodurch ein Wirtschaftsaufschwung buchstäblich erkauft wird, den die Aktienmärkte mit Kurssteigerungen vorwegnehmen und der dann später höhere Preise zur Folge hat, die das Interesse an Gold neu beleben.

Allerdings ist Gold, wie wir bereits gesehen haben, kein bloßer Inflationsschutz. Gold ist ein Krisenbarometer, das einmal ausschlägt, wenn inflationiert wird, ein andermal, wenn internationale Konflikte akut werden, das aber auch sehr sensibel auf Banken- und Schuldenkrisen reagiert, die sowohl inflationäre als auch deflationäre Auswirkungen haben können.

Seit Anfang der siebziger Jahre sind die Goldpreise ziemlich eng den Wirtschafts- und Inflationszyklen gefolgt: im Wirtschaftsaufschwung, der höhere Preise mit sich brachte, stiegen sie – und in der Rezession, als die Inflationsraten zurückgingen, fielen sie. Damit ist aber noch nicht alles erklärt. Für die Verdoppelung der Goldpreise von November 1979 bis Januar 1980 waren die Blockierung der iranischen Dollar-Konten durch Präsident Carter und zusätzlich der Einmarsch der Roten Armee in Afghanistan verantwortlich. Und die Preisexplosion im August und September 1982 wäre ohne die Mexiko-Krise, die das internationale Bankensystem an den Rand des Zusammenbruchs brachte, nicht denkbar gewesen.

Viele Goldanleger, die *Afghanistan* und die Folgen miterlebt hatten, wunderten sich später, daß das Metall auf andere schlechte Nachrichten aus der Politik nicht oder nicht nachhaltig reagierte: weder auf den Sieg Mitterrands in Frankreich noch auf den Tod Sadats, noch auf den Abschuß einer südkoreanischen Boeing durch die Sowjets. Aber es wäre naiv, an eine so primitive Wechselwirkung zwischen Politik und Gold zu glauben. Denn erstens muß man unterscheiden können zwischen politischen Tagesnachrichten, deren Wirkung nur vorübergehend ist, und Ereignissen, die Epoche machen. Und zweitens ist Gold eben nur partiell eine geopolitisches Metall. Die andere Seite der Münze ist monetär, und deswegen werden weltpolitische Konflikte immer dann schwächer auf den Preis einwirken, wenn das monetäre Umfeld nicht gut für Gold ist – und stärker, wenn auch die monetären Voraussetzungen für eine Goldhausse zur Stelle sind.

Zu behaupten, die Politik habe keinen Einfluß mehr auf den Goldmarkt, ist nicht richtig. Man muß politische Krisen und Katastrophen nur richtig einordnen können. Der Einmarsch in Afghanistan brachte die Russen näher an den Golf, und dort saßen Leute, die sich nicht nur bedroht fühlten, sondern auch Geld hatten, um Gold zu kaufen. Durch den Tod Sadats hat sich an der Position Ägyptens im Kräftefeld zwischen Ost und West zunächst gar nichts geändert – und die Kaufkraft der Ägypter war zu schmal, um den internationalen Goldmarkt wirklich in Bewegung zu bringen.

Abgesehen von außerordentlichen politischen Ereignissen ist Gold doch eher ein monetäres denn ein geopolitisches Metall. Und da die USA immer noch die Bastion des Kapitalismus und das Kernland des westlichen Wirtschaftssystems sind, folgten die Goldpreise erstaunlich eng den Irrungen und Wirrungen der amerikanischen Geldpolitik. Gold ist zu einer Art von Gradmesser für deren Erfolg oder Mißerfolg geworden. Ernstzunehmende Beobachter wie der englische *Economist* sind denn auch der Meinung, daß die Federal Reserve den Goldpreis unter diesem Gesichtspunkt sorgfältig im Auge behält.

Anders als in den siebziger Jahren haben die USA den Goldmarkt seit dem Amtsantritt Präsident Reagans nicht mehr offen zu manipulieren versucht. Aber im Grunde sind die amerikanischen Terminmärkte mit ihrem gigantischen Umsatz so etwas wie ein Transmissionsriemen der amerikanischen Geldpolitik. Mit großer Sensibilität nehmen sie ständig die Signale auf, die von der Regierung oder der Federal Reserve ausgehen und setzen sie in höhere oder tiefere Preise für Edelmetalle, Rohstoffe, Währungen und Zinspapiere um.

Deswegen ist damit zu rechnen, daß die Geldpolitik der USA mit ihren inflationären oder deflationären Impulsen auch in den kommenden Jahren das Hauptmotiv für den Goldmarkt abgeben wird.

Im Sommer 1983 hatte ich den Eindruck, daß die Inflation, die damals gebändigt schien, wieder zu einem Thema werden würde und daß später – vielleicht 1985 oder 1986 – die Gefahr einer Deflationskrise oder eines Crash, die 1983 gebannt schien, durch die Hintertür zurückkehren könnte.

*Milton Friedman*, der bereits den Wirtschaftsaufschwung von 1983 frühzeitig vorhergesagt hatte, schrieb im September 1983 im Wall Street Journal: »Die exzessive Ausweitung der Geldmenge führt mit fast absoluter Sicherheit dazu, daß wir in den nächsten Quartalen eine überhitzte Wirtschaft bekommen werden, was ebenfalls mit absoluter Sicherheit eine neue Inflationsbeschleunigung bedeuten wird, wahrscheinlich Mitte oder Ende 1984. Der Schaden ist leider schon angerichtet, und es ist schwer, einen Ausweg zu finden. Wird das Wachstum der Geldmenge auf dem gegenwärtigen Niveau fortgesetzt, verspricht dies ein Desaster. Wird das Geldmengenwachstum scharf heruntergefahren, bedeutet dies ein vermindertes Wachstum des Bruttosozialproduktes im nächsten Jahr. Verbunden mit dem inflationären Potential, das die derzeitige Geldmengenexplosion geschaffen hat, werden wir eine Rezession erleben, genau wie 1981 nach der schnellen Expansion von Ende 1980 bis Anfang 1981. Es gibt keinen Mittelweg mehr, um heute noch beides zu vermeiden: eine höhere Inflation und ein deutliches Abflachen, wenn nicht eine abrupte Beendigung des Aufschwungs.«

Den Zusammenhang, von dem Friedman spricht, ersehen Sie am besten aus der umseitigen Grafik. Bisher war es immer so, daß die Inflation in den USA (dünne Linie) der Geldmengenentwicklung (dicke Linie)

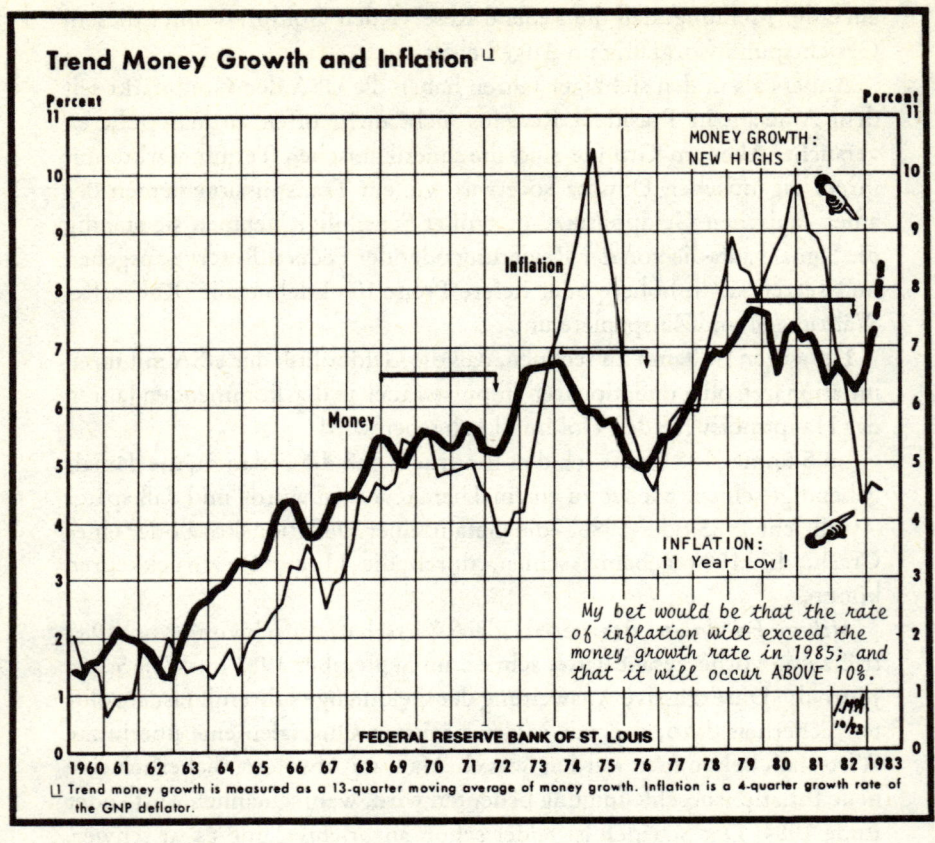

USA: Wie die Inflation der Geldmenge folgt

Quelle: Deliberations

folgte. Das Geldmengenwachstum ist als gleitender Durchschnitt eingetragen, der die zurückliegenden 13 Quartale erfaßt. Der gleitende Durchschnitt der Inflation bezieht sich auf die jeweils zurückliegenden vier Quartale, wobei es sich um den »GNP-Deflator« handelt, der die Preisänderung des Bruttosozialproduktes besonders gut repräsentiert. Die drei horizontalen Balken zeigen die Perioden, in denen das Geldmengenwachstum und – mit einer zeitlichen Verzögerung – auch die Preissteigerungsrate zurückgingen.

Um auf Friedman zurückzukommen: Wenn wir unterstellen, daß sich die amerikanische Führung aus politischen Gründen gegen eine neue Rezession schon im Jahr 1984 entscheiden muß und dafür höhere Inflationsraten in Kauf nehmen wird, dann sind auch erheblich höhere Goldpreise für das kommende Jahr mehr oder weniger vorprogrammiert.

Aber auch wenn es vorübergehend noch einmal so aussehen wird, so stellt die *Inflation* doch nicht das Hauptproblem der achtziger Jahre dar. Wir müssen uns davor hüten, zu lange in den Schemata von gestern zu denken. Es ist eine Tatsache, daß in den meisten westlichen Industrieländern die Inflationsspitze auf die erste Hälfte der siebziger Jahre fiel und daß der Inflationsstoß Ende der siebziger Jahre bereits schwächer ausfiel. In der Bundesrepublik, in Japan, in der Schweiz, in Großbritannien, Belgien, den Niederlanden und sogar Italien erreichte die Steigerung der Verbraucherpreise 1980, als die Inflationsangst wieder dominierte, nicht mehr das Niveau, das sie 1974 erreicht hatte.

Auch die Steigerungsrate der Rohstoffpreise blieb 1979 erheblich unter der Spitze von 1973, bezogen auf den Dollar-Index des »Economist«. Gold aber lief gegen diesen Trend: 1974 stieg der Preis auf $ 200, 1980 zweimal über $ 700 – um Wochendurchschnittswerte im Januar und September 1980 zu nehmen.

Warum ist dennoch damit zu rechnen, daß 1984 wieder höhere Inflationsraten sehen wird? Weil dies eine völlig normale Konsequenz der schnellsten Geldmengenexpansion ist, die die westliche Welt seit dem Krieg erlebt hat, – der Geldmengenexpansion, die im Sommer 1982 eingeleitet wurde und die sich mit einer Verzögerung von etwa zwei Jahren 1984 auf die Preise auswirken müßte. Vorboten der kommenden Ereignisse sind die Rohstoffpreis-Indices, die seit 1982 selbst auf Dollar-Basis kräftig steigen – und übrigens auch die englischen Verbraucherpreise, die seit diesem Sommer fühlbar anziehen. England ist noch immer ein vorzüglicher Frühwarnindikator, und Sie werden auch sehen, daß die englische Aktienhausse vor der amerikanischen enden wird.

Schnellere Geldentwertung, steigende Rohstoffpreise und eine Belebung der Weltwirtschaft müßten auch die Lage der großen Schuldner der Dritten Welt erleichtern. Es ist aber ein gefährlicher Irrtum zu glauben, die *Schuldenkrise* werde damit ausgestanden sein.

Solche Prozesse verlaufen nicht linear, indem die Krise bis zum Kulminationspunkt gleichmäßig anschwillt, sondern sie entwickeln sich stoßweise. Auf einen ersten Ausbruch der Schuldenkrise, den wir im Sommer

1982 hatten, folgte eine Periode der Entspannung, und die entscheidende, wirklich gefährliche Zuspitzung ist erst später fällig.

Wenn Sie die großen Finanzpaniken der Geschichte, einschließlich des Crash der dreißiger Jahre, studieren, werden Sie eine Gemeinsamkeit feststellen; sie ereigneten sich immer erst dann, als niemand mehr daran glaubte. Sie kamen immer aus heiterem Himmel. Einen *Crash*, der rechtzeitig angekündigt wird, gibt es nicht. Das war übrigens ein Grund, weshalb ich auf dem Höhepunkt der Mexiko-Krise, im September 1982, die Panik für übertrieben und ungerechtfertigt hielt.

Ein Jahr später hatte sich das Gefühl breit gemacht, der Höhepunkt der Schuldenkrise liege hinter uns und die Dinge befänden sich endgültig auf dem Weg der Besserung.

Dies ist eine These, die deswegen verführerisch ist, weil sie eine typische Teilwahrheit enthält. Die Teilwahrheit besteht darin, daß sich die Lage entspannt hat und wahrscheinlich zunächst weiter entspannen wird, weil einige große Schuldnerländer ihre Importe drastisch verringert und damit ihre Handelsbilanz verbessert haben, weil der weltwirtschaftliche Aufschwung ihren Exporten und vor allem ihren Exportpreisen zugute kommen wird und weil sie aus diesen Gründen etwas mehr Geld einnehmen werden, das in der Theorie dazu benutzt werden könnte, Schulden zurückzuzahlen.

Nachzutragen wäre noch, daß 1982 das Schlimmste nur verhindert wurde, weil sich die Währungsbehörden zu einer konzertierten Rettungsaktion entschlossen, weil die USA und Europa auf eine expansive Geldpolitik umschalteten und weil das gigantische US-Haushaltsdefizit als probates Gegenmittel gegen ein Abrutschen in die Depression zur Verfügung stand.

Auf einem Kongreß in Zürich, auf dem ich im Sommer 1983 sprach, meinte ein wissenschaftlicher Berater der Bundesregierung, an der Schuldenkrise sei nichts besonderes, weil es schon immer normal gewesen ist, die alten Schulden mit neuen zurückzuzahlen.

Warum ist diese Optik nicht richtig? Weil die Beziehungen zwischen Gläubigern und Schuldnern und die Natur der internationalen Kreditmärkte seit 1982 völlig anders sind als vorher.

In den Jahren 1973 bis 1979, als die internationalen Kredite geradezu explodierten, konkurrierten die Banken auf einem freien Markt um ihre internationalen Großkunden. Das ist sogar noch vornehm ausgedrückt. Auf den Tagungen des IWF und der Weltbank wurden die Vertreter der

Entwicklungsländer mit Kreditofferten regelrecht überschüttet, weil dieses Geschäft trotz der im Nachhinein gesehen zu knappen Zinsmargen sehr lukrativ war.

Daß die Banken das Risiko auf grausame Weise unterschätzt haben, soll hier nicht unser Thema sein. Jedenfalls ist dieser freie Kreditmarkt seit 1982 tot. Seit 1982 geben die Banken nur noch gezwungenermaßen Geld, um die alten Kredite nicht abschreiben zu müssen – und sie tun es nicht einzeln, sondern als Club der Gläubiger, der auf eiserne Solidarität seiner Mitglieder angewiesen ist.

Nur weil sie zusammengehalten haben, konnten die Banken den ersten Ausbruch der Krise überleben. Die Solidarität beginnt aber bereits zu bröckeln, weil ihre Voraussetzung, nämlich ein akutes Gefahrenbewußtsein, zu schwinden beginnt – und weil die Interessengegensätze zwischen amerikanischen und europäischen Großbanken deutlicher werden.

Die deutschen Großbanken beispielsweise haben Reserven aufgebaut, und sie sind jetzt wohl in der Lage, einen neuerlichen Ausbruch der Schuldenkrise gut zu überstehen. Die *amerikanischen Großbanken* dagegen haben sich für den riskanteren Weg entschieden, so zu tun, als seien die Schulden nicht faul – und der Gipfel der Fiktion ist es, daß einige von ihnen auch noch ihre Dividenden erhöhen, obwohl sie doch eigentlich gar keine zahlen dürften.

Der entscheidende Irrtum der amerikanischen Banken besteht aber darin, daß sie den Nationen der Dritten Welt unterstellen, sie sähen das Schuldenproblem durch dieselbe Brille wie sie selbst.

Die Banken haben ausgerechnet, daß unter der Annahme einer günstigen weltwirtschaftlichen Entwicklung die Fähigkeit der Schuldner, zu zahlen, wachsen wird – und sie setzen dabei auch den Willen voraus, zu zahlen.

Die Entwicklungsländer sehen das aber völlig anders. Wenn *Brasilien* 90 Milliarden Dollar Auslandsschulden hat, dann ist dies kein Problem Brasiliens, sondern ein Problem der Gläubiger. Die Brasilianer werden auch bedenkenlos neue Schulden aufnehmen, weil sie deren Rückzahlung später immer noch verweigern können. Was die Entwicklungsländer interessiert, ist nicht die absolute Höhe ihrer Schulden, sondern der jährliche Saldo zwischen dem Schuldendienst, den sie leisten, und den neuen Krediten, die sie erhalten. Solange der Netto-Transfer deutlich positiv bleibt, haben sie keinen Grund, die Party vorzeitig zu verlassen.

Und unter dem Strich blieb der Netto-Transfer bisher tatsächlich positiv. Der Schuldenberg wächst immer noch, wenn auch langsamer. Solange er aber wächst, kann es logischerweise nicht leichter werden, ihn zu managen. Und der zweite Akt der Krise wird erst beginnen, wenn sich die Fähigkeiten der Schuldner, Kredite zurückzuzahlen, verbessert hat.

Sobald dies der Fall ist, werden die Banken Netto-Rückzahlungen erwarten, die Entwicklungsländer werden nicht dazu bereit sein, und die Fiktion wird platzen.

Ich kann nur vor dem Aberglauben warnen, daß Brasilien, Argentinien und all die anderen noch auf Jahre hinaus den Gürtel enger schnallen werden, ihre Souveränität an der Garderobe des IWF abgeben und ihre nationale Wirtschaftpolitik vom Ausland diktieren lassen, nur damit die New Yorker Großbanken ihre Aktionäre mit höheren Dividenden erfreuen können. Jeder, der die Dritte Welt ein bißchen kennt, weiß, daß sie dieses Spiel nicht mitmachen wird – schon deswegen nicht, weil diese Länder keine besondere moralische Verpflichtung zur Rückzahlung der Schulden empfinden.

Um es zu wiederholen: daß die Entwicklungsländer bisher stillgehalten haben, ist nicht verwunderlich, denn dieses Stillhalten hat sie nichts gekostet, und die Banken haben es sich dadurch erkauft, daß sie gutes Geld schlechtem nachwarfen.

Noch haben wir eine Atempause, und sie müßte eigentlich dazu genutzt werden, die internationalen Schulden nach einem kühnen und groß angelegten Plan zu konsolidieren. Diese Konsolidierung könnte so aussehen, daß die Schulden in langfristige, niedrig verzinsliche Anleihen umgewandelt werden und zum Teil durch die Zentralbanken übernommen werden. Die Chancen für eine solche Lösung sind aber minimal, weil weder der Kongreß noch die Öffentlichkeit in den USA dazu bereit sind. Gefahren realistisch zu erkennen und ihnen durch eine vorausschauende Politik zu begegnen, war ohnehin noch nie eine Stärke der Demokratien.

Im übrigen zeigt die Geschichte, daß Schulden nicht endlos weiterwachsen können, daß sie letzten Endes doch liquidiert werden müssen, und daß dies traditionellerweise durch eine Generalbereinigung in Form eines Crash geschieht. Gewiß, zwangsläufig ist nichts, aber dies wäre das normale Ende der Schuldenkrise.

Dafür wird es selbstverständlich einen Auslöser geben müssen, über den man jetzt nur spekulieren kann – einen Auslöser, der die entscheidende Vertrauenskrise an den Finanzmärkten provoziert. Werfen wir einen Blick in die Geschichte, um unsere Phantasie anzuregen. Noch Monate nach dem Börsenkrach an Wall Street im Herbst 1929 war den meisten Beobachtern der Ernst der Lage nicht klar. Im Frühjahr 1930 schien das Schlimmste sogar überstanden zu sein, nachdem die Federal Reserve – ähnlich wie 1982 – ihre Geldpolitik gelockert hatte. Im September 1930 brach dann in Argentinien die Revolution aus, und plötzlich wurden lateinamerikanische Anleihen in New York panikartig verkauft. Mit einem Mal glaubte das Publikum nicht mehr, daß die lateinamerikanischen Schuldner weiter zahlen würden. Viele lateinamerikanische Anleihen, und eben nicht nur die Argentiniens, fielen auf 10% ihres Nennwertes.

Im März 1931 folgte ein neuer Schock: ausgerechnet Australien, dem das niemand zugetraut hätte, verweigerte Zinszahlungen, die in London fällig waren. Sie kennen den Fortgang: als im Mai 1931 Österreichs größte Privatbank, die Kreditanstalt, von der Regierung gerettet werden mußte, setzte ein weltweiter Run auf die Banken ein. Die Investoren begannen ihre Konten zu leeren.

Das Charakteristische an den Ereignissen der dreißiger Jahre war es, wie Sie sehen, daß der Börsenkrach in New York und die internationale Schuldenkrise mit ihren politischen Implikationen sich zeitlich überlappten – zwei Entwicklungen, die für sich genommen wohl auch damals kontrollierbar gewesen wären.

Ein Börsenkrach ist aber nur denkbar, wenn die Kurse vorher rapide geklettert sind – und diese Voraussetzung war 1982 bekanntlich nicht gegeben. Sie wird aber bis Ende 1984 zur Stelle sein, und dann wird man die Augen offen halten müssen.

Daß Gold in einer Welt, die monetär und politisch so labil ist, ein enormes Preispotential hat, bedarf keiner weiteren Erklärung. Die Inflation ist nicht besiegt, sie wurde nur künstlich unterdrückt. Die nationalen und internationalen Schulden sind nicht konsolidiert, sie werden sich bitter rächen. Das internationale Finanz- und Währungssystem ist zerrüttet und wird in seiner derzeitigen Form die achtziger Jahre nicht überleben.

Ich könnte nun sagen, daß ich mir für 1984 Goldpreise von 500 bis 600 Dollar und für 1985 Preise von 800 Dollar vorstelle – falls sich die Hausse fortsetzt, die im Sommer 1982 begann und Ende Februar 1983 zunächst unterbrochen wurde. Aber solche Preisprognosen haben in unserer schnellebigen Zeit wenig Sinn, wenn sie nicht regelmäßig überprüft und gegebenenfalls revidiert werden. Preisprognosen entheben uns schließlich nicht der Aufgabe, den Goldmarkt und sein Umfeld kontinuierlich zu beobachten, Monat für Monat, Jahr für Jahr. Wäre dies nicht so, dann könnten Sie dieses Buch jetzt zuklappen, Gold kaufen und das ganze Thema für ein paar Jahre vergessen.

Dies wäre aber kein Rezept für eine seriöse Anlage. Dies sind keine Zeiten, in denen man auf Jahre hinaus planen kann. Alle Finanzmärkte – Aktien, Anleihen, Edelmetalle – gleichen einem einzigen großen Kasino. Währungen und Zinssätze schwanken in einem Ausmaß, das früher unvorstellbar gewesen wäre. Die Kassamärkte verlieren zunehmend an Bedeutung, gedacht wird in Terminpreisen, gehandelt wird mit Titeln und Waren, die der Käufer nicht bezahlen kann und auch gar nicht beziehen will und die der Verkäufer nicht besitzt. Der Kapitalismus, so sieht es jedenfalls aus, ist dabei, sich zu Tode zu spekulieren.

In dieser Umgebung ist auch Gold, wie könnte es anders sein, zu einem spekulativen Vehikel geworden. Aber es ist eben mehr als das: es ist immer noch das Wertaufbewahrungsmittel mit der längsten Tradition in der Geschichte der Menschheit. Und diese Beständigkeit wird überhaupt nicht dadurch berührt, daß die Preise in New York, London oder Zürich einmal herauf – und ein andermal heruntergesetzt werden.

Was anderes als eine Handvoll Goldmünzen oder ein paar Barren garantiert Ihnen denn Freiheit von den Manipulationen und Zumutungen der Regierungen? Setzen Sie nicht alles auf Gold, aber vergessen Sie Gold nicht, wenn Sie über Ihr Anlagekonzept nachdenken. Lassen Sie diesen Markt in den nächsten Jahren nicht aus den Augen. Gold ist keine Anlage ohne Risiko, die müßte erst noch gefunden werden.

»Wenn Sie sich entscheiden müssen«, so schrieb einmal *George Bernhard Shaw*, »ob Sie Ihr Vertrauen in die Regierung oder in Gold setzen, dann, meine Herren, rate ich Ihnen dringend dazu, sich für Gold zu entscheiden.«

# Anhang

## Alle wichtigen Goldmünzen: Die Preisentwicklung seit 1982

Diese Tabelle wurde von der Bank Leu, Zürich, zusammengestellt, wofür wir uns besonders bedanken. Beachten Sie vor allem die Entwicklung des Agios, des Aufpreises auf den Goldwert der Münzen.

| Land/ Bezeichnung | Nominal | Feingewicht | Preis SFR | | | | | |
|---|---|---|---|---|---|---|---|---|
| | | | Januar 1982 4.1. | Agio | Januar 1983 3.1. | Agio | Sept. 1983 1.9. | Agio |
| Gold | 1 kg | | 23 000.– | | 28 500.– | | 29 000.– | |
| *Belgien* | | | | | | | | |
| Leopold I | 20 FR | 5.8 gr | 160.– | 20% | 180.– | 9% | 170.– | 1% |
| Leopold II | 20 FR | 5.8 gr | 155.– | 16% | 175.– | 6% | 168.– | – |
| Albert I | 20 FR | 5.8 gr | 190.– | 42% | 200.– | 21% | 200.– | 19% |
| *Chile* | | | | | | | | |
| Rep. Liberty | 5 Pesos | 2.74 gr | 65.– | 3% | 80.– | 2.5% | 80.– | 0.5% |
| Rep. Liberty | 10 Pesos | 5.48 gr | 130.– | 3% | 155.– | – | 158.– | – |
| Rep. Liberty | 20 Pesos | 3.66 gr | 90.– | 7% | 110.– | 5.5% | 110.– | 4% |
| Rep. Liberty | 50 Pesos | 9.15 gr | 220.– | 4.5% | 265.– | 1.5% | 265.– | – |
| Rep. Liberty | 100 Pesos | 18.3 gr | 420.– | – | 520.– | – | 530.– | – |
| *China* | | | | | | | | |
| Panda | 1 oz | 31.1 gr | – | | | | 938.– | 4% |
| Panda | 1/2 oz | 15.55 gr | – | | | | 478.– | 6% |
| Panda | 1/4 oz | 7.78 gr | – | | | | 243.– | 8% |
| Panda | 1/10 oz | 3.11 gr | – | | | | 99.– | 9.5% |
| *Dänemark* | | | | | | | | |
| Christian IX | 10 Kronen | 4.03 gr | 120.– | 29.5% | 140.– | 22% | 120.– | 2.5% |
| Christian IX | 20 Kronen | 8.06 gr | 190.– | 2.5% | 240.– | 4.5% | 250.– | 7% |
| Frederick VIII | 10 Kronen | 4.03 gr | 170.– | 83% | 180.– | 57% | 170.– | 45% |
| Christian X | 20 Kronen | 8.06 gr | 220.– | 19% | 230.– | – | 235.– | 0.5% |
| Frederick VIII | 20 Kronen | 8.06 gr | 230.– | 24% | 230.– | – | 235.– | 0.5% |

## Deutschland

| | | | | | | | |
|---|---|---|---|---|---|---|---|
| Preussen Wilh. II | 5 Mark | 1.79 gr | 450.– | 993% | 350.– | 586% | 400.– | 670% |
| Preussen Wilh. II | 10 Mark | 3.58 gr | 200.– | 143% | 180.– | 76% | 180.– | 73% |
| Preussen Wilh. II | 20 Mark | 7.17 gr | 230.– | 39.5% | 210.– | 3% | 215.– | 3% |

## Frankreich

| | | | | | | | |
|---|---|---|---|---|---|---|---|
| Napo III | 5 FFR | 1.45 gr | 80.– | 140% | 80.– | 93% | 70.– | 66% |
| Napo III | 10 FFR | 2.9 gr | 110.– | 65% | 90.– | 9% | 90.– | 7% |
| Napo III | 20 FFR | 5.8 gr | 190.– | 42% | 195.– | 18% | 185.– | 10% |
| Rep. Engel | 100 FFR | 29.03 gr | 1100.– | 65% | 900.– | 9% | 900.– | 7% |

## Großbritannien

| | | | | | | | |
|---|---|---|---|---|---|---|---|
| George + Edw. | ½ Sovs | 3.66 gr | 135.– | 60% | 120.– | 15% | 120.– | 13% |
| George + Edw. | 1 Sovs | 7.32 gr | 195.– | 16% | 220.– | 5% | 215.– | 1% |
| Elizabeth | 1 Sovs | 7.32 gr | 170.– | 1% | 208.– | – | 212.– | – |

## Italien

| | | | | | | | |
|---|---|---|---|---|---|---|---|
| Vittorio Em. II | 10 Lire | 2.9 gr | 100.– | 50% | 100.– | 21% | 105.– | 25% |
| Vittorio Em. II | 20 Lire | 5.8 gr | 170.– | 27% | 178.– | 7.5% | 170.– | 1% |

## Kanada

| | | | | | | | |
|---|---|---|---|---|---|---|---|
| Maple Leaf | 1 oz 50 $ | 31.1 gr | 732.– | 2.5% | 910.– | 2.75% | 930.– | 3% |
| Maple Leaf | ¼ oz 10 $ | 7.78 gr | – | – | 235.– | 6% | 240.– | 6% |
| Maple Leaf | 1/10 oz 5 $ | 3.11 gr | – | – | 96.– | 8% | 98.– | 9% |
| Elizabeth 1967 | 20 $ | 16.44 gr | 480.– | 27% | 470.– | – | 475.– | – |
| Olymp. Eliz. 1976 | 100 $ | 7.78 gr | 250.– | 40% | 220.– | – | 225.– | – |
| Gänseschwarm '78 | 100 $ | 15.55 gr | 480.– | 34% | 440.– | – | 450.– | – |

|  |  |  | Preis SFR ||||||
| --- | --- | --- | --- | --- | --- | --- | --- | --- |
| Land / Bezeichnung | Nominal | Feingewicht | Januar 1982 4.1. | Agio | Januar 1983 3.1. | Agio | Sept. 1983 1.9. | Agio |
| *Kanada* | | | | | | | | |
| Jahr d. Kindes 1979 | 100 $ | 15.55 gr | 480.- | 34% | 440.- | – | 450.- | – |
| Eskimo in Kajak 1980 | 100 $ | 15.55 gr | 500.- | 40% | 450.- | 1.5% | 450.- | – |
| Nationalhymne 1981 | 100 $ | 15.55 gr | 500.- | 40% | 450.- | 1.5% | 475.- | 5% |
| Verfassung 1982 | 100 $ | 15.55 gr | – | – | 515.- | 16% | 500.- | 11% |
| *Liechtenstein* | | | | | | | | |
| Franz. I 1930 | 10 + 20 FR | 2.9 + 5.8 gr | 3000.- | 1399% | 2300.- | 827% | 2500.- | 890% |
| Franz Jos. II 1946 | 10 + 20 FR | 2.9 + 5.8 gr | 900.- | 350% | 600.- | 142% | 600.- | 138% |
| Herrscherpaar 1956 | 25 + 50 FR | 5.08+10.16 gr | 900.- | 157% | 700.- | 61% | 700.- | 58% |
| Herrscherpaar 1952 | 100 FR | 29.03 gr | 5750.- | 761% | 5250.- | 535% | 5500.- | 553% |
| *Mexiko* | | | | | | | | |
| | 2 Pesos | 1499 gr | 38.- | 10% | 47.- | 10% | 48.- | 10% |
| | 2½ Pesos | 1875 gr | 48.- | 11% | 58.- | 8.5% | 59.- | 8.5% |
| | 5 Pesos | 3.75 gr | 90.- | 4.5% | 115.- | 7.5% | 112.- | 3% |
| | 10 Pesos | 7.5 gr | 180.- | 4.5% | 220.- | 3% | 220.- | 1% |
| | 20 Pesos | 14.99 gr | 375.- | 9% | 427.- | – | 435.- | – |
| | 50 Pesos | 37.5 gr | 890.- | 3% | 1070.- | – | 1105.- | 1.5% |

*Niederlande*

| | | | | | | |
|---|---|---|---|---|---|---|
| Wilhelm + Wilhelmina | 10 HFL | 6.05 gr | 140.- | – | – | – |
| Wilhelmina langes Haar | 10 HFL | 6.05 gr | 290.- | 108% | 173.- | – |
| | | | | | 230.- | 33% |
| | | | | | 175.- | – |
| | | | | | 240.- | 37% |

*Österreich*
(Neuprägungen)

| | | | | | | |
|---|---|---|---|---|---|---|
| Franz Josef | 1er Dukaten | 3.44 gr | 85.- | 7% | 102.- | 4% |
| Franz Josef | 4er Dukaten | 13.77 gr | 330.- | 4% | 404.- | 3% |
| Franz Josef | 10 Kronen | 3.045 gr | 74.- | 5.5% | 89.- | 2.5% |
| Franz Josef | 20 Kronen | 6.09 gr | 140.- | – | 173.- | – |
| Franz Josef | 100 Kronen | 30.48 gr | 700.- | – | 870.- | – |
| Franz Josef | 4er Florin | 2.9 gr | 71.- | 6.5% | 85.- | 3% |
| Franz Josef | 8er Florin | 5.8 gr | 133.- | – | 165.- | – |
| Babenberger 1976 | 1000 Schilling | 12.15 gr | 380.- | 36% | 345.- | – |
| Republik | 100 Schilling | 21.17 gr | 800.- | 64% | 605.- | – |
| Republik | 25 Schilling | 5.29 gr | 250.- | 105% | 170.- | 13% |

| | | | | | | |
|---|---|---|---|---|---|---|
| | | | | | 104.- | 4% |
| | | | | | 412.- | 3% |
| | | | | | 93.- | 5% |
| | | | | | 177.- | – |
| | | | | | 885.- | – |
| | | | | | 86.- | 2% |
| | | | | | 168.- | – |
| | | | | | 375.- | 6% |
| | | | | | 615.- | – |
| | | | | | 200.- | 30% |

*Peru*

| | | | | | | |
|---|---|---|---|---|---|---|
| Indianerkopf | ⅕ Libra | 1.46 gr | 60.- | 79% | 55.- | 32% |
| Indianerkopf | ½ Libra | 3.66 gr | 120.- | 42.5% | 110.- | 5% |
| Indianerkopf | 1 Libra | 7.32 gr | 180.- | 7% | 220.- | 5% |
| Liberty | 5 Soles | 2.11 gr | 75.- | 55% | 60.- | – |
| Liberty | 10 Soles | 4.2 gr | 150.- | 55% | 120.- | – |
| Liberty | 20 Soles | 8.42 gr | 315.- | 63% | 250.- | 4% |
| Liberty | 50 Soles | 21.06 gr | 700.- | 45% | 600.- | – |
| Liberty | 100 Soles | 42.12 gr | 1300.- | 34% | 1200.- | – |
| Inka | 50 Soles | 21.06 gr | 1100.- | 127% | 900.- | 50% |

| | | | | | | |
|---|---|---|---|---|---|---|
| | | | | | 55.- | 30% |
| | | | | | 106.- | – |
| | | | | | 212.- | – |
| | | | | | 60.- | – |
| | | | | | 123.- | 1% |
| | | | | | 275.- | 12.5% |
| | | | | | 610.- | – |
| | | | | | 1220.- | – |
| | | | | | 900.- | 47% |

|  |  |  | Preis SFR | | | | | |
|---|---|---|---|---|---|---|---|---|
| Land /<br>Bezeichnung | Nominal | Feingewicht | Januar 1982<br>4.1. | Agio | Januar 1983<br>3.1. | Agio | Sept. 1983<br>1.9. | Agio |
| *Polen* | | | | | | | | |
| Rep. 1925 | 10 Zloty | 2.9 gr | 120.– | 80% | 110.– | 33% | 110.– | 31% |
| Rep. 1925 | 20 Zloty | 5.8 gr | 260.– | 95% | 260.– | 57% | 275.– | 63.5% |
| *Rumänien* | | | | | | | | |
| Carol I | 20 Lei | 5.8 gr | 200.– | 50% | 180.– | 9% | 190.– | 13% |
| Michael I 1944 | 20 Lei | 5.8 gr | 180.– | 35% | 165.– | – | 170.– | 1% |
| *Rußland* | | | | | | | | |
| Nicolai II | 5 Rubel | 3.87 gr | 120.– | 35% | 115.– | 4% | 125.– | 11% |
| Nicolai II | 7½ Rubel | 5.8 gr | 250.– | 87% | 220.– | 33% | 240.– | 42% |
| Nicolai II | 10 Rubel | 7.74 gr | 240.– | 35% | 230.– | 4% | 240.– | 7% |
| Nicolai II | 15 Rubel | 11.61 gr | 360.– | 35% | 340.– | 3% | 370.– | 10% |
| Alexander III | 5 Rubel | 5.8 gr | 165.– | 23.5% | 170.– | 3% | 177.– | 5% |
| Alexander III | 10 Rubel | 11.61 gr | 950.– | 256% | 800.– | 142% | 850.– | 152% |
| Tscherwonetz | 10 Rubel | 7.74 gr | 190.– | 7% | 220.– | – | 226.– | 1% |
| *Schweiz* | | | | | | | | |
| Vreneli | 20 FR | 5.8 gr | 190.– | 42% | 195.– | 18% | 188.– | 12% |
| Vreneli | 10 FR | 2.9 gr | 185.– | 177% | 200.– | 142% | 190.– | 126% |
| Helvetia | 20 FR | 5.8 gr | 260.– | 95% | 290.– | 75% | 320.– | 90% |
| Vreneli 1925 | 100 FR | 29.03 gr | 16 000.– | 2296% | 17 000.– | 1955% | 17 500.– | 1979% |

| | | | | | | | | | |
|---|---|---|---|---|---|---|---|---|---|
| *Südafrika* | | | | | | | | | |
| Krügerrand | 1 oz | 31.1 gr | 735.– | 2.75% | 915.– | 3.2% | 929.– | 3% |
| Krügerrand | ½ oz | 15.55 gr | 375.– | 5% | 465.– | 5% | 475.– | 5% |
| Krügerrand | ¼ oz | 7.78 gr | 191.– | 7% | 237.– | 7% | 241.– | 7% |
| Krügerrand | 1/10 oz | 3.11 gr | 78.– | 9% | 96.– | 9% | 98.– | 9% |
| | 1 Rand | 3.66 gr | 100.– | 19% | 115.– | 10% | 115.– | 8.5% |
| | 2 Rand | 7.32 gr | 170.– | 1% | 205.– | ./.1% | 210.– | ./.1% |
| *Tunesien* | | | | | | | | | |
| | 10 FR | 2.9 gr | 85.– | 27.5% | 85.– | 3% | 85.– | 1% |
| | 20 FR | 5.8 gr | 170.– | 27% | 170.– | 3% | 170.– | 1% |
| *Ungarn* | | | | | | | | | |
| Franz Josef I | 10 Kronen | 3.045 gr | 80.– | 14% | 88.– | 1% | 88.– | 2% |
| Franz Josef I | 20 Kronen | 6.09 gr | 160.– | 14% | 175.– | 1% | 178.– | 1% |
| *USA* | | | | | | | | | |
| Liberty | 1 $ | 1.5 gr | 350.– | 914% | 300.– | 602% | 400.– | 820% |
| Liberty | 2½ $ | 3.76 gr | 350.– | 905% | 300.– | 180% | 450.– | 313% |
| Indianer | 2½ $ | 3.76 gr | 300.– | 247% | 250.– | 133% | 375.– | 244% |
| Liberty | 5 $ | 7.52 gr | 350.– | 102% | 350.– | 63% | 400.– | 83% |
| Indianer | 5 $ | 7.52 gr | 375.– | 117% | 450.– | 110% | 600.– | 175% |
| Liberty | 10 $ | 15.05 gr | 550.– | 59% | 550.– | 28% | 610.– | 40% |
| Indianer | 10 $ | 15.05 gr | 850.– | 146% | 800.– | 87% | 850.– | 95% |
| Liberty | 20 $ | 30.09 gr | 950.– | 37% | 950.– | 11% | 1250.– | 43% |
| St. Gaudens | 20 $ | 30.09 gr | 1000.– | 44.5% | 1025.– | 19.5% | 1400.– | 60.5% |

## Literaturhinweise

*Aden-Ayales, Pamela* und *Aden-Harter, Mary Anne:* The Aden Gold Study, Adam Smith Publishing, Metairie, Louisiana 1983

*Bandulet, Bruno:* Gold-Strategie für die Krise, Wirtschaftsverlag Langen-Müller/Herbig, München 1979

*Bank für Internationalen Zahlungsausgleich:* Jahresbericht, Basel 1983

*Cayman Guide,* Bandulet Publishing AG, Zug

*Cavelti, Peter C.:* How to Invest in Gold, Maximus Press Ltd., Toronto 1979

*Deutsche Bank:* Wie Sie Geld richtig anlegen

*Dreman, David:* Contrarian Investment Strategy, Random House, New York 1979

*Fay, Stephan:* The Great Silver Bubble, Hodder and Stoughton, London 1982

*Green, Timothy:* The New World of Gold, Weidenfeld and Nicolson, London 1982

*Hirt, Walter:* Praxis des Rohstoff-Termingeschäfts Fortuna Finanz Verlag, Niederglatt/ZH 1979

*Jastram, Roy W.:* The Golden Constant, John Wiley & Sons, Inc., New York 1977

*Jastram, Roy W.:* SILVER – The Restless Metal, John Wiley & Sons, Inc., New York 1981

*Kostolany, André:* Wunderland von Geld und Börse, Seewald Verlag, Stuttgart-Degerloch 1982

*Lips, Ferdinand:* Das Buch der Geldanlage, ECON Verlag GmbH, Düsseldorf 1981

*Rees-Mogg, William:* The Reigning Error, Hamish Hamilton, London 1974

*Schweizerischer Bankverein:* GOLD

*Schweizerische Kreditanstalt:* GOLD Handbuch

*Strauss, Turnbull & Co.:* Gold – A Review of South African Gold Mining Shares, London

# *unsere* Charts sind Gold wert.

Wo geht's lang auf den Rohstoffmärkten? Unsere Charts zeigen, was war. Gehen bis zu 30 Jahre zurück. Und geben Hinweise darauf, was sein wird.

Charts sind wichtige Hilfsmittel, um Trends und Trendwenden zu erkennen. Um rechtzeitig darauf reagieren zu können. Um weniger dem Zufall zu überlassen.

## Wir bieten 3 Chart-Dienste:

**Jeden Samstag:**

**Ebert-Commodity-Charts**
Über die Kursbewegungen in London und auf den US-Märkten. 60 Seiten, mit technischen Indikatoren über die letzten 40 Wochen, mit täglichen Eintragungen.

○ Probeexemplare (4 Wochen) DM 120,–
○ Vierteljährlich DM 377,– (13 Ausgaben)
○ Halbjährlich DM 728,– (26 Ausgaben)
○ Jährlich DM 1.404,– (52 Ausgaben)

**Jeden Monat:**

**Monatl. 7-Jahres-Charts.**
64 Seiten, 7-jährige Entwicklung von 16 Commodities in London, 44 Commodities auf US-Märkten und 4 Rohstoff-Indices. Kostenlos für alle Abonnenten der Ebert-Commodity-Charts.

○ Jahres-Abonnement (12 Ausgaben) DM 300,–
○ Einzelne Exemplare DM 30,–

**Alle 6 Monate:**

**Langfrist-Charts.**
6-monatige Übersicht über die wichtigsten Rohstoffmärkte in den letzten 30 Jahren. Kostenlos für Abonnenten der Ebert-Commodity-Charts.

○ Jahres-Abonnement (2 Ausgaben) DM 150,–
○ Einzelne Exemplare DM 100,–

**Richard Ebert GmbH**
6419 Burghaun 1, Schloßstraße 40
Telefon 06652 / 3326
Foreign Service: 49 – 2641 – 1262

## »Anleger werden ist nicht schwer, Anleger sein dagegen sehr!«

Diesem abgewandelten Sprichwort werden Sie als Kapital-Anleger beipflichten. »Kapitalanlegen« ist ein Metier, das erlernt werden muss, und ausgelernt hat man dabei nie. Vielfach stellt man sich die Sache leichter vor, als es dann tatsächlich ist. Das Ganze basiert auf zum Teil harter Arbeit. Es geht darum, sich umfassend zu orientieren, auf dem laufenden zu sein, um richtige Entscheidungen zu fällen.

**Unser Spezialverlag berät und betreut mit unseren Finanzpublikationen die deutschsprachigen Kapitalanleger auf das Sorgfältigste.**

Wenn Sie uns die beigefügte Buchlaufkarte einsenden, orientieren wir Sie periodisch über unsere für Sie wichtigen neuen Finanzpublikationen. Der Kauf eines Sachbuches zur »Geldanlage« ist für Sie tausendmal vorteilhafter, als falsche Entscheidungen, aus Unkenntnis, bei der Anlage Ihres sauer verdienten Geldes zu fällen.

## FORTUNA FINANZ VERLAG
W. Heidelberger AG.
CH-8172 Niederglatt/ZH
Tel. 01/8 50 35 86

# WAS EXPERTEN ÜBER DEN GOLDPLAN SAGEN.

## THE WALL STREET JOURNAL.

«Gold ist immer noch die beste Vermögenserhaltung und Versicherung gegen die Entwertung von Papiergeld, sagt Jürg M. Lattmann, Geschäftsführer der Goldplan AG.»

## Forbes

«Für Jürg Lattmann und andere ist es nicht eine Frage, ob man Gold für die regnerischen Tage haben soll oder nicht, sondern wie man am besten Gold kauft. Wenn wir annehmen, dass Goldpreise ab und zu fallen, ist der Durchschnittskauf (Cost Averaging) tatsächlich der beste und billigste Weg.»

## The Seattle Times

«Besonders drei Punkte machen den Goldplan sehr wertvoll: Der Durchschnittseinkauf (Cost-Averaging), die Lagerung des Goldes in der Schweiz sowie die relativ bescheidenen Kosten.»

«liegt wohlverwahrt und regelmässig überprüft in den Tresoren der Zürcher Ueberseebank, zum überwiegenden Teil in Ihren Depots im Zollfreibezirk des Flughafens Zürich-Kloten. Dadurch umgeht die Bank die 6,2 Prozent Warenumsatzsteuer, die in der Schweiz – analog zur deutschen Mehrwertsteuer von 14 Prozent – auf Goldbesitz erhoben werden.»

## DAILY NEWS
NEW YORK

«Das Schweizer Gold-Programm kann besonders für den Selbständigerwerbenden, der seine Anlagen diversifizieren will, sehr attraktiv sein. Die Pläne werden durch die etablierte Ueberseebank AG verwaltet, und sie verwahrt das gekaufte Gold als Sondervermögen für die Kunden.»

## Süddeutsche Zeitung

«Umrechnungsprobleme gibt es nicht, es kann in jeder konvertiblen Währung ausgezahlt werden. Wer ausdrücklich in Krügerrands anlegt, verfügt ausserdem über eine tatsächliche Goldwährung, die zum jeweiligen Unzenpreis in jeder konvertiblen Währung fungibel ist.»

## Vertrauliche Mitteilungen
aus Politik und Wirtschaft

«Kaufen Sie Gold in vernünftigem Verhältnis zu Ihrem Gesamtvermögen, und vermindern Sie das Preisrisiko durch das «cost-averaging-System» des Schweizer Goldplans. Was Sie vom bisherigen Anstieg verpasst haben sollten, machen Sie mit diesem System übrigens zu einem erheblichen Teil dadurch wieder wett, dass Sie trotz des Erwerbs gegenständlichen Eigentums an dem Gold jede Umsatzsteuerbelastung vermeiden (üblicher Satz in Deutschland 14%, in der Schweiz 6,2%).»

Verlangen Sie unsere Broschüre:

**GOLDPLAN AG**
Volkmarstrasse 10
Postfach 213-GG
CH-8033 Zürich/Schweiz

Tel.: 01 / 3 61 35 50
Telex: 58 785

# Kann man mit Termingeschäften gut schlafen?

Die zunehmende Vielfalt des Termingeschäfts bietet lukrative Gewinnmöglichkeiten. Das ist nichts Neues. Das Handelsvolumen beträgt mittlerweile mehrere Billionen Dollars.

**Edelmetalle – Devisen – Zinspapiere – Indices**

weisen bemerkenswerte Preisschwankungen auf, weshalb sie in so manchem Portefeuille eine Wohltat gewesen sind. Oder es gewesen wären, hätte man...

Will man von den vielen sich bietenden Chancen nicht alle nutzlos vertun, sind wichtige Punkte zu beachten: In diesem Geschäft zählen kaufmännische Sorgfalt genau so wie die jahrelange Erfahrung an den Terminmärkten und das Verantwortungsbewußtsein für treuhänderisch verwaltetes Kapital.

Und denken Sie daran: Wissen ist zwar wichtig, aber offenbar nicht allein maßgebend. Preiskurven sind eben weitgehend Resultate von Emotionen und daher wenig rational; Hoffnungen und Furcht prägen das »Menschliche Börsenverhalten« stärker als alles andere. Daraus sind effiziente Strategien zu entwickeln. Sind diese richtig angelegt, wirken sie nur auf Zeit und meiden das Gambling und die Gier nach dem schnellen Geld. Das sind Aufgaben für erfahrene Spezialisten, die das Wesen der Börse unter der Haut haben – spekulative Ungeduld zwingt immer in die Knie! Das gilt ganz besonders für die Termingeschäfte mit Edelmetallen, zudem sollten Termingeschäfte für Edelmetalle geschickt mit andern Goldanlagen kombiniert werden, was entsprechende Kenntnisse der verschiedenen Märkte und Fingerspitzengefühl erfordert.

Wenn man dies nicht nur zur Kenntnis nimmt, sondern auch danach handelt, ist um den guten Schlaf nicht zu bangen.

**Gesellschaft für Vermögensanlagen**
**Merkurstrasse 45, Postfach, CH - 8032 Zürich**
**Telefon 01 69 15 15, Telex 54038**

Gegründet Mai 1977 von Walter Hirt für konservative Termingeschäfte

W. Hirt ist auch Autor folgender Bücher:
»Praxis des Rohstoff-Termingeschäfts«
»Die neuen Chancen für Gewinne mit Zinspapieren«
(erschienen im Fortuna-Finanz-Verlag AG, CH-8172 Niederglatt/Zürich)

## Wie richtig Sie mit Gold und Geld liegen, hängt davon ab, von wem Sie sich beraten lassen

Einen wirklich professionellen Anlagedienst erkennen Sie nicht am niedrigen Preis. Sondern daran, dass er aus erster Hand berichtet, direkt von den Edelmetall- und Finanzmärkten. Dass er keine kurzlebigen Tips gibt, sondern klärt, analysiert und solide berät. Dass er, wenn andere in Panik oder Euphorie verfallen, ein kühles Urteil behält. Dass er, wo nötig, den Mut zur Minderheitsmeinung hat. Dass er wirtschaftlich völlig unabhängig ist und unter keinen Umständen für eine Empfehlung Kommissionen entgegennimmt.

Diesen Dienst können Sie abonnieren. Er heisst GOLD & MONEY INTELLIGENCE, erscheint in der Schweiz und ist konzipiert für ernsthafte Anleger, denen wir nicht erst zu sagen brauchen, dass jeder Markt seine Tücken hat und dass seriöse Information die Voraussetzung jeder erfolgreichen Anlagepolitik ist.

G & M ist normalerweise nur im Jahresabonnement erhältlich. Wir machen Ihnen aber als Leser dieses Buches ein besonderes Angebot: Gegen Vorauszahlung von SFr. 150.— senden wir Ihnen G & M ein halbes Jahr lang zu, damit Sie sich selbst ein Urteil bilden können.
Wir freuen uns auf Ihre Nachricht.

### Bandulet Publishing AG
Artherstrasse 5, CH-6301 Zug

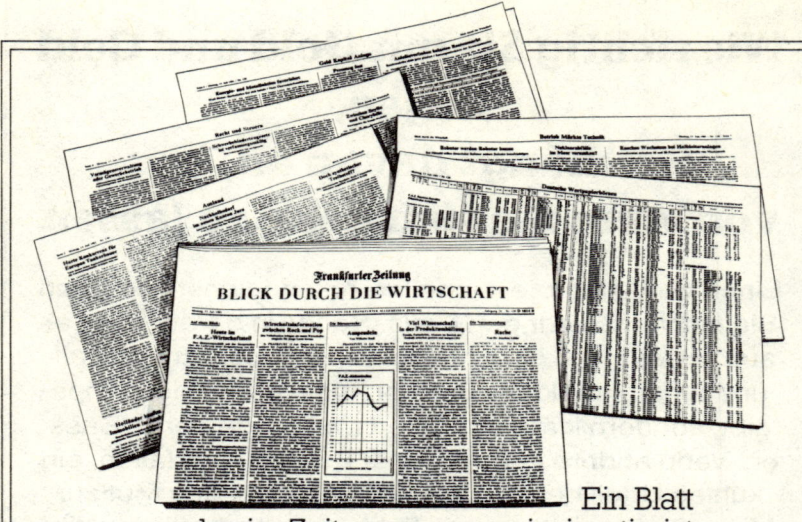

Ein Blatt
das im Zeitungswesen einzigartig ist.

# Informationen

die für den Unternehmer morgen wichtig sind,
die er für seine Entscheidungen
in jedem Bereich benötigt.

Sie sollten es prüfen:
Das Spezialblatt,
das von der Wirtschaftsredaktion
der Frankfurter Allgemeinen
Zeitung herausgegeben wird –
mit dem Informationsabonnement
für einen Monat.

»Informationsabonnement«

Senden Sie das Wirtschaftsblatt für einen Monat – beginnend mit dem 1. oder 15. des Monats – zum Preis von 25,– DM im Inland (Ausland 27,– DM) an nachstehende Adresse:

Die Zustellung erfolgt für einen Monat und wird danach automatisch eingestellt.

Datum    Unterschrift
Bitte senden Sie diesen Coupon an die Verlagsanschrift:
**Frankfurter Zeitung**
**BLICK DURCH DIE WIRTSCHAFT**
Postfach 2901 · 6000 Frankfurt am Main 1